100 filmes

DA LITERATURA PARA O CINEMA

Apresentação de Henri Mitterand

100 filmes

DA LITERATURA PARA O CINEMA

TRADUÇÃO DE
Clóvis Marques

1ª edição

Rio de Janeiro | 2014

CIP-BRASIL. CATALOGAÇÃO NA PUBLICAÇÃO
SINDICATO NACIONAL DOS EDITORES DE LIVROS, RJ

M674c
Mitterand, Henri
100 filmes: da literatura para o cinema / Henri Mitterand ; tradução Clóvis Marques. - 1. ed. - Rio de Janeiro : BestSeller, 2014.
il.

Tradução de: 100 films du roman à l'écran
Inclui apêndice
ISBN 978-85-7684-669-7

1. Cinema e literatura. 2. Adaptações para o cinema. 3. Cinema - Semiótica. 4. Semiótica e literatura. I. Título. II. Título: 100 filmes: da literatura para o cinema.

14-13505

CDD: 791.4375
CDU: 791

Texto revisado segundo o novo Acordo Ortográfico da Língua Portuguesa.

Título original francês
100 FILMS DU ROMAN À L'ÉCRAN

Copyright © 2011 by Nouveau Monde éditions
Copyright da tradução © 2014 by Editora Best Seller Ltda.

Design de capa, projeto gráfico de miolo e editoração eletrônica: Guilherme Peres

Todos os direitos reservados. Proibida a reprodução,
no todo ou em parte, sem autorização prévia por escrito da editora,
sejam quais forem os meios empregados.

Direitos exclusivos de publicação em língua portuguesa para o Brasil
adquiridos pela
EDITORA BEST SELLER LTDA.
Rua Argentina, 171, parte, São Cristóvão
Rio de Janeiro, RJ – 20921-380
que se reserva a propriedade literária desta tradução.

Impresso no Brasil

ISBN 978-85-7684-669-7

Seja um leitor preferencial Record.
Cadastre-se e receba informações sobre nossos lançamentos e nossas promoções.

Atendimento e venda direta ao leitor:
mdireto@record.com.br ou (21) 2585-2002

Sumário

Lista de colaboradores 7

Apresentação de Henri Mitterand 9

Como abordar a adaptação?, de Bérénice Bonhomme 29

Os 100 filmes 33

Índice de escritores 337

Índice de diretores 339

A adaptação vista por três cineastas 343

Índice de filmes 345

Créditos das fotos 351

Lista dos colaboradores

- **Laurent AKNIN**, crítico e historiador de cinema.

- **Laurent BIHL**, professor adjunto de história e geografia no Liceu Paul Eluard de Saint-Denis.

- **Bérénice BONHOMME**, doutora em estudos cinematográficos, encarregada de ensino na Universidade de Paris III e colaboradora do serviço pedagógico da Cinemateca Francesa.

- **Jean-Paul COMBE**, funcionário, cinéfilo e historiador de cinema.

- **Didier DOGNIN**, professor de literatura moderna, diretor do programa Ciné Lycée em seu estabelecimento.

- **Jean-Luc LACUVE**, redator-chefe do site www.cineclubdecaen.com e conferencista (cinema e pintura).

- **Philippe LECLERCQ**, professor de literatura moderna e crítico de cinema. Autor de trabalhos pedagógicos para o programa *Collège au Cinéma*.

- **Cécile MARCHOCKI**, professora de história, geografia e de cinema, formadora no programa *Collège au Cinéma*.

- **Philippe PERSON**, escritor, cronista radiofônico, escreve regularmente sobre cinema no jornal *Le Monde Diplomatique* e participa do site cultural www.froggydelight.com.

- **Marguerite VAUDEL**, professora substituta de literatura clássica, instrutora em didática da literatura, audiovisual e engenharia dos meios de comunicação para a educação.

Apresentação

Do romance ao filme

HENRI MITTERAND

Daremos a palavra inicialmente a Julien Gracq:

Romance e cinema. A imagem não sugere, não evoca: ela *é*, com uma força de presença que o texto escrito nunca tem, mas com uma presença que exclui tudo que não seja ela. Para um escritor, a palavra é, antes de mais nada, tangência com outras palavras, que ele vai aos poucos delicadamente despertando: a escrita, a partir do momento em que é usada de maneira poética, é uma forma de expressão *com halo*. O simples fato de as imagens por ela evocadas surgirem para a imaginação do leitor de um fluxo verbal que as inerva, mas não as envolve nem as desenha, de certa maneira afoga essas imagens em um denso irreal de afinidades oníricas [...]. A imagem plástica, pelo contrário, põe de lado e exclui todas as outras; a imagem, como bem sabe o pintor, "enquadra" rigorosamente seu conteúdo a cada instante [...]. Mostram-me aqui e agora o que para mim só ocorria de maneira plural e problemática; [...] parece-me ao mesmo tempo que a miopia exigente e maníaca do olho de outro impõe-me a cada instante mil detalhes inamovíveis que são excessivos, e também que eu embarquei em uma grande estrada em que todos os caminhos transversais foram emparedados.[1]

Valeria a pena escrever algo mais, depois destas linhas?

Vamos de qualquer maneira tratar da questão.

O empréstimo tomado à matéria romanesca manifestou-se já no início do cinema. Era quase inevitável. Os primeiros filmes rapidamente passaram do documentário à ficção, ao relato em imagens de uma aventura. E nesse caminho o cinema encontrava duas vezes o romance: pois este, desde suas origens, era organicamente assombrado pelo relato e pela imagem, pela narração e pela representação. O cinema, segundo Christian Metz,[2] tinha "a narratividade presa ao corpo". Desde então, as transposições do romance para o cinema contam-se aos milhares.

Outro modelo complicaria, nos primeiros tempos, esse confronto: o modelo teatral, por motivos fáceis de entender – tradições da encenação, formação dos atores, analogia da sala de projeção com a sala de teatro, desenvolvimento ainda balbuciante dos movimentos de câmera e da montagem etc. Não poderíamos dizer que o cinema livrou-se completamente dele. Mas quando a necessidade de uma narrativa com momentos e cenários múltiplos levou a melhor e, paralelamente, os avanços dos equipamentos e da técnica de filmagem abriram caminho para um aproveitamento diversificado do espaço, assim como a uma montagem cada vez mais refinada das tomadas, a herança romanesca conquistou um lugar dominante no mundo do filme. Não exatamente um reinado absoluto, pois, simultaneamente, os cineastas começaram a inventar histórias originais a serem filmadas, sem fontes literárias identificáveis, no mínimo para escapar à obrigação de fidelidade que recaía sobre as adaptações, para jogar mais facilmente com as liberdades e os limites da imagem em movimento, e também para transformar a ficção cinematográfica num instrumento de exploração do mundo contemporâneo.

O sucesso dos filmes construídos sobre roteiro original de modo algum matou o "hiperfilme", em outras palavras, o filme derivado de um romance, de uma no-

---

1. Julien Gracq, *Lettrines II – OEuvres complètes*, Paris, Gallimard, "Bibliothèque de la Pléiade", t. II, pp. 299-300.

2. Christian Metz, *Essai sur la signification au cinéma*, Paris, Klincksieck, 1968, p. 52.

■ *APRESENTAÇÃO*

vela ou mesmo de uma peça teatral.[3] O roteiro fílmico apenas impôs a própria economia, em todos os sentidos da palavra, à obra textual anterior. E de fato é daí que decorrem todos os problemas – jurídicos, econômicos, morais e estéticos – da adaptação.

Entre o roteiro original e o roteiro adaptado, existem analogias e diferenças. Em graus diversos, ambos constituem o modelo, o ambiente de um futuro filme, programando um assunto, uma história, personagens, uma ordem das situações, uma ou várias épocas, um ou vários lugares, um sentido, efeitos espetaculares etc. Ambos são textos. Observam os mesmos códigos de apresentação material, desenvolvidos por várias gerações: sucessão das sequências e dos "planos", indicação ou redação dos diálogos e gestos, indicação dos momentos, lugares e suas características. E nos dois casos o texto, transformado em imagens virtuais, deve desaparecer na passagem para a realização – exceto os elementos de diálogo e eventualmente os textos destinados a uma voz em off.

O roteiro adaptado, contudo, distingue-se do roteiro autônomo por dispor de uma memória: a memória da obra de que deriva, quase sempre manifesta já na primeira linha de apresentação e publicidade do filme. Nada impede que a escrita do roteiro defina-se então com referência à fonte; nem, com menos frequência, mas talvez menos auspiciosamente para o destino do filme, que o julgamento do espectador também seja influenciado por essa referência. "Com menos frequência" porque só uma minoria de espectadores leu a obra de ficção original, ou pelo menos guardou lembrança do seu argumento. Os críticos profissionais e os simples espectadores que têm essa cultura da fonte não escapam da tendência à comparação, explícita ou implícita. Num círculo mais especializado, o dos historiadores e analistas – os "filmólogos" –, a comparação levará a um estudo o mais completo e rigoroso possível das transformações de toda natureza impostas à narrativa original pela escrita e a realização do filme. É então que se racionalizam julgamentos de valor, as reações imediatas de admiração ou rejeição.

Os filmes que levam o título de uma grande obra romanesca e conquistaram a condição de obras-primas do cinema são raríssimos, frente às incontáveis obras imagísticas extraídas de obras-primas literárias ou de romances inferiores. Mas essa proporção seria muito diferente no caso dos filmes construídos sobre um roteiro sem vínculos canônicos? O fato é que o público se mostra mais sensível ao fracasso de uma adaptação de um título famoso do que ao de um filme com roteiro livre. É que, naquele caso, vem somar-se a impressão de uma deficiência fundamental do roteirista ou do diretor, senão de um atentado à cultura nacional. Em compensação, quando a adaptação é, em si mesma, um monumento da arte fílmica, mesmo ao preço de – e talvez graças a – alguns arranjos com a fidelidade, as duas obras, o romance e o filme, são idealizadas na lembrança dos apaixonados pela literatura e pelo cinema. Não existem nesse campo leis de correspondência. Um grande romance pode dar origem a um grande filme ou a um filme menor, um romance indiferente, sem existência duradoura, também pode transformar-se num filme inesquecível ou em uma hora e meia de cinema a ser esquecida. A adaptação de um romance sacralizado pela posteridade não garante a realização de um filme cult.

E, de fato, estamos falando do romance, pois o conto, por sua concisão, sua condensação narrativa, sua rapidez de desenvolvimento, o alcance limitado de sua ambição demonstrativa, evocadora ou satírica, oferece menos risco de perda pelo caminho ao adaptador. Um dos melhores filmes de Renoir foi inspirado por *Une partie de campagne*, conto de Maupassant. O mesmo no caso de Claude Autant-Lara ao adaptar um conto de Marcel Aymé, *La traversée de Paris*, com Jean Gabin e Bourvil. Cabe lembrar também a atração exercida sobre os cineastas por *La duchesse de Langeais*, uma das três breves narrativas que compõem *L'histoire des treize*. Jacques Rivette, responsável pela adaptação mais recente, em 2006, com o título de *Ne touchez pas la hache*, se apropria da concentração do discurso balzaquiano em torno da paixão frustrada e cruel que une e opõe Armand de Montriveau e Antoinette de Langeais e do contraponto a esse confronto representado pelo mundo restrito do Faubourg Saint-Germain, cujos códigos não são compreendidos por Montriveau, oficial napoleônico transformado em aventureiro do deserto egípcio. Mas a obra-prima de íntima compreensão e ao mesmo tempo virtuosismo é, sem dúvida, *Os vivos e os mortos* (*The Dead*), filme de oitenta minutos realizado por John Huston em 1987, que adapta quase em tempo real um conto de James Joyce contando em sessenta

---

3. A palavra "hiperfilme" já foi usada neste sentido inspirado em *hipertexto*, por sugestão de Gérard Genette em seu *Palimpsestes* (Paris, Seuil, 1982), para se referir a uma obra literária que de alguma maneira transpõe uma obra anterior, denominada *hipotexto*: assim, *La curée*, de Zola, seria um hipertexto de *Fedra*, tragédia de Racine.

páginas a recepção oferecida por duas velhas senhoritas de Dublin e sua sobrinha, em um dia de janeiro de 1904, ccmo faziam todos os anos, a cerca de uma dúzia de alunos e amigos: rituais sorridentes da velha Irlanda, alegria... e melancolia.

Não que adaptar um conto esteja ao alcance de qualquer um. Ajustar um filme de duração habitual a um mecanismo de ângulos cortantes, episódios condensados e relevo pronunciado tem suas próprias exigências, das mais árduas: nenhum plano a desperdiçar, nenhum sentido! Mas o romance, em suas manifestações mais rematadas, entra num jogo completamente diferente de dimensões, combinações, significados e valores. E é nesse nível de dificuldade, na passagem de uma arte para outra, que é temerário "meter a tesoura". Como ter êxito na conversão de *O vermelho e o negro*, *A cartuxa de Parma* ou *Madame Bovary*? Em sentido inverso, podemos ver na atual produção romances que parecem diretamente escritos para a adaptação cinematográfica: romances-cinema, cheios de sequências de ação e de diálogos. Raramente são obras literárias inesquecíveis.

A literatura mundial deu origem a inúmeros romances. Muitos foram "adaptados" para o cinema. O presente estudo escolhe seus exemplos deliberadamente entre as grandes obras narrativas (romances e contos) do repertório francês e, em segundo lugar, europeu. As observações de caráter geral e os critérios de avaliação que suscitam podem ser transpostos para qualquer tipo de adaptação fílmica.

Romance e tomadas cinematográficas

Transformação no tempo e movimento no espaço. O ser nunca se banha no mesmo rio, pois de um momento a outro ele mudou, e o fluxo da água modificou tudo na superfície e nas profundezas. Assim é na vida. É esta a equação primária de toda narrativa: como dar conta, nos limites de um "espaço-papel" (a expressão é de Aragon), ou de um "espaço-filme", dos acontecimentos que ocupam e transtornam o curso de uma vida individual ou de uma história social no coração de um espaço por sua vez em transformação?

Muito antes da invenção do cinema, os romancistas já se defrontavam com essa questão, e muito cedo descobriram e aperfeiçoaram todas as técnicas de inscrição das situações e dos atos no tempo e no espaço, no tempo-espaço e no espaço-tempo. Os cineastas precisaram apenas lançar mão dessa reserva de artifícios e efeitos para constituir sua própria "linguagem" – desde que tivessem, por sua vez, analisado e entendido as limitações e liberdades narrativas do romance. Não é exato afirmar que certos romancistas, Flaubert, Zola ou outros, se anteciparam ao uso da câmera: mais vale inverter a perspectiva e considerar que o cinema só pôde nascer como arte a partir do momento em que o romance ampliou e diversificou suficientemente seus universos de referência e aperfeiçoou seus procedimentos de narração e representação, oferecendo assim modelos coerentes e fecundos à produção das séries de imagens em movimento.

Isso coincidiu de maneira espetacular com o surgimento do romance "realista", empenhado em observar e representar a interação dos corpos individualizados, de seu universo material e de seus grupos sociais. Mas muito antes a "gramática" (com muitas aspas) da composição romanesca e, do mesmo modo, a distância da composição fílmica encontraram seus caminhos.

Sobre La Princesse de Clèves

Tomemos o exemplo de *La Princesse de Clèves*, publicado em 1678 e levado ao cinema por Jean Delannoy em 1958. Poderia haver romance mais clássico e despojado? Paixão imediata, fatal, cheia de culpa e proibida, suplício da dissimulação e do remorso, nobreza compartilhada dos sentimentos, anseios sublimes, sofrimento da renúncia, refúgio derradeiro na tuberculose e no silêncio, tristeza e esplendor do estilo. Mas, também, que brilhante virtuosismo e que surpreendente modernidade no recorte dos episódios, na exposição dos estados de ânimo, na lógica e no ritmo da composição, na alternância dos perfis, dos diálogos e da linguagem interior, e, acima de tudo – naquilo que aqui nos diz respeito –, na disposição das tomadas cinematográficas!

O episódio de Coulommiers por si só serve de parâmetro. Vamos aqui aceitar o desafio de usar de maneira anacrônica o vocabulário do cinema. Mas de fato é necessário dar conta da "visualidade" dos recursos e procedimentos utilizados por Madame de Lafayette para levar seus leitores a imaginar e sentir a cena mais intensa e admirável do romance. A situação é conhecida: a princesa de Clèves confessa ao marido, o príncipe de Clèves, o amor que sente por outro, recusando-se a dar o nome daquele que ama. Este, o Sr. de Nemours, escondido, ouve a conversa: "O que a Sra. de Clèves

■ *APRESENTAÇÃO*

acabava de dizer não o deixava menos enciumado que o marido." Para escapar à curiosidade da Corte, mas também para fugir dos riscos "da paixão", a Sra. de Clèves retira-se para o campo, exatamente no castelo onde fora confiada ao príncipe. Transtornado de paixão, o Sr. de Nemours não consegue subjugar o desejo de voltar a vê-la. No início de uma noite de verão, introduz-se no parque do castelo.

Identificar os fatores dessa espécie de milagre na criação verbal e na movimentação das imagens só pode destruir a unidade, a continuidade e a vibração internas do texto. Mas é necessário fazê-lo. Para compensar, vamos inicialmente reproduzir toda a passagem:

> Assim que se viu no jardim, ele não teve dificuldade para localizar a Sra. de Clèves. Viu muitas luzes no gabinete; todas as janelas estavam abertas, e, esgueirando-se ao longo das paliçadas, ele se aproximou num estado de perturbação e emoção fácil de imaginar. Posicionou-se atrás de uma das janelas que serviam de porta, para ver o que a Sra. de Clèves estava fazendo. Viu que estava sozinha; mas a viu em tão admirável beleza que mal pôde conter o transportamento que lhe inspirava essa visão. Estava quente, e na cabeça e no pescoço ela tinha apenas os cabelos confusamente presos. Estava em um divã, com uma mesa à sua frente, na qual havia vários cestos cheios de fitas; ela escolheu algumas, e o Sr. de Nemours notou que eram das mesmas cores que ele havia usado no torneio. Viu que ela as enlaçava a uma bengala de aspecto extraordinário que ele usara algum tempo e que dera à sua irmã, a qual a Sra. de Clèves havia tomado sem deixar transparecer que sabia ter pertencido ao Sr. de Nemours. Ao concluir o trabalho, com uma graça e uma suavidade que lhe espraiavam pelo rosto os sentimentos que trazia no coração, ela pegou uma tocha e se aproximou de uma grande mesa diante do quadro do cerco de Metz, onde se encontrava o retrato do Sr. de Nemours; sentou-se e começou a contemplar esse retrato com uma atenção e um devaneio que só à paixão pertencem.
>
> Impossível exprimir o que o Sr. de Nemours sentiu nesse momento. Ver no meio da noite, no mais belo lugar do mundo, uma pessoa que adorava, sem que ela soubesse que a estava vendo, e vê-la completamente entregue a coisas que tinham relação com ele e com a paixão que lhe ocultava, eis o que nunca foi saboreado nem imaginado por nenhum outro amante.

> O príncipe também estava de tal maneira fora de si que permaneceu imóvel, contemplando a Sra. de Clèves, sem se lembrar de que os momentos lhe eram preciosos. Quando se recobrou um pouco, pensou que devia esperar que ela fosse ao jardim para lhe falar; julgou que poderia fazê-lo com mais segurança, pois ela estaria distante das acompanhantes; mas, vendo que ela se demorava no gabinete, decidiu entrar. Mas no momento de fazê-lo, de que perturbação não foi tomado! Que medo de desagradar-lhe! Quanto receio de transformar aquele rosto em que havia tanta doçura, vendo-o tomado de severidade e raiva!

> Concluiu que fora uma loucura, não estar vendo a Sra. de Clèves sem ser visto por ela, mas pensar em se dar a ver; enxergou então tudo aquilo que ainda não havia visto. Pareceu-lhe extravagante sua ousadia de tentar surpreender no meio da noite uma pessoa a quem jamais falara do seu amor. Pensou que não devia supor que ela quisesse ouvi-lo, e que ficaria justificadamente indignada ante o perigo a que a expunha pelos incidentes que poderiam sobrevir. Toda a sua coragem o abandonou, e várias vezes ele esteve a ponto de tomar a decisão de ir-se sem se dar a ver. Levado todavia pelo desejo de lhe falar, e apaziguado pelas esperanças que lhe vinham de tudo que vira, ele avançou alguns passos, mas tão perturbado que a echarpe que trazia prendeu-se na janela, e ele fez barulho. A Sra. de Clèves voltou-se, e, ou bem tivesse o pensamento voltado para o príncipe, ou bem estivesse ele em um lugar onde a luz permitisse avistá-lo, ela julgou vê-lo, e sem hesitar nem voltar-se na direção dele entrou no local onde estavam suas acompanhantes. Entrou tão perturbada que, para ocultá-lo, foi obrigada a dizer que não se sentia bem; e o disse também para ocupar a todos e dar tempo para que o Sr. de Nemours se retirasse.

Logo de entrada, os cenários, ou por outra, um cenário de múltiplas profundidades, em extensão horizontal: do jardim, delimitado por suas paliçadas e mergulhado na sombra, ao "gabinete", iluminado por "muitas luzes", onde se encontra a Sra. de Clèves. Da sombra à luz: ver sem ser visto.[4] O olhar de um homem escon-

---

4. Pelo menos pelo objeto do seu olhar. Pois o próprio Nemours é observado de longe por um espião que o príncipe de Clèves colocou em seu encalço.

APRESENTAÇÃO

dido e imóvel em direção a uma mulher que se julga sozinha em sua intimidade em parte revelada. Seria a primeira página "voyeurista" do romance francês?

O texto joga com as variações da profundidade de campo e do enquadramento. O enquadramento e a vidraça da porta-janela destacam em primeiro plano o corpo e a postura da jovem, assim como os objetos ao seu alcance, segundo o modelo do retrato mundano. Mas rapidamente, sem mudar de ponto de origem, o olhar se desloca desse plano fechado para se ampliar e dirigir-se em panorâmica para outro lugar no interior do gabinete, onde aparece um retrato, dessa vez um verdadeiro retrato de pintor: o retrato, exatamente, daquele que olha, devolvendo-lhe a própria imagem, no mais refinado dos jogos de espelhos, de desdobramentos, de vertigem abismal e olhares multiplicados e sobrepostos à maneira de uma boneca russa: o duque de Nemours, invisível, imobiliza seu olhar na mulher que ama, perdida na contemplação do retrato do homem para o qual se dirigem seus pensamentos e sentimentos, sem saber que o original dessa imagem está alguns passos atrás dela, vendo-a enquanto ela o contempla "com uma atenção e um devaneio que só à paixão pertencem". O cinema moderno vai usar e abusar desses jogos de espelho maneiristas.

Seria tudo? De modo algum. A arte da romancista, ao mesmo tempo narradora, pintora, iluminadora, técnica de opções óticas e deslocamentos oculares, não tem limites. Na primeira das três sequências que ocupam a primeira parte da página, o ponto de vista seguiu o duque no jardim, "ao longo das paliçadas", para acompanhar bem de perto o seu olhar, e foi dar na aparição da Sra. de Clèves, no calor úmido que autoriza uma seminudez. A segunda sequência põe em movimento essa "admirável beleza", enquanto o duque se paralisa em sua contemplação indiscreta. Em movimentos que não podemos deixar de considerar como três zooms sucessivos, o olhar do Sr. de Nemours se fixa inicialmente, em primeiro plano, nas cestas de fitas, depois nas mãos da Sra. de Clèves escolhendo as cores e, em seguida, na "bengala" que ele tinha "usado durante algum tempo" e que é decorada e acariciada pela princesa – *honni soit qui mal y pense* freudianamente. A disposição dos olhares e atitudes vai tão longe quanto possível, na época, em matéria de claro-escuro erótico e expressão dos desejos.

A partir do momento em que Nemours "posicionou-se por trás de uma das janelas", o campo visual não mais deixou a Sra. de Clèves, tentando dar ideia da "graça" e da "suavidade" de seus movimentos com a delicadeza das tomadas. Ele permanecerá nela na terceira sequência, quando ela se levanta, apanha uma tocha e vai sentar-se, sempre em plena luz, junto ao grande quadro mostrando o Sr. de Nemours. A iluminação mudou, tornou-se mais vívida, o ângulo de visão e o enquadramento se ampliaram. A composição do plano tornou-se mais nobre: à graciosa cena de gênero de uma jovem brincando com fitas e uma bengala – mesmo transformada em fetiche substituto – sucedeu uma representação de grande gênero, uma pintura à Velasquez, com um quadro dentro do quadro. Tudo mudou em alguns minutos, diante dos olhos de Nemours – quase poderíamos dizer em câmera subjetiva. E então tudo se imobilizou, dando lugar a um zoom para trás e a um retorno a Nemours em contracampo, estando ele perdido em sua adoração: a decifração do espetáculo – proibido – que lhe é oferecido, seu devaneio e sua expectativa. É então que o romance recupera momentaneamente a parte mais dificilmente alienável de seus direitos: um mergulho no espaço interior, afetivo e cerebral do personagem, e na duração indefinida de seu fascínio e de suas hesitações em romper o encanto, em total contraste com a focalização externa da primeira série de sequências.

Durante todo esse tempo, a curiosidade do leitor é levada ao máximo, na exata medida do dilema que se instaura no espírito do duque – e que, dessa vez, seria muito difícil de traduzir no cinema, senão através de dois procedimentos que não conviriam muito à finura aracnídea dessa incerteza: a passagem da indecisão do personagem à expressão oral ou a utilização de uma voz narrativa exterior. Mas Madame de Lafayette é ao mesmo tempo uma artista do suspense e uma precisa calculadora das proporções. Os momentos são "preciosos" para ela, como para seu personagem. Um plano rápido da Sra. de Clèves, ainda contemplando o retrato, no "gabinete", "com uma atenção e um devaneio que só à paixão pertencem", divide em dois tempos a exploração psicológica de Nemours, justificando-a e modulando sua leitura.

Como transportar para a imagem a cascata de movimentos contraditórios que agitam o duque, num momento em que a decisão a ser tomada não pode ser adiada? "Deixar-se ver" ou "Não se deixar ver"? Entrar ou "ir-se"? Loucura, extravagância, entrega, impulso... A qualquer momento a Sra. de Clèves pode sair para o jardim, surpreendê-lo, expulsá-lo ou deixar o gabinete e voltar aos aposentos dela. Transmitir o suspense do tempo e a desordem mental, tratados aqui com uma

■ *APRESENTAÇÃO*

expressividade infinitamente delicada, eis a missão talvez insuperável do adaptador, prisioneiro do behaviourismo fundamental do cinema e tão atrapalhado com sua obrigação de escolher quanto Nemours diante da janela que lhe deu a visão do seu amor, ao mesmo tempo proibindo-o de se aproximar.

Madame de Lafayette não tem esse problema, pois dispõe do verbo, e além do mais tem o gênio das palavras e do fraseado, equivalente, na prosa romanesca, ao de Racine no verso trágico. Derradeira elegância: tendo se aproximado o quanto podia da tempestade interior do amante desorientado, ela reassume o controle dos atos, movimentos, ruídos e luzes, e volta a pôr tudo em movimento, numa sequência acelerada, e também em ruídos e falas – contrastando com a câmera lenta e os silêncios dos primeiros momentos. Dois planos de Nemours, que dá um passo para atravessar a porta-janela, mas com a agitação de uma "ousadia" instintiva e descontrolada, e de repente se vê retido por sua echarpe presa na janela, e imobilizado em plena luz. Contracampo da princesa, surpreendida pelo barulho, voltando a cabeça para o lado de fora e imediatamente, "sem hesitar nem voltar-se", refugiando-se no cômodo ao lado. Mudança de plano e de cenário: a cena termina com a visão em plano geral da princesa e "suas mulheres", enquanto se imprime pela primeira vez um elemento de diálogo, não pronunciado e apenas indicado pelo "roteiro". Teatro no teatro: com uma presença de espírito que a leva a conciliar seu senso do dever – senão de uma virtude inalterável – com a recusa do escândalo e a preocupação de salvaguardar seu amante (no sentido clássico e casto da palavra), a princesa representa, então, um mal-estar tornado verossímil pelo calor da estação e dos candelabros.

Talvez não haja mais belo exemplo de "roteiro romanesco", no sentido em que a moderna expressão "roteiro" implica um modo de organização exata e rigorosa da cronologia, da localização e de todas as disposições materiais que autenticam os episódios narrativos e momentos descritivos. *La Princesse de Clèves* é um modelo sem rival. Em todas as escolas de cinema, a cena de Coulommiers devia ser posta em imagens. Infelizmente, o filme que o romance inspirou a Jean Cocteau e Jean Delannoy, em 1958, e cujos diálogos se assemelham aos das peças de Cocteau, não poderia servir de modelo: nele, o episódio de Coulommiers, em particular, é desfigurado.

Um detalhamento não menos atento pode certamente ser encontrado em muitos relatos anteriores a *La Princesse de Clèves*: em Rabelais ou nos "cronis-

tas". E eles também serão encontrados mais ainda nos chamados romances "realistas" ou "naturalistas" do século XIX, nos romances "populares" de Sue ou Dumas e, naturalmente, na literatura romanesca posterior, de Proust a Céline, Aragon, Gracq, Modiano etc. Para não falar das obras estrangeiras. De tal maneira que, às vezes, já nem sabemos muito bem, hoje em dia, se estamos diante de uma "roteirização" que tende a ser um dos atributos do gênero romanesco ou de um romancista que tomou de empréstimo ao cinema esta ou aquela de suas limitações técnicas, de suas liberdades características ou de seus efeitos.

O fato é que praticamente não existe um procedimento narrativo e visual descrito nos manuais de cinema ou nas histórias do filme que não tenha sido programado e utilizado pelos romancistas muito antes do surgimento do primeiro metro de película: invenção da sinopse, lógica e decupagem da intriga, montagem das sequências e subsequências (os "planos", no sentido fílmico); escolha dos momentos, das durações, dos lugares e aspectos locais, das dimensões, luzes, ruídos, transições de uma sequência a outra; mistura ou alternância de ação, descrição e diálogo; lista dos personagens, de seus temperamentos e relações recíprocas; deslocamentos, atitudes e gestos; alternância do contínuo com o descontínuo, programação do explícito, do elíptico, da peripécia e do suspense, das acelerações e desacelerações, dos prolongamentos e rupturas, variação do campo de visão, das perspectivas, dos enquadramentos, dos campos, do ritmo, da relação do leitor com a história etc.

Adaptação e fidelidade

A realização romanesca pode ser, dependendo da obra, completa, parcial ou inexistente, buscada, reconhecida ou desprezada, imediatamente perceptível na leitura ou sutilmente dissimulada ou disfarçada. Certos escritores, como Zola e Flaubert, não temem ostentá-la em seus esboços e nos sucessivos planos de seus romances,[5] outros partem para a aventura na

---

5. Ver, por exemplo, o início do segundo plano detalhado de *O dinheiro*, de Zola: "Acabava de dar meio-dia na Bolsa quando Saccard entrou no Champeaux, no salão branco e dourado, com as duas altas janelas dando para a praça. Ele procura com o olhar entre (*sic*) os clientes sentados, não encontra Huret (deputado) e pergunta a um garçom. Não, o senhor ainda não chegou. Ele julgava estar atrasado, senta-se a uma das mesinhas, junto ao pórtico de uma janela. E espera, sem

14

redação da obra, mas não conseguem dispensar, ao longo da escrita, um ou outro fator. A crítica e a análise literária deveriam voltar nessa direção uma atenção lúcida, informada e metódica; mas, muitas vezes, retiram do seu campo de visão todas essas engrenagens do motor narrativo, satisfazendo-se com gavetas de contornos vagos de uma retórica clássica ou de uma semiótica narrativa mais ou menos envernizada.

É bem possível que o mesmo ocorra com a crítica e a análise fílmicas, inclusive, paradoxalmente, quando se trata de teorizar em termos gerais sobre a adaptação, ou seja, analisar e avaliar determinado filme cujo roteiro e realização foram adaptados de um romance. É paradoxal sob vários aspectos, mas sobretudo porque foram os historiadores e os teóricos da criação fílmica que estabeleceram o inventário dos gêneros, das técnicas, dos instrumentos conceituais e dos efeitos da roteirização e da realização: acontece que eles esquecem não só de reconhecer a dívida do cinema para com o romance, mas, também, em segundo grau, quando *um* filme ostenta ou não consegue dissimular totalmente sua dívida para com *um* romance, de estudar de maneira coerente e sistemática as modalidades dessa filiação. Chegamos então a uma dupla frustração. Por um lado, a crítica literária esquece de questionar o romance quanto aos instrumentos de sua narratividade e ao grau de controle de sua criação, ou, então, se desvia deliberadamente das chaves de análise forjadas pelos filmólogos, inicialmente para eles próprios, mas também, em consequência, para o estudo da narrativa verbal. Por outro lado, a crítica cinematográfica, talvez por medo do academismo, talvez por desconhecimento da sua própria bagagem, talvez, ainda, para evitar a crítica formal, detém-se nas fronteiras do que é próprio da escrita fílmica.[6] No caso das adaptações fílmicas de romances, constata-se igualmente uma dupla insuficiência: no que diz respeito ao romance de origem e ao filme derivado. Pior ainda: é correr o risco de ignorar as diferenças de concepção e qualidade que separam as equipes de realização que se apegaram apenas à letra dos procedimentos narrativos originais e as que conseguiram salvar e restituir os vínculos de sentido, efeito e valor entre estas, o mundo do romance e a visão do romancista. Mencionemos sem rodeios, antes de dar prosseguimento à reflexão, as diferenças entre a *Madame Bovary*, de Claude Chabrol, *O vermelho e o negro*, de Autant-Lara, e *O leopardo*, de Luchino Visconti.

Vamos então examinar a palavra e o conceito de adaptação, em seus diferentes graus e equívocos. *Adaptação* é uma palavra desgastada, tanto na escala das avaliações quanto na dos tipos. Ela é usada toda vez que um filme deve alguma coisa, o que quer que seja – tema, esquema, conteúdo ou estilo –, a uma obra anterior, especialmente uma obra literária, e mais particularmente ainda um romance (na maioria das vezes) ou um relato breve, conto (*A bela e a fera*) ou novela (*Um coração simples*). A adaptação pode ser total – a história inteira – ou parcial (um personagem, uma época, algumas cenas escolhidas, misturadas ao roteiro original). Na maioria das vezes, a origem pode ser reconhecida por um público esclarecido: o produtor e o diretor usam o título do romance subjacente (*A cartuxa de Parma*, *A besta humana*), ao mesmo tempo por honestidade intelectual e com objetivo promocional – em particular quando se trata de obras disseminadas em amplas camadas da cultura coletiva. Mas pode acontecer que o filme seja visto sem nenhuma aproximação perceptível com um texto adaptado, a não ser para raros espectadores. Isso ocorre porque o cineasta voltou-se para uma obra muito pouco conhecida do grande público. O texto original passou quase despercebido – o que nem de longe deve ser um sinal de mediocridade, como evidencia a ressurreição do romance homônimo de Henri-Pierre Roché, *Jules et Jim* [*Uma mulher para dois*][7] – ou, então, foi lido apenas por um pú-

---

fazer o pedido. Uma olhadela para fora, e eu vejo de relance toda a praça ao meio-dia: uma relativa calma, a hora em que todo mundo está almoçando, menos pedestres e veículos. Um belíssimo dia de maio. O sol batendo direto na escadaria e na colunata da Bolsa, ainda desertas. O sol nos letreiros, ao redor da praça." *Les Rougon-Macquart*, Paris, Gallimard, "Bibliothèque de la Pléiade", t. V., p. 1272.

6. As coisas talvez não tenham mudado muito desde que André Bazin escreveu em 1943 estas linhas: "Às vezes nos perguntamos indignados se aqueles que tomam a si a tarefa de escrever sobre o cinema têm uma noção elementar de seus meios de expressão, pois o fato é que não dão a menor pista. Acaso poderíamos imaginar um crítico de ópera que criticasse apenas o libreto? Ora, é em vão que tentamos encontrar na maioria de nossas críticas de filme uma opinião sobre os cenários ou a qualidade da fotografia, avaliações sobre a utilização do som, esclarecimentos sobre a decupagem, numa palavra, sobre o que constitui a própria matéria do cinema." (*L'Écho des Étudiants*, 11 de dezembro de 1943, citado por Jean-Pierre Jeancolas, "De 1944 à 1958", in *La critique de cinéma en France*, sob a direção de Michel Ciment e Jacques Zimmer, Paris, Ramsay, 1997, p. 59).

7. Paris, Gallimard, 1953. O filme dele extraído por François Truffaut, com o mesmo título, em 1962, teve, ao contrário, um grande sucesso de público.

■ APRESENTAÇÃO

blico escasso, como no caso de *A obra-prima desconhe-cida*, de Balzac, no qual se inspirou Jacques Rivette para o filme *A bela intrigante* (*La Belle Noiseuse*). Este último exemplo revela o alcance do espectro semântico do conceito de adaptação. Rivette, de fato, tomou seus dois personagens emprestados à novela de Balzac, aproveitando também o tema da visita do mais jovem ao mais velho, ilustre mas minado pela esterilidade artística e recluso diante de suas telas inacabadas. De Balzac, contudo, só resta explicitamente o nome do mestre decaído, Frenhofer – indecifrável para a maioria do público; todo o restante mudou: o lugar, a época, os outros personagens, a história. No material de apresentação, a produção teve a honestidade de recusar a palavra *adaptação* e a expressão *com base em*, com frequência usadas em tais circunstâncias, prestando uma homenagem a Balzac de uma forma equilibrada: "*Livremente inspirado* na novela de Honoré de Balzac, *A obra-prima desconhecida*." E os críticos então puderam consultar a novela e nela buscar material para uma reflexão sobre a *fidelidade*.

Pois temos aqui um outro equívoco da ideia de adaptação. O que entender por fidelidade, por *adaptação fiel*? A palavra também é passível de vários graus de interpretação. Determinado cineasta vai se empenhar em reproduzir o mais próximo possível todas as fases da composição romanesca, todo o sistema dos personagens, todas as peripécias, toda a inscrição espacial e cronológica. Esse empenho raramente vai até o fim, exceto no caso de romances fortemente tipificados e de constituição simples, de princípio behaviorista, ou de novelas, por natureza pouco pródigas em episódios e personagens.[8] Até mesmo a preocupação com uma exatidão absoluta deve adaptar-se à exiguidade da duração de um filme e sacrificar elementos acidentais, correndo o risco de adelgaçar uma estrutura globalmente respeitada: em muitos casos, os episódios se reduzem a um esboço rapidamente traçado, os personagens, as silhuetas superficiais ou desnaturadas, quando não caricaturais, as transições e as progressões são apagadas, os cenários, tratados segundo uma visão convencional, os diálogos, condensados ou banalizados. O filme, ainda que bem-cuidado no planejamento de seus planos e sequências, cai então no nível da fotonovela. Em compensação, outro roteirista,

descartando qualquer preocupação com a fidelidade absoluta, não hesitará em escolher alguns momentos essenciais altamente significativos e simbólicos, condensar o grupo de atores principais, concentrar a duração e o espaço, ao mesmo tempo preservando o ambiente, os nomes, os nós da intriga, permitindo que seja reconhecido o romance-fonte: fidelidade relativa e verdadeiramente adaptada. Foi o que Jean Renoir fez em *A besta humana*; e ainda imaginou integralmente uma cena ausente do romance e que é o "centro" do filme: o baile dos ferroviários.

Também podemos falar de fidelidade "modulada", por exemplo, no filme que Luchino Visconti extraiu de Tomasi di Lampedusa, *O leopardo*. As paisagens, os interiores, o mobiliário, os trajes, as atitudes, todos os indícios de uma época, de uma sociedade de classes, de uma crise histórica, a revolução garibaldiana na Sicília de 1860, formam uma leitura extremamente esclarecida e inteligente do romance e de suas referências sociais, psicológicas, ideológicas, ainda por cima servida pelo virtuosismo de tomadas que acrescentam sua própria linguagem interpretativa à das trocas de atos e diálogos: lembramos das infinitas profundidades de campo nos corredores do palácio Salina, dos movimentos de câmera nos andares abandonados e suas reviravoltas em meio à multidão de dançarinos. Apesar disso, Visconti não hesitou em eliminar o capítulo prospectivo do fim do romance, que atravessa a velhice do príncipe Salina e até a de suas filhas para se estender por meio século, até o início do século XX. Ao contrário, prolongou imensa e maravilhosamente a última cena do filme, o baile em que o príncipe, mergulhado em uma tristeza resignada, mas sempre sedutora, toma consciência do fim do seu tempo e do seu mundo. Cada segundo do filme é calculado segundo seu sentido e sua beleza. A "adaptação", em suas decisões de fidelidade e de *infidelidade*, se equipara aqui à sua fonte.

Pensemos finalmente na fidelidade "deslocada". "Deslocada" no sentido próprio do termo. Muitos filmes se apropriam de um romance antigo, ou que pelo menos se desenrola numa época distante, para fazer a transposição fílmica para a época da filmagem. Um dos exemplos mais pertinentes *nos limites de suas ambições* é *O perigoso jogo do amor* (*La Curée*), de Roger Vadim (1967), "inspirado", segundo os créditos, no romance de Émile Zola, com diálogos de Jean Cau e fotografia de Claude Renoir, tendo Jane Fonda como Renée, Michel Piccoli como Saccard e Peter McEnery

---

8. Em *Os vivos e os mortos* a realização fílmica acompanha bem de perto a distribuição e o desenrolar de uma novela que alterna visões de conjunto do grupo de dançarinos e da mesa de jantar e planos mais aproximados das sucessivas chegadas de convivas e conversas de casais.

como Maxime. O filme não justifica que os produtores tenham conservado o título de Zola: não só porque a história se desenrola em 1966, mas também porque a temática econômica e social original (as grandes obras públicas de Paris, a "corrida" [curée] ao lucro, as aves de rapina, a corrupção política) praticamente desapareceu, e finalmente porque o personagem de Saccard reduz-se a um simples maquiavelismo conjugal, e Renée, no fim de sua aventura amorosa, em vez de morrer de desespero e vergonha, vai para um hospital psiquiátrico. A cenografia social perdeu o vigor satírico e simbólico em proveito de um esqueleto de comédia erótica que acaba mal. Entretanto, ao contrário de certas reconstituições históricas e dramáticas tão falsas quanto "fiéis", Roger Vadim realizou um filme menos indiferente à fonte do que parece: seu estetismo decadente, estilo neomoderno, seus jogos de vestuário, de canapés, de espelhos, de exuberâncias vegetais, de rituais mundanos, sua complacência com as entregas eróticas, o puritanismo do castigo final da jovem louca por causa do próprio corpo, tudo traduz em imagens "deslocadas", não literalmente, mas na linguagem da década de 1960, e com um refinamento dos mais apropriados, as mundanidades equivocadas encenadas por Zola para a época da decadência imperial. Enquanto este pretendia mostrar em sua "Fedra" moderna a aliança orgânica do "ouro" com a "carne", Vadim atém-se à carne, aproveitando mais a história de Fedra e Hipólito que a de Renée e Maxime. Com a mesma prudência de Zola, contudo, ele toma o cuidado de não "exagerar" no espetáculo do prazer consumado dos corpos. Os anos do iê-iê-iê ainda eram pudicos, mesmo diante da câmara do autor de *E deus criou a mulher*: trata-se pelo menos de uma fidelidade adaptativa que não encontramos mais hoje em dia.

Existem, portanto, dois tipos de adaptação, pelo menos no que diz respeito à função "mostrativa" da maioria dos filmes. O primeiro, é a adaptação reconstitutiva, fiel pelo menos na medida em que conserva a sociedade, o lugar e a época do romance, tentando reproduzir suas características materiais e seus códigos de comunicação, da maneira mais documentada possível. Mesmo quando a reconstituição não é bem-sucedida, ou quando é estereotipada, desvirtuada por ideias preconcebidas e clichês, o espectador reconhece, julga reconhecer, imagina ou aprende o que foi o passado de uma população – a corte de Henrique II, a Paris da Restauração, a Itália de 1860, os ferroviários de 1880. O segundo tipo é a adaptação deslocada, modernizada,

transposta para o tempo presente do filme – em que os automóveis tomaram o lugar das carruagens e a minissaia, da crinolina. Nesse caso, desde que o espectador tenha alguma familiaridade com as grandes linhas da intriga do romance lido, com suas silhuetas e às vezes os nomes de suas figuras dominantes, haverá de tomar consciência da intemporalidade e da flexibilidade da obra-fundamento, do poder que lhe foi conferido de se transformar, de um *avatar* a outro, sem perder sua essência, seu *valor* que desafia o tempo. Estamos falando, é claro, das grandes obras.

A encenação de uma adaptação fílmica oscila necessariamente entre várias exigências. Encontrar na obra inicial o esquema de roteiro narrativo facilmente transportável para a tela, com a vantagem adicional da fama conquistada pelo título: exigência mínima de que o cinema francês mediano deu muitos exemplos, ou, então, servir à obra, para revelá-la em todos os seus sentidos e todas as suas formas, dar ao espectador a vontade de lê-la ou de correr imediatamente para relê-la: exigência de alto nível, mas na qual o resultado nem sempre está à altura do projeto. Ou então, simplesmente, *fazer um filme*. Tomar do mundo do romance os materiais próprios para construir outro mundo possível, aparentado de longe, eventualmente difícil ou impossível de identificar, mas sedutor em si mesmo, sem volta necessariamente à fonte: exigência de liberdade. Lendo *La curée*, Vadim aproveita apenas um contexto capaz de atender à sua adoração de Vênus e de seus véus transparentes, a seu gosto pelo cinema-*design* e seu jogo de charme com o desejo, a inconsciência, a covardia, o cinismo. A homonímia do título e dos personagens é uma piscadela, uma pirueta a mais. Ele aproveita o que lhe convém no tesouro descoberto e o adapta à sua fantasia atual. É a adaptação-rapina. Mas realiza um filme que conta na história do cinema francês – na exata medida em que certas edições de *Vogue* contaram na história da imprensa, da moda e das artes decorativas. O que não é pouco.

Imperativos categóricos

Alguns cineastas são menos desenvoltos. E de tal maneira escrupulosos que rejeitam o próprio princípio da adaptação de uma obra-prima, voltando-se preferencialmente para um objeto romanesco menor e pouco embaraçoso, uma obra esquecida, quando não inventam seu próprio roteiro. "Não tenho a menor

■ APRESENTAÇÃO

vontade de adaptar o que é genial", diz Éric Rohmer. "*L'astrée* não é muito belo, mas não é genial. Em Balzac, já há encenação. Podemos segui-la ou fazer diferente [...]. Em Balzac, são muitas as considerações sobre o pensamento dos personagens ou do próprio autor sobre a sociedade, a história, a época. É perfeitamente inadaptável. Ou, então, só podemos transmitir uma parte. Considero que, adaptando Balzac, não contribuímos com nada. O que fazemos é apenas truncar. Em compensação, vejo perfeitamente o que podemos proporcionar a Honoré d'Urfé adaptando *L'astrée*. Podemos tornar atraente uma história cuja leitura tornou-se tediosa [...]. Mas não me vejo enfrentando Balzac, Dostoievski, parece-me até que seria um pouco ingênuo."[9] O raciocínio é radical: ou o roteirista segue a "encenação" do romancista, passando ao largo das "considerações essenciais"; ou então decide dar as costas aos mestres do romance.

Acontece que se esse escrúpulo fosse respeitado ao pé da letra seria como riscar com um xis todos os filmes, franceses e estrangeiros, que foram buscar justificação e sucesso na adaptação de uma obra do grande repertório romanesco.

Que pensar de um tal "jansenismo"? Ele parece repousar num sentimento de inferioridade do cinema em relação a um modo de mobilização da imaginação e do prazer estético que inventou tudo antes dele, ao mesmo tempo para a expressão do "pensamento" e a maneira de contar e mostrar. Ele afirma que se afastar desse sentimento significa, para o cineasta, "fazer diferente", ou seja, fugir das limitações de um modelo imposto; e também livrar-se de qualquer timidez em relação ao irmão mais velho que tem o privilégio do que Rohmer designa com a palavra vaga "pensamento", e que vem a ser mais especificado por André Malraux: "a possibilidade de passar *ao interior* dos personagens."[10]

Mas Malraux logo trata de reduzir o tamanho do abismo, acrescentando: "Uma psicologia dramática [...] na qual os segredos são sugeridos, seja por atos, seja por meias-confissões [...] talvez não seja menos forte artisticamente nem menos reveladora que a análise [...] A parte de mistério não esclarecido de todo personagem, se for expressa, como pode acontecer na tela, pelo mistério do rosto humano talvez contribua para conferir a uma obra esse som de pergunta feita a Deus sobre a vida."

E de fato é à luz de tais reflexões que podemos tentar ampliar e aprofundar o problema da adaptação. Não descartá-la logo de entrada como uma equivalência impossível com a reserva infinita dos tesouros do romance. Tampouco atribuir ao cinema de adaptação fins combinados de arte e público inacessíveis ao comum dos roteiristas e diretores.[11] Tanto mais que, "por outro lado, o cinema é uma indústria".[12] Onde poderia situar-se a aspiração exigente, mas conciliadora, conjugando a busca da "arte" e as limitações da "indústria"? Algumas adaptações francesas – bastante raras – fornecem alguns elementos para a resposta. Muitas, pelo contrário, não conseguiram aproximar-se do nível de seu modelo. Mas nem por isso são menos instrutivas no sentido de identificar os fatores sensíveis de toda adaptação: aqueles que podem levar ao sucesso ou ao fracasso, considerando que sua importância tenha sido devidamente levada em conta, tenha passado despercebida ou tenha sido tratada de maneira equivocada.

Vamos enumerar os cinco principais fatores, através dos quais se articula uma justa compreensão da obra romanesca de referência, antes da redação do roteiro: planejamento da decupagem inicial, exata percepção da ordem do tempo e das variações de duração, entendimento da "psicologia dramática", conhecimento do cenário histórico e social e relativização do *credo* realista. Lógica das ações, tempo, seres, espaço, imaginário. À falta de um desses fatores, o filme como que se aplaina. Juntos, eles fazem a diferença entre a transcrição estereotipada e a eminente singularidade de um saber, de uma visão e de um estilo.

Lógica narrativa

Para simplificar: existem dois tipos de romance. O primeiro é o dos romances construídos segundo um modelo aristotélico do *drama*, ou seja, pela sucessão das três macrossequências reunidas por uma relação de causalidade: uma situação inicial, uma crise que compromete ou destrói seu equilíbrio e uma situação final, resultado e transformação das duas fases anteriores – fim feliz ou infeliz. A partir daí, o modelo

---

9. Éric Rohmer, "Pourquoi je n'adapte pas Balzac", trecho de uma entrevista a *Inrockuptibles*, setembro de 2007, citado em *Le Courrier balzacien*, número especial, "Balzac. *Histoire des Treize*", nos 7-8-9, 2009.

10. André Malraux, *Esquisse d'une psychologie du cinéma*, Paris, Nouveau Monde éditions, 2003.

11. André Malraux mais uma vez: o cinema "aperfeiçoou sua iluminação e sua narrativa, sua técnica: mas na ordem da arte..." (*op. cit.*, p. 62).

12. *Ibid.*, p. 77.

todo pode ser complicado e desdobrado ao bel-prazer, desde que a curva generativa profunda seja preservada. Isso se aplica a *Germinal* ou à *Princesa de Clèves*, a *Manon Lescau* ou à *Sinfonia pastoral*. O segundo tipo é o dos romances que recusam essa herança, rompem a cadeia das causas e consequências, achatam a curva, param de "contar", substituem a continuidade narrativa pela descontinuidade, libertam-se da ficção e privilegiam a discordância cronista ou exploratória e a indecisão da lógica e dos sentidos: "modernismo" e "pós-modernismo". No primeiro, a "decupagem" se deixa ler com maior ou menor facilidade, não raro na sucessão numérica de suas partes e de seus capítulos e nos signos que demarcam seus episódios. No segundo, as fronteiras são inexistentes ou dissimuladas.

O cinema em geral mantém-se distante deste último mo, exceto para ensaios experimentais. Por isso, o conceito de *adaptação* diz respeito à primeira categoria, na maioria dos filmes que se apresentam como tais. Mas é aí que aparecem as armadilhas. Nada é mais complexo, mais dinâmico, mais "tridimensional" que a decupagem de um "romance de autor". Como já vimos, a propósito da *Princesa de Clèves*, nada é mais atento ao jogo de causa e consequência, às correlações internas, às relações recíprocas entre personagens e situações, a todas as engrenagens do desenvolvimento narrativo. Tudo isso é perceptível em especial nas condições ideais oferecidas pela *releitura*, na retomada das páginas lidas, no percurso em todos os sentidos. Acontece que, por um lado, as condições de realização e recepção de um filme favorecem a vetorização em sentido único do início em direção ao fim, impedindo a volta atrás e o congelamento da imagem, pelo menos em sala pública. Por outro, paradoxalmente, quanto mais as estruturas superficiais da composição romanesca puderem ser identificadas ao primeiro olhar, mais difícil será a missão do adaptador, pois elas dissimulam as forças subterrâneas em jogo. A preocupação com a fidelidade de Claude Chabrol em sua *Madame Bovary* (1991) levou-o a carregar demais na decupagem. Os episódios são talhados sem grande cuidado, com o desenvolvimento das motivações, progressões, transições. O que não impede a eliminação de momentos essenciais, nem os deslocamentos de réplicas, terríveis para o sentido: é o caso da frase tranquila e patética de Charles Bovary: "A culpa é da fatalidade." A fatalidade, em virtude do que foi feito, não está presente em lugar nenhum.

Esse tipo de risco fica particularmente claro nos filmes extraídos da obra de Zola: *Thérèse Raquin*, *O crime do padre Mouret*, *A taberna* (*L'assommoir*) (cinco adaptações), *Nana* (sete adaptações), *Germinal* (quatro adaptações), *A Terra*, *A besta humana*, *O dinheiro*... Parece que, à primeira vista, Zola se adiantou ao trabalho dos roteiristas. Seus planos detalhados são escritos como roteiros prontos para filmar, entrelaçando sequências de ação, quadros descritivos, cenas dialogadas, deslocamentos de indivíduos ou grupos, capturados sob todos os ângulos e aspectos, correspondências visuais, semelhanças e contrastes dos personagens – toda a pré-história da narrativa fílmica. Só que o filme retém a técnica e não se vincula suficientemente à substância, pois não tem tempo para isso, talvez, mas sobretudo porque seus autores, presos a ideias preconcebidas sobre o "naturalismo" e a "ausência de estilo" de Zola, não chegam às estruturas profundas da obra, que mergulham nos subterrâneos de uma reportagem ou de uma fábula de superfície para lá gerar as proporções e medidas, a pluralidade de sentidos e o impulso dos ritmos, e até mesmo o valor simbólico dos números, treze capítulos no caso de *A taberna*, sete no de *Germinal*. Não obstante os cuidados de fidelidade e elegância de René Clément, *Gervaise* não passa de um álbum de quadros ilustrativos, mais próximo das gravuras que ilustram a edição Marpon-Flammarion de *L'assommoir* que da sombria marcha da heroína para o suplício.

O tempo

O trabalho com o tempo não passa, no fundo, de um dos aspectos da decupagem. O romancista e o cineasta se esforçam por criar uma cronologia, variar as durações, jogar com acelerações e retardamentos, resumos, pausas e elipses, extensões no presente e voltas ao passado, de distribuir os momentos nos locais e os locais no tempo. Esse exercício, que já é difícil dentro dos limites de um livro, torna-se muito mais na rigorosa minutagem de um filme. Fica mais fácil resolver a questão a partir de uma história em grande parte intimista como a de *Thérèse Raquin* do que a partir de um drama ao mesmo tempo histórico, social e passional como o de *Cartuxa de Parma*.

O problema do cinema é não ter tempo. Cada sequência deve ser montada em tempo real. O romance, pelo contrário, tem tempo: basta-lhe uma palavra, um tempo verbal, para alongar o acontecimento e sua vivência na duração, para superpor o trabalho da memória ao do presente, acrescentar dias aos dias na repetição ou na variação das condutas. O filme de adaptação

■ *APRESENTAÇÃO*

francês sente-se à vontade na distribuição dos momentos fortes da narrativa. Ele corta, recostura de tal maneira que a história emprestada fecha seu ciclo em uma hora e meia ou duas, ao mesmo tempo em que dá a impressão, pelo encadeamento das sequências, elipses e fusões, de um lapso de tempo extenso e bem-enquadrado. Isso funciona muito bem nas adaptações de Simenon, cujas narrativas de investigação são desenhadas com traços claros e econômicos, e localizadas de maneira unívoca no tempo e no espaço. Mas o prolongamento numa duração indefinida, tal como vivenciado por um personagem como Gervaise, digeri-da-digerindo na roupa suja de sua prática, atolada no balé de suas rotinas cotidianas, na usura do respeito próprio, no peso de suas misérias e na expectativa recorrente de um "buraco" para nele dormir e finalmente esquecer? E como tornar palpável no cinema a discronia de *Germinal* entre o tempo profissional, social, institucional, histórico, o tempo individual, privado, subjetivo, e o tempo natural, o tempo da periodicidade das estações, indiferentes às dores humanas?

"Para mim", escreve Santo Agostinho em suas *Confissões*, "o tempo não passa de uma distensão. Mas uma distensão de quê, não sei exatamente, provavelmente da própria alma." E ainda: "Não seria usar termos próprios dizer: existem três tempos, o passado, o presente e o futuro. Pois esses três tempos existem no nosso espírito, e eu não os vejo em outro lugar. O presente do passado é a memória; o presente do presente é a intuição direta; o presente do futuro é a espera."[13] Santo Agostinho antes de Proust, Bergson, Bachelard, Sartre... Essa "distensão", essa progressividade na continuidade, essa lenta absorção do sujeito pelas coisas (Florent imerso e nauseado no ventre dos Halles, Serge Mouret renascendo para a vida na umidade de Paradou) ou pela neurose (Renée diante das imagens desastrosas de sua vida), apesar de acopladas ao movimento dinâmico da narração, tornam arriscada a adaptação fílmica, pelo menos para o temperamento ou os hábitos dos cineastas franceses. Para ter êxito nesse sentido seria necessário que os roteiristas tivessem a exata medida do que é a *refiguração* romanesca do tempo:[14] um tempo subjetivado, pois a única experiência do tempo está no que Santo Agostinho chama de "a própria alma", e que nós podemos chamar de consciência; um tempo historiciza-

do por todos os indícios do texto romanesco; um tempo, finalmente, poetizado, pois, além da existência e da história individuais, entrevemos sempre o fluxo e o refluxo das forças imemoriais, naturais e sociais que cadenciam a vida da humanidade, muito atrás da consciência. A espera sem-fim dos soldados da "guerra que não começa", em *Un balcon en forêt*, de Julien Gracq (1958), funde-se na duração sem início nem fim da floresta das Ardenas, até o momento em que tudo se torna urgente, num combate rapidamente abreviado pela morte.

"A psicologia dramática" (Malraux)

"Minha vida", escreveu Aragon, "não é na escala de um artigo [...]. Minha vida não tem a dimensão de uma página." O mesmo se aplica a um personagem de Stendhal, Flaubert, Tolstói, Bernanos ou Giono. A vida de Julien Sorel, Fabrice del Dongo, Emma Bovary não está sequer na escala da totalidade das palavras que a contam. Ela clareia ou escurece em função de todo o não dito do romance, de seu fraseado, suas acentuações, seus silêncios, seus acordes, uns, harmônicos (Emma depois do amor), outros, ao mesmo tempo falsos e ridículos (Emma atordoada com a eloquência de Rodolphe e a do conselheiro da prefeitura...). São a química e a harmonia de um grande estilo de romance. Muitas vezes a imagem fílmica se quebra aí.

A versão de Autant-Lara de *O vermelho e o negro* preservou em sua decupagem uma cena que por si só é um pequeno romance, ou uma novela, e que ocupa uma página de raríssima tensão mental, emotiva, temporal: a cena em que Julien Sorel pega e segura a mão da Sra. de Rênal. A sequência filmada pode se resumir a uma única frase: "Ele toma a mão e a segura." E ainda assim, ela deforma o romance, pois o roteirista, confundindo Stendhal com os especialistas do vaudeville, julgou ser bom acrescentar à cena – que no romance reúne apenas a Sra. de Rênal, sua amiga Sra. Derville e Julien – o personagem do marido, o Sr. de Rênal... A sequência, que em Stendhal dura todo o tempo de uma noite de verão, é despachada em algumas dezenas de segundos. Nada se percebe das cumplicidades da noite, do calor, das nuvens, dos langores da conversa, da "alteração" das vozes, da violência interior de Julien: "O terrível combate entre o dever e a timidez era por demais penoso para que ele estivesse em condições de observar algo fora de si mesmo." Esse "terrível suplício", esse jogo suicida de tudo ou nada, essa inversão do "dever" num rompante selvagem e irreversível, essa derradeira

---

13. Santo Agostinho, *Confessions*, livro XI, cap. 14 a 26.

14. Ver Paul Ricoeur, *Temps et récit*, Paris, Seuil, 1985.

APRESENTAÇÃO ■

"inundação de felicidade" seriam acaso transmissíveis no cinema? Talvez não. O cinema foi capaz, no máximo, de apreender este penúltimo parágrafo, em primeiro plano nas duas mãos, por se tratar da única menção gestual do texto: "Finalmente, quando ainda ressoava a última badalada das dez horas, ele estendeu a mão e tomou a da Sra. de Rênal, que imediatamente a retirou. Sem saber muito bem o que estava fazendo, Julien tomou-a de novo. Apesar de igualmente muito emocionado, ficou impressionado com a frieza glacial da mão que tomava; apertava-a com uma força convulsiva; um derradeiro esforço foi feito, mas a mão acabou ficando na dele." Naturalmente, a "frieza glacial" e a nota magnificamente sutil da despersonalização do "esforço (que) foi feito" não poderiam deixar escapar à imagem. Mas o mais grave é que toda a situação e o próprio destino dessas duas criaturas, transtornado debaixo "desse céu carregado de nuvens pesadas", desapareceram na "adaptação". E com eles o romance.

Emma Bovary não é mais bem-servida no filme de Claude Chabrol. Como tampouco os outros papéis principais. Emma, interpretada sem fogo interior, parece uma desmiolada, uma estouvada, sem passado, privada da sensualidade à flor da pele da heroína de Flaubert. Charles, com uma vozinha fina, é um personagem sem densidade, sem variação, nulo. Os falatórios de subúrbio, vulgares, aniquilam a pompa pedante de Homais. Erros de casting, mas, sobretudo, a sujeição dos atores à busca alternada do burlesco e do melodrama. Da expectativa do público, ou da indústria cultural.

A ambição, a ousadia e o desembaraço profissional de Claude Autant-Lara, Delannoy, Claude Chabrol, o talento e a beleza de Gérard Philipe, Jean Marais, Marina Vlady, Isabelle Huppert não foram suficientes. Porque cada roteirista, realizador, ator não leu e releu o romance que tinha em mãos; não estudou suficientemente não só a lógica, a cronologia e a decoração de sequências, mas também as vibrações íntimas das "almas" envolvidas. E por isto não avaliou mais justamente o que cabia a cada um dos instrumentos privilegiados de que dispõe o romancista para levar o leitor a compartilhar o mundo de pensamentos, emoções, sonhos e ilusões que povoa a vida singular de um personagem de ficção: suas falas, pronunciadas em um diálogo ou conversa a várias vozes; a análise dos conteúdos e das formas de sua vida interior, assumida diretamente pelo romancista; o monólogo interior mudo revelado pelo artifício do estilo indireto livre; as informações dadas por um interlocutor, na presença ou na ausência do interessado; e, naturalmente, os atos, as atitudes, os gestos, as mímicas, em suma, todos os sinais corporais mudos por meio dos quais se exteriorizam um estado ou uma reação psíquicos.[15]

Nada disso o cinema pode usar com total liberdade. Ele não fica realmente à vontade quando se trata de transmitir pela imagem uma troca de longos discursos, nem mesmo vivificados pela paixão, amorosa ou política. Jacques Rivette, não obstante sua inteligente exploração dos personagens desenhados por Balzac, teve de cortar ou condensar draconianamente as longas conversas de Armand de Montriveau e Antoinette de Langeais no quarto da duquesa, assim como as conversas mundanas da sociedade do Faubourg Saint-Germain, em detrimento de uma "revelação", no sentido fotográfico do termo, desse ninho de desejos, inibições, impulsos, proibições, preconceitos, erros de cálculo, que acaba fechando a porta da felicidade e escancarando a da tragédia. E quando, para compensar a castração dos diálogos do romance ou sua reescrita desacentuada ou acentuada fora do sentido, opta-se por fazer ouvir em *off* a fala do narrador, como na já mencionada adaptação de *Madame Bovary*, o contraste desse tom com a fala do dialoguista é aflitivo. Outros cineastas, contudo, se saem bem nesse exercício, que implica a busca de uma exata adequação entre o tratamento da fotografia e o do texto. Em *Diário de um pároco de aldeia* (1950) Robert Bresson foi beneficiado pela decisão inicial de Georges Bernanos, que escreveu um romance todo ele constituído de falas, alternando as falas mudas e escritas do autor do diário com os diálogos externos, transcritos no diário íntimo. É verdade que não ouvimos a totalidade do texto romanesco, mas pelo menos tudo aquilo que ouvimos passou pela linguagem direta e interior do principal protagonista, assim como pela linguagem oblíqua de sua memória; a isto vêm se somar, na tela, algumas das páginas manuscritas do diário, filmadas de uma fase a outra da história do pároco de Ambricourt. Com isso, as imagens ganham ainda mais verdade e força expressiva, em particular os primeiros planos do rosto do pároco, nos quais cada olhar, cada ruga labial, cada inclinação se harmoniza estreitamente com as palavras do diário,

---

15. Arriscaríamos dizer também que, talvez, os roteiristas e dialoguistas franceses – especialmente no pós-guerra – são por demais "realistas", por demais "teatrais", insuficientemente românticos e loucos... longe do diapasão dos grandes loucos do romance, Balzac, Hugo, Stendhal, Zola e alguns outros?

■ *APRESENTAÇÃO*

descrevendo os deveres, os sofrimentos, as vontades, as desesperanças, as inflexibilidades e, por fim, a agonia de uma criatura fragilizada por sua missão, fortalecida por sua fé e levada até o fim de sua Paixão. A arquitetura do roteiro, a organização das sequências, o planejamento das correspondências entre o texto falado e a construção da imagem estão à altura do que está em jogo: ir além de um hábito e de um rosto para sondar os segredos de uma vida excepcional, com a mesma clarividência do romance do qual o filme foi extraído, como por necessidade.

O espaço

Seja no caso da sequência dos episódios, unidos ou não por uma lógica causal, da temporalidade, objetiva ou vivenciada, ou ainda dos imprevistos da vida interior, o adaptador precisa atender a duas exigências que tendem a ser contraditórias: não perder nada, na imagem, dos detalhes romanescos que inscreveram os personagens em seu ambiente material, mas não se deixar esmagar pelo peso dessa materialidade romanesca. Permitir que o espectador reconheça ou imagine lugares e seus traços de espacialidade: lugares fechados ou abertos, urbanos ou rurais, privados ou institucionais, vastos ou exíguos, escuros ou claros, profissionais ou privados, profanos ou sagrados, tranquilizadores ou inquietantes, eufóricos ou disfóricos, familiares ou fantásticos etc. O mundo segundo *Harry Potter* não é o mundo segundo *A guerra dos botões*, o cenário de *Cais das sombras* (*Quai des brumes*) pouco tem a ver com o de *Ligações perigosas*...

O romance adaptado traz consigo seu próprio "sistema de objetos",[16] sistema de signos que, em si mesmo, indica uma época, um personagem, um sexo, uma idade, uma condição social, hábitos, gostos, escolhas de mobília e cenário, um modo de vida, um conjunto de hábitos, regras e convenções, um drama declarado ou oculto, uma cena privada e uma cena social...[17] Os lugares e os objetos (inclusive o vestuário) falam. Já falaram uma primeira vez no romance: cabe ao roteirista, ao cenógrafo, ao iluminador fazê-los falar no filme com igual grau de presença e justeza. Sobre esse aspecto podemos constatar, entre uma adaptação e ou-

tra, grandes diferenças de escolha... e de domínio na criação de um espaço fílmico de acordo com o espaço romanesco. Também aqui, é uma questão de recursos, uma questão de saber e uma questão de talento.

O efeito do meio e o efeito da época são de difícil manejo. Duas fotografias emolduradas e uma porcelana kitsch sobre uma mesa, aparecendo num plano intercalado e em contraponto na sequência de *Os vivos e os mortos*, em que os convivas ouvem uma das jovens da sociedade cantar uma velha canção irlandesa, trazem subitamente uma intensa força de evocação e emoção a toda a cena: constituem o vestígio, modesto e obstinadamente presente, dos "mortos" e de uma época morta também. O cenário arruinado do presbitério no filme de Robert Bresson diz tudo, com sobriedade, sobre o deserto de indiferença que cerca o padre, cujo diário, todavia, não se manifesta sobre essa pobreza material. E ainda temos na lembrança a rigorosa seleção de detalhes a que se entregaram Stanley Kubrick e seu cenógrafo, com a ajuda do olhar dos pintores Constable, Gainsborough e Hogarth, para recriar sem falhas de conhecimento, nem de gosto, interiores ingleses do século XVIII, em *Barry Lyndon* (1975). É grande o contraste com adaptações de grandes romances clássicos, românticos ou "naturalistas" nas quais as reconstruções estereotipadas não conseguem dizer plenamente, na linguagem das coisas, as maneiras e os valores de um tempo e de um mundo.

Além do princípio realista

Como o romance, o cinema propõe e conjuga vários modos de surgimento de uma verdade e de um sentido: uma história, uma ordem do tempo, uma vivência íntima dos agentes e pacientes do acontecimento, um espaço material socializado com a própria rede de sobredeterminações. Projeção do texto na imagem móvel, espera-se dele que respeite igualmente a regra da verdade, ou pelo menos da verossimilhança, sempre presente, por menor que seja, em toda a representação. Mas tampouco ele, como o romance, está sujeito à fotografia banal de um mundo real. De qualquer maneira, quando esse real foi de alguma forma modelado, marcado pelo cérebro e pela mão do ser humano, este deixou nele um traço dos deveres, das crenças, dos sonhos e mitos de que sua razão e seu imaginários são portadores, herdados do grupo, da classe, do povo, da história. Será necessário mais que uma fotografia, por mais eloquente que ela seja, para transmitir essa verdade.

---

16. Jean Baudrillard, *Le système des objets*, Paris, Gallimard, 1968.

17. A este respeito, ver as obras de Erving Goffman, *La mise en scène de la vie quotidienne* e *Les rites d'interaction*, Paris, Éditions de Minuit, 1973-1974.

APRESENTAÇÃO ■

Todos os grandes romances se nutrem dessa duplicidade: o apego a um real identificável e o transbordamento, a superação desse real por um entorno que lhe impõe as próprias figuras e os próprios sentidos, com as próprias nebulosas de sentido. As próprias energias. A consagrada expressão "romancista testemunha de sua época" é ao mesmo tempo insuficiente e justa: insuficiente porque só dá conta da observação documental das realidades diretamente visíveis, e justa quando metamorfoseia o documento, quando atesta a visão singular de um grande intuitivo e de um grande "inventivo", sua aptidão para promover o brilho dos relances de felicidade ou, pelo contrário, para mergulhar nas profundezas obscuras das paixões que regem o corpo e o povo, sua consciência do caos dos comportamentos individuais e coletivos, dos sonhos e mitos que os regem, ou simplesmente sua intuição dos vínculos que unem um momento de uma vida e uma passagem junto a uma árvore, uma pedra, um monumento...

Só raramente pode ocorrer exatamente o mesmo nas adaptações de obras cuja grandeza deriva da união da verdade do depoimento com a "verdade da arte", segurdo a expressão proustiana. Pois o filme apresenta duas dificuldades particulares. Por um lado, deve buscar, pelo trabalho com a história e os arquivos, a autenticidade de um tempo que não foi vivenciado por seus autores – salvo se a carcaça narrativa do romance for transportada ao presente da realização, descartando-se assim as limitações da cor histórica e local, ou se se optar por trapacear deliberadamente com a verdade original dos protagonistas, substituindo um gênero romanesco por outro: por exemplo, transformando-se *A cartuxa de Parma* num romance de Alexandre Dumas. Por outro, penetrar o invisível, o impalpável e também as convergências mudas dessa escrita que se vai tentar traduzir naquilo que é mais imediatamente olhável e escutável: imagens, ruídos, diálogo, eventualmente uma fala colocada na imagem – e eventualmente também uma música para sublinhar em redundância... Dar outra vida às figuras portadoras de um sonho de leitor, sem desfigurá-las, sem transformá-las em figurantes, em alegorias sem mistério. Fazer seu, de maneira orgânica, cerebral e visceral, o espaço de vida, de sensações, de emoções, de presenças, de ligações e desligamentos abertos pelo romance.

Os clássicos chamavam a isso o "não sei quê", ante a impossibilidade de definir aquilo cuja existência sentiam nas ficções mais raras da literatura, mas também nas obras mais sublimes da pintura – da qual tanto se aproximam os planos mais bem-sucedidos de um filme. Os críticos modernos não se sentem mais à vontade quando se trata de alcançar esse inexprimível, de apreender sua natureza e seus componentes. Mas pelo menos podemos segui-los em suas tentativas e nos desempenhos a que se aplicam – e quando se é cineasta, meditar longamente antes de escrever a primeira palavra do roteiro. "Ver o seu tema", diz Flaubert, para em seguida completar sua definição de estilo: "Uma maneira absoluta de ver as coisas." Ou seja, conferir-lhes não uma beleza de acordo com o gosto herdado ou a expectativa do público, mas uma "poética insciente", uma poesia consubstancial, nascida da própria matéria, ainda que esta seja "trivial", como a chegada dos Bovary à hospedaria de Yonville: "Nunca na vida escrevi algo mais difícil do que o que estou fazendo no momento, diálogo trivial! [...] Tenho de organizar, ao mesmo tempo, na mesma conversa, cinco ou seis personagens (que falam), vários outros (dos quais se fala), o lugar onde se está, toda a região, fazendo descrições físicas das pessoas e dos objetos, e mostrar no meio de tudo isso um senhor e uma senhora que começam (por uma simpatia de gostos) a gostar um pouco um do outro [...] Preciso fazer falarem, em estilo escrito, pessoas que não podiam ser mais comuns." Não se trata de transformar em pastora a filha de um camponês que passou pelo convento e é malcasada com um funcionário do serviço de saúde, um escrivão e um farmacêutico pretensioso, nos cafundós do interior normando. Tampouco se trata de transformá-los em silhuetas grotescas ou dignas de pena. Tudo é convencional nessa cena de *Madame Bovary*, exceto suas "iluminações": o corpo e as posturas de uma mulher cuja sedução física, natural e imediata nada tem de "comum"; o plano no pé de Léon, que se vai dirigir, como que inconsciente, para "uma das barras da cadeira" onde está sentada Madame Bovary – um primeiro toque; o brilho da "labareda" – a palavra está no texto – que da lareira ilumina, desnuda e poetiza Emma, ao mesmo tempo atravessando a trivialidade e a convenção. Para não falar dos valores atribuídos à hospedaria, ao encontro casual, ao convívio imediato, ao ritual do jantar de boas-vindas, à partilha das mesmas normas de decoro, à ironia difusa e discreta que cerca essa organização da vida, ditada por isso que Goffman chama de "governo das maneiras". Sem falar, também, da duração do rito social, propícia à conversa, à redução das distâncias, aos olhares já gulosos do jo-

23

■ *APRESENTAÇÃO*

vem Léon para o corpo da jovem, à silenciosa atração mútua, já arraigada e já clandestina. Tudo faz sentido, sorriso, reflexão, poesia, desejo de ler mais uma vez – como voltamos a ouvir um tema melódico. Tudo isto é de Flaubert, é simplesmente Flaubert. Que cineasta vai se arriscar a tomá-lo como parceiro? É, sem dúvida, um jogo infernal, como já vimos.[18]

Foi também o que vimos como aquilo que se transformou no cinema num concerto de cantadas amorosas, clandestinidade arriscada, intrigas de corte, política irracional, loucas imprudências, decisões estouvadas, paixão libertadora e depois fatal, tendo como solista Fabrice del Dongo. Ei-lo na tela, galopando como Fanfan la Tulipe, cercado de um elenco e de um coro reduzidos em três quartos e evoluindo em cenários e trajes cuja italianidade parece saída das cenas do bulevar do crime ou das lojas de roupas da Opéra Comique.

Com o sonho, o mito, *A besta humana* pode ser revisto com prazer. Mas o filme não chega realmente a se equiparar a Zola, a dialogar com suas intuições, com os jogos e as questões em jogo no romance, senão nos minutos em que Renoir enquadra o aparecimento dos trilhos ferroviários da locomotiva, recria a corrida e o resfolegar da máquina, inunda a tela de fumaça, vapor e negrume. Quanto ao resto, o filme desenrola-se na cadência de um fato bem-contado, mas marginalizado em relação ao universo neurótico, caótico e fatalista do romance. A mais recente adaptação de *Germinal* é um exercício bem-intencionado, correto,[19] não raro inspirado, de criação decorativa e figuração. Mas nada do impulso épico que mistura pavor e piedade, nada da selvageria sinfônica na marcha combinada do sofrimento, da raiva e do desespero, nada das alianças simbólicas entre o negro do carvão e da noite, a brancura da neve e o vermelho do sangue. As condensações estereotipadas dos diálogos, a nota falsa dos xingamentos muito enfáticos e do clamor coletivo cortam o caminho de toda eloquência sentida e comunicativa, de toda simpatia da parte do espectador. Nada de compaixão romântica, nada tampouco de distanciamento brechtiano. O filme reconstitui de maneira alusiva, apesar da longa duração, o trabalho nas minas, dando uma ideia do nascimento do movimento operário, com todos os efeitos es-

perados em matéria de miséria doméstica, ansiedade, mobilização popular, primeiros planos em rostos sujos de carvão e cadáveres afogados, planos de conjunto de passeatas de proletários. Nisso, mostra-se fiel a um certo discurso sobre o suposto miserabilismo "naturalista". Mas, por maior que seja o talento dos atores, é difícil distinguir por trás deles essa outra dimensão do imaginário de Zola que lhe permite clarear profundamente a narrativa do drama social contemporâneo através dos três reflexos maléficos do carvão, da neve e do sangue, e pelo halo das mais antigas narrativas lendárias universais: Teseu desafiando o Minotauro, Santo Estêvão apedrejado pelos seus, Orfeu voltando sozinho do Inferno... Todo esse terremoto simbólico e mítico na terra e no ar que cerca os personagens. Essa estrada que parece "transportar sangue", "essa debandada furiosa através das fossas", essa "visão vermelha da revolução que a todos arrastava, fatalmente, numa noite ensanguentada desse fim de século"... De que maneira, a que preço e com quais riscos de fracasso, não propriamente didático, mas antes estético, transpor para a imagem essa narrativa imensa e enlouquecida impregnada das obsessões de fim de século?

Seria o caso, então, de dar razão a Éric Rohmer, desviando-se dos romances que contam bem demais e que "pensam", tudo ao mesmo tempo? E considerar que as únicas adaptações que valem a pena são as "amarradas" por bons profissionais do posicionamento da câmera, do enquadramento dos planos e da montagem narrativa, para um público de massa, com base em romances sem sobrevivência autônoma, mas cuidando da limpidez da narrativa e alternando habilmente estereótipos conhecidos, peripécias, efeitos de suspense e surpresa, o *páthos* e o humor? Destas não se espera ambição alguma além de agradar – sabendo que é em si mesma uma arte difícil –, nem sobretudo levar o espectador a fazer o percurso inverso até a obra "adaptada". E acontece até que, livre de qualquer preocupação de rivalidade, um diretor comunique ao seu público, mediante recorrências de temas, acertos de composição, iluminação, ruídos, montagem, tipos de rostos e de gestos, sua visão das coisas e sua linguagem da imagem. O cinema autoral não remete necessariamente ao romance autoral. *O salário do medo* lembra de maneira mais imediata o nome de Henri-Georges Clouzot que o de Georges Arnaud, autor do romance do qual o filme extrai seu conteúdo e o título.

Zola, comentando uma adaptação teatral de *Os miseráveis* feita por Charles Hugo e Paul Meurice, e mon-

---

18. De *Madame Bovary*, 18 adaptações fílmicas em 11 países. Nenhuma atravessou a fronteira da posteridade.

19. Claude Berri visivelmente inspirou-se, por exemplo, nas gravuras que ilustram o livro de Louis Simonin: *La mine et les mineurs*, Paris, 1867, uma das fontes do romance de Zola.

tada em Paris em março de 1878, expõe os obstáculos que se antepõem à transposição de um "prodígio" romanesco para o palco teatral, em termos que não são inadequados para o cinema. "Esse romance interminável, tão desigual, obstruído por excessivas digressões, abrindo-se, às vezes, para episódios adoráveis e magníficos, representa esse prodígio literário de ser construído no sonho e de chegar à vida através da intensidade do lirismo [...] E acontece que seus personagens, completamente imaginários, adquirem vida própria. Nós os vemos, eles se impõem, mesmo quando sorrimos de sua monstruosidade. Desse modo, *Os miseráveis*, epopeia tão postiça do mundo moderno, está cheio dessas figuras inesquecíveis, sombras às quais o poeta conferiu corpos, por um milagre da sua veia lírica. Nada disso se sustenta, é tudo falso, inverossímil e até ridículo. Mas não importa, o exagero dos tipos aumenta o seu relevo. Ficamos obcecados [...]." Que uso fazer disso no teatro? Hoje, podemos acrescentar: "E no cinema, naturalmente." "Naturalmente", prossegue Zola, "não é fácil transpor para o teatro um romance assim. Nele, o elemento dramático está por demais disseminado, remetendo a personagens com vidas demasiado longas. Os episódios são como as contas de um colar cujo fio se rompeu. Não se deve esperar encontrar no livro, assim, um drama fortemente arquitetado, em torno de um tema único. A única coisa a fazer é limitar-se a recortar os episódios famosos, ligá-los da maneira mais hábil possível e apresentá-los ao público como uma série de imagens conhecidas, agradáveis de serem revistas no brilho do palco. Aquilo que o adaptador entendeu e executou com inteligência."[20]

Disse tudo, e as numerosas adaptações cinematográficas de *Os miseráveis* não fizeram diferente. Mas ainda assim gostamos de revê-las no brilho da tela – ao mesmo tempo adotando a palavra final do crítico: "O grande poeta está por trás; mas vemos apenas sua sombra." Isso para não ser chamado de "cão de guarda" da literatura.

O romance não é escrito para o cinema. Donde o nó de ambiguidades, contradições e falsos problemas que embaraça a crítica das adaptações. Vamos tentar concluir com três observações.

Digamos, para começar, que a questão da adaptação nem chega a se colocar quando a maior parte do público ignora a presença de um romance nas vizinhanças do filme. Se ele agrada, pouco importa sua gênese. Se o público tem a sensação da mediocridade, fica igualmente indiferente saber se essa mediocridade decorre da inabilidade do trabalho totalmente autônomo do roteirista e do realizador ou da fraqueza de uma fonte invisível.

Em segundo lugar vem a consideração de uma grande sombra romanesca sempre presente, ostentada no título ou na publicidade, ou ainda reconhecida pelo espectador culto, apesar de apagada pelo produtor. Apresentam-se, então, dois casos. Ou bem o filme foi considerado um fracasso, e essa avaliação persistiu: uma crítica atenta vai culpar a incapacidade da equipe de realização no sentido de apreender os valores essenciais do romance. Ou, então, o filme foi e continua sendo considerado uma obra de qualidade, e até uma obra-prima: inevitavelmente, o crédito se divide entre a inteligência e a sensibilidade da leitura inicial e o domínio (inclusive financeiro) da instrumentação cinematográfica. O que de modo algum exclui a busca de uma composição diferente, em diversos pontos, da que se apresenta no romance: eliminação ou acréscimo de cenas, condensação da duração, deslocamento de época ou lugar, como vimos nos casos de *O leopardo*, *A besta humana* e *O perigoso jogo do amor*. Em música, usa-se o termo "arranjo": o ritmo e a orquestração podem ser mudados, desde que sejam reconhecidas a melodia e, se possível, a inspiração afetiva. O arranjo fílmico de um romance de interesse universal valerá tanto mais na medida em que for capaz de conservar seus personagens, as questões humanas abordadas e o movimento dramático. *Le Diable au corps*, filme de Claude Autant-Lara (1947), merece ser revisto, como o romance de Radiguet merece ser relido, pois, apesar de modificar sensivelmente o início, o fim e alguns episódios centrais, e não obstante certas remodelagens destinadas a condensar e dramatizar mais a historicidade da intriga,[21] preserva e mesmo reforça o caráter proibido, invencível e fatal da paixão vivenciada pelos dois jovens encarnados por Micheline Presle e Gérard Philipe.

Restaria, finalmente, discutir a equação radical tantas vezes colocada: "adaptação, traição", comparável,

---

20. *Le Bien public*, 1º de abril de 1878. *OEuvres complètes*, Paris, Cercle du Livre Précieux, t. XII, 1969, pp. 147-148.

21. O filme, por exemplo, elimina, entre outras, as cenas do hospital militar e a licença do noivo soldado, mas acrescenta a cena da visita à loja de móveis. Prolonga a noitada no restaurante e adiciona o encontro perdido, e, sobretudo, promove a coincidência, numa antítese patética, dos festejos coletivos de 11 de novembro de 1918 com o mal-estar mortal da jovem.

■ *APRESENTAÇÃO*

em outro plano, ao jogo de palavras italiano: *"traduttore, traditore."* Mas há quem a rejeite categoricamente. É verdade que esse aforismo, expresso de outra maneira, mas com sentido idêntico, em termos de infidelidade, de deformação, de desvio, de desnaturação, de vulgarização, de transgressão ou violação, repousa em dois pressupostos igualmente discutíveis. O pressuposto moral – não se tem o direito de tocar numa obra do grande repertório literário – e o pressuposto hierárquico – o cinema, como tal, é inferior à literatura, no mínimo em virtude de seus impedimentos: *orçamentários*, que impedem um tratamento adequado das cenas onerosas, como, em *Madame Bovary*, o casamento, o baile, a ópera; *materiais*: utensílios pesados, especializados, caros, em perpétua evolução tecnológica; *humanos*: multiplicidade heterogênea e flutuante dos participantes, conflitos de gosto, ideias, cultura ou incultura entre o roteirista e o realizador, assim como a imagem pública dos atores; *políticos*: censura e autocensura mais rigorosas...

Ante esses argumentos de princípio, os defensores da adaptação não têm dificuldade de responder que existem obras-primas cinematográficas, derivadas diretamente da literatura, e cuja beleza atravessa gerações. Podem responder também que cada um dos gêneros, o relato verbal e a narrativa associando imagens móveis e palavras, tem suas próprias capacidades e suas próprias limitações, e que os núcleos e as estruturas fundamentais de uma mesma diegese, por mais complexa que seja, podem ser igualmente representados por sequências de frases verbais ou sequências de imagens móveis escoradas em tramas sonoras, vozes, ruídos e música. De um a outro não haveria, teoricamente, déficit de expressividade, mas apenas transferências de linguagem.

Pudemos ver o que acontece na realidade das obras, e que a prática está bem longe da teoria. As únicas adaptações que contam são de fato as que unem um conhecimento íntimo e profundo de todos os *valores* do romance a um estilo pessoal da criação cinematográfica. São elas, extremamente raras, que bastam para invalidar a equação antes apresentada.[22] As melhores representam um padrão tão alto que o gênero, tendo feito certo sucesso entre as duas guerras e nos anos imediatamente posteriores à Segunda Guerra Mundial, sofreu em seguida um declínio, especialmente ao ser atacado pelos críticos da Nouvelle Vague.

---

22. O próprio Eisenstein nunca se arriscou a adaptar Zola, embora seus próprios textos sobre a arte do filme com frequência se inspirassem na obra do autor de *Os Rougon-Macquart*.

Bibliografia

BARON Anne-Marie, *Romans français du XIXe siècle à l'écran. Problèmes de l'adaptation*, Presses Universitaires Blaise Pascal, Clermont-Ferrand, 2008.

BAZIN André, "Pour un cinéma impur: défense de l'adaptation", *Qu'est-ce que le cinéma?*, Paris, Éditions du Cerf, t. II, 1959.

BEUGNET Martine e SCHMID Marion, *Proust at the Movies*, Farnham (Grã-Bretanha), Ashgate, 2005.

CIMENT Michel e ZIMMER Jacques (dir.), *La critique de cinéma en France*, Paris, Ramsay-Cinéma, 1997.

CLÉDER Jean e MONTIER Jean-Pierre, *Proust et les images. Peinture, photographie, cinéma, vidéo*, Presses Universitaires de Rennes, 2004.

CLERC Jeanne-Marie, *Littérature et cinéma*, Paris, Nathan Université, 1993.

DONALDSON-EVANS Mary, *"Madame Bovary" at the Movies*, Amsterdã-Nova York, Rodopi, 2009.

EISENSTEIN Serguei M. , *Ma conception du cinéma*, Paris, Buchet-Chastel, 1971.

EISENSTEIN Serguei M. , *Cinématisme*, Paris, Les Presses du Réel, 2009.

GARCIA Alain, *L'adaptation du roman au film*, Paris, IF Diffusion, 1990.

GARDIES André, *Le récit filmique*, Paris, Hachette, 1993.

GAUDREAULT André e François JOST, *Cinéma et récit*, Paris, Nathan, t. I, 1989; t. II, 1990.

GENETTE Gérard, *Palimpsestes, la littérature au second degré*, Paris, Seuil, 1982.

HUTCHEON Linda, *A Theory of Adaptation*, Nova York, Routledge, 2006.

MALRAUX André, *Esquisse d'une psychologie du cinéma*, Paris, Nouveau Monde Éditions, 2003.

METZ Christian, *Essais sur la signification au cinéma*, Paris, Klincksieck, 1968, t. II, 1972.

"Naturalism and Realism in Film Studies", *Excavatio*, vol. XXII, nos 1-2, Alberta, AIZEN, 2007.

[Obra coletiva] *Eisenstein et le mouvement de l'art*, Paris, Éditions du Cerf, 1986.

ROPARS-WUILLEUMIER Marie-Claire, *De la littérature au cinéma, genèse d'une écriture*, Paris, Armand Colin, 1970.

SERCEAU Michel, *L'adaptation cinématographique des textes littéraires*, Liège, Éditions du Céfal, 1999.

VANOYE Francis, *Récit écrit, Récit filmique*, Paris, Nathan Université, 1989.

VANOYE Francis, *Scénarios modèles, modèles de scénarios*, Paris, Nathan Université, 1991.

WARREN Paul (dir.), *Zola et le cinéma*, Paris, Presses de l'Université Laval e Presses de la Sorbonne Nouvelle, 1995.

Como abordar a adaptação?

BÉRÉNICE BONHOMME

- Iluminação
- Enquadramento
  - Campo / fora de campo
  - Movimentos de câmera

- Justaposição de som e imagem: sincronização
- Voz e articulação dos atores
- Papel da música

- Ritmo: lentidão e rapidez, fluidez e tropeços
- Diferentes tipos de ligação: corte, escurecimento, fusão...
- Diferentes tipos de encadeamento

Imagem Som Montagem

As especificidades do cinema

Simultaneidade e sucessividade

- Romance e narrativa fílmica têm de se desdobrar na sucessividade
- O cinema também oferece a possibilidade da simultaneidade
- O cinema permite associar simultaneidade e sucessividade
- Uma possibilidade típica do cinema: a consulta

  - Segundo André Gardies, "o enunciado fílmico, para ser produzido, pressupõe três decisões, e não duas, como no caso do enunciado verbal"
  - 1) Eixo paradigmático: escolha dos dados a serem utilizados (tal imagem, tal som...)
  - 2) Eixo sintagmático: ordem em que são dispostos os elementos
  - 3) Que elementos serão percebidos simultaneamente? Que som, em qual imagem, por exemplo?

Força da analogia

- O cinema facilita um trabalho de eco, de semelhança
- Dois personagens diferentes podem, assim, ser interpretados pelo mesmo ator
- O cinema tem uma natureza duplamente analógica (analogia da imagem com o mundo e analogia das imagens entre elas)

Literatura e cinema

→ Relações complexas

- Durante muito tempo houve certo desprezo da literatura pelo cinema
- O livro não é um modelo a ser alcançado pela adaptação fílmica. Fala-se de adaptação, mas pode tratar-se, de maneira mais ampla, de inspiração e impregnação
- A maioria dos modelos narrativos do cinema deriva da literatura. Mas o cinema (e particularmente a forma fílmica) também inspirou escritores

30

As grandes questões

O espaço
- Importância da espacialização no cinema (cenários, profundidade de campo, lateralidade)
- Reconstituição de um espaço mais ou menos coerente no cinema

O tempo
- No cinema, a imagem está sempre no presente, sendo atualizada
- Existem substitutos como o *flashback* e o *flash-forward*
- A língua é de grande flexibilidade na expressão da temporalidade (futuro, presente, passado)

O corpo
- O cinema impõe certa definição dos personagens
- Todo personagem romanesco dá origem a imagens diferentes para cada leitor
- O corpo coloca a questão da exibição da sexualidade e da violência

A interioridade
- Utilização da voz em *off*
- Utilização de "imagens mentais" mostrando os pensamentos do personagem
- Câmera subjetiva

O teste da reescrita

Como transpor uma escrita?
- A questão do estilo literário: o filme preserva algo dele?
- As metáforas verbais: como transformá-las em imagens?
- O filme transforma o olhar do espectador em relação ao livro do qual foi adaptado (metatexto)?

A opção pela concentração
- Muitas adaptações acarretam condensações, eliminações e deslocamentos (no espaço e no tempo). Os cortes modificam o equilíbrio narrativo
- Certos aspectos podem ser mais desenvolvidos no filme. Além disso, em decorrência das eliminações, os elementos mantidos adquirem maior importância. As linhas de força narrativas são acentuadas

Uma questão verdadeira/falsa: a fidelidade do filme ao livro
- A questão da fidelidade não é interessante em si mesma
- O que é pertinente é analisar a evolução do equilíbrio narrativo e estilístico
- A questão da passagem permite refletir sobre as especificidades do cinema e da literatura

Quem adapta?
- Caso do autor/realizador que adapta seu próprio livro
- O realizador interessado apenas por uma história
- O papel do roteirista
- O realizador impregnado da leitura de um escritor, não se podendo falar estritamente de adaptação

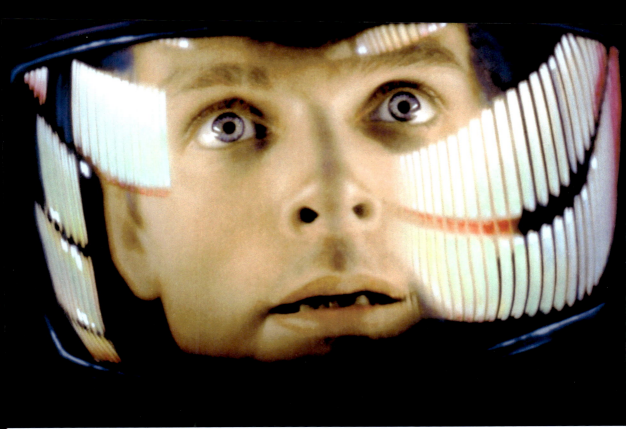

Keir Dullea

▶ *2001: uma odisseia no espaço*

ESTADOS UNIDOS, 1968 (*2001: A SPACE ODYSSEY*)

Arthur C. Clarke: *The Sentinel* (novela), 1951.
Primeira edição na coletânea *The Nine Billion Names of God*.
Arthur C. Clarke: *2001 l'odyssée de l'espace*, 1968.

SINOPSE

Na pré-história, um grupo de pré-humanos sobrevive com dificuldade. Um dia, aparece um objeto misterioso. Em seguida, a tribo dá um salto em sua evolução e descobre ferramentas e armas. Em 2001, um objeto de origem desconhecida é descoberto na Lua. Ele emite um sinal para as estrelas. Meses depois, uma missão espacial é enviada aos confins do sistema solar. A tripulação, menos dois astronautas, fica em estado de hibernação. A nave também transporta um poderoso supercomputador, HAL 9000. Dotado de um tipo de consciência, ele se revolta e elimina a tripulação, à exceção de um único homem, Dave Bowman, que consegue "matar" o computador. Chegando aos confins do sistema solar, Bowman descobre no espaço um objeto gigantesco, com a mesma forma do que foi encontrado na Lua. O espaço se abre e Bowman é projetado para outra dimensão.

2001: UMA ODISSEIA NO ESPAÇO

Pr.	MGM
Dir.	Stanley Kubrick
Rot.	Stanley Kubrick, Arthur C. Clarke
Foto.	Geoffrey Unsworth
Int.	Keir Dullea (Dave Bowman), Gary Lockwood (Frank Poole), William Sylvester (Dr. Floyd), Daniel Richter (Moonwatcher, "Observador da Lua"), Douglas Rain (voz de HAL 9000)
Duração	141 min

Stanley Kubrick já havia feito filmes notáveis como *Glória feita de sangue* (1958), *Lolita* (1962) e, sobretudo, *Dr. Fantástico* (1963), ao decidir realizar um filme de ficção científica "adulto" e ambicioso. Como de hábito, começa a procurar uma fonte literária.

Sua escolha recai sobre uma novela de Arthur C. Clarke, escrita em 1951, intitulada *The Sentinel*, publicada originalmente na coletânea *The Nine Billion Names of God*. Clarke já é então um grande nome da literatura de ficção científica, mas também renomado autor de obras de vulgarização científica.

The Sentinel é um texto relativamente curto, escrito por um astronauta na primeira pessoa do singular. Ele relata uma expedição à Lua durante a qual descobre um estranho objeto no alto de uma montanha: "Uma estrutura brilhante, tendo, *grosso modo*, a forma de uma pirâmide, e engastada na rocha como um gigantesco diamante multifacetado."

Após exame, chega-se à conclusão de que o objeto foi ali depositado há centenas de milhares de anos, ou milhões, por uma civilização extraterrestre. Objetivo: servir de sentinela. Quando os seres humanos tivessem evoluído suficientemente para descobri-lo, estariam assim mandando um sinal em direção a esses seres distantes. A novela tem um fim aberto: "Não creio, por sinal, que ainda devamos esperar muito."

■ A partir desse postulado, breve e sucinto demais para um longa-metragem, Kubrick começa a escrever o roteiro. Também toma duas decisões: uma, rara, a outra, praticamente única. A primeira é associar Clarke à escrita do filme. A outra é fazer-lhe uma proposta original: escrever um romance simultaneamente à escrita do filme, para ter a maior liberdade imaginativa possível.

Nasce assim um objeto absolutamente inédito em sua própria concepção. Com efeito, o romance de Clarke, *2001: uma odisseia no espaço*, não pode de forma alguma ser considerado uma novelização do filme. Foi escrito ao mesmo tempo em que o roteiro, devendo as duas formas de escrita influenciar-se reciprocamente. E por sinal o romance de Clarke se inspiraria em alguns de seus temas prediletos, já usados em novelas anteriores. Mas é claro que é sensível, nele, a influência de Stanley Kubrick. Ele é apresentado da seguinte maneira: "Romance de Arthur C. Clarke, com base em roteiro original de Stanley Kubrick e Arthur C. Clarke." No filme, por sua vez, consta: "Roteiro: Stanley Kubrick e Arthur C. Clarke, com base na novela de Arthur C. Clarke, *The Sentinel*" (sem mencionar o romance).

Estamos, portanto, diante de um caso muito especial. Comparar o romance e o filme não consiste em estudar a técnica de adaptação e sim em determinar de que maneira cada autor abordou sua narrativa e com quais elementos pessoais contribuiu.

■ As duas obras são diferentes em sua estrutura: Clarke divide o livro em seis partes, intituladas "A noite ancestral"; "AMT-1"; "Entre os planetas"; "Abismo"; "As Luas de Saturno" e "Além da porta das estrelas". A decupagem feita por Kubrick é menos clara. Em sua maioria, os observadores consideram que o filme tem quatro partes: a Pré-história, a Lua, a viagem para Júpiter e a viagem no infinito. O próprio Kubrick tomou o cuidado de inserir intertítulos, como se fossem títulos de capítulos. Acontece que eles são ape-

→ PISTAS PEDAGÓGICAS

▸ O cinema de ficção científica, reflexo de sua época (o psicodelismo, a era da conquista da Lua).

▸ Os grandes autores de ficção científica adaptados para cinema: Richard Matheson (*The Box*), Philip K. Dick (*Total Recall, Minority Report*), Richard Heinlein (*Starship Troopers*), Stanislas Lem (*Solaris*).

▸ Os conceitos filosóficos de *2001* e o campo aberto à interpretação: materialismo científico ou misticismo.

▸ Zaratustra: a chave do filme?

▸ Visões da Pré-história no cinema e sua relação com o grau dos conhecimentos adquiridos pela humanidade.

nas três: "Alvorecer da humanidade"; "Missão Júpiter"; "Júpiter e além do infinito".

Desse modo, o episódio lunar, introduzido pela mais famosa elipse da história do cinema (o famoso plano do osso que se transforma em nave espacial), não tem título. Ausência que pode ser explicada de duas maneiras: ou bem consideramos que é exatamente essa elipse que serve de título, pela figura de estilo e de pontuação que representa, ou, então, entendemos que o episódio lunar se situa simbolicamente no "alvorecer da humanidade".

Essa elipse é muito importante, por ser bem característica de Stanley Kubrick. No romance, pelo contrário, encontramos um capítulo extremamente pedagógico que resume a evolução do homem desde a Pré-história. À pedagogia científica, portanto, Kubrick prefere uma arte da elipse e da lacuna que abre lugar para a interpretação do espectador.

■ Essa abertura do campo interpretativo é sintomática da diferença fundamental entre a obra literária e a obra fílmica. De formação científica, Clarke coloca postulados precisos, explica, detalha e justifica. Já Kubrick se vale da precisão científica dos cenários e técnicas para resvalar no simbolismo e na filosofia, e, mesmo, para certa forma de misticismo.

Desde o início, Kubrick opta por uma forma de abstração e mutismo. Ao contrário do que acontece no romance, o monolito da Pré-história é único (ou pelo menos nada indica que haja outros) e apresenta sempre o mesmo aspecto. E, ao contrário de Clarke, Kubrick jamais dá qualquer explicação a seu respeito. A palavra "extraterrestre" é usada apenas uma vez, e a natureza dessa forma nunca vem a ser explicada.

Com isso, o filme é de uma obscuridade vertiginosa na primeira visão. Trata-se, sem dúvida, de um dos filmes menos dialogados do cinema falado, e em momento algum o espectador é guiado por algum comentário, uma voz em *off* ou algum narrador. Desse modo, os acontecimentos apresentados são, em grande parte, não incompreensíveis, mas ininterpretáveis: Que é o monolito? Para onde vai Bowman? Como ele se metamorfoseia? Como e por que retorna? Nada é explicitado. Ao contrário do romance, o filme é uma obra aberta. Por ser visto e entendido em sentido puramente místico: o monolito representaria a inteligência divina, ao mesmo tempo guia e objetivo da humanidade. Isto explicaria o fato de, no filme, Bowman não se dirigir a Saturno, limite do sistema solar – a derradeira fronteira, do ponto de vista de Clarke –, mas a Júpiter, o mais poderoso dos deuses. Aonde as palavras não podem chegar, Kubrick recorre à música, conduzindo o espectador por uma intensa experiência artística (visual e sonora) e filosófica, de inspiração nietzschiana, induzida pela utilização do tema de abertura de "Assim falou Zaratustra", de Richard Strauss. O fim, assim, seria o prenúncio de um renascimento na forma de um ser superior, pronto para o próximo salto à frente do destino evolutivo do homem, o advento do Super-Homem.

■ Ao ser lançado, o filme provoca, ao mesmo tempo, espanto, entusiasmo e muitas críticas, em especial por seu caráter obscuro. São elogiados, sobretudo, os efeitos especiais totalmente inéditos, inesperadamente conferindo uma nova verossimilhança a uma visão do futuro. A aliança entre os temas musicais clássicos (Strauss, Ligeti, Khachaturian) e as imagens, outra novidade, logo se transformaria numa "marca", e mesmo num clichê muitas vezes repetido. Mas, no fim das contas, *2001* representa uma data fundamental na história da ficção científica, como o primeiro filme "adulto" do gênero, convergindo nesse sentido com a literatura, que há muito já proporcionara obras importantes.

LA

Bibliografia

Obra coletiva, *L'Avant-Scène* nº 580, fevereiro de 2011.

Michel Ciment, *Stanley Kubrick*, Calmann-Lévy, 1980.

Arthur C. Clarke: *2001-3001 – Les odyssées de l'espace*, Omnibus, 2001. Coletânea contendo a novela, o romance e suas diversas "continuações", além de um importante prefácio de Jacques Goimard.

Vidas amargas

ESTADOS UNIDOS, 1955 (*EAST OF EDEN*)

John Steinbeck, *East of Eden*, 1952.

SINOPSE

Em Salinas Valley, norte da Califórnia, Adam Trask cultiva suas terras com a ajuda dos dois filhos, Aron e Cal, que criou sozinho dentro de um cristianismo rigoroso. Se Aron, noivo de Abra, não tem problemas com isto, Cal sente desamor e se julga a própria encarnação do mal. Um dia, ele vai à cidade vizinha de Monterey e descobre que sua mãe, que julgava morta, está viva e tem um prostíbulo. Aos poucos, às escondidas, entra em contato com ela, origem de sua parte maldita.

Em 1917, quando o pai perde toda a safra de alface e fica arruinado, ele decide ajudá-lo lançando-se na produção de feijão, que o Exército pode vir a comprar a preço especulativo quando os Estados Unidos entrarem na guerra. Precisando de capital, ele o toma emprestado à mãe. Só Abra tem conhecimento de suas atividades, o que fortalece nela os sentimentos por ele. Mas quando Cal entrega o dinheiro, explicando que o ganhou na especulação, o pai fica indignado. Furioso, Cal se vinga revelando a Aron que a mãe está viva e mostrando-lhe o que ela faz.

James Dean e Raymond Massey

VIDAS AMARGAS

Pr.	Elia Kazan
Dir.	Elia Kazan
Rot.	Paul Osborn
Foto.	Ted D. McCord
Int.	Julie Harris (Abra), James Dean (Cal Trask), Raymond Massey (Adam Trask), Richard Davalos (Aron Trask), Jo van Fleet (Kate), Burl Ives (Sam), Albert Dekker (Will)
Duração	115 min

Vidas amargas representa uma virada na carreira de Elia Kazan, que aos 46 anos acabara de concluir *Sindicato de ladrões*, com Marlon Brando. Depois de muitos problemas com seus produtores, entre eles o talentoso "nababo" de Hollywood, Darryl F. Zanuck, o cineasta jurou que passaria a produzir seus próprios filmes. Concretiza, então, esse projeto, adaptando o romance que seu amigo John Steinbeck publicou em 1952. A obra, considerada pelo autor seu "grande romance californiano", teve considerável sucesso, apesar das reticências da crítica, que não encontrou nessa obra imponente o forte enraizamento na realidade contemporânea americana que fizera a reputação de Steinbeck antes da guerra (*Ratos e homens, Vinhas da ira*).

Pois o romance, originalmente intitulado *Salinas Valley*, não é dos mais bemescritos. Embora acompanhemos cerca de cinquenta anos da vida de duas famílias, a de Cyrus Track e a de Samuel Hamilton, só depois de quase trezentas páginas é que as vemos entrar em contato, através de Adam, filho de Cyrus. Steinbeck acaba focando basicamente o destino dos filhos de Adam, os gêmeos Aron e Caleb. O romancista inicia o relato recorrendo a um "eu" que rapidamente esquece. Mas esse detalhe lembra ao leitor que Steinbeck, igualmente nativo de Salinas, está contando a vida da sua família. O público americano encontra-se, então, em território conhecido, num romance cheio de elementos extraídos da Bíblia e no qual os personagens voltam a viver a história de Adão e Eva e a de Abel e Caim. Quanto ao título, foi extraído de um versículo do *Gênesis* que fala do exílio de Caim depois do seu crime: "Caim retirou-se diante do Eterno e foi para o país de Nod, a leste do Éden."

■ O futuro Prêmio Nobel de Literatura, que escreveu o roteiro de *Viva Zapata!* com Kazan em 1952, deveria encarregar-se da adaptação de *Vidas amargas*. Entretanto, defrontando-se com a pesada construção de seu romance, rapidamente desiste. Kazan recorre então a um dramaturgo, Paul Osborn, também roteirista reputado, que escreveria um de seus filmes mais bemsucedidos, *Rio violento*. Kazan fica feliz com o trabalho com Osborn, capaz ao mesmo tempo de estruturar solidamente seu roteiro e nele incluir elementos escolhidos pelos dois. De fato, lendo *East of Eden*, Kazan identificou-se com o personagem do filho de Adam, Caleb, conhecido como Cal. Como ele, foi um adolescente revoltado, introvertido e que não se considerava objeto do amor do pai. Kazan opta, assim, por adaptar a quarta parte do romance. Osborn concorda com essa opção e Kazan, pela primeira vez, utiliza muitos elementos autobiográficos em sua obra.

■ Cal torna-se, assim, o personagem central do filme, enfrentando o pai, defrontando-se com a mãe e se apaixonando por Abra. O personagem de Aron, não mais seu gêmeo, como no romance, torna-se secundário e apagado. Para acentuar o dualismo dramático entre o bem e o mal, entre o pai e o filho, Osborn e Kazan suprimem os personagens do meio-irmão de

VIDAS AMARGAS

Julie Harris, Richard Davalos, James Dean

Adam e do cozinheiro chinês dos Trask, que moderavam o puritanismo de Adam e seus acessos de raiva. Como afirma Kate, a mãe de Cab e Aron, os personagens do filme passam então a "viver na Bíblia". Vale notar que Jo van Fleet ganhou merecidamente o Oscar de melhor coadjuvante feminina por sua interpretação de mulher forte e marcada por uma vida dissoluta. Os autores fizeram aí uma escolha radical, encontrando a mola dramática que faltava ao romance. Steinbeck não levou a mal, considerando que o filme não era infiel ao seu livro, derivando em grande medida dele.

■ Além das opções de roteiro muito marcadas, esta adaptação também dá a Kazan a oportunidade de fazer uma escolha técnica determinante: ele adota o CinemaScope. Em seus filmes anteriores, com efeito, o cineasta, influenciado pelo cinema russo, fazia amplo uso de primeiros planos. Com o Scope, em tela larga, ele retoma seus reflexos de diretor teatral: as cenas são mais longas, menos decupadas, permitindo inclusive que os atores improvisem.

E por sinal é nessa "teatralidade", particularmente visível nos confrontos entre pai e filho, que se escoram as críticas negativas do filme. Tanto mais que a interpretação de James Dean, um puro produto do Actor's Studio, ao qual foi dada preferência em detrimento de Marlon Brando, considerado "velho" para o papel, acentua ainda mais a dimensão teatral.

A posteriori, o filme pode ser visto, sobretudo, como o primeiro filme de James Dean, lançando o ator e o mito que hoje conhecemos. É, portanto, com certa surpresa que constatamos que o primeiro nome a aparecer nos créditos é o de Julie Harris. Mas o papel de Abra, interpretado por essa jovem febril, perdida em meio a todo o ódio entre os Track, é o mais bem-escrito do filme, o que mais intimamente se vincula ao universo de Kazan, que em entrevistas com Michel Ciment não poupa elogios à atriz.

■ O paradoxo de *Vidas amargas*, adaptação no fim das contas extremamente livre de um romance que pinta uma América saudosista, consiste em anunciar a emancipação da juventude dos anos 1950, e isso graças à presença de um ator meteórico que viria a morrer alguns anos depois, aos 24 anos, na estrada para Salinas, berço dos heróis de Steinbeck.

Outro paradoxo do filme, que não convenceu ao ser lançado, tendo sido considerado excessivamente hollywoodiano em Cannes, em 1955, está em representar para Kazan uma etapa necessária justamente para se livrar das rédeas hollywoodianas, entendendo que podia nutrir seu cinema com sua experiência teatral e sua própria história. Em suma, sem *Vidas amargas*, Kazan talvez não tivesse sido escolhido como indiscutível realizador, nem sido colocado num pedestal pelos cinéfilos, por *Terra de um sonho*, *Clamor do sexo* e *Rio selvagem*.

PP

> **PISTAS PEDAGÓGICAS**
>
> ▸ Abel e Caim, Adão e Eva: os casais bíblicos na literatura e no cinema americanos.
> ▸ O mito de James Dean.
> ▸ O herói rebelde.

Bibliografia

Michel Ciment, *Kazan par Kazan*, Ramsey, 1985.
Florence Colombani, *Elia Kazan, une Amérique du chaos*, Philippe Rey, 2004.
Joseph R. Millichap, *Steinbeck and Film*, Frederick Ungar Publishing, 1983.

O adversário

FRANÇA, 2002 (*L'ADVERSAIRE*)

Emmanuel Carrère, *L'adversaire*, POL, 2000.

SINOPSE

Na França, uma cidadezinha perto da fronteira suíça, na década de 1990.

Jean-Marc Faure é um homem que teve sucesso na vida. Pesquisador de reputação internacional, faz carreira na Suíça. Tem a família ideal, amigos e uma amante. Mas tudo é falso. Há vinte anos Faure constrói meticulosamente uma mentira: não tem nenhum diploma, nenhuma profissão. Sustenta seu padrão de vida com dinheiro de parentes e amigos, que supostamente investe em condições vantajosas. Ninguém ao seu redor jamais desconfiou, mas sua situação torna-se insustentável.

Daniel Auteuil

O ADVERSÁRIO

Pr.	Les Films Alain Sarde
Dir.	Nicole Garcia
Rot.	Jacques Fieschi, Frédéric Bélier-Garcia, Nicole Garcia
Foto.	Jean-Marc Fabre
Int.	Daniel Auteuil (Jean-Marc Faure), Géraldine Pailhas (Christine), François Cluzet (Luc), Emmanuelle Devos (Marianne), Bernard Fresson (pai de Christine), François Berléand (Rémi), Michel Cassagne (pai de Jean-Marc), Joséphine Derenne (mãe de Jean-Marc)
Duração	129 min

Outras versões:
- *Le Roman d'un menteur* (Gilles Cayatte, 1999), documentário de TV
- *L'emploi du temps* (Laurent Cantet, 2001), int. Aurélien Recoing, Karine Viard (não é uma adaptação direta do livro de Emmanuel Carrère, mas se inspira no mesmo episódio policial)

O "caso Romand" é um dos mais famosos episódios da crônica policial do fim do século XX na França. O caráter singular do caso decorre menos da dimensão do crime propriamente dito (um homem mata toda a família, cinco pessoas) do que da singularidade do que está por trás dele. Durante dezoito anos esse homem mentiu para todos que o cercavam (família, amigos...), inventando diplomas e uma profissão que nunca exerceu; mais extraordinário ainda, a mentira não servia para encobrir nada. O episódio teve extraordinária repercussão, e além de suscitar inúmeros artigos e reportagens foi relatado de maneira mais ou menos direta em um documentário, um livro e dois filmes. Cronologicamente, o filme de Nicole Garcia, adaptação oficial da obra de Emmanuel Carrère, é a mais recente obra inspirada pelo caso Romand. O livro, para dizer a verdade, foi publicado entre o lançamento do documentário e o do filme de Laurent Cantet, mas foi iniciado muito antes, abandonado e depois retomado pelo autor. Não se trata, portanto, de uma adaptação do livro, mas do próprio episódio policial, resultando de um objeto literário híbrido: não um romance, mas um relato, no qual o autor, falando em primeira pessoa, conta seu interesse pelo caso e seu empenho em relatá-lo, ao mesmo tempo descrevendo

Daniel Auteuil, Géraldine Pailhas

O ADVERSÁRIO

Emmanuelle Devos e François Cluzet

o processo e, paralelamente, o passado, e o itinerário de Jean-Claude Romand, tal como chegou a entendê-los e reconstituí-los.

■ A transposição do livro de Carrère para a tela apresentava muitos problemas. O principal certamente decorria do caráter paradoxal dessa história verdadeira: a mentira aqui não é ficção destinada a "encobrir" uma realidade, como na estrutura básica de muitas comédias ou melodramas. Não há, portanto, um jogo de máscaras, subentendidos e suspense possível. O outro problema era a escolha da estrutura narrativa. Várias pistas se apresentavam. Ou bem reconstituir cronologicamente a vida de Romand (rebatizado de "Faure" no filme por motivos legais, o que, infelizmente, elimina a incrível coincidência onomástica entre o nome do personagem e a invenção de sua vida),[1] tal como reconstituída ou imaginada por Carrère; ou bem transformar o próprio escritor em personagem principal (como acontece no livro) e segui-lo em seu processo de investigação e escrita, lançando uma interrogação reflexiva sobre a posição do escritor e seu investimento próprio. Essas duas alternativas são afastadas pelo roteirista. O escritor desaparece totalmente (assim como o processo), e Romand/Faure é de fato o personagem principal. Mas se opta por conservar a estrutura fragmentada do livro. Desse modo, o filme é construído em sucessivos *flashbacks*, a partir da questão da trajetória trágica de Romand, que preserva seu aspecto enigmático e incompreensível. Nicole Garcia opta por fazer dele um autêntico "bloco de vazio", fazendo eco a uma das expressões mais fortes de Carrère: "Por baixo do falso doutor Romand não havia um Jean-Claude Romand verdadeiro." Nesse sentido, o filme é,

ao mesmo tempo, servido e comprometido por Daniel Auteuil: sua interpretação é excelente, mas sua figura conhecida, seu passado cinematográfico e sua condição de "astro" tornam difícil aceitá-lo como "estranho" indecifrável. Em compensação, Nicole Garcia não arrisca nenhuma explicação tranquilizadora nem o esclarecimento de certos enigmas. Deixa pairar a dúvida sobre outro crime de Romand. Em alguns momentos, contudo, insinua algumas hipóteses, como o famoso videocassete pré-gravado, no qual imagina que Faure teria registrado sua confissão (o que por sinal permite fornecer algumas pistas ao espectador, ao mesmo tempo realizando um belo efeito de palimpsesto); ou, então, propõe e reconstitui momentos-chave, como aquele em que Auteuil está a ponto de confessar tudo ao amigo, mas acaba não conseguindo, selando assim a tragédia.

■ *O adversário* não fez grande sucesso, apesar de apresentado no Festival de Cannes. Ao ser lançado, enfrentava a desvantagem de chegar um pouco tarde: o caso Romand já fora tratado de diversas formas, e o filme não contribuía com nada de novo para o tema. No plano estritamente cinematográfico, muitos críticos consideraram também que o filme de Laurent Cantet (futuro realizador de *Entre os muros da escola*) era muito mais interessante, apesar de livremente inspirado no episódio original, ao propor uma visão quase fantástica da alienação e do mundo do trabalho. Retrospectivamente, a comparação dos dois filmes parece menos pertinente e natural. Em sua especificidade, *O adversário* revela-se a única obra de ficção inspirada direta e fielmente nessa história impossível, adotando um ponto de vista pelo qual a narrativa especulativa de Carrère não havia optado.

LA

> **PISTAS PEDAGÓGICAS**

▸ Impasses e imposturas na literatura e no cinema.
▸ O mal em ação: de Dostoievski a Bresson.
▸ O crime como metáfora na arte do século XX.
▸ Os níveis de narração: da realidade ao relato, do relato à ficção.

Bibliografia

Denis Toutenu, Daniel Settelen, *L'affaire romand: le narcissisme criminel*, L'Harmattan, 2003.

http://jc.romand.free.fr

---

1. "Romand" é também "romance" em francês. *(N. da E.)*

Apocalypse Now

ESTADOS UNIDOS, 1979

**Joseph Conrad, *Heart of Darkness*, 1899.
Publicado em 1902 na coletânea *Youth: a Narrative, and Two Other Stories*,
tradução francesa na coletânea *Jeunesse*, seguido de *Coeur des ténèbres*.**

SINOPSE

Um oficial chamado Willard conta sua história. Durante a Guerra do Vietnã ele é incumbido de encontrar o coronel Kurtz, do qual não há notícias, e cujos métodos são considerados "abusivos". O jovem oficial atravessa a fronteira do Camboja, enveredando por uma natureza hostil. Em seu percurso, entende que o homem que está buscando tomou a frente de um grupo de habitantes locais e comanda operações particularmente bárbaras contra o inimigo. Acompanhado de seus homens, Willard sobe o rio até penetrar profundamente na floresta, tendo como nova missão eliminar o coronel. Durante a viagem, descobre, analisando as informações disponíveis sobre Kurtz, um homem muito diferente da ideia que tinha a seu respeito. Como é que aquele oficial de trajetória exemplar pode ter se transformado no louco sanguinário que pintam, perdido na própria escuridão?

Pr.	Zoetrope Studios
Dir.	Francis Ford Coppola
Rot.	John Milius
Foto.	Vittorio Storaro
Int.	Marlon Brando (Kurtz), Martin Sheen (capitão Willard), Robert Duvall (Kilgore), Frederic Forrest (o chefe), Lawrence "Larry" Fishburne (Clean), Dennis Hopper (o fotógrafo), Harrison Ford (coronel Lucas)
Duração	153 min. Nova montagem em 2001, com o título *Apocalypse Now Redux*, 196 min

Outras versões:
• *Heart of Darkness* (Nicolas Roeg, 1993, TV), int. Tim Roth (Marlow) e John Malkovich (Kurtz)

Segundo a declaração do próprio Francis F. Coppola durante a produção do filme, *Apocalypse Now* é menos uma adaptação que uma "releitura" da longa novela de Joseph Conrad, transposta para a Guerra do Vietnã em 1968: "A intenção do cineasta é realizar um filme de aventuras amplo e espetacular, ao qual seria integrada uma reflexão tão rica em elementos temáticos quanto filosóficos sobre a mitologia da guerra, e também sobre a condição humana."

Na época, o livro de Conrad ainda não tinha sido levado ao cinema, embora fosse um dos projetos de Orson Welles. Fora o primeiro roteiro por ele proposto à RKO (antes de *Cidadão Kane*), e alguns testes chegaram a ser rodados. O próprio Welles deveria fazer o papel de Kurtz. Alguns anos antes ele havia realizado e interpretado uma adaptação radiofônica.

Integrante da corrente da "nova Hollywood", assim como seu roteirista John Milius, Coppola estava no auge da fama e do sucesso. Coroado com a Palma de Ouro em Cannes por *A conversação* e pelo espetacular sucesso comercial das duas partes de *O poderoso chefão*, ele é o produtor, podendo dispor de recursos consideráveis.

■ A "releitura" do texto de Conrad por Milius e Coppola apresenta, numa primeira abordagem, divergências consideráveis. Não só em virtude da transposição da narrativa para outro contexto histórico e geográfico, transformando-se a África Negra (a região do Congo) do fim do século XIX no Vietnã e no Camboja de 1968,

Ao centro, Denis Hopper

APOCALYPSE NOW

mas também em decorrência da mudança de gênero, em direção a um "filme de guerra" de ampla dimensão épica. John Milius, por sua vez, afirmava não ter relido o texto, preferindo confiar apenas na memória e nas emoções que a narrativa de Conrad lhe haviam deixado. Permanece, portanto, apenas a estrutura básica da narrativa: um homem sobe um rio em território hostil, em busca de outro homem desaparecido, cuja loucura vem a descobrir. *Apocalypse Now* conta assim a viagem de um oficial americano, Willard (Marlow no romance de Conrad), incumbido pelos superiores de uma missão especial: encontrar o coronel Kurtz, que fugiu a todo controle e passou a agir numa região do Camboja, para eliminá-lo. À medida que avançam em meio à guerra, Willard e seus homens passam por diversos perigos e se afastam cada vez mais de toda forma de civilização e lógica, até chegar aos domínios de Kurtz, uma espécie de reino bárbaro sobre o qual reina o coronel perdido.

À direita, Robert Duvall

■ A maior parte dos episódios, etapas da viagem de Willard, não consta, naturalmente, do texto de Conrad. É o caso da sequência mais famosa do filme – o bombardeio de uma aldeia com helicópteros, ao som de "A cavalgada das valquírias", de Wagner – e do espetáculo das *playmates*, ou, ainda, do combate noturno em torno da ponte. Mas o filme retoma e respeita muitos aspectos da novela. A história é contada (em voz em *off* no filme) pelo próprio Willard. O personagem do fotógrafo interpretado por Dennis Hopper saiu diretamente do texto original: tem a mesma aparência, as mesmas roupas espalhafatosas e disparatadas e a mesma verborragia algo incoerente de celebração da personalidade e da obra de Kurtz. As cabeças cortadas de que é cercada sua retirada também constam do texto original. Certos diálogos são citações diretas do livro. Assim é que os superiores de Kurtz criticam seus "métodos", ao passo que Marlow/Willard enxerga apenas uma "total ausência de método". O livro e o filme de fato compartilham uma série de temas. Entre eles, a análise de uma crise de civilização, da qual o universo colonial é a expressão mais flagrante, de onde vem a importância da sequência na plantação francesa, retirada da primeira montagem e reintegrada na versão "redux" do filme. Crise que acarreta uma distorção da realidade levada ao seu paroxismo pela cultura psicodélica reconstituída por Coppola (no filme, Willard parece em constante estado de letargia). Mas o texto e o longa-metragem têm como tema principal a descida física e simbólica às "trevas" do espírito humano. Marlow/Willard, indo ao encontro de um homem brilhante, talvez um gênio, mas cuja "alma" está incuravelmente doente, efetua uma viagem interior que culmina com o face a face com Kurtz, bloco enigmático que talvez não passe do seu próprio duplo (hipótese já trabalhada por Welles, que devia interpretar os dois papéis ou utilizar uma forma de câmera subjetiva). O enigma absoluto representado por Kurtz, aliás, foi um problema para o próprio Coppola, que durante muito tempo ficou sem saber como concluir sua narrativa: entre a primeira apresentação em Cannes e os diversos lançamentos, *Apocalypse Now* teve diferentes "finais", diversas hipóteses deixadas em suspenso.

LA

> **PISTAS PEDAGÓGICAS**
>
> ▸ A Guerra do Vietnã vista pelo cinema.
>
> ▸ A cultura psicodélica (cinema, música, pintura).
>
> ▸ O tema da busca: viagem geográfica, viagem interior: *Perceval*, *O senhor dos anéis*, *Aguirre ou a cólera de Deus*, *A prisioneira do deserto*.
>
> ▸ As "releituras" e transposições de textos clássicos para outros gêneros: atualização, traição ou permanência de temas universais?

Bibliografia

Peter Biskind, *Le nouvel Hollywood*, Le Cherche Midi, 2002.
Peter Cowie, *Le petit livre d'"Apocalypse Now"* (*The Apocalypse Now Book*), Le Cinéphage, 2001.
Iannis Katsahnias, *Francis Ford Coppola*, Cahiers du Cinéma, 1997.
Laurent Tessier, *Le Vietnam, un cinéma de l'apocalypse*, Cerf-Corlet, "Septième Art", 2009.

O exército das sombras

FRANÇA, 1969 (*L'ARMÉE DES OMBRES*)

> Joseph Kessel, *L'armée des ombres*, 1943.

SINOPSE

Crônica das atividades de uma rede da Resistência na França durante a Ocupação. O filme acompanha a fuga de Gerbier, um dos principais membros, de um campo de concentração francês, a execução de um traidor, o embarque do chefe da rede para Londres, as detenções, as fugas e os esconderijos, até a decisão de matar uma mulher das mais corajosas do grupo para evitar que ela revele, sob tortura, o que sabe da organização.

Escrito em 1943, o romance de Kessel descreve no calor dos acontecimentos, quase "ao vivo", os episódios que relata, valendo-se às vezes da técnica do "diário" na primeira pessoa. Realizado um quarto de século depois, o filme toma naturalmente um distanciamento radical. *O exército das sombras* visto por Melville surge como a última etapa de um gênero francês especial que podemos denominar "filme da Resistência", inaugurado em 1945 com *A batalha dos trilhos*, de René Clément, que seria profundamente questionado em *Le chagrin et la pitié*. Mas a obra do cineasta está longe de ser um grande filme épico. Nela, Melville leva adiante, pelo contrário, a busca de uma abstração que vinha perseguindo em seus filmes anteriores, especialmente *O samurai*. Com efeito, o cineasta mistura as próprias recordações – o filme começa com uma frase de Courteline: "Más lembranças, sejam ainda assim bem-vindas, porque vocês são minha juventude distante" – às peripécias do romance, do qual preserva, contudo, a estrutura geral, os personagens e os principais capítulos. Sua contribuição consiste essencialmente na busca estética. A fotografia do filme, em cores, é banhada numa espécie de semiobscuridade, numa monotonia generalizada, refletindo ao mesmo tempo o clima da época da Ocupação e o estado psicológico dos protagonistas, condenados por suas atividades clandestinas a serem autênticos fantasmas.

Pr.	Les Films Corona/Fono Roma/Jacques Dorfmann
Dir.	Jean-Pierre Melville
Rot.	Jean-Pierre Melville
Foto.	Pierre Lhomme
Int.	Lino Ventura (Gerbier), Paul Meurisse (Luc Jardie), Simone Signoret (Mathilde), Jean-Pierre Cassel (Jean-François), Claude Mann (O Máscara), Christian Barbier (O Búfalo), Serge Reggiani (o cabeleireiro), Paul Crauchet (Félix), Alain Libolt (o traidor), Alain Mottet (o comandante do campo)
Duração	140 min

O EXÉRCITO DAS SOMBRAS

Lino Ventura

■ Mas Melville se afasta do romance com acréscimos pessoais. Temos, assim, o célebre plano inicial mostrando o exército alemão em desfile nos Champs-Élysées, inteiramente reconstituído para o filme. Ele altera o retrato do comandante do campo de concentração no qual Gerbier é internado na primeira parte da narrativa. Kessel o descreve como um homem gordo e doentio, enquanto Melville o transforma num homem reto e seco, um puro fascista. Outras motivações desse tipo dão conta da vontade do cineasta de sair dos "clichês" visuais e tipológicos ligados aos filmes sobre a Resistência ou, de maneira geral, aos que se passam durante a Ocupação. Os colaboradores e traidores não trazem a perversidade estampada no rosto, os alemães não são loiros arianos. Os resistentes são homens diferentes e comuns que não transpiram heroísmo e aventura na aparência física. Certos atores são escolhidos, assim, fora de seus papéis habituais, deslocados, como Paul Meurisse, que encarna uma figura inspirada em Jean Moulin.

O cineasta modifica sensivelmente certos pontos da intriga. Assim, os dois irmãos, Luc Jardie e Jean-Pierre, o mais moço, ignoram suas respectivas atividades na Resistência. Isto gera uma intensa surpresa para o espectador, juntamente com uma mensagem clara – os resistentes não se revelavam –, banhada em uma certa dimensão trágica, pois o encontro perdido entre os dois irmãos à noite, sem que possam se reconhecer, seria o último. A sequência londrina, durante a qual Jardie é condecorado por De Gaulle, também é um acréscimo de Melville, assim como os letreiros finais, que revelam o destino trágico dos diferentes personagens, que seriam todos mortos antes da Liberação. No todo, o filme é menos "pedagógico" que o livro: as longas discussões entre Gerbier e o jovem comunista no campo são radicalmente abreviadas. Mas Melville se mostra o mais exato possível na reconstituição histórica, dos uniformes até a decoração do quarto londrino.

■ Esse desejo de exatidão, tanto material quanto psicológica, fez com que *O exército das sombras* rapidamente viesse a ser reconhecido como "o" filme definitivo sobre a Resistência na França durante a Ocupação, embora tenha sofrido certas críticas no lançamento. As principais censuravam o cineasta por ter feito um filme abertamente gaullista (o que, em 1969, nada tinha, naturalmente, de neutro). Outras, fazendo ponte com as obras anteriores do realizador, consideravam, algumas vezes, que a Resistência era tratada como um "filme de gângster". Essa ressalva, aliás, não deixa de ter fundamento, se levarmos em conta que em Melville o "filme de gênero" é – especialmente o policial – sempre utilizado apenas como suporte para uma reflexão mais profunda, quase metafísica, sobre o destino de seres humanos à margem da sociedade e que adquirem uma dimensão mitológica.

LA

> **PISTAS PEDAGÓGICAS**
>
> ▸ O período da Ocupação visto pelo cinema.
> ▸ O "filme da Resistência".
> ▸ Duas visões da história: *O exército das sombras* e *Le chagrin et la pitié*.

Bibliografia

Rui Nogueira, *Le cinéma selon Melville*, Seghers, "Cinéma 2000", 1973 (reeditado pelos Cahiers du Cinéma, "La Petite Bibliothèque").

Michel Jacquet, *Travelling sur les années noires*, Alvik, 2004.

…E o vento levou

ESTADOS UNIDOS, 1939 (GONE WITH THE WIND)

Margaret Mitchell, *Gone with the Wind*, 1936.

SINOPSE

1861, Geórgia, Estados Unidos. Aos 16 anos, Scarlett O'Hara vive cercada de pretendentes. Mas seu coração bate apenas por Ashley Wilkes, que vai casar com sua prima Melanie. Entretanto, a guerra começa porque onze estados do sul declaram a secessão para formar uma confederação. Ashley e o insolente Rhett Butler, que Scarlett acabara de conhecer, desaparecem na tormenta. Enquanto isso, Scarlett vive em Atlanta com Melanie, que está grávida. Volta a encontrar Ashley quando ele está de licença e Rhett ao sabor dos imprevistos do conflito. Mas os 35 dias de cerco da cidade acabam com sua resistência aos horrores da guerra e, com a ajuda de Rhett, Scarlett vai para Tara, a imensa propriedade da família, com Melanie e seu filho. Lá, depara-se com miséria e destruição, o que reforça sua determinação. Terminada a guerra, Scarlett casa em segundas núpcias com Rhett, que se oferece para reconstruir Tara, mas a morte acidental da pequena filha do casal, Bonnie, acaba com a união. Melanie também vem a falecer, e Scarlett entende finalmente que sempre amou Rhett, e não Ashley. Mas é tarde demais: Rhett abandona Scarlett, deixando-a sozinha em Tara.

Olívia de Havilland, Clark Gable e Leslie Howard

Em 1935, ao ler o texto no qual Margaret Mitchell vem trabalhando há quase dez anos, o vice-presidente da editora Macmillan pede a ela que o conclua até o ano seguinte. Enquanto isso, circulam boatos sobre o livro, ainda não publicado, de que já é objeto de especulação com vistas a uma adaptação cinematográfica (o que muitas vezes acontece nos Estados Unidos com romances de certa importância). Depois de hesitar, pois a Guerra de Secessão não é um tema muito apreciado pelo público, o produtor David O. Selznick decide comprar os direitos uma semana depois da publicação, em junho de 1936, em meio a uma recepção triunfal para o livro. Seis meses depois, no Natal, …E o vento levou, o único romance da autora, que logo viria a ganhar o Prêmio Pulitzer, alcançava 1 milhão de exemplares vendidos.

Pr.	Selznick International Pictures/MGM
Dir.	Victor Fleming, Sam Wood, William Cameron Menzies, George Cukor
Rot.	Sidney Howard, Ben Hecht, Oliver H. P. Garrett, Jo Swerling
Foto.	Ernest Haller
Int.	Vivien Leigh (Scarlett O'Hara), Clark Gable (Rhett Butler), Leslie Howard (Ashley Wilkes), Olivia de Havilland (Melanie Hamilton), Hattie McDaniel (Mamma), Thomas Mitchell (Gerald O'Hara), Barbara O'Neil (Elaine O'Hara)
Duração	220 min

Em primeiro plano, Clark Gable e Vivien Leigh

■ A exemplo desse quadro caótico do romance, a preparação do filme e, em seguida, sua realização constituem uma autêntica saga que vai dar o que falar. Enquanto o diretor George Cukor começa a trabalhar no filme e Sidney Howard escreve o roteiro, Selznick lança uma espetacular operação publicitária para encontrar a Scarlett O'Hara ideal, uma jovem que deve ser ao mesmo tempo perfeita aos olhos dos leitores e capaz de cristalizar a promessa de felicidade que o romance aos poucos representa. A busca desperta um interesse nunca visto no público, e as maiores atrizes são contatadas. São recebidas 1.400 candidatas, realizando-se 90 testes. Contrariando todas as expectativas, a atriz inglesa de teatro Vivien Leigh é escolhida (melhor uma inglesa que uma *yankee*, comenta-se no sul), antes de começarem as filmagens, em dezembro de 1938. Os fãs "exigem" Clark Gable no papel de Rhett Butler. O projeto deslancha. Recursos gigantescos são postos à disposição da produção do filme. A título de exemplo, sete câmeras Technicolor seriam usadas simultaneamente para filmar a cena do incêndio, e a propriedade Doze Carvalhos seria integralmente reconstituída. Mas as tensões vão se acumulando entre os atores, o diretor e o produtor, que exerce tal influência na concepção do filme que passa na prática a ser o roteirista e o realizador indireto. Na verdade, inúmeros roteiristas se sucedem e se chega até a pensar em convidar o escritor e ator cômico Robert Benchley. "Já que é assim", ironiza Margaret Mitchell, que sempre se recusou a trabalhar no roteiro, "por que não contratar Groucho Marx, William Faulkner ou Erskine Caldwell?" Victor Fleming, que acaba de dirigir *O mágico de Oz*, outro filme que logo faria sucesso mundial, sucede Cukor, demitido. Sam Wood por sua vez substitui Fleming, que, esgotado, é obrigado a deixar momentaneamente a direção do filme. Por fim, Selznick supervisiona os trabalhos com tal meticulosidade que muitas cenas voltariam a ser rodadas depois de concluídas oficialmente as filmagens. O resto é conhecido: a superprodução, prolongando a esplêndida carreira do livro, vencedora de dez Oscars, se transforma num sucesso tão fenomenal que ainda hoje é considerada um mito da lenda de Hollywood.

■ Apesar das filmagens tumultuadas, a película é incrivelmente homogênea. Margaret Mitchell, que acabou dando alguns conselhos técnicos para o roteiro, envolvendo a veracidade do contexto na Geórgia da época (sotaque dos atores brancos, dialeto dos ne-

...E O VENTO LEVOU

gros, trajes, comportamento...), aprecia o resultado, ao mesmo tempo em que lamenta a ênfase na nostalgia do velho sul. Os níveis sociais parecem menos variados e a geografia social da cidade de Atlanta é mais confusa. O emprego do Technicolor, em compensação, exacerba o caráter épico do drama, assim como a figura insubmissa de Scarlett, que, em contato com a guerra e a pobreza, transforma-se em heroína emblemática da alma do sul, tal como fantasiada no romance de Mitchell. Apesar dos cortes inerentes a um livro das dimensões de *...E o vento levou*, a trama é globalmente respeitada (cabendo observar que a gravidez de Scarlett anterior ao casamento com Rhett foi eliminada). O mesmo não se pode dizer do espírito do livro, que vem a ser abrandado em consequência das pressões do *Hays Office*, o rigoroso código de censura da produção cinematográfica da época. Algumas "solicitações" são feitas em outubro de 1937 a Selznick (então em pleno trabalho de revisão do roteiro com Sidney Howard): "Não transformar Rhett tão abertamente em um homem imoral e adúltero; que Scarlett não se ofereça tão espontaneamente a ele nas cenas da prisão; quanto ao personagem de Bell, fora de questão transformá-la em prostituta [...]; tomar cuidado nas cenas em que se despem, para que a anatomia de Scarlett permaneça oculta; que as cenas mostrando mortos ou feridos não sejam de um realismo muito chocante, assim como as dores do parto; que Ashley, Rhett e os outros nunca fiquem bêbados de maneira muito chocante; e, sobretudo, não sugerir que Rhett esteja para violar Scarlett. Que ele a atraia aos seus braços, a beije e delicadamente se encaminhe com ela para o quarto." O que foi feito. Quanto à célebre resposta final de Rhett a Scarlett (*Frankly, my dear, I don't give a damn*), que chegou a ser censurada, veio a ser restabelecida depois de uma projeção-teste, mas custou multa de 5 mil dólares!

O conteúdo ultraconservador do romance também representa um problema. Muitos leitores, além de jornais e revistas, denunciaram o comportamento dos personagens e situações consideradas racistas ou degradantes. Mitchell é criticada por estimular tendências xenofóbicas, "simpatizar com a 'lei do linchamento', a escravidão e a Ku Klux Klan, além de depreciar tanto a raça negra como os antiescravagistas do norte". Entre o risco de ferir a comunidade negra e a exatidão histórica a respeito do período de reconstrução do país, Selznick opta por... não mostrar nada. Nem a Ku Klux Klan nem a violência dos negros. Os

imperativos econômicos se sobrepõem à ética. O filme precisa ser consensual e ecumênico. Sobra apenas um vago paternalismo em relação aos negros. São omitidos, assim, todos os trechos do romance que dão uma imagem negativa dos grandes proprietários fundiários, brancos escravagistas e racistas, e também o ódio e o ressentimento que movem os escravos libertados, para dar espaço a uma atitude civilizada e digna (a palavra *nigger* (crioulo) é, inclusive, apagada do roteiro).

■ A meio-caminho entre o quadro histórico (primeira parte) e o melodrama barroco (segunda parte), a adaptação "coletiva" da saga familiar escrita por Mitchell tem fôlego épico e romântico que vai diminuindo mais para o fim, longo e repetitivo. Expõe uma visão da Guerra de Secessão bastante fiel ao romance, e, graças em parte à interpretação de Vivien Leigh, apresenta Scarlett (espécie de duplo de Mitchell) como uma mulher obstinada, orgulhosa e livre num mundo dominado pelos homens. O ritmo dramático, constantemente sustentado pelas peripécias e reviravoltas, tanto quanto pelos efeitos visuais, as cores berrantes e a música sinfônica de Max Steiner ainda hoje balançam o coração dos espectadores.

PL

→ PISTAS PEDAGÓGICAS

▸ A Guerra de Secessão (1861-1865) no cinema (*The General*, de Buster Keaton, *O intrépido general Custer* [*They Died with their Boots On*], *Juramento de vingança* [*Major Dundee*], *Josey Wales, o fora da lei*).

▸ Os Estados Unidos e a escravidão (*Meu pecado foi nascer* [*Band of Angels*], *Tamango*, *Amistad*).

▸ Afresco histórico e história íntima.

▸ A saga familiar (*Untel père et fils*, *Soberba* [*The Magnificent Ambersons*], *Assim caminha a humanidade* [*Giant*], *O leopardo*).

▸ O melodrama (*Tarde demais para esquecer* [*An Affair to Remember*], *Deus sabe quanto amei* [*Some Came Running*], *Imitação da vida*, *As pontes de Madison*, *Tudo sobre minha mãe*).

Bibliografia

Judy Cameron e Paul Christman, *La fabuleuse aventure d'un film, "Autant en emporte le vent"*, Nathan Image, 1989.

Jean-Loup Bourget, *L'histoire au cinéma*, Gallimard, 1992.

As aventuras de Pinóquio

ITÁLIA, 1975 (*LE AVVENTURE DI PINOCCHIO*)
BASEADO EM *LE AVVENTURE DI PINOCCHIO*, MINISSÉRIE EM SEIS EPISÓDIOS, LUIGI COMENCINI, 1972

Carlo Collodi: *Les aventures de Pinocchio (Le Avventure di Pinocchio. Storia di un burattino)*, conto, 1883.

SINOPSE

Nino Manfredi, As aventuras de Pinóquio (Luigi Comencini, 1975)

Geppetto, um pobre e velho marceneiro toscano, recebe do seu vizinho, Mestre Cereja, um pedaço de madeira com o qual faz uma marionete – Pinóquio –, semelhante ao menino que gostaria de ter tido. À noite, uma fada dá vida à marionete, pedindo-lhe que se comporte e vá à escola, caso contrário voltará a ser uma marionete. Preocupado apenas em se divertir, Pinóquio vende seu livro de classe para comprar entrada para o circo, tem roubadas suas moedas de ouro e permite que seu pai, que foi no seu encalço, caia no mar. Socorrido pela Fada Azul, que tenta ensinar-lhe boas maneiras, Pinóquio foge com Lucignolo, um menino mais velho que conheceu, com quem pratica suas peraltices. Os dois chegam então a uma terra onde as crianças não trabalham nunca. Mas caem nas mãos de traficantes, que os transformam em burros de carga. Atirado ao mar, Pinóquio se transforma de novo em marionete e, então, engolido por uma baleia, reencontra Geppetto, com quem consegue fugir, graças à ajuda de um atum.

Pr.	Bavaria Film TV/Bavaria Film/International Film Company/ORTF/Radiotelevisione Italiana/San Paolo Films
Dir.	Luigi Comencini
Rot.	Suso Cecchi d'Amico, Luigi Comencini
Foto.	Ernest Haller
Int.	Andrea Balestri (Pinocchio), Nino Manfredi (Geppetto), Domenico Santoro (Lucignolo), Franco Franchi (o Gato), Ciccio Ingrassia (a Raposa), Mario Adorf (o diretor do circo), Gina Lollobrigida (a Fada Turquesa), Vittorio de Sica (o juiz)
Duração	113 min

Outras versões:
- *Pinocchio* (Walt Disney, 1940)
- *Pinocchio* (Steve Barron, 1996), int. Jonathan Taylor Thomas, Martin Landau
- *Pinocchio* (Roberto Benigni, 2002), int. Roberto Benigni, Carlo Giuffrè

AS AVENTURAS DE PINÓQUIO

Várias vezes adaptado para a tela, *As aventuras de Pinóquio* é um conto universalmente conhecido e amado, verdadeira bíblia em seu país de origem, onde foi publicado inicialmente em capítulos em um jornal para crianças, entre 1881 e 1883. Com frequência cortado, desfigurado, açucarado, formatado, até o bem-comportado elogio à boa consciência e à piedosa lição de moral professada por Walt Disney em 1940: "A esperança está no céu", diz a canção que abre e fecha a narrativa. Mas, de todas as versões, esse *Pinóquio*, segundo longa-metragem de animação de seu autor, depois de *Branca de Neve* (1938), é o mais conhecido do público jovem, que muitas vezes atribui a Disney a paternidade do personagem. Cabe notar que o cineasta americano redefiniu de tal maneira o universo do conto e seu personagem principal que quase poderíamos falar de uma criação saída diretamente do seu imaginário bem-comportado.

Pinóquio é, aqui, um inocente, a criança nua por excelência, submetida pela vida a um duro aprendizado. Sozinha frente às dificuldades – apesar da presença mais forte que no conto de Jiminy Cricket, o Grilo Falante, como consciência pesada do herói (o grilo mentor rapidamente é eliminado no filme de Comencini) –, a marionete é um joguete dos acontecimentos, e se salva com seus próprios recursos. Como outros protagonistas, Pinóquio é apresentado com traços abrandados, passando do moleque peralta a um bonitinho ser desmiolado e irresponsável, quase tão bem-comportado e arrumadinho quanto Mickey Mouse. Aparecem novos personagens cheios de humor, como Fígaro e Cleo, e o tema da pobreza desaparece, embora a Grande Depressão ainda afete duramente milhões de pessoas. A intenção alegre de Disney, que no fundo tenta adaptar o conto ao seu próprio público, é visível ainda no lugar central ocupado no filme pelo País dos Brinquedos (aqui, a Ilha dos Prazeres), episódio tardio em Collodi. Por outro lado, reduzindo muito a intriga e mantendo apenas os episódios marcantes dos 35 capítulos do conto, o Pinóquio de Disney privilegia a ação, cujo ritmo acelera constantemente. A narrativa transforma-se em uma espécie de viagem iniciática, cheia de peripécias e invenções plásticas (as caixas de música, o espetáculo de Stromboli, as criaturas do fundo do mar), na qual o fantástico muitas vezes alimenta o medo dos personagens.

Nino Manfredi, Andrea Balestri,
As aventuras de Pinóquio (*Luigi Comencini, 1975*)

■ *As aventuras de Pinóquio* de Luigi Comencini foi inicialmente uma minissérie em seis episódios (1972), sendo mais tarde condensada em um filme de cinema. Sob muitos aspectos o "anti-Pinóquio" de Disney, essa versão é um modelo de adaptação que, ao mesmo tempo em que respeita amorosamente o universo de Collodi, renova sua interpretação. Para começo de conversa, não deixa de surpreender sua abordagem séria, "humanizada", prosaica, para não dizer política. A miséria está em toda parte, a crueldade é real e o campesinato pobre se opõe à burguesia citadina. Como no conto, dois registros – o maravilhoso e o realismo – se misturam e se retroalimentam. O que permite manter a história original na idade madura, como em Grimm ou Perrault, ao contrário do estágio regressivo de Disney. Uma das principais astúcias do filme é ter tomado a liberdade de encarnar logo no início a marionete emblemática no menino de carne e osso que Comencini situa na mesma classe social que Pinóquio.

➤ PISTAS PEDAGÓGICAS

▸ A educação das crianças e suas relações com os adultos.

▸ Comparação das diferentes versões; a releitura do conto proposta por Disney e a interpretação oferecida por Comencini.

▸ A importância do realismo e a presença do maravilhoso em *Pinóquio*.

▸ Questões pedagógicas e morais do conto.

▸ A marionete no cinema.

AS AVENTURAS DE PINÓQUIO

Roberto Benigni, Pinocchio *(Roberto Benigni, 2002)*

A arrogância natural e o temperamento difícil do jovem ator escolhido correspondem exatamente ao pequeno moleque que o Pinóquio de Collodi é na realidade, e que vem a ser transformado novamente em marionete pela fada assim que erra. Ao contrário do humilde Geppetto, figura submissa do sacrifício e herói-mártir da paternidade, a fada torna-se aqui a burguesa guardiã da lei, variação castradora da mãe falecida, que não hesita em punir severamente à primeira transgressão.

■ O menino pobre de Collodi, vivendo numa miserável Toscana de fim de século, também é filho dos distúrbios que agitam a Itália no início da década de 1970, quando é realizado o filme de Comencini. É um ser revoltado contra as injustiças do mundo adulto, e é a espontaneidade – a energia da impertinência – de garoto obstinado que o leva a enfrentar um mundo que desejaria submisso aos seus desejos. Sob a aparência moral collodiana da obediência e da punição esconde-se na realidade a ideia de uma insubordinação salutar vinda da infância. Pinóquio tem as qualidades dos seus defeitos, diz Comencini. Curioso, orgulhoso e insolente, ele morde, é espancado, cai e volta a se levantar para seguir em frente corajosamente. Como o libertário Lucignolo, que toma como modelo e é amplamente desenvolvido por Comencini, Pinóquio se opõe sem hesitar à alienação das regras convencionais da família e à ordem estabelecida da sociedade. Pinóquio é uma criança. Sonhador, quer tudo. A bolsa e a vida, como mostra (em prejuízo dele) o episódio das moedas de ouro. Sua vontade de viver é o seu sustento para percorrer os caminhos tortuosos da vida, levando à justiça, à reconciliação e à liberdade. E é essa bela promessa que a baleia, oferecendo uma nova vida ao pai e ao filho (adulto e senhor do seu destino), dá à luz no fim do filme. Em oposição à moral do amor de Geppetto, que consiste em dar o que não se tem, o rebelde Pinóquio convida por seus atos a tomar tudo quando não se tem nada.

■ "Sempre é possível esperar algo das crianças de bom coração, mesmo quando são meio malandras e acostumadas ao malfeito", eis mais ou menos a única lição, tomada de empréstimo ao capítulo do XXV do conto e perpassando o filme como pano de fundo, que extraímos da versão realizada por Roberto Benigni em 2002. Deixando de lado o defeito principal do filme – Pinóquio encarnado pelo próprio Benigni, cinquentão empoado e grotesco, não consegue fazer esquecer o rebelde Andrea Balestri de Comencini –, a encenação oferece belas situações: a carruagem da fada puxada por centenas de ratos, a festa das "crianças" no País das Maravilhas, o encontro com o gato e a raposa, as travessuras de Pinóquio com Lucignolo e o teatrinho de marionetes de Mangiafuoco. Por outro lado, Benigni optou por justapor as cenas (importância da elipse), privilegiando um ritmo alerta, bem de acordo com o espírito fantástico do personagem. A ação passa à frente, então, da reflexão, em prejuízo da ideia fundamental do conto de que a paciência é fundamental em qualquer aprendizado. Benigni também enfatiza a despreocupação e a obstinação do personagem como motor de sua vontade. Finalmente, o páthos do conto é radicalmente minorado, e o essencial da crueldade do herói e do mundo que o cerca, apagado.

PL

Bibliografia

Luigi Comencini, *Enfance, vocation, expériences d'un cinéaste,* Jacqueline Chambon, 2000.
Jean A. Gili, *Luigi Comencini,* Gremese, 2003.

Barry Lyndon

ESTADOS UNIDOS, 1975

William Makepeace Thackeray, *The Memoirs of Barry Lyndon, Esq.*, 1856.
Publicado originalmente em *Fraser's Magazine* em 1843-1844, com o título de
The Luck of Barry Lyndon: A Romance of the Last Century.

SINOPSE

Irlanda, meados do século do Iluminismo. Filho de um pai que morreu em duelo e de uma mãe dedicada à sua educação, Redmond Barry é obrigado a fugir de casa por matar em duelo um rico inglês, noivo de sua prima Nora. Depois de peregrinações em que se viu sucessivamente pobre como Jó, recruta do exército britânico na Guerra dos Sete Anos, soldado prussiano e espião em Berlim, ele percorre a Europa acompanhado de um notório trapaceador no baralho: o cavaleiro de Balibari. Finalmente, o audacioso Redmond casa-se com a bela lady Lyndon, que lhe dá um título e um filho. Após a morte acidental da criança, Redmond, moralmente abatido, não consegue mais conter o ódio feroz que desperta em Bullingdon, filho do primeiro casamento de Sra. Lyndon, que acaba por tomar posse dos seus bens e mandá-lo de volta para a sua Irlanda natal.

Pr.	Peregrine/Hawk Films/Warner Bros. Pictures
Dir.	Stanley Kubrick
Rot.	Stanley Kubrick
Foto.	John Alcott
Int.	Ryan O'Neal (Redmond Barry/Barry Lyndon), Marisa Berenson (Sra. Lyndon), Patrick Magee (o cavaleiro), Hardy Krüger (capitão Potzdorf), Steven Berkoff (lorde Ludd), Gay Hamilton (Nora)
Duração	178 min

Quando o cinema revela a literatura, *Barry Lyndon* é um belo exemplo de adaptação cinematográfica no qual a notoriedade do filme antecede a da obra em que se inspira – obra por sinal ausente do artigo dedicado a seu autor na *Encyclopaedia Universalis*. De tal maneira que hoje muitos editores reduzem o título original do romance ao título mais sugestivo do filme, que, embora se mantenha fiel à trama, transcendeu magistralmente o poder de evocação das palavras.

Escritor vitoriano, contemporâneo de Charles Dickens e George Eliot, William Makepeace Thackeray publica seu romance inicialmente em forma de folhetim, na revista *Fraser's Magazine*, o que o obriga a uma narração rigorosamente linear, constantemente pontuada por reviravoltas e redigida num estilo alerta, para manter o leitor sempre atento. O romance, contando as atribulações de um ardiloso aventureiro, pertence ao gênero picaresco. Mas é menos

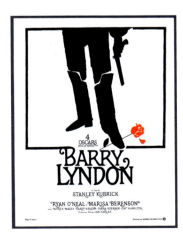

a ação desenfreada que os momentos de introspecção e o papel desempenhado pelo homem em sua própria queda que interessam a Stanley Kubrick ao adaptar o livro. O olhar de Thackeray sobre as diferentes sociedades percorridas por seu anti-herói é franco e direto, criticando a vaidade, o egoísmo e as falsas aparências num tom tendendo ao satírico, inclusive em relação ao próprio Redmond, que às vezes parece antipático e não raro ridículo (visão inglesa do irlandês *sempre* rude).

BARRY LYNDON

■ Sem se afastar muito desse registro, Kubrick confere a essa intriga em dois atos a dimensão de uma fábula trágica sobre a ambição, imprimindo-lhe um ritmo dramático de outra espécie. Com efeito, o realizador opta por decupar a história em longas e lentas sequências que conferem às imagens uma majestade langorosa, constantemente realçada pelas interferências do tema musical de Franz Schubert ("Trio para piano nº 2 em mi bemol maior", op. 100). Mais que um simples acompanhamento, essa música melancólica desempenha expressivo papel na narração (a exemplo do que acontece no cinema mudo), na qual anuncia e classifica as cenas segundo seu grau de intensidade.

Ao longo dos quase trezentos dias em que se desenrolam as filmagens, Kubrick explora formas visuais novas para adaptar seu cinema à estética do século XVIII, o que implica uma consciência aguda da História. Assim é que compõe planos suntuosos, autênticos quadros, que evocam sucessivamente Hogarth, Gainsborough, Stubbs, Constable, Zoffany, Watteau e Chardin, todos contemporâneos da época da narrativa, sem jamais citá-los formalmente. "Stanley queria que fosse de certa maneira um documentário sobre o século XVIII", chegaria a dizer Ken Adam, o cenógrafo do filme. Para isso, cada cenário, traje, acessório, gesto e pose passam por minuciosa pesquisa. A bem da verossimilhança, Kubrick pede ao diretor de fotografia, John Alcott, que as cenas noturnas sejam filmadas à luz de velas, única forma de iluminação da época, criando assim autênticos instantâneos dos salões de então. Em contrapartida, roda as cenas externas apenas com iluminação natural, para se aproximar o máximo possível da luz dos mencionados pintores. No fim das contas, essas decisões impregnam o espaço dramático e mental do filme de uma espécie de "clima de época" vagamente contemplativo, em oposição aos códigos grandiloquentes do gênero.

■ Ao se apropriar do livro de Thackeray (mais moralizador), Kubrick entra em um terreno privilegiado para revisitar seus próprios temas. Ele partilha com o escritor a visão de que os projetos mais bem-tramados muitas vezes levam aos piores fracassos, em consequência dos erros cometidos pelo homem. Sem sabê-lo, Redmond – impostor e orgulhoso – é seu pior inimigo na ascensão social. Nessa perspectiva, Thackeray denuncia a fragilidade da ambição humana fora dos caminhos da honestidade, da humildade

BARRY LYNDON

e da tolerância. E assim entendemos melhor a proposta estética do filme, que transforma seu arsenal de artifícios em uma crítica ao vazio, à pretensão, ao oportunismo e, de maneira mais ampla, ao artificialismo de um mundo mortífero voltado sobre si mesmo e congelado em seus códigos e valores, aqui concebidos plasticamente como pequeno teatro das aparências de que Redmond se torna miserável vítima (a prisão no final do livro, a doença e o exílio no filme). Bem mais que uma simples proeza técnica, o emprego significante da luz baixa aponta sutilmente a situação de uma sociedade que chegou ao crepúsculo (o ano de 1789 consta do último bilhete assinado por lady Lyndon). Escorando-se nas cenas mais significativas do romance, Kubrick empenha-se em mostrar a dualidade, a duplicidade, senão o absurdo do mundo. Estuda o avanço social de Redmond e desvenda a transição entre barbárie e educação, nobreza e decadência, natureza e cultura. A cena de pugilato entre Redmond e seu companheiro de armas revela espantosas regras de boa conduta na própria fúria guerreira (ver também a montagem do dispositivo de batalha), ao passo que os atos de violência de Redmond com o enteado estigmatizam a violência no próprio coração da civilização (o espancamento de Bullingdon). Kubrick também aproveita, do romance, as cenas de jogo de cartas (e de trapaça) como indicação do espírito de divertimento e sinal de transgressão social da época (lembramos facilmente o quadro *Trapaceador* de Georges de La Tour). Também dedica especial atenção à linguagem, na qual o sotaque e o vocabulário funcionam como sinais de cortesia, autossuficiência ou hipocrisia. Por outro lado, Kubrick liberta-se do princípio enunciativo da obra literária, em que o herói se expressa na primeira pessoa, como indica o título original (*Memórias de Barry Lyndon*). Ele superpõe à sua narrativa a voz em *off,* ora comovida ou resignada, ora desdenhosa, de um narrador onisciente que, com seus comentários, carrega a imagem de ironia ou a contradiz com malícia (durante o idílio Redmond/Lischen). A objetivação do sujeito assegura ao filme sua distância crítica, ao mesmo tempo em que oferece informações factuais úteis para a compreensão das imagens, cujo valor diegético pode escapar ao espectador moderno, esquecido de suas aulas de história.

■ O filme conjuga habilmente lentidão, duração e repetição dos motivos visuais e sonoros dos quais emana uma força que aos poucos vai envolvendo o espectador. O tempo explora e desmistifica o espírito dos lugares recriados, participando ativamente de sua instalação no espírito do espectador. À medida que o filme avança, a ação vai diminuindo, reduzindo-se a apenas uma ideia, abstração ou idealização de uma época e de um meio. Até mesmo na primeira parte, na qual as cenas de guerra são praticamente omitidas, dando lugar a uma representação geral do campo de batalha e alguns *travellings* mostrando o avanço dos soldados ingleses que caem como moscas diante de franceses imóveis. Esse dispositivo mínimo e essa moral da distância funcionam naturalmente como crítica à guerra, percebida como encenação ridícula, pretexto absurdo para uma bela e heroica carnificina. Para ilustrar sua visão da guerra, Kubrick aproveita em particular a pequena batalha de Minden (perto de Hannover), em 1º de agosto de 1759, já mencionada no romance, "uma batalha [que] não consta dos livros de História", explica o narrador, "[mas que] foi memorável para os que dela participaram". Pouco importam as questões político-históricas em jogo: a imbecilidade, a confusão e a incompreensão dos homens com o que se passa ao seu redor é que são aqui destacadas.

PL

→ **PISTAS PEDAGÓGICAS**

▸ O pictorialismo da imagem, tomado de empréstimo à pintura inglesa do século XVIII.

▸ O papel dinâmico da música no cinema.

▸ A história britânica no reinado de Jorge III.

▸ A narrativa picaresca no cinema (*O manuscrito de Saragoça*, de Wojciech J. Has, *O tesouro do Barba-Ruiva* [*Moonfleet*], de Fritz Lang, *Forrest Gump*, de Robert Zemeckis).

▸ A crítica à guerra em Stanley Kubrick (*Glória feita de sangue* [*Paths of Glory*], *Doutor Fantástico*, *Nascido para matar* [*Full Metal Jacket*]).

Bibliografia

Michel Ciment, *Stanley Kubrick*, Stock, 1999.

Paul Duncan, *Stanley Kubrick, un poète visuel*, Taschen, 2003.

Michel Chion, *Stanley Kubrick, l'humain, ni plus ni moins*, Cahiers du Cinéma, 2005.

Les bas-fonds

Máximo Gorki, *Na dniê*, peça de teatro, 1902.

SINOPSE

Um barão, alto funcionário que se apropriou de verbas secretas e se arruinou no jogo, é demitido por seu chefe. À noite, conhece Pepel, que foi à sua casa para assaltá-lo. Os dois simpatizam e logo se encontram no abrigo onde vive Pepel, mantido pelo detestável Kostilev. Este é amante de Vassilissa, a mulher de um inquilino, que pretende casar a jovem cunhada, Natacha, com um comissário de polícia corrupto e assim dar prosseguimento tranquilamente às suas atividades de receptador. Mas Pepel, que na verdade está apaixonado por Natacha, opõe-se a seu plano e o mata. Pepel é preso e a vida continua no abrigo: o barão joga cartas, uma mulher doente morre, um ator desesperado se suicida. Ao sair da prisão, Pepel deixa o asilo e sai em busca da liberdade com Natacha.

Jean Gabin, Junie Astor, Les bas-fonds *(Jean Renoir, 1936)*

Les bas-fonds FRANÇA, 1936

Pr.	Les Films Albatros
Dir.	Jean Renoir
Rot.	Evgueni Zamiatine, Jacques Companeez (adaptação: Charles Spaak, Jean Renoir)
Foto.	Jean Bachelet, Fédote Bourgassoff
Int.	Jean Gabin (Pepel), Louis Jouvet (o barão), Suzy Prim (Vassilissa), Vladimir Sokoloff (Kostilev), Junie Astor (Natacha), Jany Holt (Nastia), Nathalie Alexeeff-Darsène (Anna), Robert Le Vigan (o ator)
Duração	95 min

Ralé (Donzoko) JAPÃO, 1957

Pr.	Toho
Dir.	Akira Kurosawa
Rot.	Akira Kurosawa, Shojiro Motoki
Foto.	Ichio Yamazaki
Int.	Toshiro Mifune (Sutekichi), Minoru Chiaki (o samurai Tonosama), Isuzu Yamada (Osugi/Vassilissa), Ganjiro Nakamura (Rokubei), Kyoko Kagawa (Okayo), Bokuzen Hidari (Kahei), Kamatari Fujiwara (o ator)
Duração	137 min

Muito diferentes, as obras de Jean Renoir e Akira Kurosawa evidenciam graus diferentes de fidelidade à peça *Na dniê* (literalmente, "No fundo"), escrita por um Máximo Gorki da primeira fase, "vagabundo, jovem e romântico, na fronteira do patético", segundo o ator e diretor Constantin Stanislavski. Ao ser publicada, a obra foi interpretada como uma contestação à ordem social. O que Gorki confirmaria em 1929, depois de sua tardia adesão ao Partido Comunista: "Os ex-homens dos *bas-fonds*, livres de todo preconceito burguês, nada lamentam, mas são organicamente incapazes de se rebelar em nome da liberdade do trabalho. Nada podem contribuir de novo, portanto, para a vida." Com sua peça, Gorki quer sacudir as consciências, denunciando "uma realidade que degrada o homem".

■ Da intriga, inicialmente situada na Rússia imperial, Renoir preservou apenas algumas referências etnológicas (prenomes, objetos, interpretação e físico do ator Vladimir Sokoloff), ao passo que Kurosawa transpôs o enredo para o Japão do período Edo (séculos XVII-XIX). Ao contrário de Renoir, o cineasta japonês respeita a unidade de lugar, "enterrando" os protagonistas, um monte de pobres coitados no nível mais baixo da escala humana e social, numa enorme fossa que no início do filme é considerada por alguns como um depósito de lixo. A intenção de Kurosawa é antes de mais nada mostrar o sofrimento e a extrema miséria da população na era Edo. "Por volta do fim da época Tokugawa [ou Edo, NDR], no início do século XIX", explica o cineasta, "a vida social e cultural estava estagnada no Japão. As populações sofriam, sem liberdade. E tentavam se consolar com pequenos divertimentos." É por isso que os personagens, por sinal rigorosamente fiéis ao texto original, divertem-se, cantam e de vez em quando tocam a música "Bakabayashi" (música de tambores e flautas para ocasiões festivas). O clima no fundo desse buraco, onde vive cerca de uma dúzia de vagabundos alienados, é sombrio, violento e insalubre. Para escapar ao que parece mais uma prisão do que um abrigo noturno, alguns se embriagam, inventam um passado glorioso, como o ator alcoólatra, ou ficam cinicamente evocando os bons tempos para melhor exorcizá-los, como o ex-samurai/barão Tonosama; a prostituta Osen/Nastia lê romances sentimentais e inventa histórias inverossímeis; e Sutekichi/Pepel espera recuperar a dignidade partindo com Okayo/Natacha, que sonha com o príncipe encantado. O funileiro Tomekichi/Kletch, por sua vez, se isola no trabalho, esquecendo a mulher agonizante, Asa/Anne, e repetindo sem parar que "um dia [ele] sair[á] daqui".

Todos vivem numa vaga expectativa ao fim da qual nada de bom acontecerá. E não são as palavras sábias e tranquilizadoras do peregrino Kahei/Luka, que aparece no fim do primeiro ato e é expulso no terceiro por Rokubei/Kostilev, que permitirão evitar o drama. Sua bondade e seu humanismo (mas sem ilusão: Kurosawa eliminou suas tiradas messiânicas do terceiro ato) nada podem contra o turbulento desencadear das paixões. Entretanto, diz o cineasta, o essencial aqui não é tanto o presente sórdido ou o futuro improvável, mas a capacidade imperiosa de ter esperança, inclusive quando tudo parece impossível. Na verdade, desprende-se desse ambiente fechado uma energia vital que mantém os personagens de pé apesar da morte de que estão cercados, o que é muito bem-frisado pelo fato de a maioria dos planos ser tomada na altura do chão.

Minoru Chiaki, Ralé (Akira Kurosawa, 1957)

Akemi Negish, Ralé (Akira Kurosawa, 1957)

Essa análise psicológica, inscrita num contexto teatral, apresenta no fim das contas pouca teatralidade. Essas criaturas estão quase sempre sozinhas, "ao lado" umas das outras, mergulhadas em suas quimeras e em seu falatório. Estão em geral em conflito com elas próprias, e não umas contra as outras. A dança e a música constituem a única maneira de uni-las num impulso comum e numa comunidade de movimentos efêmeros, uma força de união cujo poder libertador esqueceram. No fim das contas, o universo moral de Gorki combina muito bem com o de Kurosawa, que, não obstante o negrume do tom (no sentido próprio e no figurado, de tão sombrias que são as imagens), tentou enfatizar os aspectos cômicos da peça. Ao entregar o papel do sábio a um atorzinho sorridente, espécie de *Pierrot lunaire*, e transformar as cenas de dança em transes grotescos, ele trouxe de novo à lembrança o sarcasmo e a modernidade da peça de Gorki, drama realista que questiona o sentido da vida e ao mesmo tempo faz uma reflexão sobre o absurdo prenunciando os mendigos metafísicos de Beckett.

■ Na década de 1930, a Rússia está na moda na França. A produtora russa Les Films Albatros convida então Renoir para filmar *Les bas-fonds*. Mas desde logo uma questão se apresenta ao realizador e seus roteiristas: afrancesamento ou respeito ao contexto russo da peça? Um primeiro roteiro é escrito e mostrado a Gorki (pouco antes de sua morte), que o aprova. "Muito poético, mas absolutamente infilmável", decreta Renoir, que, enquanto isso, se aproxima dos intelectuais comunistas, encantados com o projeto de adaptação de uma obra russa famosa. Entretanto, Louis Aragon chama a atenção de Renoir para o fato de que a miséria é internacional, com isso corroborando o alcance universal da mensagem de Gorki. Aragon teme que, seguindo a versão de Spaak, o público associe a Rússia comunista à miséria, e que essa confusão alimente o anticomunismo dos espectadores. Renoir acolhe o argumento e na última hora pede que Spaak omita tudo que diga respeito à Rússia. De onde vem uma certa heterogeneidade do resultado, meio francês, meio russo, que, no entanto, permitiria aos espectadores aceitar (seguindo, assim, a intenção de Gorki) mais facilmente a vontade de ação do grupo de oprimidos contra a injustiça e a exploração por parte dos poderosos. A teatralidade frenética dos conflitos, da interpretação e da encenação é flagrante. Renoir opta por exteriorizar muitas vezes de maneira cômica o sombrio debate interno da peça. Com estilos de interpretação tão diferentes, os atores dizem "palavras" que deixam encantados os admiradores de um Gabin e de um Jouvet, cuja psicologia é o oposto da alma russa. O desfecho, citando o final de *Tempos modernos*, de Charles Chaplin, é decididamente otimista, ao contrário do

> **→ PISTAS PEDAGÓGICAS**
>
> ▸ A luta de classes no cinema (*A greve, Encouraçado Potemkin, La belle équipe, À nous la liberté, Reprise, Nadia et les hippopotames*).
>
> ▸ Teatro e cinema: o conceito de teatralidade e sua encenação.
>
> ▸ A representação da miséria humana e social no cinema.
>
> ▸ Ambivalência ideológica: otimismo e ceticismo no cinema francês da década de 1930.
>
> ▸ A questão do determinismo social através das relações Pepel/barão.

final da peça de Gorki. A influência da Frente Popular também se faz sentir no tratamento político da relação (muito mais importante que na peça) entre Pepel e o barão: a sociedade é dividida em classes, que o indivíduo tenta superar, mas um barão, decaído ou não, é sempre um barão, enquanto que um pobre só pode dar a volta por cima acreditando firmemente em seus sonhos de futuro, diz o filme, com uma convicção algo ingênua (o ladrão Pepel, salvo no fim pelo amor de Natacha).

■ Vista com a devida atenção, contudo, essa realização, que assinala o início de um gênero – o *"film noir à francesa"* da década de 1930 –, propõe uma leitura (original) do texto de Gorki da qual se desprende um profundo ceticismo. A vida no *bas-fonds* é vivida como uma provação. Pepel, o ladrão social apanhado em uma engrenagem que o ultrapassa, está condenado à infâmia da prisão, enquanto o barão, ladrão por vício, é apenas desclassificado. Além disso, a desenvoltura da dupla Gabin-Jouvet, levada por cada um deles ao seu estilo próprio, a estrofe sobre as vicissitudes da vida recitada pelo barão na relva e a tirada hamletiana na boca do ator ao se suicidar indicam que, para Renoir, a vida não passa de um jogo mais ou menos ridículo, uma cena em que os homens são os histriões da própria vida. O fim, remetendo à máquina de sonhos do cinema, ironiza a ilusão dessa liberdade conquistada por Pepel. Essa interpretação, decididamente política, de *Les bas-fonds* constitui, de certa maneira, um desdobramento mais sombrio de *Le crime de monsieur Lange*, do mesmo Renoir, lançado meses antes: o mesmo ideal comunitário e o mesmo espírito de rebelião. Entretanto, os sofismas desabusados do velho sábio Luka deixam transparecer um certo desencanto existencial e ideológico em relação à luta de classes (luta pela vida aqui), na qual o (sub)proletariado é sempre vítima.

PL

Bibliografia

Daniel Serceau, *Jean Renoir, la sagesse du plaisir*, Cerf, 1985.
Jean Renoir, *Ma vie et mes films*, Flammarion, 2005.
Hubert Niogret, *Akira Kurosawa*, Payot & Rivages, 1995.
Michel Estève (dir.), *Akira Kurosawa*, Lettres Modernes, "Études cinématographiques", 1999.

Louis Jouvet, Suzy Prim, Junie Astor, Les bas-fonds *(Jean Renoir, 1936)*

A beleza do diabo

FRANÇA, 1950 (*LA BEAUTÉ DU DIABLE*)

J. W. Goethe, *Fausto*, 1808.

SINOPSE

À beira da morte, o professor Fausto, na fragilidade da velhice, é todo arrependimentos. Mefistófeles vem então visitá-lo e lhe propõe um pacto: vender sua alma em troca de juventude e riqueza. Dispõe-se também a lhe mostrar o futuro. Fausto aceita e assume a aparência de Mefisto, que, por sua vez, se esconde por trás dos traços do velho Fausto.

Pr.	Franco London Films/Universalia/ENIC
Dir.	René Clair
Rot.	René Clair, Armand Salacrou
Foto.	Michel Kelber
Int.	Michel Simon (Fausto velho/Mefistófeles), Gérard Philipe (Mefistófeles/Fausto jovem), Simone Valère (a princesa), Nicole Besnard (Marguerite), Raymond Cordy (Antoine), Gaston Modot (o boêmio)
Duração	92 min

Outras versões:
- *Faust* (Georges Méliès, 1903)
- *Faust* (F. W. Murnau, 1926), int. Emil Jannings (Mefistófeles)
- *Marguerite de la nuit* (Claude Autant-Lara, 1956), int. Michèle Morgan, Yves Montand
- *Phantom of the Paradise* (Brian de Palma, 1974), int. Paul Williams, William Finley

A beleza do diabo não é uma adaptação literal nem direta do drama de Goethe (que não é citado nos créditos), mas uma variação em torno do mito de Fausto. Se a versão de Goethe é uma das mais conhecidas, o tema faustiano tem múltiplas fontes: as diferentes versões de Goethe (o *Urfaust*, o segundo *Fausto*), o *Volksbuch* do século XVI, o texto de Marlowe, as variantes mais recentes, como o *Doutor Faustus* de Thomas Mann... Mas não devemos esquecer as versões musicais: *La Damnation de Faust*, de Berlioz, e especialmente o *Faust* de Gounod (com sua célebre *Ária das joias*, adorada pelos fãs de Tintim). É, portanto, um mito antigo e popular que René Clair, cineasta famoso e respeitado, adapta. Méliès já havia oferecido várias versões, sendo a mais conhecida a de 1903. Murnau, por sua vez, fizera um filme baseado igualmente em Marlowe e Goethe, misturando romantismo e expressionismo. Trata-se do segundo filme francês de René Clair, após a volta do exílio durante a Segunda Guerra Mundial (o primeiro foi *O silêncio é de ouro*, uma homenagem ao cinema antigo). *A beleza do diabo* é uma produção "de prestígio", que teve direito até a uma grande "estreia", na Ópera de Paris, com a presença do presidente da República.

■ Esta versão de Fausto situa-se em um país e em uma época histórica não especificados. As linhas gerais do mito são respeitadas. Fausto é um velho professor de-

A BELEZA DO DIABO

Simone Valère, Michel Simon

siludido ao qual o diabo, através de Mefistófeles, propõe um pacto: sua alma em troca de uma nova vida. Mas René Clair introduz variações originais. Assim, Mefisto é inicialmente encarnado por Gérard Philipe, e Fausto, por Michel Simon. Para tentá-lo, contudo, Mefisto oferece "gratuitamente" a Fausto o dom da juventude. Os papéis então se invertem: Gérard Philipe torna-se Fausto e Michel Simon, Mefisto, que deve passar aos olhos de todos pelo verdadeiro Fausto, para justificar seu desaparecimento. Além das numerosas possibilidades dramáticas oferecidas por essa ideia (para não falar do prazer proporcionado pelos dois grandes atores que mudam radicalmente de posição no filme), ela ressalta a natureza indissociável de Fausto e Mefisto, sendo um o reflexo, o duplo, ou, por que não?, a projeção fantasmagórica do outro.

O roteiro também desenvolve uma intriga amorosa de espírito romântico, além de passagens próximas da comédia pura e simples, como as diferentes artimanhas de Mefisto para fazer Fausto assinar, invariavelmente desmascaradas, o que vale um saboroso monólogo de Michel Simon "discutindo" com o diabo (que não é ouvido), que termina com um "Que profissão!..." nada ortodoxo. A segunda grande inovação inscreve o filme numa perspectiva muito mais contemporânea (pelo menos no fim da década de 1940). Intimado por Fausto a revelar-lhe o futuro, Mefisto o atende mediante uma espécie de projeção cinematográfica particular. Nela, Fausto/Gérard Philipe vê seu destino: todo-poderoso e criminoso, ele reina em meio às ruínas e à destruição que espalhou ao seu redor, velho e solitário, sendo em seguida projetado no inferno. Essa sequência evoca tanto os dramas do segundo conflito mundial (nesse ponto, o roteiro se aproxima de Thomas Mann) quanto o medo de futuras tragédias. Entretanto, fiel ao seu otimismo, Clair conclui o filme, graças às artimanhas de Mefisto, que por fim se voltam contra ele. Tendo permanecido jovem, Fausto pode viver livre e feliz!

■ Ao ser lançado, o filme é muito bem-recebido pelo público, mas alvo de muitas críticas, tanto em relação ao seu aspecto "lendário", que parecia ultrapassado – como tudo aquilo que remetesse de perto ou de longe ao cinema de tipo "onírico" ou fantástico durante os anos da Ocupação – quanto às "liberdades" tomadas com o mito. Essa versão, contudo, é extremamente agradável e inteligente, aproximando-se talvez dos primeiros espetáculos de marionetes ou lanterna mágica sobre o tema de Fausto. Seja como for, parece resistir muito melhor à passagem do tempo que a adaptação de Claude Autant-Lara, ambientada na década de 1920, com Yves Montand no papel de Mefisto (rebatizado de "Monsieur Léon"), filme que constitui um perfeito exemplo da chamada "qualidade francesa" acadêmica da década de 1950. O mito de Fausto pode assumir as mais inesperadas formas, como no excelente *Phantom of the Paradise*, que, combinado com a lenda do fantasma da ópera, foi concebido como musical de rock e decadente.

LA

▶ PISTAS PEDAGÓGICAS

▸ Fausto na música, de Gounod a Brian de Palma.

▸ O tema do duplo nas lendas fantásticas.

▸ As variações em torno de Fausto na tela.

▸ *A beleza do diabo* e a tradição do filme fantástico francês.

Bibliografia

"Le mythe de Faust – Faust de Gounod", *L'Avant-Scène Opéra*, nº 2, março-abril de 1976.

Faust, Albin Michel, "Cahiers de l'Hermétisme", 1977.

Olivier Barrot, *René Clair ou le temps mesuré*, Hatier, 1998.

Georges Charensol, Roger Régent, *Un maître du cinéma: René Clair*, La Table Ronde, 1952.

Charles Pornon, *Le rêve et le fantastique dans le cinéma français*, La Nef de Paris, 1959.

A bela da tarde

FRANÇA–ITÁLIA, 1967 (*BELLE DE JOUR*)

Joseph Kessel, *Belle de Jour*, 1928.

SINOPSE

Casada com um jovem cirurgião, Séverine não sente verdadeiramente prazer sexual com ele. Suas noites são povoadas de violentas fantasias, de humilhações. Um amigo do casal, Husson, que lhe causa particular repugnância, menciona em sua presença a existência de casas clandestinas, dando-lhe um endereço. Perturbada, Séverine não resiste ao desejo de visitá-la, e logo se transforma em Bela da Tarde, a terceira prostituta de Madame Anaïs. É lá que ela encontra, no aviltamento, seu desabrochar íntimo, ao mesmo tempo em que continua levando sua vida respeitável e burguesa. Mas Husson é cliente do estabelecimento...

Pr.	Robert e Raymond Hakim/Henri Baum/Paris Films/Five Films
Dir.	Luis Buñuel
Rot.	Jean-Claude Carrière, Luis Buñuel
Foto.	Sacha Vierny
Int.	Catherine Deneuve (Séverine Serizy), Jean Sorel (Pierre Serizy), Michel Piccoli (Henri Husson), Geneviève Page (Madame Anaïs), Pierre Clémenti (Marcel), Françoise Fabian (Charlotte), Macha Méril (Renée), Muni (Pallas), Maria Latour (Mathilde)
Duração	101 min

O número de filmes considerados inferiores ao romance que adaptam é suficientemente grande para saudarmos uma obra que foi reconhecida como superior ao livro em que se inspirou, inclusive pelo próprio autor deste, Joseph Kessel. O que bem diz do requinte do trabalho realizado pelo cineasta Luis Buñuel e seu parceiro, o roteirista Jean-Claude Carrière. Mas é melhor não esquecer o relato original, qualificado de "romance digestivo" por Buñuel, que por sinal abre o filme com uma cena do gênero água com açúcar, que bem poderia ter saído da coleção Harlequin, para, em seguida, passar para a perversão do chicote e da corda. Joseph Kessel escreveu *Belle de jour* em 1927, na época da primeira psicanálise, da emancipação feminina e das *garçonnes*. "O que eu tentei em *Belle de Jour*", explica ele no prefácio do livro, "foi mostrar o terrível divórcio entre o coração e a carne, entre o verdadeiro, imenso e eterno amor e as imposições implacáveis dos sentidos." O problema é que a representação da mulher entregue a suas pulsões, consumindo "até o fim o cálice da amargura e da humilhação" ("Folio", p. 72), é um veio literário não raro confinado à mediocridade. O autor apresenta um trauma de infância como matriz inconsciente do aviltamento voluntário de Séverine, jovem burguesa reservada e saindo de uma doença grave, que se refugia a cada dia no "conforto" de um prostíbulo de luxo, entre as 14 e as 17 horas. De onde vem o apelido que lhe é dado pela proprietária, Madame Anaïs: Bela da Tarde.

Publicado inicialmente como folhetim no jornal *Gringoire*, *Belle de Jour* provoca uma avalanche de cartas de leitores escandalizados. É essa recepção problemática que leva Buñuel e Carrière, na década de 1960, ao tema, com vistas a um "poema" (Freddy Buache), uma descida ao inferno íntimo de uma mulher comum com o objetivo de explorar o que Freud chama de "continente negro", o erotismo feminino. O filme aborda a decisão de passar ao ato de uma jovem casada "de boa família", rica, apaixonada, mas sexualmente insatisfeita, que cultiva fantasias masoquistas em pesadelos que se vão tornando insuportáveis. A chave vem do amigo do marido, que lhe dá – com que intenção? – o endereço de uma casa de encontros.

Catherine Deneuve

■ Podemos ver em *A bela da tarde* um filme sobre uma beldade loira, "chique e alinhada", que se prostitui para gozar com brutalidade e humilhações. Mas Buñuel rejeita qualquer desvio voyeurista: não se encontra no filme qualquer "folclore de bordel", nenhuma nudez além da sugerida. No máximo, a proibição para menores de 13 anos foi usada para efeito publicitário. Em compensação, há uma segunda leitura do filme repousando na dimensão das fantasias de Séverine, o onirismo tão caro a Buñuel, que conduz o espectador pelos mistérios do sonho (a cena do duelo é uma obra-prima). A genialidade do filme decorre da equivalência do tratamento entre o real e o imaginário, que exerce um fascínio quase hipnótico sobre essa mulher em busca de si mesma. Os autores dão a entender, assim, que o ser humano não pode ser dividido, que não existe uma linha de demarcação tão definida entre a "verdadeira" vida e a projeção inconsciente de si mesmo.

"Passado, presente, futuro, memória, imaginação, sensação imediata se misturam e às vezes se confundem, sem se confundir realmente num espaço em que o narrativo toma o lugar do vivenciado, e vice-versa, no qual são abolidas as fronteiras entre os fatos do cotidiano captados de olhos abertos e os que se produziram, fantasmas, por trás das pálpebras." (Freddy Buache)

■ Catherine Deneuve encarna quase "sem querer" o personagem de Séverine, cuja contenção e frieza burguesa são exploradas por Buñuel com virtuosismo, assim resvalando da beleza glacial para a sensação difusa de um pudor constantemente reprovado por suas próprias pulsões. É, com efeito, a elipse cinematográfica que transcende as descrições meio canalhas e condescendentes da narrativa de Kessel. Para a atriz, o papel representou uma virada decisiva na carreira. A sobriedade da interpretação é alimentada por uma partitura coletiva sem falhas, de Jean Sorel, perfeito como o marido modelo e meio lento, a Michel Piccoli, o tempo todo de uma ambiguidade desconcertante. Costuma ser citado o desempenho de Francis Blanche, como cliente zombeteiro e meio obsceno que decide a sorte de Séverine ao forçá-la. Mas o que dizer do trabalho de Geneviève Page, sublime Madame Anaïs, fascinada e quase apaixonada pela "protegida" atípica de glacial beleza? O apartamento de encontros aos poucos se anima, até se transformar no verdadeiro refúgio da jovem, e a Bela da Tarde vai despertando para novos amantes canalhas (Pierre Clémenti), para a repulsa das bengalas, o fetichismo das botas e até certas cerimônias, quase nua, num caixão.

A BELA DA TARDE

Jean Sorel e Catherine Deneuve

Michel Piccoli e Catherine Deneuve

sentido existencial do termo, e acaba voltando ao lar, obcecada com as consequências de seus atos, mas livre de seus pesadelos e dominando até o corpo indiferente do marido, que ficou impotente. O masoquismo era apenas um filtro, uma fachada do desejo furioso de emancipação, não além das normas burguesas, mas através delas, por suas próprias contradições. A carruagem pode rapidamente voltar ao caminho outonal, o real e o imaginário se confundem de maneira quase "indispensável" (Jean-Claude Carrière). O grito do animalzinho, em *off*, lembra o de um bebê, e o onirismo torna-se subliminar.

■ A recepção crítica foi um verdadeiro pugilato, tratando-se de um filme que, além do grande sucesso de público, adquire instantaneamente a condição de filme *cult*. Jacques Lacan o utiliza, projetando-o em suas aulas. Buñuel declara que se trata do seu "último filme", o que será desmentido pelas cinco outras obras por ele filmadas posteriormente, três delas escritas igualmente com Jean-Claude Carrière e uma outra tendo também Catherine Deneuve no elenco (*Tristana*).
A Bela da Tarde está livre. Mas o que haveria na misteriosa caixinha do asiático?

LB

"Esse filme, que foi o mais comercial de Buñuel, revela uma geração de atores que, talvez pela primeira vez, faz a ligação entre o cinema de vanguarda e o cinema para o grande público", escreve Octavio Escali. No entanto, a busca de Séverine pelo labirinto da sua vertigem interior, essa frustração da liberdade, estaria assim tão distante das obras de Kessel, cujo herói Ouroz, de *Cavaliers* (1967, justamente!), professa a necessidade de ser "o primeiro, o único a correr sem nenhum objetivo além da própria corrida"?

Indo ainda mais longe que Kessel, ou mesmo Buñuel, a heroína foge ao contexto narrativo ou formal para abraçar as revoluções de sociedade do século XX: qualquer que seja sua submissão, a Bela da Tarde é, no fim das contas, atriz da sua sexualidade. Nessa condição, ela existe, no

> **PISTAS PEDAGÓGICAS**
>
> ▸ O onirismo e a representação do inconsciente no cinema.
> ▸ Formas e figuras da transgressão.
> ▸ O surrealismo.
> ▸ Evolução e mentalidades da sociedade francesa, de 1945 à atualidade.

Bibliografia

Maurice Drouzy, *Luis Buñuel, architecte du rêve* (biografia), P. Lherminier, 1978.

Freddy Buache, *Buñuel*, "L'invisible et le visible", L'Âge d'Homme, 1990.

Louis Seguin, "Les frontières du rêve", *Positif* nº 87, setembro de 1967.

Entrevista de Jean-Claude Carrière como suplemento do filme *Belle de jour*, editora StudioCanal, 2008.

Octavio Escali, "*Belle de jour* ou l'alchimie picturale", disponível on-line no site: <http://www.puretrend.com/rubrique/yves-saintlaurent_r25/luis-bunuel-et-yves-saint-laurent-belle-de-jour-ou-lalchimie-picturale_a41907/1>

Entrevista de Luis Buñuel a Christian Durieux na Mostra de Veneza, disponível no site: <http://www.ina.fr/fresques/europe-des-cultures-fr/notice/Europe00048/-luis-bunuel-a-propos-de-belle-de-jour>

A besta humana

FRANÇA, 1938 (*LA BÊTE HUMAINE*)

Émile Zola, *La bête humaine*, 1890.

SINOPSE

Ferroviário, casado com Séverine, Roubaud tem problemas profissionais. Pede então à mulher que interceda junto ao seu "padrinho", Grandmorin, homem influente. Mas Roubaud descobre a verdadeira natureza da relação entre Grandmorin e Séverine. Roubaud mata Grandmorin num trem, mas o crime tem uma testemunha, Lantier, que decide se calar. Séverine e Lantier tornam-se amantes, abrindo caminho, assim, para uma nova tragédia.

Pr.	Robert e Raymond Hakim/Paris Films
Dir.	Jean Renoir
Rot.	Jean Renoir
Foto.	Curt Courant
Int.	Jean Gabin (Lantier), Simone Simon (Séverine), Fernand Ledoux (Roubaud), Julien Carette (Pecqueux), Jacques Berlioz (Grandmorin), Blanchette Brunoy (Flore), Jean Renoir (Cabuche)
Duração	100 min

Outras versões:
- *Die Bestie im Menschen* (Ludwig Wolff, 1920)
- *Desejo humano* (Fritz Lang, 1954), int. Glenn Ford, Gloria Graham, Broderick Crawford

Jean Renoir está no auge da fama e da popularidade quando decide adaptar o romance de Émile Zola. Ele realizou anteriormente *La Marseillaise* e, antes ainda, *A grande ilusão*. Não é sua primeira adaptação literária, longe disso, pois já havia realizado filmes extraídos de obras de Georges Simenon (*La Nuit du carrefour*, 1932), Gustave Flaubert (*Madame Bovary*, 1933), Guy de Maupassant (*Partie de campagne*, 1936) e Máximo Gorki (*Les bas-fonds*, 1936).

■ *La bête humaine* parece inscrever-se naturalmente na temática de Renoir nessa década de 1930, feita essencialmente de "realismo social". Percebe-se contudo, pela escolha dessa obra sombria, que o período de otimismo da Frente Popular, do qual Renoir foi um dos bardos (por exemplo, com *Le crime de Monsieur Lange* e *La vie est à nous*), chegou ao fim.

O cineasta não segue o romance ao pé da letra, efetuando várias alterações importantes. A primeira, já no roteiro, é uma simplificação da intriga criminal. Assim, o personagem de Cabuche (interpretado pelo próprio Jean Renoir) adquire outra dimensão: no romance, ele é preso e condenado pelo assassinato de Séverine; no filme, pelo de Grandmorin. A complexidade das relações no romance é assim reduzida a um fio mais simples, mas também mais acentuado, no horizonte de Renoir: Cabuche, o marginal, é condenado por engano pelo assassinato de um homem abjeto, mas socialmente poderoso. Trata-se de uma "justiça de classe".

A alteração mais importante, entretanto, diz respeito à modernização do romance, situado na época contemporânea. Ela parece menos necessária ao espectador do século XXI, mas ainda assim é vital. Com esse deslocamento temporal, Renoir transfere a narrativa da saga dos Rougon-Macquart (à qual, é bem verdade, só se vincula, "genealogicamente", de maneira distante e quase artificial), situando-a na modernidade do fim da década de 1930. Lantier refere-se apenas à sua herança genética ("todas essas gerações que apodreceram o meu sangue") para explicar suas crises epilépticas.

A BESTA HUMANA

Essa transposição moderna também ajuda o cineasta a se entregar a um autêntico exercício documental sobre o mundo ferroviário. Sabe-se que, para se preparar para o papel, Gabin, herói popular por excelência, de fato aprendeu as bases da profissão. Esse aspecto realista é encontrado particularmente na esplêndida abertura do filme, uma sequência de quase dez minutos sem diálogo, mostrando Gabin e Carette a bordo de *La Lison* na ferrovia de Brest, comunicando-se apenas por sinais, enquanto o romance começa no quarto de Roubaud em Paris, no bairro da Gare Saint-Lazare.

Essa mesma busca de realismo faz com que o estilo de Renoir seja muito diferente nesse filme, em comparação com outras obras de técnica mais ostensivamente brilhante. Não encontramos aqui os efeitos de profundidade de campo de *La chienne* ou os grandes movimentos de câmera simbólicos de *Le crime de Monsieur Lange* (uma obra social *noire*, mas profundamente otimista), para não falar da futura construção virtuosística de *A regra do jogo*. Em *A besta humana* a direção parece seguir, ao longo de todo o filme, o estilo e o ritmo impostos pela sequência de abertura: de uma obra quase documental, precisa e fria, que registra os tormentos e as reações compulsivas dos protagonistas. Aqui, a arte de Renoir situa-se ainda mais nitidamente, que em seus outros filmes, na técnica da direção de atores.

■ O filme de Renoir terá excelente receptividade tanto de público quanto da crítica, e será seu último sucesso antes de *A regra do jogo*, sua obra-prima, que, ao contrário, será violentamente rejeitada. Na década de 1950, Fritz Lang, agora um cineasta americano, realiza *Desejo humano* (*Human Desire*) a pedido do produtor Jerry Wald, encantado com *A besta humana*. Trata-se, portanto, de uma nova adaptação de Zola e, ao mesmo tempo, uma refilmagem do filme de Renoir. O caso é mais interessante porque se trata da segunda vez em que Lang retoma um filme do cineasta francês, depois de *Almas perversas* (*Scarlet Street*, 1945), inspirado em *La chienne*. No caso de *Desejo humano*, Lang retoma a abordagem de Renoir ao situar a ação na época contemporânea, procedendo a um autêntico estudo do meio profissional, ao mesmo tempo em que conserva a influência do atavismo na imagem de seu herói. A locomotiva a vapor é substituída por uma máquina elétrica e o novo "Lantier", chamado Jeff Warren, é um veterano da Guerra da Coreia. De grande precisão também na reconstituição documental, Lang orienta a narrativa para um autêntico *film noir*, no qual as questões de classe são postas de lado em favor de uma problemática – central no grande cineasta – sobre a psique humana e o sentimento de culpa. Sua direção talhada a bisturi proporciona um contexto expressionista – depurado até a abstração (sendo a dualidade assumida por um jogo de linhas e um preto e branco fortemente contrastado) – à observação dos personagens, vergando ao peso de um *fatum* que se realiza através deles.

LA

→ **PISTAS PEDAGÓGICAS**

▸ Zola no cinema.

▸ A mitologia ferroviária no cinema.

▸ Fritz Lang/Jean Renoir: convergências e diferenças através de suas respectivas adaptações.

Bibliografia

Daniel Serceau, *Jean Renoir l'insurgé*, Le Sycomore, 1981.

André Bazin, *Jean Renoir*, Champ Libre, 1971.

Raymond Chirat, *Le cinéma français des années 30*, Hatier, 1983.

Yannick Dehée e Christian-Marc Bosséno (dir.), *Dictionnaire du cinéma populaire français*, Nouveau Monde, 2009.

Lotte Eisner, *Fritz Lang*, Éditions de l'Étoile/Cinémathèque Française, 1984.

O cavaleiro vingador

FRANÇA, 1997 (LE BOSSU)

Paul Féval, *Le bossu*, 1857.

SINOPSE

Lagardère, um jovem sem família, faz amizade com o duque de Nevers. Este fica sabendo que é pai de uma menina, de sua relação com Blanche de Caylus. Sai então em campo para encontrá-la, acompanhado de Lagardère, a quem fez cavaleiro e entregou uma "bota" secreta capaz de torná-lo invencível na espada. Mas Nevers cai numa armadilha montada por Gonzague, seu primo. Lagardère adota a criança, uma menina chamada Aurore, e se refugia com ela junto a uma trupe de atores ambulantes, depois de jurar vingar Nevers. Anos depois, vem a realizar a vingança, introduzindo-se no círculo de convivência de Gonzague, disfarçado de corcunda.

Pr.	D.A. Films/TF1 Films Productions/Alicéleo
Dir.	Philippe de Broca
Rot.	Philippe de Broca, Jérôme Tonnerre, Jean Cosmos
Foto.	Jean-François Robin
Int.	Daniel Auteuil (Lagardère), Fabrice Luchini (Gonzague), Vincent Perez (Nevers), Marie Gillain (Aurore), Jean-François Stévenin (Cocardasse), Didier Pain (Passepoil), Yann Collette (Peyrolles), Philippe Noiret (Philippe d'Orléans)
Duração	120 min

Outras versões:
- *Le bossu* (René Sti, 1934), int. Robert Vidalin
- *Le bossu* (Jean Delannoy, 1944), int. Pierre Blanchar
- *Le bossu* (André Hunnebelle, 1959), int. Jean Marais

Temos de reconhecer que o célebre romance de Paul Féval já não é muito lido hoje em dia: seu estilo envelheceu um pouco, e também seu modo narrativo. Mas alguns de seus elementos fazem parte da memória coletiva. A famosa bota de Nevers e os grandes arroubos líricos como "Se você não vier a Lagardère, Lagardère irá a você!" contribuem para a persistência do mito popular das aventuras do Corcunda, sem dúvida graças ao cinema e, posteriormente, à televisão.

■ Uma primeira adaptação foi realizada em 1913, por André Heuzé, mas a grande versão muda é a de 1925, *Le bossu ou le petit parisien* (Jean Kemm), com Gaston Jacquet no papel de Lagardère. O filme é composto de sete episódios, à maneira de um romance folhetim, mas também foi distribuído em versão condensada. A adaptação foi realizada por Paul Féval filho, como continuador da obra do pai (e por sinal também devemos a ele as "continuações" do romance original). A primeira versão falada foi realizada em 1934 por René Sti, para os estúdios Albatros. Não deixou propriamente uma marca na história do cinema, e Robert Vidalin, ator em geral usado em papéis secundários, interpretou um Lagardère pouco con-

Marie Gillain e Daniel Auteuil

Daniel Auteuil

O CAVALEIRO VINGADOR

Hubert Noël, Jean Marais e Bourvil, Le bossu *(André Hunnebelle, 1959)*

vincente. No período da Liberação, Pierre Blanchar retoma o papel na versão realizada por Jean Delannoy (*Le bossu*, 1944).

Durante muito tempo, a adaptação de referência foi a de 1959, filme em cores de André Hunebelle. Mas a direção é fraca, o romance é podado e higienizado, segundo a prática habitual no gênero muito particular do cinema de capa e espada francês da época. Mas o sucesso vem da interpretação, do charme e do carisma de Jean Marais no duplo papel de Lagardère e do corcunda, com a ideia suplementar de a ele associar Bourvil, no papel de Passepoil, o que altera consideravelmente a importância desse personagem.

■ Mas podemos preferir a mais recente versão, *O cavaleiro vingador*, de Philippe de Broca, infinitamente mais viva e inteligente. O cineasta é especialista nesse tipo de cinema "popular" de grande qualidade, tendo assinado verdadeiros clássicos, como *Cartouche* (1961) e *O homem do Rio* (1963). Broca e seus roteiristas acrescentam uma bem-vinda dimensão alusiva, que nunca resvala para a paródia, mas, ao contrário, estabelece uma cumplicidade com o gênero capa e espada. Desse modo, o filme respeita perfeitamente o gênero, inclusive em seus aspectos mais fantasiosos (parece "inverossímil" que Gonzague nunca reconheça Lagardère, ao passo que todos os espectadores o

identificam facilmente. Mas isso faz parte dos códigos e das convenções do gênero, da mesma forma como ninguém, nem mesmo Lois Lane, identifica Clark Kent no Super-Homem). Ao mesmo tempo, certos diálogos fazem referência à época contemporânea, como piscadelas divertidas (Gonzague/Luchini espantado com a chegada da trupe de atores à colina de Chaillot). A adaptação também desenvolve aspectos muitas vezes deixados de lado nas versões anteriores (especialmente as tentações incestuosas), situando todos os personagens em pé de igualdade. Às vezes, o tratamento dos personagens se distancia muito de sua representação habitual (em particular Nevers). Com isso, os atores se divertem muito e parecem atuar num clima de autêntica alegria. Fabrice Luchini em particular, impressionante no papel de Gonzague, entrega-se a certos monólogos teatrais, autoanalisando o personagem do "traidor", figura indispensável do gênero. Essa nova versão do *Corcunda*, ao mesmo tempo fiel e modernizada, teve grande sucesso de público (apesar de não agradar muito à crítica), chegando a despertar um novo interesse pelos heróis "clássicos" do cinema francês, que algum tempo depois retomaria outras grandes figuras, como *Fanfan la Tulipe*, com resultado muito menos feliz.

LA

> **PISTAS PEDAGÓGICAS**

▸ História da França e personagens de ficção (de Dumas a Féval).

▸ A figura do herói disfarçado.

▸ Estudo de um gênero: o cinema de capa e espada.

Bibliografia

Jean-Pierre Galvan, *Paul Féval, parcours d'une oeuvre*, Encrage, 2000.
André Garel, Dominique Maillet, *Philippe de Broca*, Henri Veyrier, 1990.
Daniel Compère (dir.), *Dictionnaire du roman populaire francophone*, Nouveau Monde, 2007.
Dictionnaire du cinéma populaire français, Nouveau Monde, 2009.

Cadáveres ilustres

FRANÇA–ITÁLIA, 1976 (*CADAVERI ECCELLENTI*)

Leonardo Sciascia, *Il contesto*, **1971.**

SINOPSE

O juiz Varga é assassinado segundos depois de sair das catacumbas de Palermo. O inspetor Rogas é incumbido da investigação. Em menos de uma semana dois outros juízes são mortos, em circunstâncias estranhas. Todos estão envolvidos com corrupção. Contrariando a opinião de seu chefe direto, que considera que o culpado deve ser um subversivo ou um possível louco, Rogas se inclina para a hipótese de vingança de alguém que tenha sido vítima de uma injustiça no passado. Outros incidentes acabam por convencê-lo de que um amplo complô está sendo tramado contra o Estado, com a cumplicidade de autoridades policiais e das forças armadas. Através de um amigo, Rogas recorre, então, ao primeiro-secretário do Partido Comunista, pondo-o a par das investigações. Os dois marcam encontro em um salão do museu da cidade, onde são abatidos por atiradores.

Lino Ventura

CADÁVERES ILUSTRES

Pr.	Produzioni Europee Associati (PEA)/Les Artistes Associés
Dir.	Francesco Rosi
Rot.	Tonino Guerra, Lino Ianuzzi, Francesco Rosi
Foto.	Pasqualino De Santis
Int.	Lino Ventura (inspetor Amerigo Rogas), Tino Carraro (chefe de polícia), Marcel Bozzuffi (o preguiçoso), Paolo Bonacelli (Doutor Maxia), Alain Cuny (Juiz Rasto), Maria Carta (Madame Cres), Luigi Pistilli (Cusan)
Duração	120 min

O filme começa com uma extraordinária metáfora: acompanhando o olhar de um homem nas catacumbas capuchinhas de Palermo, Francesco Rosi imediatamente se coloca num plano simbólico. Não só o espetáculo das 8 mil múmias constitui uma meditação sem igual sobre a vaidade humana, como também evoca a decomposição dos mais altos escalões da sociedade, pois os corpos são enterrados em trajes de gala e expostos de acordo com as verbas doadas por suas famílias. A múmia esquecida pela família é transferida para as partes altas da cripta, de onde o seu ricto persegue o visitante como advertência.

O velho sai do cemitério subterrâneo antecedido pela câmera, que lhe permite avançar a passos lentos até ser derrubado pelos tiros. Aos Borgia sucedem a Máfia, as Brigadas Vermelhas e o terrorismo de Estado. Esses primeiros minutos caracterizam o clima torpe dos anos de chumbo italianos, do atentado da Piazza Fontana, em 1969, ao atentado da estação de Bolonha, em 1990. Mais de 200 mortos em cerca de 15 anos.

O juiz Varga (Charles Vanel) acaba de ser assassinado. Cabe ao inspetor Amerigo Rogas conduzir a investigação, e facilmente identificamos então a silhueta pesada de Lino Ventura. O caso logo se enquadra num contexto de confrontos políticos, pois o grandioso funeral do falecido é perturbado pela chegada de um cortejo de jovens manifestantes pregando a insurreição.

Esse início permite apresentar Rogas primeiramente como imparcial. Nada há nele de engajado, como os heróis de Damiani (*O dia da coruja*, 1968; *Confissão de um comissário de polícia*, 1971), nem de "libertário cansado", como o impagável Ugo Tognazzi em *Esse crime chamado justiça*, de Dino Risi (1971). Na verdade, Ventura tampouco está mais próximo do personagem de *Il Contesto*, de Leonardo Sciascia, personagem complexo, corroído pela dúvida e valendo-se de suas próprias falhas como busca filosófica prolongada pela investigação

propriamente dita. Neste sentido, Sciascia, escritor dos mais engajados, é mais fielmente servido por Gian Maria Volontè em *A ciascuno il suo*, de Elio Petri (1967), mas o filme de Rosi é incontestavelmente melhor.

■ Adaptar *Il Contesto*, texto extremamente curto, é já de cara um desafio, de tal maneira a narrativa de Sciascia se situa estilisticamente nos antípodas da narração cinematográfica, com suas longas introspecções e seus diálogos escassos. O autor procede, assim, a uma análise impiedosa da impostura democrática em relação às ideias derivadas do Iluminismo, nas quais afirma inspirar-se.

Sobre uma música obstinada de Astor Piazzolla, a investigação de Rogas transcorre no ritmo da ameaça que se volta contra sua própria pessoa. Quanto mais ele avança, mais a verdade que busca parece a ponto de se voltar contra ele, numa variante do mito de Ícaro. Nesse

CADÁVERES ILUSTRES

Charles Vanel

sentido, as sumidades dos corpos constituídos surgem com a dupla aparência de superiores, aos quais o policial deve prestar contas e representações da morte, sugerindo-lhe o ângulo sob o qual ele deve investigar. Enquanto se multiplicam os assassinatos de juízes, Rogas é convidado a encontrar um culpado ideal que preencha os requisitos da marginalidade subversiva. Em suma, um esquerdista. Ao longo de sua investigação, o inspetor descobre que esteios do partido no poder fomentam um golpe de Estado e se valem da exploração do caso nos meios de comunicação para desviar a atenção. A interpretação de Ventura é baseada no silêncio, na fotogenia de sua expressão impávida e em sua grande sobriedade. Essa abordagem permite traduzir em imagens a extraordinária agitação interna do personagem do romance, ao mesmo tempo preservando o essencial: antes um homem que preza a justiça do que um justiceiro. A angústia do filme, as forças cuja oposição traduz ainda hoje constituem um dos signos mais intensos desse período da história italiana, dessa "estratégia da tensão" definida em Washington em plena Guerra Fria, com o objetivo de impedir por todos os meios a chegada de um Partido Comunista ao poder, ainda que recorrendo ao terrorismo de Estado. Francesco Rosi é hoje reconhecido como um dos mestres dos "filmes dossiê", filmes que ligam a ficção a um tema da atualidade e a imagens de arquivo, para apresentar um tratamento cinematográfico engajado, ao mesmo tempo distinto do tratamento jornalístico.

A execução final de Rogas e do líder comunista no museu, em contraponto ao assassinato de Varga no início do filme, termina com dois cadáveres, enquanto se ouve a conclusão pré-fabricada que acusa o comissário de ter matado o político e sobe na trilha sonora o ruído dos manifestantes. No entanto, esse epílogo não é assim tão conotado, a darmos crédito ao balanço de um historiador reputado como Pierre Milza: "Dos 4.384 atos de violência política registrados entre 1969 e 1975, 83% foram cometidos por organizações da ultradireita nacionalista e neofascista."

Um ano depois, estoura na Itália o caso Aldo Moro, em torno de cuja morte ainda hoje circulam interpretações contraditórias.

■ *Cadáveres ilustres* é um clássico do cinema italiano, formando uma espécie de díptico com *Investigação sobre um cidadão acima de qualquer suspeita*, de Elio Petri, no qual o fascinante comissário interpretado por Gian Maria Volontè encarna o inverso de Rogas. De maneira mais geral, Rosi se posiciona no panteão dos cineastas engajados, ao lado de Damiani, Olmi e, mais tarde, Moretti. Um cinema que foi capaz de atrair as maiores estrelas da década de 1970, que em certos casos sustentam literalmente esses filmes nos ombros.

Cabe notar que o título do filme tornou-se uma expressão corrente da língua italiana, ainda hoje usada em referência ao assassinato de personagens importantes.

LB

▶ PISTAS PEDAGÓGICAS

▸ A investigação na literatura e no cinema.
▸ A figura do comissário na literatura francesa e na italiana.
▸ O filme político (gênero cinematográfico).
▸ A máfia no cinema, da construção do mito à sua desconstrução (*O Poderoso Chefão*; *Gomorra*).

Bibliografia

Joël Magny, "Cadavres exquis ou requiem pour la révolution", em *Études cinématographiques*, nº 66, 2001, pp. 171-183.

Michel Ciment, *Le dossier Rosi*, Ramsay, 1987.

Linda Coremans, *Francesco Rosi: un cinéaste de la modernité*, Bruxelas, APEC, 1987.

Jean A. Gili, *Francesco Rosi: cinéma et pouvoir*, Cerf, 1976.

Eric Hobsbawm, *A era dos extremos. História do breve século XX, 1914-1991*, Companhia das Letras.

Pierre Milza, *Histoire de l'Italie*, Fayard, 2006.

"Gladio: Et la France?", *L'Humanité*, 10 de novembro de 1990.

Le capitan

FRANÇA, 1960

Michel Zévaco, *Le capitan*, 1907.

SINOPSE

Em 1616, Luís XIII tem 15 anos, e sua mãe, Maria de Médicis, é regente do reino. Ela entregou o poder a seu favorito, Concini, que tenta se apoderar plenamente dele, sem recuar diante de nenhum delito. Para alcançar seus fins, ele manda um bando armado liderado pelo infame Rinaldo assassinar seus oponentes. O cavaleiro François de Capestang tenta salvar seu amigo, o marquês de Teynac, atacado por Rinaldo e seus espadachins em seu castelo. Capestang é ferido com um tiro de pistola, mas é salvo e cuidado por uma misteriosa desconhecida. Na volta a Paris, faz amizade com um artista circense, Cogolin. Os dois encontram numa taberna a misteriosa desconhecida, Gisèle d'Angoulême, e acabam por libertá-la da prisão do Castelo de Saint-Leu, onde havia sido encarcerada. Enquanto isso, na floresta, Capestang salva a vida de um adolescente que é ninguém mais, ninguém menos que Luís XIII, ao qual jura fidelidade. Ele ama, portanto, a filha daquele que lidera a conspiração contra o rei que ele mesmo defende. Capestang tenta convencê-los a juntar-se à causa do rei, que Concini pretende assassinar de qualquer jeito.

LE CAPITAN

Pr.	René Bezard/Pierre Cabaud/Da. Ma. Cinematografica/ P.A.C./Pathé Consortium Cinéma
Dir.	André Hunebelle
Rot.	Jean Halain, André Hunebelle, Pierre Foucaud
Foto.	Marcel Grignon
Int.	Jean Marais (François de Capestang), Bourvil (Cogolin), Elsa Martinelli (Gisèle d'Angoulême), Pierrette Bruno (Giuseppina), Lise Delamare (Marie de Médicis), Annie Anderson (Béatrice de Beaufort), Guy Delorme (Rinaldo)
Duração	111 min

A não ser no caso de um nababo hollywoodiano, adaptar fielmente para o cinema um romance de Michel Zévaco é uma empreitada impossível. Para não falar da sua gesta dos Pardaillan, obra monumental e flamejante em dez romances, qualquer dos seus relatos se prodigaliza em intrigas cruzadas, cavalgadas e duelos num ritmo infernal, as inevitáveis cenas de taberna e as introspecções tenebrosas, tumultos dentro do crânio de personagens negativos. O herói está sempre sozinho (Pardaillan, Buridan, aqui François de Capestang), o criado é esperto, as criadas são insinuantes e os malvados se dividem em três espécies: as cabeças pensantes (Concini, Richelieu), os espiões pérfidos e os espadachins perversos. Talvez se salvem apenas as heroínas, dotadas de um temperamento equilibrado que algumas vezes as faz lastimar a inépcia dos homens. Uma delas, Anaïs de Lespars, não é precisamente o personagem principal do romance *A heroína*?

O que distingue Zévaco dos outros autores da literatura popular é um lirismo estilístico combinado aos cordõezinhos do teatro de fantoches, com uma violência autêntica subjacente ao texto. Nascido em 1860, o jovem corso lançou-se no jornalismo político depois de um período militar agitado, tendo entrado para as fileiras dos militantes anarquistas na época das bombas, das manifestações reprimidas com sangue e da clandestinidade militante. Entre 1888 e 1900 Michel Zévaco é um protagonista do anarcossindicalismo, cruzando com homens como Pouget, Malato e Zo d'Axa... E também com Louise Michel, naturalmente, mas sobretudo com a "rebelde" Séverine, viúva de Jules Vallès. Nosso jornalista passou por episódios detetivescos, espancamentos, denúncias e até a prisão de Sainte-Pélagie, que lhe deixou sequelas de saúde. Uma parte dessa revolta autobiográfica dá vida ao orgulho dos heróis de capa e espada, à frente deles Capestang. Quando Michel Zévaco morre, em 1918, está a ponto de empreender adaptações cinematográficas de seus próprios romances, que foram verdadeiros triunfos de crítica e de vendas entre 1900 e 1914. Assim, *Le capitan* foi inicialmente publicado em folhetim em *Le Matin*, em 1906, sendo então relançado em volume pela editora Fayard na coleção "Le livre populaire", por 65 centavos de franco. Sua tiragem inicial foi de 100 mil exemplares, e viria a ter várias reedições. Algumas linhas bastam para reconhecer o que é evidente. Para além da "maquinaria" dos cenários descritos, o estilo de Zévaco é puro cinema, quase oferecendo efeitos de zoom nos personagens, na escolha dos adjetivos, para traduzir suas expressões ou os saltos da ação de um capítulo a outro.

Foram essas qualidades que, em 1946, levaram o roteirista Bernard Zimmer a propor a adaptação do romance a um especialista em filmes de aventura, Robert Vernay. Este tem dificuldade de reencontrar sua verve do *Conde de Monte-Cristo* anterior à guerra, e as filmagens, com pedaços colados de película, dá à luz um filme dos mais sem graça. Em 1960, o cineasta André Hunebelle acaba de ter uma acolhida triunfal para seu filme *O corcunda*, fruto de sua primeira colaboração com o ator Jean Marais. Este dá um novo impulso à sua carreira ao vestir a capa e espada do gênero, tendo

Bourvil, Jean Marais

75

LE CAPITAN

Jean Marais e Elsa Martinelli

agradado particularmente ao público o contraste de sua associação a Bourvil no papel do valete (Passepoil).

Hunebelle lembra-se então do *Capitan* de 1946 e incumbe o filho (Jean Halain, nos créditos) de retomar a trama, preservando apenas os ingredientes do sucesso do *Corcunda*, a saber, a dicção, o físico, o gestual, a arrogância de Jean Marais, ao lado da falta de jeito de Bourvil. Não se pode dar como certo que os Hunebelle, pai e filho, tenham lido o livro, mas o paradoxo é que viriam a traduzir perfeitamente seu espírito e seu entusiasmo. A mesma equipe volta aos estúdios Franstudio de Saint-Maurice poucas semanas depois. Jean Marais brilha no papel do cavaleiro François de Capestang, e azar se o herói do romance tem apenas 22 anos. Ele cria simplesmente um arquétipo cinematográfico, longe do lado pesado do *Corcunda*. Com a mão esquerda para o lado, um golpe de ponta e outro de gume, rodeio do cavalo, um salto no fosso, ele pula, aparece de repente, dispensa dublê, abraça, beija, declama com uma seriedade de Comédie Française.

Com *Le capitan* nasce o "estilo Hunebelle", que vai reinar durante dez anos nas bilheterias, forjando o imaginário de várias gerações e levando adolescentes a ler (10 milhões de entradas para *Le bossu* e *Le capitan* só no ano de 1960!).

■ A intriga do filme tem o mérito de não estabelecer uma oposição entre bons e maus, antes apresentando em 1616 um jogo de "três pontas" entre o jovem rei Luís XIII, o abominável Concini, reinando nos bastidores, e os adversários do rei, entre eles o duque de Angoulême.

Sua filha, Gisèle (Elsa Martinelli), se apaixona por Capestang, que salva a vida do rei ao acalmar a agitação de sua montaria e lhe jura fidelidade. O que gera um dilema, pois Gisèle é fiel ao pai conspirador e ama François, um legalista. Mas todo esse mundinho detesta Concini, que, além do mais, deseja Gisèle e manda raptá-la.

Em suma, nada disso chega a ser propriamente simples, mas é levado como uma opereta de Offenbach. E que importa se os interlúdios vocais de Bourvil (Cogolin) envelheceram, se a interpretação de Christian Fourcade como Luís XIII é execrável ou se o filme em momento algum esclarece o que é um *capitan*, ou seja, um cavalheiro improvisado, meio canalha, em suma, exatamente o contrário de um herói? Mas ficam na lembrança a grande espada saindo da bainha, o sublime duelo final, os galopes, um anão que envenena (Piéral) percorrendo os corredores sombrios do Louvre, uma choupana do amor e, sobretudo, Capestang escalando a muralha do Castelo de Val com facas plantadas à mão nua na rocha. Quando não se acredita mais é que a infância acabou.

LB

▶ PISTAS PEDAGÓGICAS

▸ História da França e personagens de ficção (de Alexandre Dumas a Michel Zévaco).

▸ O heroísmo na literatura: elegância, arrogância e solidão.

▸ O filme de capa e espada (gênero cinematográfico).

▸ O Antigo Regime.

Bibliografia

Jean Colombel, "Zévaco, Pardaillan", *Les temps modernes*, agosto-setembro de 1974.

Aline Demars, "Les romans 'modernes' de Michel Zévaco", *Romantisme*, nº 53, 1986.

Aline Demars, "Michel Zévaco, anarchiste de plume et romancier d'épée", prefácio, *Les pardaillan*, tomo I, Robert Laffont, "Bouquins", 1988, pp. 6-122.

Daniel Compère (dir.), *Dictionnaire du roman populaire francophone*, Nouveau Monde, 2007.

René Guise e C. Noiriel, "Michel Zévaco. Éléments pour une bibliographie", R.H.L.F., maio-junho de 1975.

Jacques Siclier, "Un anarchiste au temps des rois", *Le Monde*, 25 de julho de 1970.

Laurent Bihl, *De cape noire en épée rouge. Articles politiques de Michel Zévaco*, Ressouvenances, 2011.

Caroline Granier, *Les briseurs de formules*, Paris, Ressouvenances, 2008.

http://cinema.encyclopedie.films.bifi.fr

Carmen

ESPANHA, 1983

Prosper Mérimée, *Carmen*, **1845**.

SINOPSE

Num estúdio de dança, uma companhia de flamenco ensaia um balé inspirado em *Carmen*: um policial se apaixona por uma cigana, e, por amor a ela, facilita sua fuga, embora ela seja casada com um bandido. Carmen ama seu salvador, mas logo o abandona por um toureiro, desencadeando o drama. O coreógrafo comunica à sua principal dançarina que ela não poderá fazer o papel de Carmen. Em seu lugar, ele escolhe uma jovem dançarina inexperiente, pela qual, por sua vez, logo se apaixona. O drama se desloca para os bastidores.

Laura del Sol e Cristina Hoyos

CARMEN

Outras versões:

- *Carmen* (Ernst Lubitsch, 1918), int. Pola Negri
- *Carmen* (Christian-Jaque, 1942), int. Viviane Romance, Jean Marais
- *Os amores de Carmen* (*The Loves of Carmen*) (Charles Vidor, 1946), int. Rita Hayworth
- *Carmen Jones* (Otto Preminger, 1954), int. Dorothy Dandridge
- *Django não perdoa, mata* (*L'uomo, l'orgoglio, la vendetta*) (Luigi Bazzoni, 1967), int. Tina Aumont
- *Carmen* (Francesco Rosi, 1983), int. Julian Migenes Johnson (ópera filmada)
- *Prénom Carmen* (Jean-Luc Godard, 1983), int. Maruschka Detmers
- *Carmen nue* (Alberto Lopez, 1984), int. Pamela Prati

Pr.	Emiliano Piedra/TVE
Dir.	Carlos Saura
Rot.	Carlos Saura, Antonio Gades
Foto.	Teo Escamilla
Int.	Antonio Gades, Laura del Sol (Carmen), Cristina Hoyos, Juan Antonio Jimenez, Sebastian Moreno
Duração	102 min

Antonio Gades e Laura del Sol

A lista das adaptações de *Carmen* aqui apresentada está longe de ser exaustiva, tantas vezes o cinema se inspirou no drama de Mérimée, retomado por Bizet em sua ópera, a mais representada no mundo. Entre essas adaptações estão igualmente versões relativamente fiéis ao texto original e visões inesperadas: *Carmen* em comédia musical "black" (*Carmen Jones*, na qual o boxe substitui a tauromaquia); *Carmen* na versão *western* à italiana (o filme de Bazzoni, tendo no elenco estrelas como Franco Nero e Klaus Kinski); uma versão japonesa etc. O surgimento de tantas novas adaptações ocorrido na década de 1980 se explica por um acontecimento dos mais prosaicos, mas de grande relevância: a passagem do texto original ao domínio público. Enquanto Francesco Rosi propõe uma adaptação filmada da ópera de Bizet, Jean-Luc Godard vale-se dessa oportunidade para apresentar uma nova obra experimental, e Alberto Lopez oferece uma versão erótica "soft".

■ Com sua adaptação de *Carmen*, Carlos Saura, por sua vez, retoma e desenvolve um procedimento que inaugurou dois anos antes com *Bodas de sangue*, baseado em Federico Garcia Lorca: filmar o trabalho coreográfico de Antonio Gades e sua principal dançarina, a grande Cristina Hoyos, na tradição do flamenco. Apesar de seu caráter inovador, consistindo em construir todo um filme sobre uma adaptação dançada de um clássico da literatura, *Bodas de sangue* é de concepção relativamente simples. A primeira parte, quase documental, mostra os dançarinos e o coreógrafo trabalhando nos bastidores ou nos ensaios, enquanto a segunda apresenta o balé propriamente dito, construído em função da decupagem cinematográfica. *Carmen* introduz uma camada ficcional alusiva: um drama na própria trupe que trabalha e ensaia o balé *Carmen*. Cabe lembrar, a esse respeito, que a própria novela de Mérimée se organiza em duas narrativas superpostas, pois a história de Carmen propriamente dita é recolhida oralmente por um arqueólogo durante uma viagem à Andaluzia.

Duas linhas paralelas de narrativa se desenrolam, então. Por um lado, a história "clássica" de *Carmen*, fragmentada em razão dos ensaios e do trabalho dos dançarinos no palco, mas na qual o espectador consegue facilmente se localizar, graças ao conhecimento que já tem do célebre tema. Saura e Gades chegam a se aproveitar desse conhecimento e da cumplicidade do espectador com a narrativa para introduzir alguns elementos inesperados ou fantasiosos (como na sequência em que os dançarinos parecem improvisar, achando graça do tema do "toureiro" e inesperadamente conferindo distanciamento e leveza a um momento sempre esperado que pode ser pesado, por causa dos clichês de que está cercado). Por outro lado, o tema de *Carmen* se insinua no próprio contexto da trupe. Tudo começa com um atrito, quando o coreógrafo recusa o papel-título à estrela da companhia, o que não pode deixar de surpreender o espectador que já conheça o filme coreográfico anterior de Saura ou o trabalho de Antonio Gades com Cristina Hoyos. Ao se apaixonar pela nova dançarina, ela própria casada com um delinquente, o coreógrafo está, portanto, reproduzindo a história que coreografa.

Esse jogo de espelhos, *a priori* clássico, entre o palco e a realidade também tem o mérito de apresentar um interessante efeito no próprio tema de *Carmen*. Saura parece levar em conta que o personagem tornou-se propriamente mítico, e que neste sentido torna-se quase impossível abordá-lo frontalmente ou limitando-se a um simples nível primário de narração. E por sinal Jean-Luc Godard, com *Prénom Carmen*, faz a mesma constatação, estabelecendo um paralelo entre a história de Carmen, transposta para um even-to da crônica policial contemporânea, e a rodagem de um filme. Simultaneamente, Peter Brook filma a sua *Tragédie de Carmen*, derivada de suas representações teatrais, em três filmes diferentes, com três elencos diferentes.

■ O interesse especial do filme de Carlos Saura consiste no confronto de duas formas complementares de expressão: o drama clássico, e, portanto, dialogado, e a forma coreografada, na qual, por definição, tudo passa pelo corpo, encarregando-se o cinema de fazer o vínculo e a síntese. O filme, que também é um magnífico espetáculo, graças à qualidade do balé de Antonio Gades e sua companhia, tem o mérito, considerável, de devolver *Carmen* a seu universo hispânico original, embora o autor seja francês. O flamenco permite aqui a volta às próprias raízes do mito.

A *Carmen* de Carlos Saura foi exibida no Festival de Cannes de 1983, representando a Espanha. O filme obteve apenas prêmios técnicos, mas fez grande sucesso junto ao público, tendo sido aplaudido durante a projeção. O sucesso se repetiria no lançamento comercial. Sua principal consequência foi que Carlos Saura, até então realizador de dramas psicológicos intensos (o mais famoso foi *Cria Cuervos*, de 1976), se especializaria cada vez mais nessa forma de filmes coreográficos: *El amor brujo* (1986), que encerra a "trilogia do flamenco", *Tango* (1998), *Salomé* (2002) etc.

LA

emiliano piedra presenta

CARMEN

carlos saura
antonio gades
laura del sol
paco de lucía

inspirada en la novela de Merimée y opera de Bizet

> **→ PISTAS PEDAGÓGICAS**

▸ Dança e cinema, da comédia musical americana e Busby Berkeley a Carlos Saura.

▸ Variações cinematográficas em torno de um mito: Carmen, Ulisses, Medeia, Fausto, Dom Juan.

Bibliografia

François Géal, *Onze films de Carlos Saura*, Aléas, 2006.

Marcel Oms, *Carlos Saura*, Edilig, 1981 (obra anterior à realização de *Carmen*).

Marion Poirson-Dechonne, "L'hispanité dans les films de Saura", *Cahiers de la cinémathèque* n° 77, abril de 2005.

Pierre Pélissier, *Prosper Mérimée* (biografia), Tallandier, 2009.

A fantástica fábrica de chocolate

ESTADOS UNIDOS, 2005 (CHARLIE AND THE CHOCOLATE FACTORY)

Roald Dahl, *Charlie and the Chocolate Factory*, 1967.

SINOPSE

O jovem Charlie Bucket vive numa cabana miserável com os pais e os avós, não distante da maior fábrica de chocolates do mundo. Um dia, seu misterioso dono, Willy Wonka, decide convidar cinco crianças para passar um dia em sua fábrica. Para escolher os felizardos ele coloca cinco "tíquetes de ouro" em barras de chocolate. Charlie é uma das crianças contempladas. No dia marcado, o excêntrico Willy Wonka os recebe pessoalmente, conduzindo ele próprio a extraordinária visita, durante a qual as crianças malvadas são sucessivamente eliminadas. Logo, resta apenas Charlie, e Willy o convida a ser seu único herdeiro. Como o garoto recusa a oferta de abandonar a família, o solitário Willy Wonka, cheio de fobias, acaba aceitando que todos venham viver em sua enorme fábrica de chocolates.

A FANTÁSTICA FÁBRICA DE CHOCOLATE

Pr.	Warner Bros. Pictures/Village Roadshow Pictures/Zanuck Company/Plan B Entertainment/Theobald Film Productions/Tim Burton Productions
Dir.	Tim Burton
Rot.	John August
Foto.	Philippe Rousselot
Int.	Johnny Depp (Willy Wonka), Freddie Highmore (Charlie Bucket), David Kelly (Vovô Joe), Helena Bonham Carter (Sra. Bucket), Noah Taylor (Sr. Bucket), Missi Pyle (Sra Beauregard), Christopher Lee (Dr. Wonka)
Duração	116 min

Roald Dahl é atualmente um dos autores de romances para a juventude mais festejados nos Estados Unidos, e seu romance *Charlie and the Chocolate Factory* é um dos mais lidos, ao lado de *Matilda* e *James and the Giant Peach*. Dez anos apenas após o lançamento da obra uma primeira adaptação (1971) é assinada por Mel Stuart, com Gene Wilder no papel de Willy Wonka. O filme é fiel à narrativa, e Wilder encarna Wonka com graça e fantasia, mas o resultado, focalizando a pobreza na qual se enraíza a história, vem acompanhado de uma mensagem social que torna pesado o espírito do conto (dois anos antes do seu *Wattstax*, Stuart certamente tinha outras preocupações na cabeça). Roald Dahl, apesar de ter participado da criação do roteiro, considerou o filme decepcionante: excesso de política, excesso de ênfase na interpretação dos atores, insuficiente dose de poesia nos cenários. Assim foi que, até morrer, em 1990, recusou qualquer outra tentativa. A reputação de Tim Burton e o apoio da Warner, após o sucesso de *Batman* (1989), finalmente venceram a resistência dos herdeiros.

■ Impossível imaginar que o original Burton aceitasse abordar a obra de Dahl sem modernizá-la ou enriquecê-la com achados estéticos e narrativos. O resultado, ambíguo e bizarro, a exemplo do personagem central, Willy Wonka, fica a meio caminho entre a narrativa maluquete para crianças e o conto perverso para adultos. Ou seja, o mundo inocente de Dahl visto pelo prisma maravilhosamente deformante de Burton. Por outro lado, encontramos nesta adaptação, que respeita perfeitamente o esquema narrativo original, três contribuições consideráveis: a importância dos cenários, a versão dos Oompa-Loompas e o papel ampliado de Willy Wonka. A geografia do filme distribui-se entre dois cenários principais: o interior açucarado da fábrica de chocolates e o casebre expressionista de Charlie. A concepção plástica da fábrica de chocolates surge como uma feia reciclagem da doce estética kitsch de *Edward mãos de tesoura* (1991).

Quanto ao clima que prevalece, é antes o da maldade de *Marte ataca!* (1997). Estamos, portanto, no reino do mau gosto. As cores gritam, de tão saturadas. A visão de conjunto é multicolorida, ora temperada com uma mistura enjoativa de mil cores, ora branca e fria, à imagem de sua arquitetura geométrica. Mas a atualização do conto não é apenas de inspiração burtoniana. Diversas influências provêm da publicidade ou do videoclipe (pretensão das cores, dos costumes e das coreografias), do cinema (*Metrópolis*, de Fritz Lang, 1927; *2001: uma odisseia no espaço*, de Stanley Kubrick, 1968, alvo de sátira), da estética do *glamour* da década de 1970 (look psicodélico de Wonka) ou da década de 1950 (os caminhões vermelhos). Assim como a casa da infância de Wonka, o casebre dos Bucket se inspira no imaginário gótico do cinema de Burton, que nos mergulha em uma outra época: o século XIX de Charles Dickens, adquirindo valor de postulado moral. Não devemos esquecer que estamos numa fábula e, portanto, *A fantástica fábrica de chocolate* é uma narrativa de alcance moral e educativo. Charlie, garotinho que pertence a um tempo passado – nada de televisão, de computador nem de *fast food* no seu caso –, é o único que não vem a ser pervertido. Não é cegado pelo excesso de orgulho das crianças de hoje, não é privado de sua inocência, e é recompensado. Sua modéstia, sua pobreza e sua aparência física meio antiquada (como a do vovô Joe, do qual se aproxima) o tornam imediatamente simpático ao dono da fábrica, que também pertence a outra época.

■ Os Oompa-Loompas, "minúsculos pigmeus", importados da África depois de um safári, recebem um tratamento diferente, livre do espírito colonialista do ro-

A FANTÁSTICA FÁBRICA DE CHOCOLATE

fim das contas, um admirável desempenho, feito de tiques e caretas, às vezes lembrando o estilo de interpretação de Jacques Villeret em *La soupe aux choux*, quando Wonka fala com os Oompa-Loompas.

Burton optou por rejuvenescer Willy Wonka, passando do velho dândi malicioso de uns 60 anos de idade, no conto, a essa criatura imberbe e pálida, com sorriso brilhante na sua brancura e corte de cabelo ao estilo Príncipe Valente. Confere-lhe, também, maior importância que na obra literária, assim eclipsando o papel do pequeno Charlie, além de inventar para ele um passado que serve para justificar sua excentricidade, sua extrema solidão e a negação da própria idade. Traumatizado por uma infância austera, imposta pelo pai dentista (interessante referência a Drácula/Christopher Lee reciclado como profissional maníaco da higiene bucal), Wonka recusa-se a crescer, desenvolvendo fobias higiênicas. Como sinal da sua rejeição ao passado, seu trauma também é de ordem linguística, pois ele não consegue pronunciar as palavras "família" e "pais". Seu rosto fabricado, à Michael Jackson, serve-lhe de máscara protetora; a fábrica onde se refugia é o seu Neverland; seus trajes e suas luvas de látex o preservam das crianças (e dos adultos), cujo contato espera e teme. Na verdade, Wonka tem, sobretudo, profunda aversão às crianças de hoje, muito cedo emancipadas e sem educação, e que não entram em sua doce loucura de garoto retardado nem poupam sua fragilidade. Mas ele devolve à altura: as recriminações que lhes endereça são cortantes como seu chocolate. No fundo, Wonka é um inadaptado, um marginal, um incompreendido, por definição solitário, desesperadamente em busca de uma infância perdida, que vem a ser o tema principal do filme de Burton.

mance. Com Burton eles são clonados em milhares de exemplares a partir do mesmo modelo, encarnado pelo ator queniano de origem indiana Deep Roy, que na verdade se transforma sozinho na tribo inteira. Trabalhadores incansáveis, os Oompa-Loompas dançam e cantam depois de cada punição, como se estivessem fazendo um comentário sarcástico. Seu papel e seus costumes são um concentrado do espírito do filme, vale dizer, uma espécie de grande bombom ácido e apimentado. Em suma: por baixo do divertimento, a lição. Uma lição contra a estupidez e o cinismo de nossa época contraditória, pronta a transformar suas crianças em pequenos déspotas, ao mesmo tempo superprotegendo-as e entregando-as nas mãos manipuladoras dos meios de comunicação. Assim é que os Oompa-Loompas marcam o ritmo do dia, que se transforma em uma viagem de iniciação na qual cada criança vai ser alegre e perfidamente punida exatamente onde errou: Augustus Gloop acuado num cano por sua gulodice, Violette Beauregard transformada em mirtilo gigante por sua tendência à hiperperformance, Veruca Salt atirada no lixo por sua tirania e Mike Teavee deformado por sua telefagia.

■ A entrada em cena de Willy Wonka (tendo nas mãos um par de tesouras para cortar uma fita, espécie de autocitação de *Edward mãos de tesoura*) indica já no início que Burton se apropriou do personagem. O ator camaleão Johnny Depp também, e por sinal o personagem muito deve a ele. Sua mecânica burlesca em contratempo, como um boneco desconjuntado, deriva tanto da arte da mímica quanto da afetação dos popstars supermaquiados. Na verdade, muitas vezes o vemos tornar seus gestos autônomos, como um autômato, assim revelando sua desorientação interior. No

PL

→ PISTAS PEDAGÓGICAS

▸ A busca da infância perdida.

▸ As fábulas adaptados ao cinema (*Cinderela*, *Barba Azul*, *O Pequeno Polegar*, *Harry Potter*): da luz de vela à luz da sala de projeção.

▸ Uma fábula para adultos, ou como o medo das crianças veio a se transformar no medo de seus pais.

▸ Hollywood contra a criança-rei, seu próprio público?

Bibliografia

Antoine de Baecque, *Tim Burton*, Cahiers du cinéma, 2005.

Mark Salisbury (Entrevistas com), *Tim Burton*, prefácio de Johnny Depp, Sonatine, 2009.

Amantes eternos

FRANÇA, 1948 (*LA CHARTREUSE DE PARME*)

Stendhal, *La chartreuse de Parme*, 1839.

SINOPSE

De volta de Nápoles, onde estudava teologia, Fabrice del Dongo chega a Parma e reencontra sua tia, a duquesa Sanseverina, amiga íntima do conde e primeiro-ministro Mosca. Encantada com o sobrinho, Sanseverina quer transformá-lo num cavalheiro. Mas ele logo é encarcerado, por matar o diretor de uma companhia de teatro da qual cortejava uma atriz. Sozinho em sua cela na Torre Farnese, Fabrice observa Clélia Conti, a filha do governador da fortaleza, pela qual se apaixona. Depois de fugir, Fabrice é recapturado quando tenta reencontrar Clélia, que se casou com o marquês Crescenzi. Ele é novamente libertado, graças ao sacrifício da tia, que se entrega ao príncipe Ernest, pequeno déspota que havia jurado levar Fabrice à desgraça e que logo será eliminado pelo anarquista Palla. Enquanto Fabrice e Clélia voltam a se encontrar e se amam uma única vez, Sanseverina deixa o ducado com Mosca. Clélia finalmente vai ao encontro do marido em Bolonha e Fabrice se recolhe definitivamente ao convento da Cartuxa de Parma.

Maria Casarès e Tullio Carminati

AMANTES ETERNOS

Pr.	Les Films André Paulvé/Scalera Films/Excelsa Films
Dir.	Christian-Jaque
Rot.	Pierre Véry, Pierre Jany, Christian-Jaque
Foto.	Nicolas Hayer, Romolo Garrone
Int.	Gérard Philipe (Fabrice del Dongo), Renée Faure (Clélia Conti), Maria Casarès (duquesa Sanseverina), Louis Salou (príncipe Ernest IV), Aldo Silvani (general Conti), Louis Seigner (Grillo), Tullio Carminati (conde Mosca)
Duração	170 mir

Ao começar a escrever o filme, Christian-Jaque e o corroteirista Pierre Véry têm consciência de abraçar uma tarefa árdua. O romance de Stendhal, com mais de quinhentas páginas, é denso, cheio de ramificações, complexo. A narrativa se desdobra em múltiplas ações, os personagens são numerosos e, não raro, ambivalentes, o tom é frequentemente irônico. Para Christian-Jaque, "é importante eliminar o que [é] da esfera literária para conservar apenas a trama dramática", pois, acrescenta Véry, "*La chartreuse* contém matéria para 10 mil metros de película". Seriam necessárias oito versões para chegar ao roteiro definitivo, assim considerado por Véry: "É a transposição de uma obra literária, sua transferência para uma arte diferente, com recursos expressivos diferentes. Trata-se, literalmente, de uma recriação."

Muitas vezes necessários, os cortes e as mudanças são quase sempre determinados pela imagem. Assim, o erro de Mosca, que no romance omite a expressão "julgamento injusto" na carta a ser assinada pelo príncipe para salvar Fabrice, é atribuído no filme ao seu ciúme, ao não afastar Giletti. Às vezes, as mudanças chegam a acentuar a tensão dramática, como na cena do baile (em montagem alternada), na qual se encontra o governador Fabio Conti, que no livro é apenas vítima de um sonífero, durante a fuga de Fabrice. Como as cenas de ação são extremamente apreciadas no cinema, Fabrice realmente atravessa o rio Pó a nado, ao passo que no romance tem apenas a ideia de fazê-lo. Mas nem por isso o cineasta cedeu à facilidade, reduzindo *Amantes eternos* a um simples filme de aventura. O duelo entre Fabrice e Giletti transforma-se num brutal acerto de contas, e o que opõe o amante da Fausta a Fabrice resume-se em alguns lances, evitando assim o efeito "capa e espada". A cena de fuga, por sua vez, é incrivelmente abreviada, quase suprimida. Naturalmente, essa condensação da ação decorre da opção dos roteiristas de adaptar a segunda parte do romance, mais rica em pensamentos românticos, de preferência à primeira, mais pródiga em cavalgadas e peripécias. Entretanto, como é difícil transpor devaneios para a tela, o leitor do romance tende a sobrepor a imagem do herói intrépido à do apaixonado sonhador. Desse modo, Gérard Philipe, ator stendhaliano por excelência (em 1954 ele faria o papel de Julien Sorel, na adaptação de *O vermelho e o negro* realizada de Claude Autant-Lar), exibe uma plástica de aventureiro – com seu "belo rosto de lâmina de punhal marchetado", como dizia um crítico –, adequada a seu personagem de revoltoso em busca da liberdade. Uma metade sua que certamente não deve ocultar a outra, de amante exclusivo, mais frágil e mais dolorosa, à medida que sofre os revezes da vida.

Os roteiristas parecem ter ouvido Balzac, que afirmava em seu artigo sobre a obra de Stendhal: "O drama se passa em Parma", lamentando com isso que o romancista se detivesse tanto, no início, na entrada das tropas de Bonaparte em Milão e na infância de Fabrice. Na melhor das hipóteses, o romance deveria ter começado em Waterloo. *La chartreuse de Parme,* de Christian-Jaque, passa por cima de tudo isso. A infância e a adolescência de Fabrice (difíceis de traduzir na tela), os passeios pelo lago de Como com tia Gina, a batalha de Waterloo, a que o herói não tem certeza de ter assistido, são apenas mencionados na conversa. Para facilitar, Fabrice é declarado órfão. O padre Blanès e suas palavras prenunciadoras da fatalidade da narrativa são suprimidos. Conti adquire uma dimensão burlesca, em detrimento de sua autoridade. Ernest IV e Ernest V, dois personagens do romance, são fundidos num só, o que permite apresentar o regicídio como vingança da honra comprometida da condessa. O fiscal Rassi, por sua vez, fica en-

---

→ PISTAS PEDAGÓGICAS

▸ Representação e caricatura do poder despótico no cinema.

▸ Jogo social, convenções, intrigas e teatralidade da corte.

▸ *A cartuxa de Parma*: uma narrativa de aprendizagem.

▸ Do romanesco ao romântico: variações em torno da figura do herói.

▸ Questões políticas do filme, ou expressão do ideal revolucionário.

Gérard Philipe

carregado das intrigas policiais da Raversi, que desaparece. O conde Mosca, aqui algo rígido, perde um pouco de sua alegria e de seu espírito sutilmente satírico. Restam apenas o ceticismo e o humor (ciumento) glacial. Como ele – mas, no fundo, não seria essa a vontade de Stendhal? –, o rei Ernest não passa de um fantoche, uma caricatura de tirano megalomaníaco, pervertido e covarde.

■ Mais uma vez, indo na direção de Balzac, Christian-Jaque transforma Sanseverina numa "estátua italiana", longe da heroína "leve como um pássaro", na expressão de Mosca. Infelizmente, a interpretação deliberadamente solene de Maria Casarès nos priva em grande medida do espírito brincalhão, malicioso e apaixonado do personagem. Seu papel quase feudal junto aos seus na propriedade de Sacca desapareceu, e sua influência na corte de Parma foi reduzida a alguns símbolos. Mais presente, Clélia perde em mistério o que ganha em integridade moral. Hostil à hipocrisia da corte, no filme ela se mostra mais disposta, em compensação, a aceitar o olhar de Fabrice. Todas essas condensações, acrescidas da ausência do reencontro dos dois apaixonados na masmorra (Christian-Jaque preferiu que eles voltassem a se ver apenas numa capela), contribuem para a eficácia dramática, mas comprometem o sentido romanesco da intriga amorosa. A evolução de Fabrice, por sua vez, é relativamente sensível: ele se mostra alternadamente um jovem desajeitado e fantasioso, um brilhante conquistador do coração das mulheres, um apaixonado não correspondido e abatido diante de Clélia (não obstante a iluminação, destinada a lhe conferir um aspecto romântico e febril, nada que o torne irreconhecível aos olhos da heroína, como acontece no romance). As lágrimas desta diante de uma estátua da Madona são praticamente tudo que resta do poder absoluto da religião. Do sentimento piedoso do "monsignore" o filme preservou apenas o hábito. Por isso é que o desenlace, carregado de súbito fervor religioso, surge como uma série de artifícios sem sentido, destinados apenas a fazer com que os espectadores aceitem a ideia da cartuxa do título. E não será a imagem final, apresentando a

Gérard Philipe

encruzilhada dos caminhos do destino, que será capaz de compensar a falta do sentimento divino, cujo peso ainda se faz sentir na morte dos três heróis sussurrada pelo romance. Nesta *Chartreuse* mais prosaica, senão política, os obstáculos encontrados pelos protagonistas sempre são apenas terrestres.

■ Lançado alguns anos depois da Liberação, o filme de Christian-Jaque transforma o romance de Stendhal, basicamente voltado para o coração dos homens, em uma obra engajada. O esplêndido preto e branco e os claro-escuros de Nicolas Hayer não estão aí apenas para falar dos sofrimentos do sentimento amoroso. Prenunciam, desde o início, a tragédia social e política. As cenas de revolução, discretas no romance, ocupam um lugar importante. Assim como o anarquista generoso Ferrante Palla, que assassina com uma punhalada o pequeno Nero, covarde e desdenhoso. Mais espetacular que o veneno do romance, seu gesto cheio de elegância o transforma no mártir da causa revolucionária, em sentido inverso do texto, no qual ele vai para os Estados Unidos perder suas ilusões republicanas. Merecendo apenas um escasso olhar de Sanseverina, em vez do abraço que, em Stendhal, quase o faz desmaiar, o personagem ganha aqui maior dimensão no terreno do ideal político. O que não deixou de sensibilizar Aragon, que cobriu o filme de elogios ao ser lançado. Hábil na reprodução do clima sufocante da pequena corte italiana à sombra do tratado da Santa Aliança, mas sem o cinismo desenvolto de Stendhal, o filme de Christian-Jaque não esconde sua ironia em relação a essa sociedade em decomposição, sob a influência prejudicial do clero e do despotismo de uma monarquia ridícula.

PL

Bibliografia

"La Chartreuse de Parme", *L'Avant-Scène*, nº 460/61, 1997.
Raymond Chirat e Olivier Barrot, "Christian-Jaque", *Travelling*, nº 47, 1976.
Jean-François Josselin, *Gérard Philipe*, Mille et une nuits, 1996.

A escolha de Sofia

INGLATERRA–ESTADOS UNIDOS, 1982 (*SOPHIE'S CHOICE*)

William Styron, *Sophie's Choice*, 1979.

SINOPSE

A escolha de Sofia tem como narrador Stingo, um jovem escritor do sul dos Estados Unidos que se muda em 1947 para Nova York, na esperança de concluir seu primeiro romance. Instalado no Brooklyn, ele conhece os vizinhos do andar de cima, Nathan Landau e Sophie Zawistowska. Sophie é uma católica polonesa que escapou de Auschwitz e Nathan diz ser diplomado em Harvard. Personagem excêntrico, Nathan vive entre um temperamento violento e ciumento e uma atitude encantadora e sutil, que desconcerta Stingo. Mas o jovem escritor fica fascinado com o casal e passa cada vez mais tempo em sua companhia. Nas ausências de Nathan, Sophie confidencia com Stingo, contando seu passado. Inicialmente ocultando a verdade, ela acaba confessando que seu pai redigia panfletos antissemitas nos quais teorizava sobre o extermínio. Ela revela sua própria condição de secretária de Rudolf Höss, o comandante do campo de Auschwitz, e o fracasso que teve de amargar junto a ele nas tentativas de salvar seu filho de 10 anos, que chegou com ela e foi internado no campo para crianças. Confessa, então, sua dor mais profunda: ao chegar a Auschwitz, um médico nazista incumbido da triagem intimou-a sadicamente a escolher qual dos seus dois filhos seria salvo da câmara de gás. Ela escolheu o filho, e sua filhinha de 7 anos lhe foi tirada.

Pr.	Incorporated Television Company (ITC)/Keith Barish Productions
Dir.	Alan J. Pakula
Rot.	Alan J. Pakula
Foto.	Nestor Almendros
Int.	Meryl Streep (Sophie), Kevin Kline (Nathan), Peter MacNicol (Stingo), Rita Karin (Yetta), Stephen D. Newman (Larry), Greta Turken (Leslie Lapidus), Josh Mostel (Morris Fink)
Duração	146 min

Kevin Kline, Meryl Streep e Peter MacNicol

87

A ESCOLHA DE SOFIA

Ao ser publicado em 1979, o romance de William Styron tem grande sucesso de crítica e de público. Já ao escrevê-lo, o romancista contempla uma adaptação cinematográfica de sua obra. A tarefa recairá nas mãos de Alan Pakula, que tem na época fama de cineasta engajado, tendo assinado alguns anos antes a direção de filmes políticos, como *Todos os homens do presidente*, em 1976. Ele logo se interessou pelo romance, encontrando nele uma ressonância especial com suas origens de filho de imigrantes judeus poloneses nos Estados Unidos. Ele próprio cuida da transformação do romance em roteiro. William Styron pensou em Ursula Andress para o papel de Sophie. No momento da seleção do elenco, contudo, embora também fossem consideradas a atriz tcheca Magda Vasaryova e Nathalie Wood, finalmente é escolhida Meryl Streep. A atriz tomara conhecimento do roteiro através de uma cópia "pirata" e queria a todo preço conseguir o papel. Forçando um encontro com o cineasta, ela teria literalmente se atirado a seus pés, implorando que a contratasse. Meryl Streep não se limita a imitar o sotaque polonês: aprende alemão e polonês para encontrar as entonações mais justas para seu papel de imigrante polonesa que acaba de chegar aos Estados Unidos. A cena em que deve escolher entre os dois filhos, ao chegar a Auschwitz, foi filmada em uma só tomada, pois a atriz, mãe de família, não se considerava em condições de representar uma cena tão insuportável várias vezes. Para o papel de Nathan, cabe registrar que se trata da primeira participação do ator Kevin Kline em um filme.

■ A adaptação literária impõe certas opiniões e escolhas, especialmente no que diz respeito aos acontecimentos relatados. No romance, Stingo (o duplo de William Styron) já se tornou escritor de sucesso e de fato recorda o verão de 1947, mas misturando anedotas de sua vida passada na Virgínia, aventuras sexuais, reflexões sobre o sul dos Estados Unidos e o Holocausto. Alan Pakula preservou apenas os elementos ligados à relação de Stingo com o casal e os relatos de Sophie. Desse modo, o cineasta de certa maneira tirou estofo do personagem de Stingo, que no filme se transforma num escritor sem grande personalidade e algo sem graça, muito distante da depravação sexual descrita

Kevin Kline e Meryl Streep

no romance, e que tanto havia chocado a opinião pública americana. O aspecto extremamente cru das experiências sexuais do rapaz é completamente posto de lado, e a única sequência com Leslie nos deixa apenas entrever as obsessões de Stingo. Pakula também opta por não transcrever para a tela o episódio da dentadura de Sophie, pois a jovem polonesa perdeu todos os dentes depois de contrair escorbuto.

A grande dificuldade era reproduzir no cinema a narração complexa do romance, misturando o relato na primeira pessoa do escritor e o de Sophie, também na primeira pessoa, acabando por estabelecer dois narradores. Alan Pakula vale-se de um recurso então muito utilizado no cinema, a voz em *off*, de Stingo, presente ao longo de todo o filme. Os *flashbacks* contando o passado de Sophie são introduzidos pela história contada pela jovem a Stingo, junto às janelas do seu apartamento. E quando começa a sequência da volta ao passado propriamente dita, a voz em *off* de Sophie permite expor as circunstâncias da cena relatada. O trabalho da imagem nas sequências transcorridas em Auschwitz foi particularmente bem-pensado. Com efeito, a fotografia dessas cenas em preto e branco em tonalidade sépia contrasta com a estética dos planos passados em 1947, particularmente coloridos, como o cor-de-rosa da casa do Brooklyn.

■ Ao ser lançado em 1982 o filme foi visto como menor na obra de Pakula pela crítica francesa. Muitos observadores se declararam decepcionados com a adaptação, considerando o romance muito superior. Encontramos nos *Cahiers du cinéma* este comentário de Alain Bergala: "Nada resta do romance de aprendizagem nem do fascínio exercido pelo personagem de Nathan, e o mistério de Sophie é condenado a se sustentar sozinho no ar, sem o apoio de um narrador perturbado e sem o seu duplo masculino." Do ponto de vista formal, é criticada a incapacidade de escolha estética do realizador, que reduziria o longa-metragem a um simples telefilme. Entretanto, a crítica é unânime quanto à excepcional interpretação de Meryl Streep, que transcende o filme com sua graça e sua fragilidade, e por sinal acaba ganhando o Oscar de melhor atriz em 1983. *A escolha de Sofia* ficou na memória coletiva como símbolo supremo do dilema trágico, tendo marcado profundamente os espectadores, especialmente os americanos. Muitas referências ao filme são encontradas com frequência na cultura popular americana.

CM

Meryl Streep

→ **PISTAS PEDAGÓGICAS**

▸ O Holocausto no cinema (*Kapò*, *A lista de Schindler*, *A vida é bela*, *Amen*, *O pianista*).

▸ O dilema trágico.

▸ Um romance de aprendizagem.

Bibliografia

Alain Bergala, *Cahiers du cinéma*, nº 347, maio de 1983.
Alain Masson, *Positif*, nº 268, junho de 1983.

89

No centro, Rupert Everett

Crônica de uma morte anunciada

FRANÇA-ITÁLIA-COLÔMBIA, 1987 (*CRÓNICA DE UNA MUERTE ANUNCIADA*)

Gabriel García Márquez,
Crónica de una muerte anunciada, **1981.**

SINOPSE

Numa pequena aldeia colombiana, Santiago Nasar será assassinado. Na véspera, foi celebrado o casamento entre Bayardo San Roman (um rico e misterioso estrangeiro na aldeia) e Angela Vicario. Na noite de núpcias, ele constata que sua mulher não é mais virgem e imediatamente a repudia. Ela volta para a casa da mãe e confessa ter dormido com Santiago Nasar. Os irmãos gêmeos de Angela decidem lavar a afronta à sua família matando Santiago. Um "crime de honra" é, portanto, preparado e anunciado a toda a aldeia. Todos os habitantes sabem do drama que se anuncia e, no entanto, nenhum deles intervém para evitá-lo. Paralelamente, o narrador, anos mais tarde, retoma os fatos daquela terrível manhã, procedendo a uma autêntica investigação junto a todas as pessoas envolvidas mais ou menos diretamente no caso. Ele traça um retrato completo da vida de uma pequena aldeia, entre o amor e o ódio, a amizade e o ressentimento, o cômico e o trágico.

CRÔNICA DE UMA MORTE ANUNCIADA

Pr.	Italmedia Film/Les films Ariane/France 3 Cinéma/Soprofilms/Focine/Rai due
Dir.	Francesco Rosi
Rot.	Francesco Rosi e Tonino Guerra, com base no romance de García Márquez
Foto.	Pasqualino de Santis
Int.	Rupert Everett (Bayardo San Roman), Ornella Muti (Angela Vicario), Gian Maria Volontè (Cristo Bedoya), Anthony Delon (Santiago Nasar), Irène Papas (mãe de Angela), Alain Cuny (o viúvo Vedovo), Lucia Bosé (Placida Linero)
Duração	107 min

Francesco Rosi leu o livro de García Márquez quando foi publicado, e imediatamente se interessou por sua adaptação. O cineasta italiano já assinara, então, vários filmes tratando da máfia e de seu funcionamento em forma de clã (*O bandido Giuliano*, 1962; *Mãos sobre a cidade*, 1963), frequentemente denunciando sua violência e seu arcaísmo. E encontra na descrição dessa pequena aldeia colombiana os mesmos temas que deseja aprofundar, mas situando-os em um contexto geográfico e cultural diferente. Essa diversidade é que confere coerência e riqueza à filmografia de Rosi, cineasta engajado.

A montagem financeira do filme foi longa e complicada. Inicialmente produzido pela Gaumont Itália, ele foi adiado quando a empresa faliu. Rosi precisou encontrar várias fontes de financiamento, europeias (França e Itália) e colombianas. O que sem dúvida explica a escolha de atores das origens mais diversas, o que não deixaria de ter consequências nas filmagens. Desse modo, Ornella Muti atua em espanhol para em seguida dublar a si mesma em inglês, na pós-produção. O carregado sotaque de Rupert Everett em espanhol faz com que seja afinal dublado por outro ator. Rosi opta por filmar na Colômbia, sem recorrer a estúdios. Trabalha com o diretor de fotografia Pasqualino De Santis (responsável pela iluminação de *Morte em Veneza*, de Visconti), pedindo-lhe que explore o máximo possível a luz muito especial da Colômbia. Rosi escreve o roteiro em colaboração com Tonino Guerra, que trabalhou em quase todos os seus filmes. Os dois decidem proceder a modificações no romance, considerando-o muito "literário".

■ As escolhas de narração de García Márquez representam considerável dificuldade para uma adaptação cinematográfica. O narrador, cuja identidade não é conhecida, à parte o fato de viver nessa aldeia e aparentemente conviver com os protagonistas do assassinato, vai e volta no tempo constantemente para tentar reconstituir os acontecimentos que antecedem o crime. Assim, proporciona uma imagem precisa da comunidade, em toda a sua complexidade. Para isso, procede por camadas sucessivas, aprofundando as motivações de cada um e procurando focalizar os motivos que levaram à tragédia inexorável. Esse desejo de reconstituição liberta-se, portanto, de uma narração linear clássica, mas também do recurso a longos *flashbacks*.

No início das filmagens, Rosi tenta seguir tão de perto quanto possível esse procedimento, encenando o narrador e outros personagens em épocas diferentes (envelhecendo-os ou utilizando atores que se assemelham, em idades diferentes). Além disso, o narrador (Cristo Bedoya no filme, o melhor amigo de Santiago Nasar) dirige-se à câmera. Esse recurso artificial logo é substituído por longos *flashbacks* mais clássicos (a relação entre Bayardo San Roman e Angela Vicario, seu casamento, a manhã do assassi-

> **PISTAS PEDAGÓGICAS**

▸ A tragédia.
▸ A temporalidade no cinema/em um romance.
▸ A condição de narrador.
▸ O "crime de honra": uma prática arcaica que sobrevive ainda hoje.

Ornella Muti

nato). A intervenção do narrador 26 anos depois faz a transição entre cada sequência.

O romance de García Márquez apresenta uma profusão de personagens e depoimentos, o que corresponde a seu desejo de reconstituição exaustiva da vida de uma aldeia. O filme também nos propõe essa abundância, mas sem chegar a individualizar realmente cada um deles, além da simples silhueta (ver o longo *travelling* nos rostos diante do juiz). Acompanha, sobretudo, a história de amor entre Bayardo San Roman e Angela Vicario, que se torna o centro da narrativa. Mas o cineasta quer que essa história saia da esfera do melodrama para adquirir uma carga trágica marcada pela fatalidade e pelo arcaísmo de uma sociedade interiorana em que o "crime de honra" é aceito por todos, embora cada um se dê perfeitamente conta de seu absurdo. Assim é que opta por personagens que falam pouco e até se mostram solenes, para lhes conferir essa dimensão trágica, privando-os de motivações psicológicas claras. Isto funciona no romance, mas o resultado em imagens é menos convincente, como demonstra o longo passeio (acrescentado por Rosi) de Bayardo San Roman e Angela Vicario pelo rio, sem trocarem uma só palavra.

■ O filme foi um fracasso de público e de crítica. Exibido no Festival de Cannes em 1987, foi muito malrecebido. O artificialismo dos *partis pris* narrativos foi amplamente comentado, e a obra foi recebida como um melodrama, e não como a tragédia que pretendia ser. O problema da adaptação do romance ocupou o centro do debate. Os críticos censuraram Rosi por ter pretendido respeitar em excesso o romance de García Márquez, valendo-se de procedimentos literários e tentando transcrevê-los em imagens, sem valer-se afinal dos recursos próprios do cinema para se apropriar do romance. O trabalho de iluminação, o claro-escuro, as oposições gritantes entre o mundo da natureza (predominando naturalmente os verdes da floresta amazônica) e a aldeia (onde predomina o branco, com planos superexpostos) foram consideradas fórmulas empoladas para frisar os diferentes antagonismos. Da mesma forma, foi denunciada a banalização da expressão de García Márquez (Santiago Nasar também é detestado por ser "árabe"), e a truculência dos personagens desapareceu, substituída apenas por uma solenidade trágica que tira a vividez dos protagonistas. Ao adaptar o romance de García Márquez, Francesco Rosi quis conferir uma dimensão universal a essa tragédia da estupidez e dos mitos anacrônicos, mas não conseguiu emocionar o espectador, que permanece na superfície de acontecimentos encenados numa estética pouco convincente.

DD

Bibliografia

Frédéric Sabouraud, *Cahiers du cinéma*, nº 397, junho de 1987.

Robert Benayoun, entrevista de Francesco Rosi a Lorenzo Codelli, *Positif*, nº 316, junho de 1987.

Coronel Chabert – amor e mentiras

FRANÇA, 1994 (LE COLONEL CHABERT)

Honoré de Balzac, *Le colonel Chabert*, **1844**.

SINOPSE

Paris, 1817. O advogado Derville recebe um homem pobremente vestido que afirma ser o coronel Chabert, cavaleiro emérito que contribuiu para o sucesso do exército imperial na batalha de Eylau. Todo mundo acha que Chabert morreu nessa vitória sangrenta, em 8 de fevereiro de 1807. Na realidade, ele sobreviveu milagrosamente, vagou pela Europa e acabou ressurgindo, dez anos depois, para exigir justiça. Quer ter restituída sua patente, recuperar a fortuna e sua esposa, que se casou em segundas núpcias com o conde Ferraud e com quem teve dois filhos. Derville decide ajudar Chabert. Mas a situação política é complexa, e o rumo tomado pelos negócios do casal torna quase impossível a volta de Chabert. Derville propõe à condessa uma transação com o ex-marido para evitar o escândalo de um processo que revele sua bigamia involuntária, mas resta saber se ela aceitará essas exigências e suas consequências.

93

CORONEL CHABERT – AMOR E MENTIRAS

Pr.	Jean-Louis Livi/Bernard Marescot
Dir.	Yves Angelo
Rot.	Jean Cosmos e Yves Angelo
Foto.	Bernard Lutic
Int.	Gérard Depardieu (coronel Hyacinthe Chabert), Fanny Ardant (condessa Ferraud), Fabrice Luchini (Derville), André Dussollier (conde Ferraud), Daniel Prévost (Boucart), Claude Rich (Chambin), Olivier Saladin (Huré), Maxime Leroux (Godeschal)
Duração	110 min

Gérard Depardieu

Ao decidir adaptar *Le colonel Chabert*, Yves Angelo não escolheu propriamente a facilidade. É verdade que desde o início da sétima arte Balzac foi objeto de dezenas de versões cinematográficas, registrando-se, já em 1911, um primeiro *Colonel Chabert*, a cargo de Henri Pouctal e André Calmettes. É verdade, também, que os romances de Balzac são tão solidamente arquitetados que não deixam grande margem de manobra para que os roteiristas se afastem das tramas originais e traiam o sentido geral das obras. Da mesma forma, Balzac delineia tão bem cada um de seus personagens que é impossível cometer algum contrassenso em relação a seus atos e motivações.

Acontece que o resultado artístico é apenas mediano. Se os filmes extraídos da *Comédia humana* são, em geral, de nível honroso, raramente se elevam à categoria dos filmes marcantes. Um autor "diretivo" como o genial Tourangeau parece paralisar cineastas que muitas vezes se limitam a ilustrá-lo, sem ousar transfigurá-lo. Não surpreende, assim, que tão poucos cineastas de envergadura tenham tentado a aventura balzaquiana. O único exemplo em sentido contrário seria *L'auberge rouge* (1951), mas é uma obra que não está no cerne da *Comédia humana*, e Claude Autant-Lara lhe dá um tratamento cômico.

Em 1994, quando Yves Angelo decide lançar-se na aventura, a situação muda: à exceção de Jacques Rivette, que adaptou *A obra-prima desconhecida* em *A bela intrigante* (1991), havia trinta anos que Balzac não era mais levado à tela dos cinemas. Àquela altura, ele se tornou sinônimo de "especial" e "seriado de prestígio" na televisão. Podemos citar, entre tantos outros, *La cousine bette* (1965), *Splendeurs et misères des courtisanes* (1975), *Le curé de tours* (1980). Em 2004, ainda nos foi oferecido um *Père Goriot*. Em consequência, Angelo não queria cair na armadilha – que alguns ainda assim haveriam de apontar, no caso do seu filme – de fazer um telefilme com recursos mais confortáveis e contando com um elenco de prestígio.

Ele recorre então a Jean Cosmos para o roteiro. Com frequência associado a Bertrand Tavernier e afeito a temas históricos, Cosmos também é um dialoguista eficaz, capaz de se sair bem no perigoso exercício representado por um romance de Balzac. E de fato *Le colonel Chabert* é uma longa novela com frequência dialogada e pontuada por grandes monólogos quando

CORONEL CHABERT – AMOR E MENTIRAS

Chabert relata seu percurso. Cosmos e Angelo modernizam o diálogo ao mesmo tempo em que mantêm seu tom "século XIX". Evitam também a grandiloquência que podia decorrer de um personagem ferido como Chabert, de volta da companhia dos mortos.

■ Com grande atenção para os cenários e figurinos, além, é claro, da iluminação, o trabalho de Yves Angelo contrasta com o da versão de 1943 do *Colonel Chabert*. Filmada por René Le Hénaff, tudo era negro, da fotografia aos sentimentos, e Pierre Benoît, autor de *L'Atlantide* e adaptador do filme, transformara Raimu num homem idoso demais para interpretar Chabert.

Aqui, a escolha de Gérard Depardieu para encarnar um "retornado" como Chabert não deixa de surpreender, e também poderíamos discutir a escolha de Fanny Ardant, por demais "bem-educada" para viver a ex-mulher das ruas que subiu, ou, ainda, considerar supérflua a presença na tela do personagem do conde Ferraud, ausente do romance.

Entretanto, seria injusto taxar o filme de academismo. É verdade que Angelo abre amplo espaço para os interiores ricamente mobiliados e não esconde que domina a técnica com brilhantismo quando sua câmera se detém num quadro ou circula elegante pelo gabinete de Derville. Mas é possível que essa escolha tenha a ver com sua intenção declarada de propor uma leitura "metafórica" da obra, sugerindo um contraste entre os cenários e seu avesso.

Sem esquecer que originalmente Balzac deu à sua novela o título de *A transação*, entre vários outros, ele confere importância central ao personagem de Derville, interpretado por Fabrice Luchini. Entretanto, afasta-se rigorosamente da conclusão da obra de Balzac, que assistia ao triunfo da condessa e do novo regime (sinônimo de intrigas e manipulações), para entregá-la nas mãos de Derville e situar seu discurso final em posição inaugural no filme, o que não tem o mesmo valor no que diz respeito ao itinerário do personagem.

■ No fim das contas, levando-se em conta as seis indicações do filme para o prêmio César e seu sucesso de público, Yves Angelo saiu-se bem em seu exame de admissão para a direção cinematográfica, não obstante a avalanche de críticas cruéis. Seus filmes seguintes, como *Voleur de vie* (1998) e *Les âmes grises* (2004), corroborariam as opções do cineasta.

Com esse mesmo espírito, Jacques Rivette também se apropriou da obra de Balzac. Se *Out one*, filme experimental que tece considerações livres em torno de *L'histoire des treize*, pode desconcertar o espectador, *A bela intrigante* e *Não toque no machado* mostram que, ao contrário de Yves Angelo, Rivette não é apenas um leitor cheio de admiração, mas um criador que de fato se confronta com sua admiração para entrar em cena em igualdade de condições com o maior romancista francês.

PP

▶ PISTAS PEDAGÓGICAS

▸ O mito do Grande Exército e dos heróis do império.

▸ Do império à Restauração.

▸ Heroísmo e virtude versus transação e interesse.

▸ A irresistível ascensão social (a condessa Ferraud, retrato de mulher arrivista).

Bibliografia

Édouard Bessière, *Deux "Le Colonel Chabert"*, CDDP de l'Eure, 1997.

Da esquerda para a direita, Jean-Pierre Cassel, Anthony Perkins, Vanessa Redgrave, Sean Connery, Michael York, Jacqueline Bisset, Lauren Bacall e Martin Balsam, ao redor de Albert Finney

▶ Assassinato no Expresso Oriente

REINO UNIDO, 1974 (MURDER ON THE ORIENT EXPRESS)

Agatha Christie, *Murder on the Orient Express,* **1934.**

SINOPSE

A ação se situa na década de 1930. Depois de resolver uma investigação para o exército britânico em Istambul, o detetive Hercule Poirot decide voltar à Inglaterra, onde seus serviços são solicitados. Ele janta com um amigo, o Sr. Bouc (Sr. Bianchi no filme), que dirige a linha ferroviária do Expresso Oriente, que liga Istambul a Calais. O trem está cheio, mas o amigo, valendo-se de sua influência, encontra um lugar para ele na primeira classe. Poirot trava conhecimento com seus companheiros de viagem, que aparentemente não se conhecem, entre eles um personagem inquietante, Ratchett. Este, conhecendo a fama de Poirot, oferece-lhe uma grande soma em dinheiro para protegê-lo, dizendo-se em perigo. Poirot recusa. Na segunda noite, o trem é bloqueado pela neve na Iugoslávia. Ratchett é assassinado e seu corpo é descoberto na manhã seguinte, com doze facadas. Isolados pela neve, os passageiros não conseguem comunicar-se com o exterior e a companhia não tem condições de chamar a polícia. O Sr. Bouc pede, então, a Poirot que conduza a investigação. Tem início, então, uma espécie de interrogatório a portas fechadas, no qual o detetive, com sua extraordinária capacidade de dedução, tenta entender o desenrolar da noite fatal para desmascarar o culpado entre os doze passageiros do vagão.

ASSASSINATO NO EXPRESSO ORIENTE

Pr.	John Brabourne/Richard B. Goodwin
Dir.	Sidney Lumet
Rot.	Paul Dehn, Anthony Schaffer
Foto.	Geoffrey Unsworth
Int.	Albert Finney (Hercule Poirot), Lauren Bacall (Harriet Hubbard), Sean Connery (coronel Arbuthnot), Jean-Pierre Cassel (Pierre Michel), Ingrid Bergman (Greta Ohlsson), Anthony Perkins (Hector McQueen), Jacqueline Bisset (condessa Helena Andrenyi), Michael York (conde Rudolph Andrenyi), Vanessa Redgrave (Mary Debenham), John Gielgud (Beddoes), Richard Widmark (Samuel Ratchett)
Duração	128 min

Assassinato no Expresso Oriente é o oitavo romance escrito por Agatha Christie em torno do famoso detetive belga Hercule Poirot. Tendo obtido amplo sucesso, as obras da escritora deram origem a muitas adaptações cinematográficas desde os anos 1930. Com frequência decepcionada, contudo, Christie não se mostrava muito inclinada a vender os direitos de adaptação de um de seus romances mais famosos, tendo sido necessária a intervenção pessoal de lorde Mountbatten, sogro do produtor do filme, John Brabourne, para convencê-la.

Sydney Lumet, cineasta de filmografia variada, sempre se interessou pelos conceitos de culpa, responsabilidade e justiça, de *Doze homens e uma sentença* (1957) a *Antes que o diabo saiba que você está morto* (2007). A trama policial oferecida pelo romance, assim, lhe convém perfeitamente. Este filme se inscreve, aliás, como um parêntese lúdico entre duas obras essenciais de sua filmografia, *Serpico* (1973) e *Um dia de cão* (1975), ambas com Al Pacino, que renovam o gênero do filme policial com seu realismo. *Assassinato no Expresso Oriente* parece de recorte mais clássico, com seu respeito ao esquema do "whodunit" ("quem é o culpado?"), forma de romance policial amplamente popularizada por Agatha Christie, no qual cabe ao leitor tentar resolver o enigma, acompanhando os passos e a reflexão de um herói detetive. Alguns indícios são extraídos ao longo do romance, e a revelação do culpado só ocorre nas últimas páginas. Entretanto, a resolução proposta, nesse caso, é particularmente original, pois todos os viajantes são culpados e nenhum deles será punido, o que ocasiona uma reflexão sobre o conceito de justiça, sempre posto em pauta por Lumet.

■ Como o romance, o filme funciona como *huis clos*, uma situação entre quatro paredes. Num cenário quase teatral, oferece aos atores papéis que lhes permitem exibir todo o seu talento. Lumet reúne então um elenco espetacular, no qual convivem várias gerações de estrelas hollywoodianas (Ingrid Bergman, Richard Widmark, Lauren Bacall, além de Anthony Perkins, Sean Connery e Vanessa Redgrave), atores britânicos de referência, como John Gielgud, e outros mais jovens, como Albert Finney (que precisou ser pesadamente maquiado e engordado para se parecer mais com o Hercule Poirot descrito nos romances, já que o ator tinha apenas 38 anos na época). Os cenários externos e os planos do trem bloqueado pela neve são filmados perto de Pontarlier, na França, não sem certa dificuldade, tendo sido necessário mandar trazer neve em grandes quantidades. Esses planos serviriam de planos de interseção entre as diferentes sequências.

■ A estrutura narrativa do romance se apoia em uma série de entrevistas entre os diferentes protagonistas, ao ritmo de um personagem por capítulo. Esse procedimento tem necessariamente um aspecto repetitivo, pois as entrevistas ocorrem duas vezes, cada personagem oferecendo uma primeira versão parcialmente mentirosa, para em seguida se desdizer, numa segunda etapa, em função das deduções de Hercule Poirot. Entre uma entrevista e outra, o detetive dá busca em cada compartimento. Lumet contorna, em grande parte, o problema da repetição, deslocando a apresentação de cada personagem do trem para a plataforma de embarque em Istambul. A câmera acompanha a chegada de cada um e, graças a um trabalho de extrema precisão com os figurinos, o espectador rapidamente decifra seu temperamento, assim como sua classe social. A "cor local" da Istambul da década de 1930, representada de maneira caricatural por uma multidão de vendedores e mendigos assediando os passageiros, tem o mérito de situar os personagens por meios puramente cinematográficos.

Por outro lado, o motivo do crime (o sequestro e o assassinato de Daisy Armstrong) é revelado já no preâmbulo por uma reconstituição astuciosa: todos os protagonistas presentes no trem aparecem nessa sequência, mas filmados de costas ou com o rosto encoberto. Essas imagens serão retomadas e explicadas no fim, durante o arrazoado final de Poirot. Lumet integra, então, em

97

Albert Finney

A solução da investigação, enfim, momento-chave, coloca problemas cinematográficos interessantes. Todos os personagens são reunidos num compartimento, e Poirot apresenta suas deduções. Trata-se de um espaço fechado e exíguo no qual só o detetive está em movimento, enquanto os outros o ouvem, imóveis. Segue-se todo um jogo em torno da escolha dos planos, para variá-los e desfazer o caráter teatral e estático da revelação. Lumet recorre a *flashbacks* que ilustram o que diz Poirot e tiram o espectador do compartimento, sendo um dos mais longos a encenação do crime: cada personagem vem apunhalar o corpo de Ratchett (que está fora de campo), explicando por que está se vingando. Essa cena, inexistente no romance, vem a ser duplicada no fim do filme, quando cada um deles brinda em silêncio com a Sra. Hubbard e a condessa Andrenyi (que no filme participa do assassinato). Também aqui, Lumet se apropria do romance para deixar que o espectador se questione quanto à justiça ambígua dessa vingança coletiva fortemente ritualizada e que, muito além das palavras, estabelece um vínculo indefectível entre personagens tão diferentes por suas origens e condições sociais.

suas decisões como diretor, o próprio princípio do romance policial, no qual as mesmas situações recebem uma leitura diferente ao longo da narração. A mecânica dedutiva do romance também é o motor da progressão da intriga, livre aqui, todavia, de seu caráter repetitivo. A investigação avança em função das entrevistas, sendo necessária apenas uma delas por personagem para que Poirot descubra a verdade. Essas entrevistas representam para Lumet uma maneira de destacar seus atores, o que, sem dúvida, representa o cerne desta adaptação.

O cosmopolitismo dos personagens – um belga, italianos, um francês, ingleses, americanos, uma alemã, uma russa, uma sueca e um grego – abre espaço para uma coleção de sotaques mais ou menos autênticos que se misturam, para deleite do espectador, ante a representação de todos esses atores (impressionante atuação de Albert Finney, John Gielgud como quintessência do britânico) no contexto deslocado de um trem bloqueado na década de 1930. Lumet, um diretor que ama os atores, dá-lhes grande liberdade, de que eles se valem com brilhantismo. A título de exemplo, o longo plano-sequência do interrogatório do personagem interpretado por Ingrid Bergman permite à atriz, ao mesmo tempo, reencontrar seu sotaque sueco nativo, numa evidente piscadela para o espectador, e frisar a beleza e a profundidade de seu rosto. É uma verdadeira declaração de amor a uma estrela, que vai além da narração algo maliciosa, tão incoerente se revela o discurso religioso do personagem.

■ O filme fez grande sucesso de público e crítica, tendo sido o que mais lucro rendeu na história do cinema britânico na época (cerca de 20 milhões de libras). Recebeu seis indicações para o Oscar de 1975, e Ingrid Bergman ganhou o de melhor atriz coadjuvante. Agatha Christie, que sempre foi muito criticada pelas adaptações cinematográficas de suas obras, declarou-se satisfeita (não sem fazer uma reserva quanto à espessura do bigode de Poirot). O filme lançou uma verdadeira onda de adaptações de outros romances da autora, como *Morte no Nilo* (1978), de John Guillermin, e *A maldição do espelho* (1979), de Guy Hamilton. Mas Albert Finney recusou-se a repetir o papel de Poirot.

DD

▸ PISTAS PEDAGÓGICAS

▸ A variação de pontos de vista como princípio narrativo no romance e no cinema.

▸ A investigação num trem (*A dama oculta*, *Rumo ao inferno*).

▸ A teatralidade e seu tratamento cinematográfico.

▸ A encenação de um crime.

David Copperfield

ESTADOS UNIDOS, 1935

Charles Dickens, *David Copperfield*, 1849.

SINOPSE

A infância e a adolescência do jovem inglês David Copperfield são das mais difíceis. Quando sua mãe morre, ele é entregue a uma família tirânica adotiva. Enfrenta com dificuldade estudos fastidiosos e a busca por um lugar próprio na sociedade, pessoal e profissionalmente. O menino é obrigado a ganhar a vida limpando garrafas ou trabalhando numa fábrica de graxa, enquanto o pai, endividado, é encarcerado. Malcasado, ele se apaixona pela filha de um advogado. Conseguirá um dia encontrar a felicidade?

Pr.	MGM/David O. Selznick
Dir.	George Cukor
Rot.	Hugh Walpole, Howard Estabrook
Foto.	Oliver T. Marsh
Int.	Freddie Bartholomew (David), Lionel Barrymore (Dan Peggotty), Madge Evans (Agnès), Basil Rathbone (Murdstone), W. C. Fields (Micawber), Maureen O'Sullivan (Dora), Frank Lawton (David adulto), Elsa Lanchester (Clickett)
Duração	133 min

Outras versões:
- *David Copperfield* (Thomas Bentley, 1913)
- *David Copperfield* (Delbert Mann, 1970, telefilme)

O título original integral do filme é *The Personal History, Adventures, Experience and Observation of David Copperfield the Younger*. Ele é mostrado numa exemplar sequência de créditos, que utiliza a forma clássica de um livro sendo folheado e sobre o qual os nomes aparecem, até concluir com uma citação de Charles Dickens. Essa escolha formal indica, já de saída, a pretensão do filme: ser o mais fiel possível à obra original e até mesmo se tornar uma espécie de livro ilustrado cinematograficamente.

Essa adaptação de prestígio é produzida por uma das mais "luxuosas" companhias hollywoodianas (MGM), sob o comando de um produtor genial, David O. Selznick – que contrata um dos mais talentosos cineastas da época, George Cukor. A busca de qualidade e fidelidade, ao mesmo tempo, manifesta-se em escolhas inteligentes e, às vezes, paradoxais. Assim, vários trechos longos do romance foram cortados. É o caso, por exemplo, da sequência da escola e do momento em que surge Steerforth, além do episódio de sua história de amor. Certos personagens também desaparecem, como o doutor Strong. A ideia principal desta adaptação é efetuar cortes claros em certos

Frank Lawton e Madge Evans

DAVID COPPERFIELD

Roland Young e Freddie Bartholomew

sonagens secundários, aqueles que dão vida à narrativa. A "visualização" dos personagens de um romance extremamente conhecido (em particular nos países anglo-saxônicos) é parte integrante do trabalho de adaptação. Quanto a isso, a escolha dos atores é surpreendente e exemplar. Encontramos no elenco grandes astros (L. Barrymore), atores "característicos" (B. Rathbone), coadjuvantes de talentos múltiplos (Elsa Lanchester, por exemplo, acabava de interpretar *A noiva de Frankenstein*!). Se David adulto é encarnado por um ator sem grande carisma – o que não deixa de ter sua lógica, pois o personagem não é realmente o "herói de sua própria história" –, o papel do jovem David é desempenhado por um ator notável, de incrível maturidade interpretativa, e que foge aos clichês relativos a crianças no cinema. Finalmente, o filme ousa uma magnífica aposta de *casting* criativo, com W. C. Fields, extraordinário cômico da década de 1930, num papel destinado inicialmente a Charles Laughton.

elementos do romance, para permanecer o mais fiel possível aos que são preservados.

O outro paradoxo desta adaptação é seu total artificialismo visual. Desenrolando-se supostamente na Inglaterra, a ação foi na verdade inteiramente recriada nos Estados Unidos, sem uma única tomada externa. O filme foi todo rodado em estúdio. Esta opção radical, apesar de estar de acordo com a estética hollywoodiana da época clássica, permite ao cineasta trabalhar os aspectos visuais do filme, que fornecem tantas informações ao espectador quanto os diálogos ou as passagens descritivas. Desse modo, na sequência de abertura, que reproduz quase literalmente o célebre primeiro capítulo do romance, Cukor toma o cuidado de mostrar Miss Betsy "comprimindo o nariz" na vidraça, como escreve Dickens. Mas Cukor escolhe uma janela com caixilhos de pinázios, o que confere ao rosto da mulher um halo em forma de losango, reforçando seu aspecto duro e assustador. O filme todo se empenha em seguir a mesma técnica, ao mesmo tempo mantendo-se fiel ao texto e lhe insuflando uma interpretação visual que permite a filmagem integralmente em estúdio.

■ Uma das grandes qualidades de Cukor reside em sua arte (característica que compartilha com Selznick) da escolha dos intérpretes. Como de hábito, ele se revela um expert na arte da caracterização dos per-

■ Já na estreia o filme é considerado um grande êxito, obtendo sucesso de público e crítica, a tal ponto que nenhuma outra versão cinematográfica de *David Copperfield* seria jamais realizada. Existem, em compensação, transposições para a televisão que tentam adaptar o romance em seu conjunto – mas o fato é que a versão "condensada" de Cukor continua, de longe, superior. Esse filme também teria influência determinante no cinema americano. Nele, o produtor, Selznick, contrariando a vontade da MGM, experimenta pela primeira vez suas teorias empíricas sobre a adaptação dos "grandes" romances para o cinema. Ante o êxito alcançado, viria a aplicá-las novamente nos anos subsequentes, especialmente em *...E o vento levou*.

LA

→ **PISTAS PEDAGÓGICAS**

▸ A representação da criança no cinema e os "atores mirins".

▸ O romance de aprendizagem no cinema.

Bibliografia

David O. Selznick, *Cinéma. Mémos*, Ramsay, 1984.

Jean Domarchi, "George Cukor", *Cinéma d'aujourd'hui*, nº 33, Seghers, 1965.

C. M. Bosséno (dir.), número especial "Lector in cinéma", *Vertigo*, nº 17, Nouvelles Éditions Jean-Michel Place, 1998.

O último dos moicanos

ESTADOS UNIDOS, 1992 (*THE LAST OF THE MOHICANS*)

James Fenimore Cooper, *The Last of the Mohicans*, 1826, ciclo "Leatherstocking Tales".

SINOPSE

Em 1757, durante a guerra colonial entre franceses, baseados no Canadá, e ingleses, na Nova Inglaterra, Nathaniel, conhecido como Olho-de-Falcão, caça com seu pai adotivo moicano e o filho deste, Uncas. Eles ajudam o major Duncan Heyward, que acompanha Cora e Alice, filhas do coronel Munro, ao forte William Henry. O grupo escapa de uma emboscada de Magua, o índio batedor, e chega ao forte sitiado pelos franceses. Sentimentos amorosos nascem entre Nathaniel e Cora, que rejeita o pedido de casamento de Duncan. Munro negocia uma rendição honrosa com o general francês Montcalm, mas os hurons, comandados por Magua, atacam os ingleses de surpresa e os massacram. As jovens, Duncan, Olho-de-Falcão e os dois moicanos conseguem fugir de canoa e se refugiam em uma toca por baixo de uma cachoeira, mas seu esconderijo é descoberto.

No centro, Daniel-Day Lewis

O ÚLTIMO DOS MOICANOS

Pr.	Ned Dowd/Hunt Lowry/Michael Mann/James G. Robinson
Dir.	Michael Mann
Rot.	Christopher Crowe, aproveitando o trabalho de Philip Dunne (1936), baseado nas adaptações de John L. Balderston, Paul Perez e Daniel Moore
Foto.	Dante Spinotti
Int.	Daniel Day-Lewis (Hawkeye, Olho-de-Falcão ou Nathaniel Poe), Madeleine Stowe (Cora Munro), Russell Means (Chingachgook), Eric Schweig (Uncas), Jodhi May (Alice Munro), Patrice Chéreau (general Montcalm)
Duração	122 min

De 1920 a 1992 foram realizadas oito adaptações do romance de James Fenimore Cooper, nos Estados Unidos e na Europa, todas abreviando e modificando consideravelmente o romance. O filme americano de 1920 entrou para o patrimônio nacional. Em 1936, o *western* de George B. Seitz, com Randolph Scott, marcou Michael Mann, que se lembra de tê-lo visto na infância. A versão de 1992 retoma o roteiro de Philip Dunne e seus colaboradores.

Na década de 1980, Michael Mann era conhecido, sobretudo, por suas séries de televisão policiais e urbanas, como *Miami Vice* e *Police Story*. Depois de *Manhunter* (*Caçador de assassinos*), um *thriller* psicológico sobre um assassino em série, ele realiza três longas-metragens extremamente diferentes: *O último dos moicanos*, *western* histórico; *Heat* (*Fogo contra fogo*), um novo *thriller*; e *The Insider* (*O informante*), filme político. Podemos ver aí três tentativas de definir os valores do herói americano.

■ Cooper escreve *O último dos moicanos* em 1826, época em que os Estados Unidos rejeitaram definitivamente o jugo das potências coloniais. As guerras entre destacamentos europeus, mais ou menos aliados aos ameríndios, deram lugar à conquista de novos territórios no sul e no oeste. O código militar que regulava o comportamento de Munro ou Montcalm não se aplica mais aos novos confrontos entre tribos e colonos, apoiados pelo exército federal. Traições e atrocidades são cometidas de ambos os lados. Em sua maioria, os indígenas são apresentados, na época, como bárbaros imprevisíveis. É evidente para o autor que suas divisões, sua concepção individualista do combate pela glória ou pelo botim e também a habilidade dos brancos para manipulá-los os condenam a desaparecer. Ele parece lamentá-lo ao exaltar os valores simples dos moicanos, que vivem em harmonia com a natureza. Mas continua sendo um americano do século XIX, convencido da superioridade de sua raça e de sua religião. Como

prova disso basta comparar o destino das duas irmãs no romance: Cora, a mestiça de cabelos negros que despreza Duncan e é cobiçada por Magua, aceita seu destino como "a maldição transmitida por [seus] antepassados"; Alice, a loira escocesa, casa-se com o aristocrata Duncan e encontra a felicidade na Europa, "em harmonia com seu temperamento" (capítulo XXXIII). Cada acampamento tem seus bons e seus maus, mas o mal absoluto é representado pelo huron Magua, que vem a ser abatido por Hawkeye, o "melhor" dos brancos.

O pioneiro Natty Bumppo é o protótipo do herói de *western*: livre, sem amarras, atirador de elite, aprendeu os usos e os costumes dos índios, compartilhando sua vida sadia em comunhão com a floresta. Mas Cooper insiste sempre em suas origens: a expressão "de sangue puro" volta constantemente, como um epíteto homérico. Seu romance não é um lamento sobre o fim dos índios aborígines, mas uma ode à independência do homem branco americano, liberto das obrigações sociais europeias e fortalecido pelo confronto com os grandes espaços selvagens (*wilderness*).

■ Michael Mann não gosta da lentidão do romance, para não falar de sua moral simplista e mesmo racista. Como seus antecessores, ele transforma consideravelmente a intriga e os personagens. Condensa em um único episódio, depois da queda do forte William Henry, as perseguições e capturas sucessivas das jovens pelos hurons. Elimina o personagem do salmista, David Gamut, que evocava a importância da religião para os primeiros colonos, que tampouco se incomoda com o velho Munro, morto de maneira selvagem por Magua durante a evacuação do forte. Quem mata o traidor hu-

---

> **➤ PISTAS PEDAGÓGICAS**

▸ O *western*: mudo (D. W. Griffith), clássico (John Ford), "*spaghetti*" (Sergio Leone), "crepuscular" (Clint Eastwood), etnológico (Kevin Costner).

▸ Arquétipos e estereótipos do *western*.

▸ Figuras do indígena na tela e na pintura.

▸ A mulher e o amor nas sociedades europeias e ameríndias, pela visão dos *westerns*.

▸ *Western* e epopeia, os heróis míticos.

Madeleine Stowe

Daniel Day-Lewis

ron é Chingachgook, o moicano, depois do assassinato de Uncas, acertando a dívida de sangue entre congêneres. Natty Bumppo, demasiado grosseiro, transforma-se em Nathaniel Poe, rejuvenescido, de pele morena, cabelos ao vento, indígena de aspecto e de coração. Os papéis femininos refletem a evolução dos costumes. Duncan não rejeita mais Cora para ficar com Alice, e é Cora quem prefere o belo caçador a ele. Mas ela sobrevive, graças ao sacrifício cavalheiresco do major. Alice, por sua vez, segue Uncas voluntariamente para a morte.

No fim das contas, essa inversão de papéis modifica muito pouco o significado simbólico da história: os representantes da velha Europa e os ameríndios desaparecem, vítimas de seus códigos sociais ultrapassados. Resta criar um "novo homem" americano, saído da mistura de raças (Cora) e culturas (Olho-de-Falcão). Ele estará de acordo com o ideal do século XIX: livre, esportivo, em harmonia com a natureza magnífica e indomável do Novo Continente. Assim é que o caçador e seus dois amigos atravessam correndo densas florestas, remam nas corredeiras, mergulham em cascatas, percorrem desfiladeiros vertiginosos. Daniel Day-Lewis tem traços ao mesmo tempo de campeão olímpico e herói romântico: luta, corrida a pé, tiro, nado, canoa, mergulho, ele se sai bem em todas as disciplinas.

■ Ao ser publicado, o livro despertou enorme interesse pela conquista do oeste, inclusive na Europa. Apareceram vários imitadores, como Karl May, o autor alemão de *Winnetou*, e o romance viria mais adiante a entrar para o universo da literatura de juventude, abreviado dos comentários do narrador. Após o sucesso de *Dança com lobos*, o filme renovou o gênero do *western* e ressuscitou o "mito do bom selvagem", bem de acordo com as convicções ecologistas de nossa época. O confronto entre civilizações, associado ou não ao amor que transgride barreiras étnicas, é um tema recorrente no cinema. Do *western* ao filme de ficção científica, passando pelos filmes históricos sobre a Antiguidade, são legião os títulos na base de "O último dos...". Vamos encontrar os ingredientes da história imaginada por Cooper em 1826 até no século XXI, com *O último samurai* (2003) e *Avatar* (2009).

MV

Bibliografia

Clélia Cohen, *Le western*, Cahiers du cinéma, coll. "Les petits cahiers", 2005.

Philippe Jacquin, Daniel Royot, *Go West! Histoire de l'Ouest américain d'hier à aujourd'hui*, Flammarion, 2002.

Jean-Louis Leutrat, *Le western. Quand la légende devient réalité*, Gallimard, 1995.

Doutor Jivago
ESTADOS UNIDOS, 1965 (*DOCTOR ZHIVAGO*)

**Boris Pasternak, *Doutor Jivago*, 1957
(primeira publicação em língua russa na Itália).**

SINOPSE

Yuri Jivago faz parte de uma antiga família de Moscou que o adotou. Poeta e médico, está para se casar com a filha dos pais adotivos, Tonya. Mas vem a conhecer Lara, filha de uma costureira, perseguida pelo amante da mãe. Lara acaba se casando com um estudante envolvido com os movimentos revolucionários. A revolução explode, mudando destinos. Casado com Tonya e pai de dois filhos, Yuri Jivago cuida dos feridos, juntamente com Lara. Logo passa a ser considerado um elemento suspeito, em virtude de seu idealismo e dos seus poemas. Seu meio-irmão, Yefgrav, que se tornou policial de alta patente, consegue tirá-lo de Moscou para um refúgio nos Urais. Em meio à tormenta, Jivago e Lara se reencontram no caos, mas são separados para sempre. Muitos anos depois Yefgrav conhece uma jovem que pode ser sua sobrinha.

Julie Christie

Pr.	MGM/Carlo Ponti
Dir.	David Lean
Rot.	Robert Bolt
Foto.	Freddie A. Young
Int.	Omar Sharif (Jivago), Julie Christie (Lara), Geraldine Chaplin (Tonya), Tom Courtenay (Pasha/Strelnikov), Alec Guinness (Yevgraf), Ralph Richardson (Gromeko), Rod Steiger (Komarovsky), Klaus Kinski (Kostoied)
Duração	197 min

Ao ser empreendida a adaptação cinematográfica de *Doutor Jivago* o tema do romance de Boris Pasternak ainda era relativamente atual. Impedida sua publicação na União Soviética, o romance, editado inicialmente na Itália, rapidamente se transformou em um acontecimento, tanto literário quanto político (nele, Pasternak faz referência ao gulag com todas as letras). A publicação foi seguida da concessão do Prêmio Nobel, que Pasternak foi obrigado a recusar. O autor morreu em 1960. *Doutor Jivago* se apresenta como romance histórico e semiautobiográfico particularmente amplo. Sua transposição para a tela muito naturalmente assumiria a forma de uma superprodução típica da década de 1960. O diretor britânico David Lean é na

105

DOUTOR JIVAGO

época especialista nesse tipo de filme gigantesco, tendo começado num registro muito mais intimista. Realizou dois sucessos consideráveis nas bilheterias internacionais: *A ponte do rio Kwai* e especialmente *Lawrence da Arábia*. A produção de *Doutor Jivago* parece, se podemos arriscar a expressão, uma verdadeira "salada russa". Trata-se de uma produção americana (iniciada pela prestigiosa MGM), mas "terceirizada" na Europa em virtude da crise do cinema hollywoodiano. O filme é produzido por Carlo Ponti, italiano prestes a obter a nacionalidade francesa. É parcialmente rodado na Finlândia e na Espanha. Atores britânicos constituem o essencial do elenco, ao lado de colegas americanos e alemães, enquanto o papel de Jivago cabe a Omar Sharif, ator de origem egípcia que havia emprestado seu carisma ao príncipe do deserto em *Lawrence da Arábia*.

■ Essa curiosa montagem artística prenuncia a principal característica da adaptação de *Jivago*, que não é uma esterilização propriamente dita, mas uma mudança de perspectiva das mais radicais. Uma das particularidades do romance de Pasternak é o tom quase contemplativo, apesar do considerável número de acontecimentos que nele se desenrola, prolongando-se em plena Segunda Guerra Mundial e mais além. O roteiro de Robert Bolt (roteirista também de *Lawrence da Arábia*) concentra-se na história de amor infeliz entre Jivago e Lara, que se transforma na principal flecha narrativa. Em torno dessa história simples e forte os fatos históricos representam um "fundo" trágico no qual cada sobressalto histórico serve de pretexto a uma proeza cinematográfica. O longa-metragem é ritmado por essa busca de sequências narrativas fortes. É o caso, por exemplo, da abertura, que mostra o encontro do irmão de Jivago com aquela que ele julga ser sua sobrinha, cena que não existe no livro (a suposta sobrinha, inicialmente trabalhando em uma cantina durante a guerra, transforma-se em operária num complexo industrial, símbolo do desenvolvimento do país!), e que introduz a narrativa num imenso *flashback*. E também da célebre sequência do trem, que se situa no meio do livro e encerra a primeira parte do filme. Ela se transforma, aqui, em um monumento épico e em um momento de grande tensão dramática, com a redução do grupo de prisioneiros a um só personagem (Kostoied, encarnado por Klaus Kinski, ator então desconhecido fora da Alemanha Ocidental), que enfrenta um guarda comunista e comenta a situação à maneira de um coro antigo. Em sentido inverso, as relações amorosas são tratadas de acordo com os cânones do grande classicismo hollywoodiano. Essa adaptação, naturalmente, faz com que o romance perca algumas de suas ambições e especificidades – o aspecto místico, por exemplo, evidente à leitura das poesias de Jivago reunidas no fim do livro, e certos aspectos mais humanistas – em benefício de um afresco espetacular que, no entanto, evita as armadilhas do maniqueísmo. Por sinal Lean consegue continuar tratando de um dos seus temas principais, o

---

→ **PISTAS PEDAGÓGICAS**

▸ A Revolução Russa no cinema, de Eisenstein a Hollywood.

▸ A literatura russa nas telas (cinema russo/outras cinematografias).

▸ A música de cinema e seu papel na recepção de uma obra cinematográfica (Jarre, Morricone, Herrmann).

Julie Christie e Omar Sharif

do "herói frágil". Neste filme épico, Jivago, mais ainda que Lawrence, é um herói indeciso constantemente submetido aos acontecimentos, em vez de suscitá-los. Nesse sentido, *Doutor Jivago* evidencia a evolução do gênero da superprodução, e, de certa maneira, seu declínio inevitável nesse meado da década de 1960. Basta comparar *Jivago* com outra grande produção da MGM realizada alguns anos antes, *Ben Hur*, para avaliar a distância percorrida, em particular no que diz respeito à figura do "herói".

■ O lançamento do filme não se deu sob as melhores condições. O fato de os custos de produção terem disparado levou a MGM a temer um desastre financeiro semelhante ao de *Cleópatra*, no caso da 20th Century Fox. Globalmente, as críticas foram apenas medianas ou francamente ruins, atacando o filme por ter transformado uma extraordinária obra literária em um vulgar melodrama histórico, traindo-a, portanto. A isso somou-se, nos países anglo-saxônicos, uma dificuldade inesperada: o público não sabia pronunciar o nome "Jivago", transcrito para o inglês como "Zhivago". Mas a boa receptividade do público aos poucos transformou o filme em um grande sucesso comercial internacional. Mais que a narrativa propriamente dita, foi a esplêndida fotografia, transcendendo certas sequências (como a volta à casa coberta de gelo), que ficou na lembrança, e especialmente a música de Maurice Jarre. O "Tema de Lara" se transformaria em um grande sucesso internacional. Na França, foi adaptado pelo grupo Compagnons de la Chanson. *Doutor Jivago* transformou-se, assim, numa espécie de ícone da cultura popular.

LA

Bibliografia

Sandra Lean, *David Lean, un portrait intime*, Airelles, 2003.

Boris Pasternak, *Essai d'autobiographie*, Gallimard, 1978 (1ª edição 1958).

O médico e o monstro

ESTADOS UNIDOS, 1941 (*DR. JEKYLL AND MR. HYDE*)

Robert Louis Stevenson,
***The Strange Case of Dr. Jekyll and Mr. Hyde*, 1886.**

SINOPSE

Século XIX. O doutor Jekyll, homem bom e respeitável, dominou seus instintos a vida toda. Obcecado com o problema da "natureza dupla" do homem, ele realiza uma experiência em si mesmo, inventando um elixir que libera momentaneamente seu duplo recalcado, a que dá o nome de "Mr. Hyde". Progressivamente, contudo, Hyde, apresentado por Jekyll como amigo hospedado em sua casa, torna-se incontrolável e começa a aterrorizar a vizinhança, chegando a cometer crimes.

Spencer Tracy e Ingrid Bergman

Outras versões:
- *Dr. Jekyll and Mr. Hyde* (J. S. Robertson, 1921), int. John Barrymore
- *Dr. Jekyll and Mr. Hyde* (Rouben Mamoulian, 1932), int. Fredric March
- *Le testament du docteur Cordelier* (Jean Renoir, 1959), int. Jean-Louis Barrault
- *The Two Faces of Dr. Jekyll* (Terence Fisher, 1960), int. Paul Massie
- *O professor aloprado* [*The Nutty Professor*] (Jerry Lewis, 1963), int. Jerry Lewis
- *Dr. Jekyll & Sister Hyde* (Roy Ward Baker, 1971), int. Ralph Bates, Martine Beswick
- *Mary Reilly* (Stephen Frears, 1996), int. John Malkovich, Julia Roberts

O célebre conto de Stevenson teve várias adaptações para o cinema, praticamente desde o nascimento da sétima arte. Encontramos várias versões mudas desde 1908 (menos de vinte anos após a primeira publicação), entre elas uma variante "expressionista" de Murnau (*Der Januskopf*, 1920, com Conrad Veidt e Bela Lugosi), que se perdeu. O filme de Victor Fleming é a terceira grande adaptação oficial, depois dos longas-metragens de J. S. Robertson, em 1921, e especialmente de R. Mamoulian, em 1932. Produzida na prestigiosa MGM, ela é, sem dúvida, a mais luxuosa e consensual, vale dizer, destinada ao mais amplo

Pr.	MGM/Loew's/Victor Saville
Dir.	Victor Fleming
Rot.	John Lee Mahin
Foto.	Joseph Ruttenberg
Int.	Spencer Tracy (Jekyll/Hyde), Ingrid Bergman (Ivy Peterson), Lana Turner (Beatrix), Donald Crisp (Sir Charles), Ian Hunter (doutor Lanyon)
Duração	122 min

O MÉDICO E O MONSTRO

> **PISTAS PEDAGÓGICAS**

- O tema do duplo no gênero fantástico.
- A bela e a fera: duas faces do mesmo.
- A representação do desejo inconsciente na tela.
- A fortuna do mito de Fausto na literatura e no cinema.
- A metamorfose: natureza híbrida do homem (*Sangue de pantera*, *O lobisomen*).

público, se apropriando ao mesmo tempo das versões dos antecessores. O tema de Jekyll e Hyde faz parte dos clássicos do pavor, ao mesmo tempo revelando-se tema fundamental para o cinema. Ele permite associar efeitos especiais (a transformação de Jekyll em Hyde) e uma "performance" interpretativa, devendo as duas figuras ser encarnadas pelo mesmo ator. Essa quase obrigação, que, no entanto, não é uma necessidade absoluta, decorre, naturalmente, da tradição teatral. A versão muda de 1921, era centrada, antes de mais nada, no desempenho de John Barrymore. A da década de 1930, produzida pela Paramount na era de ouro do fantástico americano (e, portanto, contemporânea de *Drácula*, *Frankenstein* e outros filmes, como *Momie*), estava muito mais voltada para o horror e os efeitos brutais. Fredric March compunha um aterrorizante Hyde simiesco neste filme de Rouben Mamoulian.

■ Em comparação, a versão de Victor Fleming (que acabava de dirigir *...E o vento levou*) é muito mais abrandada. O texto de Stevenson é remanejado para que a narração seja acompanhada de um ponto de vista único (e não dispersa em vários relatos sobrepostos, como na novela). O responsável pela adaptação, John Lee Mahin, reputado escritor de cinema, conhece bem a obra de Stevenson, pois já escrevera o roteiro da versão de 1934 de *A ilha do tesouro*, realizada pelo mesmo Fleming. O cineasta e seu roteirista tentam aqui uma abordagem ao mesmo tempo romântica, moral e humanista do personagem do doutor Jekyll, com alguns elementos derivados da psicanálise freudiana, tema então na moda em Hollywood. Desse ponto de vista, a escolha de Spencer Tracy, habituado a papéis positivos e reconfortantes, é exemplar. Produzido com todos os recursos da MGM (os cenários e figurinos são magníficos, a fotografia em preto e branco evita os efeitos góticos, em proveito de uma elegância da imagem inabitual para um filme fantástico), este *Jekyll* é a

Fredric March e Miriam Hopkins, Dr. Jekyll and Mr. Hyde (Rouben Mamoulian, 1932)

109

mais bela e a mais bem-cuidada das versões "clássicas" e ao mesmo tempo a mais distante da inquietação traumatizante do texto original. Em função da estética do grande estúdio, o longa-metragem de Victor Fleming toma certo distanciamento em relação ao filme de horror gótico da década de 1930, orientando-se abertamente para o drama romântico e lírico. Mas a escolha de Spencer Tracy no duplo papel revela-se judiciosamente paradoxal. Trata-se de mostrar que "até mesmo" em Tracy, que é o ator mais aceito e até mais "familiar" da época, o mal pode existir, oculto por trás de uma personalidade inicialmente perfeita. Mais que o talento do ator, vemos aqui em ação uma espécie de referência intertextual. O "Hyde" de Tracy não consegue ser muito assustador, enquanto o "Jekyll" por ele encarnado carece dessa aspiração romântica e mesmo "faustiana" que o caracteriza, em parte. A outra originalidade de Fleming seria desenvolver os personagens femininos e confiá-los a duas estrelas, Ingrid Bergman e Lana Turner, em papéis para elas inabituais, a primeira como Ivy, a garçonete do subúrbio, e a segunda, como Beatrix, a noiva aristocrática de coração puro.

■ O filme teve um bom sucesso de público, mas a crítica se mostraria bastante dura com Spencer Tracy, considerando-o pouco verossímil como "Hyde" e reservando os elogios para Ingrid Bergman. Este *O médico e o monstro* também tem importância histórica, pois se trata, na verdade, da última adaptação fiel e assumida da novela de Stevenson. O que, afinal, é fácil de entender: transformada em mito universal, a história clássica não apresenta mais muito interesse, pois repousa numa "revelação" (Hyde e Jekyll são a mesma pessoa) de que todo mundo já agora tem conhecimento. Chega então a hora das "variações" sobre o mito, algumas delas dignas do maior interesse. Na esplêndida versão de Terence Fisher, Hyde torna-se um personagem jovem e sedutor – mas diabólico. Essa ideia seria retomada na célebre e excelente versão cômica de Jerry Lewis, *O professor aloprado*. *Dr. Jekyll & Sister Hyde* (Roy Ward Baker, 1971), como diz o título, repousa numa metáfora sexual.

Existem ainda numerosas variações, que vão do horror sangrento ao filme semipornográfico, ao passo que, curiosamente, uma versão bastante fiel ao texto original (*I, Monster*, de Stephen Weeks, 1971, com Christopher Lee) simplesmente não faz nenhuma referência a Stevenson. A grande versão mais recente, *Mary Reilly*, opta por mudar mais uma vez de ponto de vista, adotando o da empregada doméstica do doutor Jekyll, o que apresenta a vantagem de um distanciamento "crítico" em relação à famosa história e também ao seu contexto social e histórico.

LA

Bibliografia

Pierre Gires, "R. L. Stevenson et le cinéma", L'Écran fantastique, nº 5 (número especial), 1978.

Gérard Lenne, *Le cinéma fantastique et ses mythologies*, Le Cerf, "7e Art", 1970.

O sol é para todos

ESTADOS UNIDOS, 1963 (*TO KILL A MOCKINGBIRD*)

Harper Lee, *To Kill a Mockingbird*, 1960.

SINOPSE

Estado do Alabama, Grande Depressão da década de 1930. Desde a morte da mulher, Atticus Finch, advogado idealista, cria sozinho os dois filhos, Scout e Jem. Encarregado de defender um operário negro acusado de espancar e violentar uma jovem branca, Atticus enfrenta o ódio e o racismo da população local, em um julgamento de grande repercussão. Após uma tentativa de linchamento comandada pelo pai da vítima, Bob Ewell, o operário é condenado, apesar das provas de sua inocência. Desesperado, ele tenta fugir, e é abatido. Algum tempo depois, Scout e Jem são brutalmente agredidos por Ewell, mas Boo Radley, vizinho simplório da família Finch, interfere e mata acidentalmente o agressor. O caso é abafado por Atticus e pelo xerife da cidade, tanto mais que uma forte suspeita recai sobre Ewell no caso do estupro de sua filha.

Pr.	Brentwood Productions/Universal Pictures/Pakula-Mulligan
Dir.	Robert Mulligan
Rot.	Horton Foote
Foto.	Russell Harlan
Int.	Gregory Peck (Atticus Finch), Brock Peters (Tom Robinson), James Anderson (Bob Ewell), Mary Badham (Scout), Phillip Alford (Jem), John Megna (Dill Harris), Robert Duvall (Arthur "Boo" Radley), Frank Overton (xerife Heck Tate)
Duração	125 min

Phillip Alford e Mary Badham

Pouco conhecido na França, o romance de Harper Lee, *O sol é para todos* (Prêmio Pulitzer de 1961), é um dos livros mais lidos e estudados nos Estados Unidos (depois da Bíblia, claro!). E seu herói, Atticus Finch, ocupa o primeiro lugar num estudo do American Film Institute sobre os maiores heróis da história do cinema. Esse livro *cult*, que já vendeu cerca de 30 milhões de exemplares desde a publicação, em 1960, continua vendendo 1 milhão de unidades por ano. Um verdadeiro fenômeno de vendas, portanto, que continua órfão até hoje, pois a história de Atticus Finch (personagem inspirado pelo pai da própria Harper Lee, um homem da lei) é o único romance da autora. "Acredito ter dito tudo que tinha para dizer", declarou um dia, com humildade, essa Margaret Mitchell do mundo editorial, muito mais progressista que essa última na

Robert Duvall e Mary Badham

> **→ PISTAS PEDAGÓGICAS**
>
> ▸ A poesia da infância diante da realidade dos adultos (*Brinquedo proibido*; *O mensageiro do diabo*; *O tesouro do Barba Ruiva*).
>
> ▸ A narrativa de iniciação (*Billy Elliot*; *Primavera, verão, outono, inverno... e primavera*; *Rosetta*; *As virgens suicidas*).
>
> ▸ A denúncia do racismo (*...E o vento levou*; *Caçada humana*; *A cor púrpura*; *Longe do paraíso*).
>
> ▸ O filme de processo judicial (*Audazes e malditos* [*Sergeant Rutledge*]; *Agonia de amor* [*The Paradine Case*]; *Erin Brockovich, uma mulher de talento*).
>
> ▸ O herói idealista (*A mocidade de Lincoln*; *A mulher faz o homem* [*Mr. Smith goes to Washington*]; *O homem que matou o facínora* [*The man who shot Liberty Valance*]; *O homem que fazia chover*).

questão dos negros e dos excluídos (como Boo Radley). A narrativa, em parte autobiográfica, de Harper Lee tem a particularidade de ter sido traduzida e publicada em francês com três títulos diferentes: *Quand meurt le rossignol* (1961), *Alouette, je te plumerai* (1989) e *Ne tirez pas sur l'oiseau moqueur* (2005).

■ O que talvez explique o enorme interesse despertado no público americano pode ser encontrado no filme de Robert Mulligan (*Verão de 42*), que retoma os temas essenciais e universais do romance, ao mesmo tempo respeitando sua energia, sua ternura e sua melancolia. A duração da intriga foi reduzida de três para dois anos, desaparecendo alguns personagens e episódios secundários. Como na obra literária, a visão do filme passa pelo olhar de uma menininha de 6 anos, Scout, que relata anos depois (com voz em *off*) a extraordinária experiência que representou o período de sua infância quando descobriu com o irmão, Jem, o mundo dos adultos. Entre história infantil e obra engajada, o filme, assim como o romance, sonda, ao mesmo tempo, as angústias da infância (provocadas pela estranha casa vizinha, de Boo Radley) e o ódio de uma população adulta (disposta a transformar o negro em bode expiatório dos problemas da sociedade). Os dois registros fazem eco um ao outro: sejam crianças ou adultos, todos mergulham em uma busca instintiva de espantalhos imaginários.

Dividida em três partes, a intriga de *O sol é para todos* descreve, assim, uma dupla iniciação: a de duas crianças que experimentam o mundo, seus mistérios e sua brutalidade, e a de seu pai, homem bom e íntegro, que redescobre em sua profissão uma crueldade que seu humanismo preferia ocultar. Ao misturar habilmente o maravilhoso do olhar infantil e a lembrança enternecida da narradora adulta, o filme mostra muito bem, na primeira parte, o que constitui o universo poético das crianças, o tempo todo contando histórias de dar medo. Para dar conta disso a encenação do filme flerta com o cinema expressionista, entre zonas obscuras e contrastes luminosos, a sombra da mão crispada de um homem acima da cabeça de Jem e o rosto iluminado do pai de Boo Radley, saindo da sombra como um diabo (lembramo-nos mais de uma vez de *O mensageiro do diabo* [*The night of the hunter*], de Charles Laughton, com base no romance de Davis Grubb). Esses efeitos são o correspondente visual do imaginário incandescente dos meninos, excitados com as histórias que circulam a respeito da inquietante vizinhança.

■ Muito teríamos a dizer sobre o mundo proibido do jardim e da casa de Boo Radley, que constitui o local privilegiado das brincadeiras das três crianças, Scout, Jem e Dill, um jovem da cidade que se junta aos dois outros durante o verão (a título de curiosidade, essa criaturinha assustadiça e pretensiosa foi inspirada pelo vizinho de infância de Harper Lee, um tal de Truman Capote!). Naturalmente, nada é mais fascinante para eles que esse universo desconhecido de mitos e lendas da infância. Um mundo que é como uma fruta proibida que precisa, a qualquer preço, ser mordida para que se conheça seu sabor. Um mundo inventado pelos dois irmãos, e que vem à luz à medida que esses dois garimpeiros conseguem extrair suas pepitas, horrorizados. Pois se Scout e Jem representam o alter ego do cineasta (e da escritora), que, como eles, joga o sonho contra a realidade, os dois criadores chegaram a uma etapa da vida na qual o mundo dos adultos revela o inverso de seus doces sonhos infantis. Assim, *O sol é para todos* é a história da perda da inocência, momento fatídico em que o imaginário infantil se choca com a realidade dos adultos.

Essa realidade explode aos olhos das crianças na segunda e na terceira partes, especialmente durante o julgamento de Tom Robinson, ao qual assistem fascinadas. Cabe lembrar que estamos no sul dos Estados Unidos, no Alabama, em 1932 (na cidade imaginária de Maycomb). A segregação perfeitamente legal dessa época é visível no tribunal, onde brancos e negros são separados – e continuaria em vigor no Alabama até 1964, data do Civil Right Act, que concedeu os mesmos direitos cívicos aos negros. Apesar do empenho e do arrazoado de Atticus para inocentar Tom, a resistência social e o ódio racial persistem: o negro necessariamente é o culpado. A obra de Mulligan transforma-se então em um filme de acusação, uma máquina de denúncia das arraigadas e persistentes tradições racistas. Sem fazer estardalhaço. A interpretação de Gregory Peck (Oscar de melhor ator) é sóbria, perfeitamente sintonizada com a serenidade do personagem por ele encarnado, com a convicção de servir a uma causa justa. Adepto da não violência, não obstante os ataques pessoais de que é alvo, Atticus mantém a dignidade de uma ponta à outra da narrativa, convencido de que a justiça um dia lhe dará razão, oferecendo igualdade de oportunidades a todos. Enquanto isso, convida premonitoriamente a abraçarmos o preceito escrito por Martin Luther King na prisão de Birmingham, em 16 de abril de 1963: "A obediência às leis justas não é apenas um dever jurídico, mas também um dever moral. Em sentido inverso, todos estão moralmente obrigados a desobedecer às leis injustas." ("Carta da prisão de Birmingham.")

A injustiça dá lugar ao terror quando as duas crianças são atacadas à noite num bosque, e, depois à amargura, quando se fica sabendo que o agressor também é o verdadeiro culpado do suposto estupro. No último terço do filme aparece o personagem do débil mental Boo, anjo guardião das crianças, até então mantido à sombra de seu mistério, e que Atticus, em entendimento com o xerife, decide proteger contra a "justiça" dos homens. Boo é como o pássaro-das-cem-línguas do título original do romance, que, segundo a lenda, ensinou aos pássaros como cantar e é capaz de imitar 39 cantos e outros sons... Ele representa a inocência, a beleza, o idealismo. Acontece que não se pode matar a inocência, declara Atticus (citando um ditado americano: "É um pecado matar um pássaro-das-cem-línguas.") Atticus, pai mais velho que os outros, segundo nos diz Scout no início do filme, que não sabe jogar futebol, não faz nada divertido, não pesca nem caça, mas que se revela, quando os filhos finalmente abrem os olhos, a pepita que eles não se cansavam de buscar: um homem de valor inestimável para eles e para a comunidade do sul dos Estados Unidos.

PL

Bibliografia

Michel Senna, *Gregory Peck*, Séguier, 2006.
Christian Guéry, *Justices à l'écran*, PUF, 2007.

Sally

O estranho mundo de Jack

ESTADOS UNIDOS, 1994 (THE NIGHTMARE BEFORE CHRISTMAS)

Tim Burton, *The Nightmare Before Christmas*, poema, 1993.

SINOPSE

Jack Esqueleto, o "rei das abóboras" na Cidade do Halloween, morre de tédio no seu reino. Todo ano as mesmas piadas... Vagando por uma floresta desconhecida, ele descobre a Cidade do Natal e seu alegre clima natalino. De volta à sua cidade, tenta convencer os amigos sobre o interesse dessa festa e decide tomar o lugar de Papai Noel na distribuição de brinquedos. Entretanto, o que faz a macabra alegria dos habitantes da Cidade do Halloween não é do agrado dos moradores da Cidade do Natal. Serpentes, aranhas, esqueletos e outros objetos aterrorizantes que ele coloca junto ao pinheiro provocam pânico na Cidade do Natal. O exército investe contra ele, mas Sally, uma boneca secretamente apaixonada por Jack, tenta salvá-lo e devolver a Papai Noel a sua cidade.

O ESTRANHO MUNDO DE JACK

Pr.	Touchstone Pictures/Skellington Inc.
Dir.	Henry Selick
Rot.	Caroline Thompson, Tim Burton, Michael McDowell
Foto.	Peter Kozachik
Int.	Danny Elfman (Jack Esqueleto cantando), Chris Sarandon (Jack Esqueleto falando), Catherine O'Hara (Sally), William Hickey (Doutor Finklestein), Ken Page (Oogie Boogie), Paul Reubens (Lock)
Duração	76 min

Quando ainda era aprendiz de cineasta na Disney, Tim Burton redigiu e desenhou aquele que viria se tornar, doze anos depois, o ponto de partida para o roteiro de *O estranho mundo de Jack*. O título original de sua narrativa faz uma maliciosa referência a *The Night Before Christmas* (A véspera de Natal), do pastor nova-iorquino Clement Clarke Moore, um poema do início do século XIX muito popular nos Estados Unidos e que está na origem da lenda de Santa Claus, São Nicolau, menos conhecido fora do país que o seu equivalente, Papai Noel.

■ O texto de Burton, com cerca de 150 versos, foi publicado na época do lançamento do filme nos Estados Unidos, em 1993. Em sua concisão, ele constitui apenas um *esqueleto* dramatúrgico, deixando transparecer as grandes etapas da intriga do filme: o tédio e o desejo de novidade de Jack Esqueleto, a descoberta da Cidade do Natal, sua tentativa de importar o Natal para a Cidade do Halloween, seu desejo de tomar o lugar de Papai Noel, o sequestro deste, o percurso de Jack com seu cão Zero na macabra noite de Natal, o pânico na Cidade do Natal, a intervenção do exército, o fracasso e a decepção de Jack e, finalmente, a volta de Papai Noel à sua cidade. Etapas nas quais Caroline Thompson (roteirista de *Edward Mãos de Tesoura*) e Henry Selick, o verdadeiro diretor do filme (depois de montar a produção de *O estranho mundo de Jack*, Burton se viu por demais envolvido em *Batman, o retorno*, para se ocupar da direção), se apoiariam para construir essa obra que acabaria sendo atribuída ao autor de *Ed Wood*, de tal maneira o espírito, o universo, os cenários e os protagonistas são de estilo burtoniano. Apenas três personagens (Jack, seu cão Zero e Papai Noel) estavam presentes no poema original. Acontece que, se os novos participantes – o prefeito de duas caras, o cientista maluco Dr. Finklestein, os três malandros, Barrel, Lock e Shock, o aterrorizante dono de cassino, Oogie Boogie, o

115

O ESTRANHO MUNDO DE JACK

bicho-papão, e Sally, a boneca de pano apaixonada por Jack – participam ativamente da crítica social presente no texto original, a intriga carece às vezes de coerência e homogeneidade. É verdade que os personagens preenchem perfeitamente o espaço e se integram a ele, de tal maneira os objetos e marionetes parecem movidos pela mesma loucura. Mas cada um toca sua partitura como quer. Em matéria de intriga, há apenas o que é contado no poema de Burton. O enxerto do episódio amoroso (excessivamente artificial e injustificado) não dá certo, e a narrativa se apresenta muitas vezes como uma sucessão de vinhetas cuja unidade é assegurada exclusivamente pelas canções, assinadas por Danny Elfman, permanente colaborador musical de Burton.

■ Além da concepção plástica do filme, que constitui a parte mais bem-sucedida da passagem do texto para a tela (Selick contou com os esboços iniciais e os conselhos de Burton, que, apesar de tudo, acompanhou de maneira intermitente a elaboração das marionetes e dos cenários), temos uma dúzia de trechos musicados e cantados que conferem um ar de cabaré gigante à história de Jack e seu bando de maluquetes. Conforme as cenas, podemos ser remetidos a Kurt Weill ou Cab Calloway. Cada um por sua vez, como numa comédia musical (o que o filme deveria ser inicialmente), os personagens exprimem cantando seus desejos e sentimentos. Os ritmos são alegres, as letras, muitas vezes corrosivas, a crítica, sarcástica. Pois nesse filme, que mistura a festa pagã e americana do Halloween aos ritos sacrossantos do Natal, os valores são revirados como panquecas, apontados, questionados, ironizados. *O estranho mundo de Jack* é um vasto carnaval em que tudo é possível. Os fantasmas de Halloween, face obscura e subterrânea da América, provocam uma careta de horror no rosto oficial, liso e totalitário do país. Ou seja: a América desarrumada, turbulenta e fracionada contra a América arrumadinha, sem graça e repetitiva, da qual já zombava *Edward Mãos de Tesoura*. E tudo isso sempre no tom cômico que vai do grotesco ao jogo de palavras, passando pelo burlesco. Além disso, cabe notar que cada personagem tem um comportamento que

Jack Esqueleto

O ESTRANHO MUNDO DE JACK

> **PISTAS PEDAGÓGICAS**

- Inversão de valores da festa carnavalesca, como forma catártica de crítica social.
- As duas faces da América através de duas festas tradicionais diametralmente contrárias: Halloween e Natal.
- Animação e comédia musical: problemas e medos tratados em tom de divertimento.
- Estética e códigos do "mau gosto": a contracultura americana.
- Halloween no cinema: da farsa ao filme de horror.
- O Natal no cinema e a comédia de família.

corresponde visualmente ao seu temperamento: andar de equilibrista no caso de Jack Esqueleto, atitude torturada da boneca de pano remendada Sally, gestos de autômato no prefeito oportunista, extração (literal) de cérebro do cientista maluco Dr. Finklestein, jeito de marionete da criança em fuga diante de Jack etc.

Numa abordagem extremamente burtoniana do mau gosto, o filme joga lixo nos bairros residenciais da pequena-burguesia branca e bem-comportada dos Estados Unidos. E aproveita para estigmatizar a mentalidade hipersecuritária do país, com os canhões imediatamente apontados para Jack, que ameaça a ordem e os valores da "boa" sociedade. No fim, tudo volta devidamente à ordem: Papai Noel, de novo livre, retoma suas atividades, e os olhos abertos de Jack permitem-lhe ver seu erro e o amor (como recompensa) de Sally. Ao realizar o mal, Jack sai da depressão e pode iniciar um novo capítulo de sua vida. O que está em jogo, principalmente, em função do poder catártico do carnaval, é se fantasiar e brincar de causar medo, de martirizar gentilmente Papai Noel, como fazem os três perversos malandros, Barrel, Lock e Shock, e no fim das contas ganhar presentes para exultar de terror.

■ Para Burton *O estranho mundo de Jack* devia ser um filme da "emoção em três dimensões". Decidido a fugir da animação por computador, que lhe parece sem alma, ele opta, então, por uma técnica antiga: a *stop motion pictures*, captação, imagem por imagem, dos gestos das marionetes e outros movimentos do cenário em três dimensões. Essa opção "rudimentar", em sintonia com o universo gótico-grotesco e extremamente mórbido do Halloween, revela-se adequada e de bom efeito, conduzindo o espectador (como o leitor do poema) a um estado primitivo de sua vida. Encontramos, assim, algo de "carnal", de telúrico, senão terrestre, na imperfeição tosca dos materiais utilizados, na fabricação da forma de objetos e marionetes, na maneira de encená-los e de conferir perspectiva à imagem, que não deixa de evocar lembranças necessariamente arcaicas dos seres e coisas que povoaram nossa infância, e que já estavam presentes no texto de Burton. Longe dos delírios tecnológicos das produções infantis de Hollywood, *O estranho mundo de Jack* é um belo filme infantil para adultos, que traz de novo à tona, com grande felicidade, um pedaço esquecido da nossa existência, entre o deslumbramento, a nostalgia e a crueldade.

PL

Bibliografia

Frank Thompson, *L'étrange Noël de Monsieur Jack – Livre du film*, Dreamland, 1994.

Antoine de Baecque, *Tim Burton*, Cahiers du cinéma, 2005.

Mark Salisbury (entrevistas com), *Tim Burton*, prefácio de Johnny Depp, Sonatine, 2009.

O estrangeiro

ITÁLIA, 1967 (LO STRANIERO)

Albert Camus, *L'Étranger*, 1942.

SINOPSE

Algemado, um homem é conduzido a um interrogatório. É Meursault, empregado argelino, acusado de ter matado um árabe. Questionado pelo juiz, ele conta os episódios de sua vida antes do assassinato: a morte da mãe em um asilo, sua ligação com Marie, a amizade com Raymond. Relata, também, o domingo do drama, quando passeou pela praia com Marie e Raymond, a briga com dois árabes, que se desentenderam com Raymond, seu segundo passeio no lugar, sozinho, e o novo encontro com os árabes, a faca de um deles, os tiros de revólver... No julgamento, os amigos de Meursault prestam depoimento. Vem então o veredito: ele é condenado à morte, mais por sua insensibilidade no enterro da mãe do que pelo assassinato do jovem árabe. Depois de um grito de revolta ante o padre que o visita em sua cela, Meursault aguarda o dia de sua execução pública.

Marcello Mastroianni

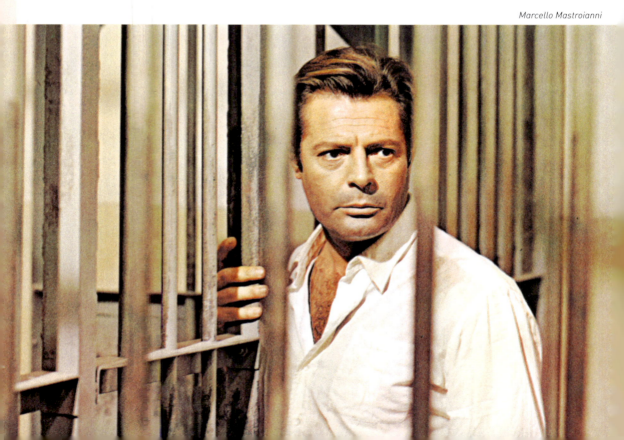

O ESTRANGEIRO

Pr.	Dino De Laurentiis Cinematografica/Marianne Productions/Casbah Film/Raster Film
Dir.	Luchino Visconti
Rot.	Suso Cecchi d'Amico, Georges Conchon, Luchino Visconti, Emmanuel Roblès
Foto.	Giuseppe Rotunno
Int.	Marcello Mastroianni (Meursault), Anna Karina (Marie Cardona), Georges Géret (Raymond), Bernard Blier (advogado de defesa), Georges Wilson (juiz de instrução), Pierre Bertin (presidente do Tribunal), Bruno Cremer (padre)
Duração	110 min

Em 1942, trabalhando em *Ossessione* (*Obsessão*), extraído de *O destino bate à sua porta*, de James Cain, Luchino Visconti descobre *O estrangeiro*, relato de Albert Camus que acabava de ser publicado. Imediatamente o cineasta tem a ideia de adaptá-lo, mas diversos problemas atrasam o projeto, até o dia em que Dino De Laurentiis se oferece para produzir o filme. Às vésperas dos acontecimentos de 1968, Visconti insiste na modernidade do romance. "A juventude ama Camus. O personagem de Meursault é exemplar. Seu tédio de viver e seu prazer de existir, sua rebelião ante o sistema que o encarcera, esse desprezo tão profundo que nem mesmo conduz à revolta ante o absurdo da condição humana são exatamente a atitude dos rapazes e das moças que têm 20 anos hoje. O desprezo pelo universo condicionado que lhes é imposto, uma recusa desse universo."

Empenhado em respeitar o espírito do livro, o realizador chega a dizer que não pretende escrever um roteiro: "Quero mostrar exatamente o que está nas páginas, o que está nas linhas e nas entrelinhas. Gostaria que fosse realmente um trabalho em busca da verdade de Camus." Para traduzir as intuições do escritor a respeito dos "paraquedistas, da tortura, de toda a Argélia de hoje", Visconti quer modernizar o romance, cuja intriga se desenrola na segunda metade da década de 1930. Resolve transpor a ação para o contexto da Argélia de hoje, pois, segundo explica, "no gesto [de Meursault] aparentemente casual [...] podemos ver hoje algo mais: o terror do *pied-noir* que cresceu nessa terra, que se sente rejeitado, que sabe que terá de partir, entregando-a àqueles à qual pertence". Entretanto, um pouco à maneira de Albert Camus, que sempre se opôs à adaptação de seu romance, sua viúva, Francine Camus, rejeita o script, exigindo "fidelidade objetiva" de Visconti. Uma "fidelidade" diferente, naturalmente, daquela que tinha em mente o adaptador esclarecido das obras de Lampedusa, Mann e Cain quando dizia pretender submeter-se ao texto e "mostrar o que está nas páginas". E Visconti acrescenta, referindo-se ao romance: "Eu poderia ter extraído um filme naquele momento [em 1942], ele teria sido muito diferente do que o que vou realizar hoje. Em 1942, estávamos no alvorecer do Existencialismo: os homens, os artistas se dispunham a colocar a questão do próprio destino. [Camus] nos mostrava como viver como estrangeiro em uma sociedade organizada, como esquivar-se às suas leis, fechar-se na indiferença, confinar-se no absurdo. Eis a mensagem de *O estrangeiro*." Por outro lado, o ator Alain Delon (32 anos), considerado perfeito para o papel-título pelo cineasta, faz exigências financeiras de tal ordem que foi substituído por Marcello Mastroianni (43 anos). Realizado 25 anos depois do romance, *O estrangeiro* foi um verdadeiro fracasso de crítica e público. Foram apontados defeitos de toda ordem: obra ilustrativa, ator velho para o papel, interpretação sem vida, banalidade, gratuidade, falta de lógica dos fatos, que, desvinculados da fala do romance, são "tornados 'concretos e particulares' pelo caráter imediatista da narrativa cinematográfica".

■ Rever *O estrangeiro* hoje deixa uma impressão muito diferente. É bem verdade que o filme se revela cuidado-

Entre os detentos, Marcello Mastroianni

Marcello Mastroianni ante o seu destino

so em relação ao texto de Camus, mas é precisamente aí que reside uma de suas principais qualidades. Vinculá-lo ao contexto da guerra da Argélia, como pretendia Visconti, teria datado o filme, orientando sua leitura e limitando sua interpretação, ao passo que, situado simplesmente no contexto do pré-guerra, tão vago que se torna atemporal, o filme preserva todo o alcance universal do texto e se mantém concentrado em sua reflexão existencial e em suas interrogações sociais, metafísicas e filosóficas. Por outro lado, a estética da obra, tantas vezes atacada, comporta carências que vieram a ser preenchidas pela pátina do tempo. Por exemplo, a qualidade sonora algo opaca, habitual no cinema italiano da época, confere ao conjunto do filme um clima de estranheza particularmente significante. Rodado em francês, o filme foi inteiramente pós-sincronizado e dublado em italiano. Desse modo, os atores às vezes parecem ligeiramente defasados em relação à própria voz, como se estivessem ao lado de si mesmos, o que redobra a inconsistência identitária de Meursault e cria um efeito de distanciamento (algo surreal) que contribui para o tema da incomunicabilidade.

A encenação às vezes enfática, a repetição e a brutalidade dos zooms, a decupagem da ação (especialmente na cena fragmentada do assassinato, como indicação do estranhamento do personagem), são sinais de uma teatralidade que transforma Meursault em instrumento de uma meditação sobre a condição humana. Todos esses artifícios dramatizam radicalmente a narrativa de uma vida que, em contraste, parece um tanto mais morna. Nesse sentido, a escolha do Technicolor revela-se muito feliz. Suas tonalidades saturadas desrealizam o contexto da ação, pintando a tragédia nas cores dominantes do romance, que são o azul, o branco e o dourado. Pre-

O ESTRANGEIRO

> **PISTAS PEDAGÓGICAS**
>
> ▸ O emprego da voz em *off* como sinal de caracterização moral, psicológica, física e social do personagem.
>
> ▸ *Flashback*: expressão de uma nostalgia misturada a sentimento de culpa?
>
> ▸ Technicolor: um princípio de desrealização do espaço da representação.
>
> ▸ A decupagem da imagem como meio de fragmentação dramática e identitária.
>
> ▸ O sentimento de estranheza das coisas.

sentes nos momentos-chave da narrativa (o enterro, o passeio na praia, o assassinato), essas cores, somadas ao abafamento dos lugares, presidem a marcha do personagem em direção ao seu destino. O brilho cegante do sol, a brancura da luz mediterrânea, as tonalidades azuis, surgem como signos irrisórios do sentimento de culpa do "homem absurdo" e de sua incompreensão ante "a terna indiferença do mundo". Por outro lado, se o *flashback* não afeta o suspense de uma história dele desprovida (história por sinal mais que conhecida e perfeitamente parada), não deixa de lançar sobre o filme o peso de uma carga emocional inerente à evocação da lembrança, que altera o sentido do personagem, acrescentando-lhe uma dimensão patética.

■ Ideal, no fim das contas, como anti-herói camusiano, Mastroianni oferece uma interpretação neutra do personagem, ausente de si mesmo, como Meursault diante do mundo. Não há afetação na interpretação minimalista do ator, apenas um ar meio aturdido ou prostrado (pela vida e pelos elementos), como que entediado de estar ali, num contexto que o isola muitas vezes dos outros. Desde o início, no enterro da mãe, seu olhar fugidio parece buscar um referencial ou apoio fora do campo, como se nesse "outro lugar" pudesse ser encontrada a solução para seu sentimento do absurdo. Em todo o processo, muitas vezes filmado em planos amplos e descentralizados em relação ao personagem, Meursault em momento algum parece tão desorientado, insignificante, perdido na multidão. Mas esse homem singular e vazio não é um verdadeiro solitário, apenas um ser indiferente ou incapaz de se integrar ao grupo. Podemos vê-lo se contemplando em superfícies que refletem (espelho, prato), em busca de um duplo de si mesmo. Incapaz de agir sobre o mundo, o homem se volta sobre um ego que se transforma em sua própria prisão. Desse modo, a desolada voz em *off* de Mastroianni, dizendo frases do romance, representa um artifício adequado ao enclausuramento do herói em si mesmo e a incapacidade de se comunicar. É uma dificuldade de troca de que a encenação às vezes se apropria, como na visita de Marie à prisão. A cena, montada em plano e contraplano, opõe os dois personagens, separados pelas grades. Distantes um do outro, Marie e Meursault não conseguem ouvir-se, no burburinho do locutório. O cárcere apresenta-se, então, como suprema variação do enclausuramento interno.

As condições de filmagem a que Visconti se viu reduzido acabaram por permitir que o filme sugerisse mais, através da subtração estética. Desse modo, nos apanhamos constantemente procurando nos mais ínfimos detalhes dos enquadramentos sinais que ajudem a penetrar a opacidade do personagem, como na derradeira imagem, na qual o olho precisa buscar na escuridão para ler a angústia metafísica inscrita em seus traços.

PL

Bibliografia

Youssef Ishaghpour, *Luchino Visconti – Le sens et l'image*, La Différence, 1984.

Alain Sanzio e Paul-Louis Thirard, *Luchino Visconti cinéaste*, Persona, 1984.

Bruno Villien, *Visconti*, Calmann-Lévy, 1986.

Michèle Lagny, *Luchino Visconti*, BiFi/Durante, 2002.

Marcello Mastroianni e Bernard Blier

Fahrenheit 451

GRÃ-BRETANHA, 1966

Ray Bradbury, *Fahrenheit 451*, 1955.

SINOPSE

Considerados subversivos pela sociedade totalitária dominada pelo audiovisual, os livros são proibidos e queimados pelos próprios bombeiros. Entre eles, Montag, o bom soldado do fogo, valorizado por seu capitão, é abordado por Clarisse, uma jovem parecida com sua mulher Linda. Mas apenas fisicamente, pois, quanto ao resto, Clarisse é completamente diferente: viva e inteligente, ela contesta com suavidade a maioria das leis em vigor. As conversas entre os dois aos poucos levam o bombeiro pirômano a rever o sentido de sua função, e ele acaba entrando para a dissidência, depois da imolação no fogo de uma velha amiga de Clarisse, desesperada com a destruição de sua imensa biblioteca clandestina. A partir de então, Montag esconde e lê livros em casa, até o dia em que sua mulher o denuncia aos bombeiros. Obrigado a fugir, ele vai para uma floresta, onde se escondem os "homens-livros", pessoas que decoraram uma obra destinada a desaparecer.

Julie Christie e Oskar Werner

FAHRENHEIT 451

Pr.	Vineyard Film Ltd./Anglo Enterprises
Dir.	François Truffaut
Rot.	François Truffaut, Jean-Louis Richard
Foto.	Nicolas Roeg
Int.	Oskar Werner (Montag), Julie Christie (Linda/Clarisse), Cyril Cusack (o capitão), Anton Diffring (Fabian), Jeremy Spencer (homem da maçã), Ann Bell (Doris), Caroline Hunt (Helen), Anna Palk (Jackie)
Duração	112 min

O livro *Fahrenheit 451* foi publicado num momento em que a ficção científica passava por uma nova época de ouro, com a (re)descoberta de autores como H. P. Lovecraft, Isaac Asimov e, naturalmente, Ray Bradbury. O gênero deixa a marginalidade envergonhada da paraliteratura, onde ficara confinado até então. Os avanços científicos da sociedade americana renovam o seu imaginário, que também se torna mais sombrio. E não sem motivos. O trauma da guerra e do seu epílogo nuclear ainda estão vívidos; a Guerra Fria e o macartismo provocam medo paranoico na população; as novas tecnologias fascinam e aterrorizam ao mesmo tempo; o crescente poder manipulador da televisão causa preocupação em não poucos. Em seu romance prévio, Bradbury mostra-se alarmado com uma sociedade obscurantista e tão totalitária que promove autos de fé e consagra a imagem televisiva como recurso atenuante de manipulação das massas. Vários indícios futuristas (o detetive-robô, por exemplo) situam a ação num futuro indeterminado, enquanto certos detalhes da realidade servem como referenciais conhecidos, propícios à identificação. Essa opção estética, a meio caminho entre o cotidiano bem conhecido e um futuro suposto, constitui o ponto de partida de uma definição do gênero, que, segundo Bradbury, serve antes de mais nada para "descrever a realidade". Uma realidade que, na década de 1950 – principalmente na época de lançamento do filme, como dão a entender as imagens de antenas de televisão durante os créditos –, já estava submetida à ditadura suave e uniformizante da televisão.

■ Uma intriga como essa, na qual o livro representa um elemento subversivo do pensamento, não podia deixar de seduzir François Truffaut, cuja paixão pelos livros é notória. Ele opta por respeitar o clima e a estrutura narrativa da obra, da qual elimina, contudo, o episódio Faber, o professor aposentado com quem Montag tenta solapar a organização dos bombeiros, acrescentando a presença "otimista" de Clarisse (morta no romance) no fim do filme. E por sinal, Bradbury, que se recusara a colaborar no roteiro (pois havia adaptado seu romance para o teatro e não se julgava capaz de oferecer um trabalho de qualidade para o cinema), não esconderia sua satisfação com o resultado final: "É raro que um escritor entre em um cinema e veja seu romance adaptado tão fielmente e de maneira tão cativante. Truffaut me presenteou com uma nova forma artística de minha obra, preservando o espírito do original." Em seu primeiro trabalho em inglês, Truffaut encara com certa apreensão as armadilhas do gênero. "As coisas de ficção científica", diz ele, "são muito difíceis de realizar e correm o risco, muitas vezes, de parecer ridículas. Quis evitar qualquer tentativa de criar sistematicamente um ambiente exótico e estranho. Por isso é que pedi a Bernard Herrmann [conhecido por suas partituras para os filmes de Hitchcock] uma música dramática de tipo tradicional, sem nenhum caráter futurista." E de fato pode-se constatar já nas primeiras imagens, que mostram um caminhão de bombeiros circulando por ruas perfeitamente banais, que o realizador fugiu de toda imagística fantasiosa. O cenário, todo em linhas e volumes geométricos, é extremamente despojado, criando assim o sentimento ameaçador de uma sociedade fria e asséptica. Os elementos futuristas tomados de empréstimo ao romance resumem-se ao trem monotrilho e a uma tela de televisão interativa incrustada na parede, ao passo que os policiais equipados com máquinas voadoras só aparecem depois de uma hora e meia de filme. Desapareceu o detetive-robô, substituído aqui por uma poderosa rede de vigilância,

123

FAHRENHEIT 451

encarnada em especial por dois locutores de olhar hipnótico ou pelo colega e rival de Montag, símbolo de uma ameaça insidiosa, poderosa, onipotente e manipuladora.

Em *Fahrenheit*, onde tudo se assemelha e se repete ao infinito, Clarisse e Linda são interpretadas pela mesma atriz, Julie Christie, como representação do duplo, da cópia e da repetição. Representação do duplo, é verdade, mas oposta, pois se Linda encarna a esposa burguesa e convencional, Clarisse, a mulher "livre", participa da emancipação de Montag. Por outro lado, nessa sociedade amnésica em que todos os seres são os mesmos, o narcisismo constitui o primeiro e derradeiro reflexo de amor: uma jovem contempla seu reflexo no vidro da janela do monotrilho e o beija, um jovem acaricia o próprio punho etc. O proibido, aqui, não é apenas a leitura, mas o desejo, como primeiro passo para a contestação.

Já em sua primeira investigação, os bombeiros descobrem livros dentro de um aparelho de televisão. Esse esconderijo em forma de *gag* irônico retoma um dos temas principais da obra de Bradbury: o antagonismo entre os dois meios de comunicação, livro e televisão. A televisão, aqui, engoliu o livro, mas a caixa de imagens eviscerada não passa na realidade de um disfarce para proteger o livro. Por outro lado, vemos que os homens-livros (homens livres) queimam as obras, pois não é o objeto que lhes interessa. Importa apenas o prazer do texto. O texto, as palavras, a fala, roubados ao poder estabelecido, para deles desfrutar. E em vez de se entregarem a um corpo a corpo com as forças da ordem, os homens-livros incorporam os textos. Eles os encarnam, fazem-nos viver e os transmitem de um corpo a outro (o velho que agoniza transmitindo *David Copperfield* ao neto). O fim simbólico de *Fahrenheit* na floresta indica que a escrita entrou em uma era de glaciação (a guerra e a destruição da cidade como campo do possível no romance). Os homens-livros são os receptores de textos que, na primavera de uma nova época, assistirão de novo à circulação dos livros de mão em mão.

■ *Fahrenheit* é um apólogo. As imagens de autos de fé reavivam lembranças de épocas sombrias da História, submetidas à intolerância. O livro faz a apologia do subterfúgio e da resistência passiva: os livros são queimados, mas seus textos são decorados, para torná-los imortais. Finalmente, *Fahrenheit* posiciona-se inequivocamente contra toda forma de censura. Para demonstrá-lo, numa piscadela divertida para o espectador, Truffaut "queima" um livro de arte sobre Salvador Dali, "único grande artista que se declarou favorável a todas as formas de censura...". Roubar um livro, aqui, é o mesmo que roubar o fogo, segundo o mito prometeico. A partir do momento em que se liberta da tutela castradora de seu capitão, contra o qual voltou seu lança-chamas – ato que só foi possível depois de ter lido, ou seja, sabido (o saber elimina a angústia do pai) –, Montag finalmente pode atravessar o limite (do rio) que o separa do não mundo em que o seu se transformou, para entender o nosso – humano –, com seu amor pelos livros. Para limpar a consciência, Montag precisa de um sacrifício. Destruidor que era, o fogo se torna purificador.

PL

> **PISTAS PEDAGÓGICAS**
>
> ▸ *Fahrenheit 451*: um filme que se define por seu distanciamento dos códigos do gênero. Causas e efeitos sobre o espectador.
>
> ▸ Um mundo vigiado: estudar a sociedade policial e policiada de *Fahrenheit 451* e compará-la com *1984*, de George Orwell.
>
> ▸ O filme de ficção científica como apólogo para denunciar os desvios da sociedade, enunciando as soluções práticas e morais.
>
> ▸ Propaganda dos meios de comunicação: influência e manipulação.
>
> ▸ Os livros: um perigo subversivo para o pensamento? Censura e autos de fé na História.

Bibliografia

Dominique Fanne, *L'Univers de François Truffaut*, Cerf, 1972.
Jean Collet, *Le Cinéma de François Truffaut*, Pierre L'Herminier, 1977.
Anne Gillain (textos reunidos por), *Le Cinéma selon François Truffaut*, Flammarion, 1988.
Antoine de Baecque e Serge Toubiana, *François Truffaut*, Record, 1998.
Arnaud Guigue, *François Truffaut, la culture et la vie*, L'Harmattan, 2002.

Os fantasmas do chapeleiro
FRANÇA, 1982 (*LES FANTÔMES DU CHAPELIER*)

Georges Simenon, *Les Fantômes du chapelier*, 1949.

SINOPSE

Como matou sua mulher rabugenta, deficiente física há quinze anos, Léon Labbé, chapeleiro em Concarneau, diz a todos que ela decidiu não sair mais de seu quarto. Simultaneamente, mulheres de certa idade tornam-se alvo de um matador em série que provoca a polícia mandando cartas anônimas ao jornal local. Enquanto a investigação não avança, o Sr. Kachoudas, alfaiate vizinho de Labbé, percebe que o chapeleiro é o responsável pelos crimes. Tem início então uma estranha relação entre os dois, até que Kachoudas cai doente e morre, levando para o túmulo o segredo que Labbé acabou por lhe confessar: a eliminação metódica das amigas de sua mulher, antes que a visitassem em seu aniversário, como faziam todos os anos. Mas Labbé agora se vê tomado por pulsões assassinas. Ele passa a matar sem motivo. Inicialmente, Louise, sua empregada doméstica, depois Berthe, uma conhecida de hábitos levianos, junto à qual adormece, sendo descoberto pela manhã.

Michel Serrault

OS FANTASMAS DO CHAPELEIRO

Pr.	SFPC/Horizons Productions/Les Films A2/Philippe Grumbach Productions
Dir.	Claude Chabrol
Rot.	Claude Chabrol
Foto.	Jean Rabier
Int.	Michel Serrault (Léon Labbé), Charles Aznavour (Sr. Kachoudas), Aurore Clément (Berthe), Fabrice Ploquin (Valentin), Christine Paolini (Louise Chapus), François Cluzet (Jeantet), Monique Chaumette (Sra. Labbé)
Duração	120 min

Autor prolífico (quase duzentos títulos entre 1929 e 1972), Georges Simenon teve suas obras levadas à tela cerca de quarenta vezes. Poucas dessas adaptações podem ser consideradas bem-sucedidas. A de Claude Chabrol é uma exceção. A chave do sucesso está, sem dúvida, no comentário de um crítico a respeito do mundo simenoniano, dizendo que é "um universo estático" e, por isso, pouco afeito à arte cinematográfica do movimento. Acontece que o movimento, o tipo de movimento a que nos referimos quando falamos de filme policial, tampouco é o forte de Claude Chabrol, mais atento ao funcionamento interno dos seres que a seus atos e gestos propriamente. Por sinal, a intriga policial ocupa aqui um lugar mínimo. No fundo, pouco importa que a investigação avance ou não. O que nos interessa, assim como ao escritor e ao cineasta, é o jogo de esconde-esconde perverso, o confronto psicológico entre os dois personagens principais, Labbé e Kachoudas, e isso num contexto social e geográfico próprio para a exacerbação das tensões. O interesse da narrativa, assim, reside menos na questão de saber quem é o assassino (cuja identidade logo é conhecida) e qual a sua motivação (cedo revelada por ele) do que no fato de ver o herói resvalar aos poucos para sua loucura assassina. Embora a dupla interrogação inicial imprima uma tensão à narrativa, o suspense segundo as regras clássicas do gênero parte-se em estilhaços, em proveito de um suspense psicológico de intensidade mais hitchcockiana, cujo ponto de equilíbrio se situa entre a relação sadomasoquista Labbé/Kachoudas e a vida tranquila do café, superficialmente agitado pelos acontecimentos.

■ O café, lugar privilegiado da circulação dos corpos e da fala, concentra sozinho boa parte das questões envolvidas nesta adaptação, que vem a ser tanto um estudo de casos humanos quanto um painel sobre os costumes burgueses de uma cidadezinha do interior, obsessões comuns a Simenon e a Chabrol. Ambos, com efeito, gostam de apresentar intrigas no meio provinciano para revelar suas engrenagens, as regras hipócritas, a violência surda, os ciúmes ferozes, as traições e as

Michel Serrault e Aurore Clément

OS FANTASMAS DO CHAPELEIRO

→ PISTAS PEDAGÓGICAS

▸ De *Les Inconnus dans la maison* a *L'Aîné des Ferchaux* ou *Le Chat*, passando por *La Vérité sur bébé Donge*: as adaptações de romances de Georges Simenon para o cinema.

▸ *Les Fantômes du chapelier*: um contraexemplo de filme de mistério clássico.

▸ Entre hábitos e conivências: um retrato da burguesia provinciana.

▸ O motivo da perseguição: uma figura de estilo do filme policial.

---

conivências. E ambos se mostram igualmente argutos em sua maneira de buscar a presença da anormalidade em meio ao normal, a exemplo de Labbé no círculo de seus amigos notáveis, todos indiferentes a seu comportamento cada vez mais incoerente. Um café onde tudo acontece como sempre, ou seja, como se a presença do assassino fosse perfeitamente legítima no meio desses seres imbuídos de respeitabilidade – desde que ele seja do mesmo meio social –, e isso sob o olhar (que também é, em parte, do cineasta) do jornalista Jeantet, juiz e cada vez mais parte envolvida.

Por todos esses motivos, Chabrol pensa, já na década de 1960, em adaptar o romance de Simenon. Oferece o papel de Léon Labbé a Charles Boyer, que aceita, mas o projeto não se concretiza. Quando finalmente o retoma, ele encontra dificuldade na redação do roteiro, até que tem a ideia de entregar o papel a Michel Serrault, com quem ainda não havia filmado. À parte alguns detalhes, o script retoma a intriga do romance: um dos protagonistas é eliminado, assim como o episódio dedicado ao passado do herói. Finalmente, o lugar da ação é deslocado de La Rochelle para Concarneau, cidade que esteticamente convém mais ao clima depressivo da intriga e suas sequências noturnas (algumas cenas também são rodadas em Quimper).

■ A escolha dos dois atores, Charles Aznazour e Michel Serrault, revelou-se das mais felizes, em muito contribuindo para o sucesso do filme. Enquanto Aznavour desenvolve uma interpretação de mortificada interiorização, transformando seu personagem num arquétipo do banido, Serrault parece dar livre curso a sua fantasia natural de ator *borderline*. Suas inflexões de voz rouca, aguda ou resmungona, suas caras de perplexidade e seus gestos, tiques e gritos descontrolados conferem ao personagem toda a medida de seus excessos habi-

tuais, de sua necessidade constante de exagerar, de estar em representação (importância dos espelhos) e, em consequência, de ser visto. O que nos leva a constatar que o narcisismo de Labbé representa o principal motor da dramaturgia. É ele que liga os dois personagens, faz com que um exista em relação ao outro e estabelece uma relação de dependência que Labbé entende intuitivamente, quando diz a Kachoudas, quando este demora a aparecer: "Puxa, finalmente! Eu já estava preocupado." E por sinal a morte de Kachoudas o deixa nu e desamparado. Mas antes disso Kachoudas, o pequeno alfaiate de origem armênia, o eterno perseguido, o estrangeiro que carrega um pecado universal e indelével, não reage. Pior ainda, com sua fascinação mórbida pelo burguês confortavelmente instalado na vida, ele aceita docilmente a inversão da relação de forças e se deixa dominar, embora esteja convencido da culpa de Labbé, que, confiando em sua posição, chega a declarar, sarcástico: "Não tenha medo, Kachoudas, não vou dizer nada."

■ As ruas sombrias, úmidas e enevoadas da cidade, admiravelmente filmadas, constituem o terceiro personagem do filme. É através delas (e do café, naturalmente) que se dá o face a face entre os dois protagonistas. Sua estreiteza, seus reflexos luzidios e untuosos e sua dureza granítica transformam a cidade num labirinto frio e hostil, propício às perseguições e à angústia assassina dos *films noirs*. Lembramo-nos então de *Jack o estripador*, que por sinal é mencionado explicitamente. E nos lembramos do estratagema de Norman Bates em *Psicose*, de Alfred Hitchcock (1960), cineasta admirado por Chabrol, com o manequim disposto contra a luz diante da janela, e também de *Janela indiscreta* (1955), do mesmo cineasta, com as janelas de Labbé e Kachoudas frente a frente, ambos espionando um ao outro de suas respectivas lojas. A perseguição entre os muros da cidade é um elemento determinante do suspense. Em meio às perambulações urbanas dos personagens, assistimos a uma lenta e inexorável morte de um pelo outro. Indo e vindo, Labbé tece uma teia de aranha invisível na qual Kachoudas, vítima expiatória de um sacrifício absurdo, aceita jogar-se.

PL

Bibliografia

Claude Gauteur (textos reunidos e apresentados por), *Simenon au cinéma*, Presse de la Cité, 1992.

Joël Magny, *Claude Chabrol*, Cahiers du cinéma, 1987.

Wilfrid Alexandre, *Claude Chabrol, la traversée des apparences*, Le Félin/Kiron, 2003.

La Femme et le pantin

Pierre Louÿs, *La Femme et le pantin*, 1898.

SINOPSE

O carnaval de Sevilha chega ao fim. André Stévenol, um francês rico, está decepcionado por não ter tido uma aventura de uma noite com uma bela mulher... Quando já está para ir embora, fica impressionado com a beleza de uma jovem andaluza, *doña* Conception Perez. Os dois trocam furtivamente um sinal de entendimento e logo tratam de voltar a se encontrar. O sexagenário confessa o fato a seu amigo *don* Mateo Diaz, que se mostra apreensivo. Após essa revelação, ele decide contar ao amigo sua própria e dolorosa aventura com a jovem a quem serviu de fantoche durante muito tempo.

La Femme et le pantin, de Pierre Louÿs, livrinho cheio de vigor erótico e sensualidade refinada, teve destinos bem diferentes no cinema. Depois de duas adaptações mudas (Reginald Barker, em 1920, e Jacques de Baroncelli, em 1928), Joseph von Sternberg lança em 1935 a primeira versão falada, com Marlene Dietrich no papel-título. A encenação é impressionante, os cenários, não raro, luxuosos. Em sua sétima e última colaboração com o cineasta, que foi para ela um pigmalião, a atriz de *O anjo azul* transforma o personagem de Concha Pérez, uma "criatura de carne e sangue, coxas e seios" na obra literária, em uma cigana de lábios e sorrisos assassinos, rosto diáfano e olhares sofisticados de mulher fatal. A heroína é prontamente associada à exuberância da festa sevilhana – *Capricho espanhol*, música de Rimsky-Korsakov, risos e esplendor das serpentinas – que atordoa e transporta. Cheia de malícia, ela logo desaparece ante o olhar inquisidor de seu apaixonado sofredor, Don Paquito, em meio à profusão das rendas de seus vestidos, cada vez mais suntuosos. As palavras de amor contraditórias da pérfida Concha estão em perfeita sintonia com o delírio labiríntico de seus trajes. A profusão de claro-escuros pinta a duplicidade venenosa do personagem, que enregela com um sorriso pérfido e balança corações com um olhar ardente. A sensualidade da história – que, tal como no romance, se passa em 1896-1898 – é totalmente desprovida de sentimentalismo, e as escolhas plásticas do filme encerram os protagonistas no enredamento de um cenário que se transforma numa espécie de prisão dos sentimentos, na qual estão ambos enfeixados. Marlene Dietrich, que considerava *Mulher satânica* seu filme favorito, recorre a toda a sua paleta interpretativa, não hesitando em levá-la até o limite expressionista da histeria, entre charme de prostíbulo e fragilidade principesca. Diante dela, o frio Don Paquito, igualmente narrador de sua própria infelicidade junto ao jovem Antonio Galvan, por ele advertido (contra si mesmo e contra Concha), mostra-se admirável em sua dignidade ofendida. O fosso entre os dois só é preenchido pelas ruínas trágicas de um amor absoluto, magnífico, dilacerante e, afinal, possível, segundo a história, e do qual Luis Buñuel nos apresenta uma imagem tocante com a velha que remenda rendas no fim de *Esse obscuro objeto do desejo*.

Angela Molina, Esse obscuro objeto do desejo *(Luis Buñuel, 1977)*

Mulher satânica (The Devil is a Woman)
ESTADOS UNIDOS, 1935

Pr.	Paramount Pictures
Dir.	Josef von Sternberg
Rot.	John Dos Passos
Foto.	Josef von Sternberg, Lucien Ballard
Int.	Marlene Dietrich (Concha Pérez), Edward Everett Horton (Don Paquito), Lionel Atwill (Don Pasqual Costelar), Cesar Romero (Antonio Galvan), Alison Skipworth (Señora Pérez), Don Alvarado (Morenito)
Duração	80 min

La Femme et le pantin
FRANÇA, 1959

Pr.	Pathé Cinéma/Gray-Film/Dear Film Produzione/Progéfi
Dir.	Julien Duvivier
Rot.	Albert Valentin
Foto.	Roger Hubert
Int.	Brigitte Bardot (Eva Marchand), Antonio Vilar (Don Matteo Diaz), Michel Roux (Albert), Dario Moreno (Arabadjian), Espanita Cortez (Maria Teresa Diaz), Jacques Mauclair (Stanislas Marchand)
Duração	100 min

Esse obscuro objeto do desejo (Cet obscur objet du désir)
FRANÇA-ESPANHA, 1977

Pr.	Greenwich Film Productions/Les Films Galaxie/In Cine Compañía Industrial Cinematografica
Dir.	Luis Buñuel
Rot.	Luis Buñuel, Jean-Claude Carrière
Foto.	Edmond Richard
Int.	Fernando Rey (Mathieu Faber), Carole Bouquet e Angela Molina (Conchita), Julien Bertheau (juiz Edouard), André Weber (Martin)
Duração	105 min

■ Mas antes da proposta do cineasta espanhol, Julien Duvivier também fez a tentativa de adaptar o romance de Louÿs. E Brigitte Bardot, então em plena glória e fiadora erótica de uma história que "tem" de desvendar um pouco mais que o filme barroco de Sternberg, é incumbida de encarnar a sedutora Concha Pérez. O *sex symbol* transforma-se em Éva Marchand e a história é transposta para a época da realização do filme. O que, infelizmente, desde logo apresenta certos problemas de credibilidade dramatúrgica. Os cenários naturais de Sevilha (apesar das cores gritantes de cartão-postal) são a melhor surpresa do filme, que acrescenta desdobramentos inesperados à história (o amigo de infância apaixonado por Éva, o pai colaborador, violentamente agredido, a mãe alcoólatra, o caricatural dono de cabaré Arabadjian/Moreno). Nenhum distanciamento nem mistério erótico, decorrentes essencialmente da qualidade da escrita e do dispositivo narrativo da obra literária (aqui, nada de *flashback*), vem a ser impresso no filme. O tom é bem-comportado, o beicinho de Bardot não eriça a pele como os sorrisos de Dietrich, o fantoche do título (Don Matteo Diaz) transforma-se em fantasma e o filme (de encomenda) não chega a decolar de seu projeto inicial. O conflito amoroso só é abordado em termos de disputas e pequenas contrariedades; as contradições sentimentais já não passam de caprichos, e a questão do sadomasoquismo no casal é contornada, assim como as cenas escabrosas.

■ O menino de 77 anos e autor do esplêndido *Diário de uma camareira* é de fato aquele que propõe a melhor leitura do romance, cerca de vinte anos depois de Duvivier. Apesar de globalmente fiel ao espírito da obra de Louÿs, ele não deixa de propor, segundo o próprio cineasta, "algumas interpolações que mudam completamente o tom". Na verdade, o tom discretamente pornográfico é reproduzido com o mesmo refinamento frio e pertur-

Marlene Dietrich e Cesar Romero, Mulher satânica *(Josef von Sternberg, 1935)*

bador, e o cineasta se permitiu uma variação em torno do tema sadomasoquista do desejo e da dificuldade de amar, de que *L'histoire du chevalier Des Grieux et de Manon Lescaut* constitui o romance modelo. A época do filme é a Europa na década de 1970, em meio ao terrorismo e à confusão das ideologias, alvo de provocação

LA FEMME ET LE PANTIN

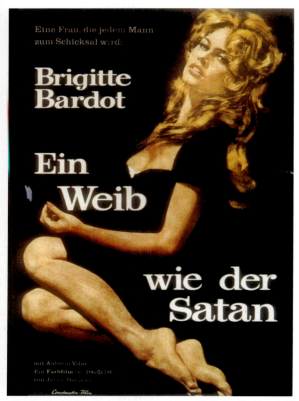

Brigitte Bardot desenhada, La Femme et le pantin *(Julien Duvivier, 1959)*

do cineasta (Mathieu e Conchita seriam, inclusive, suas vítimas *inocentes*). O relato catártico de Matteo por André Stévenol, aqui, é confiado exclusivamente a Mathieu Faber. Acontece que é precisamente o ponto de vista que está em questão, sabendo-se que, para encarnar Conchita, Buñuel teve a ideia de convidar para o papel duas atrizes de tipos bem diferentes, senão opostos: a francesa Carole Bouquet e a espanhola Angela Molina. Esse achado cinematográfico questiona não só a natureza do olhar (e depois o valor da fala) do homem para aquela que deseja, como também o conceito de desejo. Entre essas duas mulheres de estilos e comportamentos opostos, qual a que Mathieu realmente deseja? Sabendo-se que o desejo nasce da falta, será que ele conhece seu verdadeiro objeto? Desse modo, o personagem assiste sem discernimento às sucessivas mudanças das duas "atrizes". De tal maneira que acabamos por nos perguntar quem é a verdadeira Conchita. A bela elegante (Bouquet) ou a bela ardente (Molina)? Uma das duas (ou mesmo as duas) não seria fruto da imaginação de Mathieu? E o espectador, perturbado em sua relação de projeção/identificação com os personagens, logo vem a se sentir manipulado pelo realizador, não mais sabendo por qual representação do erotismo se sente mais atraído. A espanhola de sensualidade animal, cândida e um pouco vulgar, ou a francesa de erotismo refinado, cerebral e castrador?

Apanhado na armadilha de seu próprio desejo (como em Sternberg), Mathieu acha que Conchita tem amantes sempre mais jovens que ele (o que parece ser confirmado na versão de 1935). E isso apesar da alegada virgindade da jovem. Ora, como não tem como verificar, pois nunca chega a possuí-la, ele não é capaz de satisfazer a própria curiosidade e, assim, combater a insidiosa aproximação do ciúme e da violência sádica. Um sadismo que, por sinal, lhe é aconselhado da maneira mais condescendente por seu mordomo-filósofo Martin ("Um filósofo [Fernando Cesarman] dizia: 'Quando sair com as mulheres, não esqueça o porrete.'") e ao qual vem a ser incitado, no fim, por Conchita. As diferentes facetas da Concha de Louÿs aparecem, assim, aos olhos de Mathieu, prisioneiro de seus fantasmas machistas, ora como virgem assustada ora como prostituta sórdida, como menininha de espartilho ou mãe recatada. Essa galeria feminina indica que a busca do desejo se nutre de uma série de imagens obstáculos, mais ou menos assustadoras, frustrantes ou inacessíveis, por sua vez dissolvida numa relação amorosa de necessário sadomasoquismo. Seria então essa nossa capacidade de amar apenas aquilo que não temos?

PL

> **PISTAS PEDAGÓGICAS**

- A questão do desejo (cinema e filosofia).
- A mulher fatal na tela (*Lulu, Pandora, O destino bate à sua porta, O idiota, Lola Montès, Gilda*).
- O conflito amoroso (ódio/amor; plenitude/destruição; atração/repulsão).

Bibliografia

Joseph von Sternberg, *De Vienne à Shanghai, les tribulations d'un cinéaste*, Cahiers du cinéma, 2001.

Éric Bonnefille, *Julien Duvivier, le mal aimant du cinéma français*, 2 vol., L'Harmattan, 2002.

Freddy Buache, *Luis Buñuel*, L'Âge d'Homme, 1975.

Manuel Rodriguez Blanco, *Luis Buñuel*, Durante/BiFi, 2000.

Hanne Stensgaard e Vibeke Hastrup

A festa de Babette

DINAMARCA, 1987 (*BABETTES GAESTEBUD*)

Karen Blixen, *Babet's Feast*, novela publicada em inglês no *Ladies Home Journal* em 1950 e posteriormente na coletânea *Skœbne-Anekdoter* (Anedotas do destino), 1958.

SINOPSE

1871. Numa noite de tempestade, Babette, parisiense exilada que fugiu dos massacres da Comuna, chega a uma aldeia do litoral da Dinamarca. É então contratada como doméstica na residência de duas irmãs, filhas de um pastor respeitado que as educou num contexto rigoroso e austero, rejeitando dois pretendentes – um jovem oficial e um cantor de ópera –, que rapidamente desaparecem de suas vidas. Quando ele morre, as duas dão prosseguimento às suas ações caritativas na aldeia, acolhendo pobres e velhos da comunidade. Catorze anos após sua chegada, Babette ganha uma fortuna na loteria. Pede então às patroas um único favor: preparar, com o dinheiro que acaba de receber, um jantar francês em homenagem ao centenário do pastor, a ser oferecido aos membros da pequena comunidade religiosa das duas velhas irmãs e algumas outras pessoas.

A FESTA DE BABETTE

Pr.	Just Betzer/Bo Christensen/Panorama Film A/S/Det Danske Filminstitut/Nordisk Film/Rungstedlundfonden
Dir.	Gabriel Axel
Rot.	Gabriel Axel
Foto.	Henning Kristiansen
Int.	Stéphane Audran (Babette Hersant), Bodil Kjer (Filippa), Brigitte Federspiel (Martine), Jarl Kulle (general Lorens Löwenhielm), Jean-Philippe Lafont (Achille Papin), Bibi Andersson (Svensk Hofdame)
Duração	102 min

Karen Blixen escreve *Babet's Feast* diretamente em inglês. A novela é publicada na revista americana *Ladies Home Journal* em junho de 1950. No momento da publicação na Dinamarca, em 1958, a escritora a reformula consideravelmente, acabando por produzir uma das joias do gênero. Todo o talento de Gabriel Axel está em ter sabido ao mesmo tempo adaptar a narrativa ao pé da letra e reproduzir seu clima de maneira quase mimética, justificando assim catorze anos de reflexão, antes de dar início à realização do filme. O cineasta respeita escrupulosamente a temporalidade do livro, dividindo seu longa-metragem em duas partes. Primeiro, a exposição dessa terra perdida da Jutlândia (Blixen, por sua vez, situa a ação na Noruega), das duas mulheres que sacrificam a juventude à intransigência de um pai devoto, ainda por cima pastor. Depois, a chegada de Babette numa noite de tempestade, e seus catorze anos de serviço como criada. Mais adiante, a sorte na loteria e a organização, propriamente dita, do "banquete francês".

■ A extrema fidelidade desse trabalho de adaptação altera sensivelmente a narratividade de Blixen, que mediante toques impressionistas imprime um crescendo absolutamente ausente do filme. Essa evolução de fato se manifesta, em Axel, mas a partir da segunda "parte", quando Babette assume um lugar central na dramaturgia. A sua *Festa de Babette* é, assim, um filme plasticamente esplêndido, cuja heroína se transforma em sua "realizadora", nesse clima desesperadamente religioso. Desse modo, só mesmo a presença formidável de Stéphane Audran e o brilhantismo do ator bergmaniano Jarl Kulle, como general fracassado (e gastrônomo), para salvar um conjunto algo pesado. Em compensação, os efeitos de luz e a composição dos planos alcançam a perfeição. Muito se falou de uma dívida para com Vermeer, de que Axel é grande admirador, mas não parece menos pertinente mencionar aqui a referência a pintores dinamarqueses como Vilhelm Hammershoi ou Laurits Andersen Ring. Numa entrevista, "À mesa dos filósofos", o filósofo Clément Rosset escreveu: "[*A festa de Babette* mostra] o contraste entre o refinamento da gastronomia e o pão preto consumido pelos protestantes da Jutlândia, na Dinamarca." Em Karen Blixen, a arte culinária não passa de um artefato para atacar de frente o puritanismo luterano por ela execrado, identificando-se com sua heroína Babette quando ela mesma volta da África do Sul. A implicação autobiográfica é suficientemente forte para que ela se sinta obrigada a transpor a ação para a Noruega. Mas é exatamente daí que surge o problema: essa carga vem a ser amainada pelo cineasta, que filma de maneira indulgente a juventude sem graça das duas velhas irmãs e transforma o

Hanne Stensgaard e Axel Strobye

A FESTA DE BABETTE

peso do microcosmo representado por essa comunidade numa espécie de bolha no limite da seita. O próprio personagem de Babette se transforma em uma "mulher de membro da Comuna", quando na verdade a narrativa faz dela uma figura inesquecível de revolucionária vencida, dando prosseguimento ao seu combate pela própria vida, com seu talento, sem nada renegar do seu ideal. Eis aquele que é praticamente o único trecho do original omitido por Gabriel Axel: "Os olhos de Babette cruzaram com os de Filippa como dois canhões pesados prontos para atirar (para se defender ou atacar? 'Sim, eu participei da Comuna de Paris! Sim, pelo Senhor e pela Santa Virgem, eu fiz parte da Comuna! E aqueles de quem falei eram pessoas cruéis e más. Deixaram com fome o povo de Paris, esmagaram os pobres, desrespeitaram as leis, fizeram um mal terrível a quem não podia se defender. Sim, pelo Senhor e pela Santa Virgem, eu participei de uma barricada. Carreguei os fuzis dos meus homens, meus braços ficaram negros de pólvora, tão negros quanto hoje, com toda essa fuligem.'"

Cabe no mínimo questionar a pertinência dessa dupla invocação de uma *Communarde* (com maiúscula) ao Cristo e à Virgem, a menos que, confiando nas intenções da autora, não vejamos aí nenhuma contradição, mas, pelo contrário, uma deliberada e radical provocação à hipocrisia ambiente. No filme, Babette mostra-se sóbria, enlutada, trazendo sempre uma cruz no peito. O que poderia ser apenas um detalhe, fruto da liberdade inerente ao adaptador, assume uma importância bem diferente, quando sabemos do respeito e quase veneração de Axel pelo texto original.

■ Se, como observou Judith Thurman, "os personagens são moldados à imagem das paixões que despertam", o filme revela-se voluntariamente desapaixonado, girando exclusivamente em torno do consenso plástico e de seu motivo central, o banquete. Acontece que a cena do banquete é notável, justamente pela encenação do prazer culinário e a destruição progressiva da contenção integralista dos convivas pela exultação dos sentidos, quase chegando a um erotismo subjacente. O ritmo se acelera com o desenrolar da refeição, numa embriaguês cuja existência ninguém podia imaginar, à parte o general, com *foie gras* e sopa de tartaruga. Ao redor da mesa, as bochechas se avermelham, as línguas se soltam e os personagens não revelam sua "verdadeira natureza", mas precisamente os seres que poderiam ter sido (deveriam?). É nesse sentido que a ronda final sob as estrelas, por seu paganismo latente, assume toda a sua importância. Não estamos diante de um tsunami de brincadeira, mas de uma emoção íntima que avança de um conviva a outro, por capilaridade, com sutileza fílmica absolutamente espantosa, reforçada pelas contrastantes cenas de cozinha, nas quais Babette trabalha enquanto um simples cocheiro se regala, simplesmente. E o general, a caminho da morte, não sabe mais se deve sair em busca da juventude perdida nos olhos da antiga Dulcineia ou no caldo da codorna em seu sarcófago.

A refeição termina; cada um deu o que tinha: as duas irmãs, uma hospitalidade cega, guiada por uma bondade mecânica; Babette, seu talento, graças ao qual restabeleceu um vínculo com o passado, em sua raiva ou no remorso de um possível compromisso, não sabemos. Sua refeição permitiu-lhe realizar o essencial, pela dupla via do êxtase dos sentidos e da negação do dinheiro, pois se arruinou. Uma das irmãs a abraça, então, e sussurra a última fala da novela: "No Paraíso, você será a grande artista que o Senhor quis que fosse. Ah, como vai encantar os anjos!" Na novela, a cegueira do personagem é, ao mesmo tempo, cômica, enternecedora e patética. No cinema, essa cena dura meia hora de puro prazer.

■ Tudo indica que essa busca de consenso banhado em puritanismo, invertendo o sentido original da obra, seduziu a sensibilidade anglo-saxônica. O filme recebeu o Oscar de melhor filme estrangeiro em 1987. Na França, houve apenas a Légion d'Honneur para Gabriel Axel, "pela promoção da gastronomia francesa através do mundo".

LB

→ PISTAS PEDAGÓGICAS

▸ Pintura e cinema: o modelo holandês e nórdico na tela.

▸ Os puritanos no cinema (*La puritaine, Dies Irae, Lumière silencieuse*).

▸ O banquete no cinema: função social e função simbólica (*Satyricon, A comilança, Contrato do amor*).

▸ A cozinheira, metáfora do artista.

Bibliografia

Jean-Claude Bonnet, "Clément Rosset, à la table des philosophes", *Critique*, número especial "La gastronomie", junho-julho, nº 685-686, 2004, p. 489.

Judith Thurman, *Karen Blixen*, Seghers, 1982.

Ole Wivel, *Karen Blixen, un conflit personnel irrésolu*, Actes Sud, 2004.

http://www.cineclubdecaen.com/realisat/axel/festindebabette.htm

Os vivos e os mortos

ESTADOS UNIDOS–IRLANDA–REINO UNIDO, 1987 (*THE DEAD*)

**James Joyce, *The Dead*,
novela da coletânea *Dublinenses*, 1914.**

SINOPSE

Dublin, no inverno, no início do século XX. Como acontece todos os anos, as irmãs Markan e sua sobrinha Mary recebem parentes e amigos. Entre eles estão Gabriel Conroy, seu sobrinho, e sua mulher Gretta. Os pratos, as danças e os discursos se sucedem. No fim da noite, Gretta se emociona com uma canção. E assim confidencia ao marido um segredo de sua vida, que até então mantinha guardado.

Pr.	Channel 4/Delta Film/Liffey Films/Vestron Pictures/Zenith Entertainment
Dir.	John Huston
Rot.	Tony Huston
Foto.	Fred Murphy, Michael Coulter (paisagens)
Int.	Donal McCann (Gabriel Conroy), Anjelica Huston (Gretta Conroy), Helena Carroll (tia Kate), Cathleen Delany (tia Julia), Donnal Donnelly (Freddy Malins)
Duração	85 min

Dublinenses, a coletânea de novelas da qual foi retirado o texto de *The Dead*, é a primeira obra importante de James Joyce. Note-se que o título francês do filme, *Gens de Dublin*, retoma o título da coletânea, ao passo que o título original é o da novela. Em sentido inverso, trata-se do último filme de John Huston, gigante do cinema americano, com uma filmografia impressionante. À parte essa relação paradoxal, parece tentador ver neste filme uma obra testamentária, homenagem do cineasta à Irlanda de que também era originário. Já debilitado, John Huston rodou o filme quase em família, com ajuda e assistência dos filhos (Anjelica, atriz, e Tony, roteirista). Mas se trata de uma de suas obras mais pessoais e acabadas, e nela o cineasta como que remata seu trabalho com adaptações literárias, de Kipling a Melville.

■ O filme de John Huston escora-se em uma aparente fidelidade total ao texto original. No máximo, o contexto é mais delimitado (o filme indica que o evento se passa em janeiro de 1904) e o "baile" transforma-se em um grande encontro de família. Mas o roteiro e o filme retomam e conservam a principal originalidade da novela, sua construção dramática extremamente particular. Ela comporta longuíssima parte descritiva, na forma de crônica de uma noitada, com a observa-

OS VIVOS E OS MORTOS

Anjelica Huston e Donal McCann

ção e a descrição de muitos personagens; além disso, nas últimas páginas, revela o segredo de Gretta ao marido, provocando nele forte emoção, pois de uma hora para outra seu universo se parte, e ele entra por uma longa e dolorosa reflexão. O texto de Joyce, assim, vai ao encontro de uma regra da construção dramática em uso na literatura, e ainda mais na escrita de roteiros cinematográficos, segundo a qual "o que está em jogo" deve ser estabelecido na primeira parte da narrativa.

A obra de John Huston respeita quase literalmente o desenrolar da novela: a maior parte do filme se passa a portas fechadas, na residência das irmãs, e obedece a uma encenação ao mesmo tempo discreta e extremamente precisa. Às vezes parece improvisada, ao sabor das conversas e dos acontecimentos da noite, de acordo com o texto original (o personagem meio embriagado, o discurso ritualístico de Gabriel Conroy), até o retorno do casal Gabriel-Gretta ao hotel e a revelação final.

John Huston procede então a uma modificação, sutil mas radical, em relação ao texto de Joyce. Os pensamentos íntimos de Gabriel são transmitidos ao espectador pela voz em *off*, na forma de um monólogo na primeira pessoa, quando Joyce se mantinha na terceira pessoa e num tipo de narração mais distanciado. Fazendo um contraponto com o texto, que, fora essa importante modificação na narrativa, mantém-se bastante fiel à obra original, Huston integra paisagens do campo irlandês no inverno, como se fossem imagens mentais simbolizando o estado psicológico de Gabriel no fim dessa estranha noite. Trata-se verdadeiramente de uma reescrita cinematográfica, valendo-se de recursos (voz do ator, contraponto entre texto e imagens, música de Alex North) próprios da técnica audiovisual, reinterpretando o texto original.

■ Ao ser lançado, o filme de John Huston foi quase unanimemente aclamado pela crítica, tornando-se rapidamente um clássico. É elogiado em particular o respeito à obra original e *Os vivos e os mortos* citado como exemplo de "filme literário" bem-sucedido. Registra-se também a audácia de John Huston, sempre em busca de novas experiências, transpondo um texto *a priori* particularmente difícil de adaptar. A morte de John Huston, pouco depois, confere outro significado à sua obra e observa-se então que o último filme de um dos maiores cineastas da história do cinema acaba, como a novela de Joyce, com estas palavras: "(...) and the Dead" ((...) e os mortos).

LA

No centro, Anjelica Huston

▶ PISTAS PEDAGÓGICAS

▸ Novela, romance, filme: como "resumir" ou "desenvolver" um texto.

▸ Utilização da voz em *off* no cinema: narrador exterior ou pensamentos de um personagem (Welles, Mankiewicz, Guitry).

▸ A morte e sua revelação no cinema.

Bibliografia

John Huston, *John Huston*, Pygmalion, 1982.

Germinal

FRANÇA, 1993

Émile Zola, *Germinal*, 1885.

SINOPSE

Durante a crise industrial do Segundo Império, Étienne Lantier, que perdeu o emprego em Lille, chega à mina de Montsou. Toussaint Maheu, mineiro de 42 anos, pai de sete filhos, o destaca para o trabalho no transporte, ao lado de sua filha Catherine. Étienne aluga inicialmente um quarto na casa de Rasseneur, onde conhece um anarquista russo, Souvarine. Depois se instala na casa dos Maheu, pagando pensão. Sente-se atraído por Catherine, mas a adolescente já cedeu a Chaval. Estimulados por Étienne, os operários criam uma caixa de solidariedade. Estoura a greve quando a empresa muda o modo de remuneração, depois de um acidente. As negociações com o diretor da mina fracassam. A greve se consolida. É a "guerra do trabalho contra o dinheiro". Passadas seis semanas, as mulheres e os homens radicalizados invadem os poços vizinhos, destroem as máquinas e investem contra os traidores que trabalham, como Chaval. Chega-se ao auge da violência quando as mulheres emasculam o merceeiro Maigrat, que cai do telhado de sua casa. Étienne é obrigado a se esconder. Sob a ameaça de serem substituídos por trabalhadores belgas, os grevistas enfrentam o exército.

Pr.	Renn Productions/France 2 Cinéma/DD Productions/Alternative Films/ Nuova Artisti Associati/Claude Berri/Arlette Langmann/Pierre Grunstein
Dir.	Claude Berri
Rot.	Claude Berri, Arlette Langmann
Foto.	Yves Angelo
Int.	Renaud (Étienne Lantier), Miou-Miou (a Maheude), Gérard Depardieu (Toussaint Maheu), Judith Henry (Catherine), Jean-Roger Milo (Antoine Chaval), Anny Duperey (Sra. Hennebeau), Jean Carmet (Bonnemort), Laurent Terzieff (Souvarine)
Duração	160 min

Outras versões:

- *La Grève* (Ferdinand Zecca, 1904)
- *Germinal* (Albert Capellani, 1913), int. Léon Bernard, Paul Capellani, Jeanne Cheirel
- *Germinal* (Yves Allégret, 1963), int. Jean Sorel, Claude Brasseur, Berthe Granval

Depois de *Jean de Florette* e *Manon des sources*, baseados em Marcel Pagnol, Claude Berri leva ao cinema *Germinal*, o romance mais lido de Émile Zola, que quis imprimir-lhe um tom profético: "A luta entre o trabalho e o capital. É aí que está a importância do livro, eu o vejo como prevendo o futuro, colocando a questão mais importante do século XX." O cineasta responde, no mesmo tom: "É um filme que fala de hoje, pois coloca as questões fundamentais da existência: o amor, o mal, a justiça, a liberdade, o direito à felicidade. É o protesto secular, e sempre atual, do escravo contra o senhor. É o combate por um mundo melhor."

O próprio Claude Berri escreveu o roteiro, muito próximo da obra romanesca, cuja estrutura é respeitada, sendo retomados em parte seus diálogos. Para transmitir a visão épica da população de mineiros, ele não economiza nos cenários e nos efeitos es-

GERMINAL

Germinal

peciais nem em matéria de astros e número de figurantes, todos antigos mineiros no norte da França. Os heróis dessa epopeia moderna são Maheu e Lantier. O cineasta afirma desde logo sua conivência com o autor, pela escolha dos atores: Gérard Depardieu, o colosso, e Renaud, o cantor rebelde. Aquele, calmo (um pouco demais), maciço apesar das privações, encarna "o povo forte"; este, mais frágil na aparência, representa os "magros" que, no imaginário de Zola, vão "devorar a burguesia amarelada" (capítulo VII, 2).

■ Como o romance, o filme é estruturado por um jogo de paralelismos e oposições. A ociosidade luxuosa e o individualismo dos burgueses constrastam com o trabalho aviltante, a miséria e a promiscuidade das famílias operárias; os amplos gramados, as cores vivas da residência dos Hennebeau se opõem ao universo negro da mina e dos grupos de casas dos operários. Muito antes de os personagens se revoltarem, o espectador se conscientiza da injustiça social pelas imagens em montagem alternada.

No início, o sofrimento dos pobres tem momentos de trégua, como o banho depois do trabalho, a festa local conhecida como "*ducasse*"... As cores do fogo e da carne limpa, os marrom-avermelhados desbotados das roupas surgem em meio à fuligem. Esse vermelho mortiço é a cor associada aos trabalhadores em repouso, com suas conotações de paixão e revolução latentes. Outras fontes de contraste, as brincadeiras chulas e a paixão sexual, são apresentadas até no coração da mina. À sadia alegria popular mistura-se a violência de um instinto bestial. No mundo dos patrões, o sofrimento moral do marido enganado é posto em paralelo com a miséria física dos operários.

Essas oposições são reforçadas pela tensão no ritmo da narração, entre os planos estáticos em enquadramento aproximado das cenas íntimas e os grandes quadros dramáticos: o início da greve, a reunião noturna, a agressão a Jean-Bart, o confronto com o exército etc. Aos poucos, os indivíduos se apagam, dando lugar à multidão em marcha, que tudo destrói em sua passagem, como uma força da natureza. Já no momento da publicação, Jules Lemaître viu no romance um poema épico, "a alma coletiva das multidões, violenta, enfurecendo-se com facilidade". No filme, a música orquestral, os movimentos de câmera, os planos de conjunto da multidão em ação, alternados com planos aproximados de elementos simbólicos, constituem desde Eisenstein a marca das grandes cenas épicas.

Claude Berri inspirou-se no realismo poético de Georg Wilhelm Pabst em *Kameradschaft* (1931). Esse filme, cuja ação se situa na fronteira franco-alemã depois da Primeira Guerra Mundial, mostra a solidariedade entre mineiros alemães e franceses depois de uma explosão. O enquadramento, a trilha sonora de certas cenas, nas galerias de Voreux, constituem citações explícitas. Mas a mensagem dos dois filmes é diferente. Embora a grade subterrânea destruída pelos operários alemães para socorrer os colegas seja reconstruída no fim, o cineasta alemão enfatiza a fraternidade operária, capaz de transgredir o nacionalismo.

> **▶ PISTAS PEDAGÓGICAS**

▸ A epopeia do povo, personagem coletivo.

▸ A condição operária no século XX. A luta de classes.
- Comparar as ideias políticas de Souvarine, Rasseneur e Lantier.
- Comparar o estilo de vida da burguesia e dos mineiros.

137

Germinal (Yves Allégret, 1963)

Os heróis populares são fortes, generosos. O nacional-socialismo, a Segunda Guerra Mundial e o totalitarismo ainda não destruíram a utopia internacionalista.

Em compensação, o filme de Berri situa-se claramente depois do comunismo. Embora se misture ao grupo de mineiros durante a busca por sobreviventes, o engenheiro Négrel nunca tira a gravata (com listras vermelhas) por baixo do casaco enegrecido, e desaparece depois da salvação de Lantier, sem trocar com ele o abraço doloroso do romance (capítulo VII, 5). Na última cena, os olhares trocados são decididos, as palavras são dignas, mas o exército de trabalhadores volta para a mina nas mesmas condições: a mesma escuridão, os mesmos uniformes – ainda que usados de maneira mais militar, as blusas acinturadas, a barra de mina no ombro, como um fuzil, o boné substituindo a barretina –, os mesmos carrinhos de transporte pelas galerias, o mesmo poço onde a grade, também aqui, se fecha. Sem o epílogo, inteiramente transposto do romance, e como que sob a responsabilidade exclusiva de Zola, através da voz em *off*, o filme teria um desfecho melancólico.

■ Coincidindo com a política de estímulo cultural de Jack Lang, esse filme "patrimonial" foi objeto de importante promoção institucional. Se a crítica censurou Berri por uma adaptação mais escrupulosa que impactante, mais artística que politicamente engajada, o público apreciou a reconstituição histórica e a empatia com a região de Nord-Pas-de-Calais, seriamente afetada pelo fechamento das minas na década de 1980.

MV

Bibliografia

Pierre Assouline, *Germinal, l'aventure d'un film*, Fayard, 1993.
Élisabeth Fechner, *Paroles de mineurs*, Calmann-Lévy, Paris, 2001.
Émile Zola, *Le Roman expérimental*, 1880.
Positif, nº 393 (um artigo sobre o filme de Berri e outro intitulado "Nitrates et gueules noires ou le filon minier"), novembro de 1993.

O leopardo

FRANÇA-ITÁLIA, 1963 (*IL GATTOPARDO*)

Giuseppe Tomasi di Lampedusa, *Il gattopardo*, **1958.**

SINOPSE

Don Fabrizio di Salina, um príncipe siciliano, é testemunha contemplativa e impotente do tumulto revolucionário associado ao desembarque dos Mil de Garibaldi e, de maneira geral, do *Risorgimento*, encarnado por seu sobrinho Tancredi. Mas é, sobretudo, de uma história da Sicília, da transição entre uma ordem antiga e a nova sociedade liberal, que se trata nesse tipo de depoimento. Ao se aproximarem as comemorações do centenário da Unificação italiana, Lampedusa quer falar do oportunismo que, segundo ele, fora a principal característica da época, muito longe do entusiasmo apresentado na historiografia oficial italiana. Às vezes apresentado como romance "reacionário", *O leopardo* é na realidade uma análise extremamente crítica das elites tradicionais, de sua futura virada na direção do fascismo.

Pr.	Titanus/Pathé Cinéma
Dir.	Luchino Visconti
Rot.	Suso Cecchi d'Amico, Pasquale Festa Campanile
Foto.	Giuseppe Rotunno
Int.	Burt Lancaster (príncipe Don Fabrizio di Salina), Alain Delon (Tancredi), Claudia Cardinale (Angelica Sedara), Paolo Stoppa (Don Calogero Sedara), Rina Morelli (princesa Maria Stella di Salina), Romolo Valli (Padre Pirrone), Serge Reggiani (Don Francisco Ciccio Tumeo), Leslie French (cavaleiro Chevally)
Duração	205 min

À direita, Alain Delon

É raro que um filme passe a encarnar literalmente um momento da história. É o caso de *O leopardo*, de Luchino Visconti, retomando um relato de Lampedusa. O romance encontrou seu público numa Itália duplamente confrontada com a memória de uma história dolorosa e a problemática da modernidade inerente aos "trinta gloriosos" anos de crescimento econômico europeu depois da Segunda Guerra Mundial. Em Visconti, a "história não é um simples pano de fundo estético ou um pretexto dramático, ela permite situar o herói no momento da escolha, uma escolha que, num contexto adequado, será individual e coletiva, pessoal e política" (Alain Sanzio).

Esse problema da escolha situa Visconti numa perspectiva sartreana. O herói viscontiano é capturado por um momento de história e, em sentido inverso, o devir comum é cristalizado num percurso singular expres-

Burt Lancaster

so por uma humanidade exacerbada. Há no cineasta a vontade de historicizar os itinerários individuais. Os personagens são menos símbolos que reveladores das mutações em devir.

Na origem, dois homens, dois aristocratas, dois artistas: Giuseppe de Lampedusa, homem de grande cultura, antifascista, escritor tardio de um único romance, *Il Gattopardo*, publicado postumamente e transformado em best-seller mundial em seis meses; e Luchino Visconti, que adapta o romance, deixando de lado o fim, e realiza, em 1963, um filme de mesmo título. Os dois são estetas e céticos, desesperados ante uma história italiana incendiária, que percorreram como testemunhas.

O romance de Lampedusa é, antes de mais nada, uma meditação sobre o tempo, literalmente suspenso, através da constatação íntima de um velho aristocrata desencantado, o príncipe di Salina, ante a aceleração da história. O desembarque dos Mil de Garibaldi, a ascensão da burguesia liberal através da monarquia do Piemonte-Sardenha e do astucioso ministro Cavour, a transformação da ordem secular repousando na ruralidade são elementos que o príncipe di Salina não pode entender, apenas perceber... Com isso, cada detalhe assume a forma de uma metáfora. O conflito desenrola-se em um cenário de decomposição anunciada, e a propriedade de Salina torna-se assim a redução de toda a Itália aristocrática, de um sul em via de arranque industrial. Visconti utiliza apenas as passagens precisas do livro nas quais Salina age, e o gênio do realizador está efetivamente em auscultar milimetricamente a psicologia de um personagem até então íntimo, ao mesmo tempo reconstituindo ao seu redor a História, num afresco tumultuado. Lampedusa já havia encontrado um ar proustiano que Visconti explora cinematograficamente, como voltaria a fazer mais tarde com Thomas Mann em *Morte em Veneza*.

O personagem central não é necessariamente dos mais brilhantes; autoritário, extravagante e governando seu mundinho com punho de ferro, em sentido inverso de suas dúvidas íntimas. Mas se trata, antes de tudo, de salvar as aparências.

■ Os primeiros planos mostram uma alameda que leva a um palácio, majestoso e triste ao mesmo tempo. Triste porque em declínio, o declínio de uma aristocracia, majestoso como o príncipe di Salina. Esse plano faz eco ao último plano do filme: Salina avança sozinho, de costas, por um arabesco de ruelas sombrias, e em seguida desaparece nelas, como se estivesse entrando em seu próprio túmulo. Esses dois planos poderiam sozinhos resumir a história de um mundo que morre, num momento em que parece triunfar uma revolução política e no qual ascende o verdadeiro poder: o poder do dinheiro. O príncipe deixa de ser um espectador no início do livro e do filme, quando dá com o corpo em decomposição de um jovem soldado em seu parque – "equivalente do primeiro rato eliminado em *A peste*, de Camus", observa Freddy Buache; e mais adiante, quando seu sobrinho Tancredi aparece para anunciar que está de partida para a Revolução. Contraponto Burt Lancaster no papel do príncipe, a figura de Tancredi literalmente explode, como homem mais jovem, desenvolto e engajado na revolta, que viria a trair. Os dois representam as duas facetas de uma aristocracia em mutação. Como traço de união, a bela Angelica, filha de um comerciante rico, simboliza esse capital no qual a nobreza precisa agora se escorar para que o brasão não seja ameaçado. A beleza física de Alain Delon, como Tancredi, e o amor dos dois pombinhos não devem dissimular que a flor de Angelica de fato é jogada como isca para o jovem lobo disposto a todos os compromissos. A harmonia do casal valsando é um engodo, pois a verdade está nos bastidores, do mundo do dinheiro em gestação que puxa as cordinhas à sombra do brasão principesco: o título do filme faz referência ao leopardo dançando que aparece nas armas da principesca família siciliana di Salina.

O velho aristocrata se interpõe para dançar com a Dulcineia do sobrinho: dois universos se chocam e casam então, nesse momento do turbilhão dançante compartilhado pela jovem e pelo velho felino. Em meio ao tumulto das paixões, um mundo expira enquanto outro nasce. Essa contradição lentamente leva o velho aristocrata em direção ao túmulo, ao fim do baile, que simboliza a evolução em curso. Estamos antes no universo de Balzac que no de Proust, constantemente associado à *démarche* viscontiana. "Temos de voltar a uma espécie de estilo narrativo balzaquiano", diz o cineasta em uma entrevista, "meu filme será a pintura de uma sociedade, exatamente como a sociedade da Restauração em Balzac..."

Tudo poderia ser resumido na famosa frase-chave que Tancredi lança despreocupadamente ao tio no início do livro, para explicar seu engajamento, *a priori* contrário a seus interesses de classe: "É preciso mudar tudo para que tudo fique como antes." Basta que tudo mude para que nada mude. A Revolução, portanto, é um engodo.

■ Visconti e seus roteiristas, à frente deles sua cúmplice de sempre, Suso Cecchi d'Amico, não se iludem a esse respeito, muito justificadamente transformando-a na problemática central do filme, montada pelo realizador como uma representação flamejante e desmedida. O que gera certas liberdades com o trabalho de Lampedusa, mas o espírito da obra se mantém intacto.

A famosa cena do baile é a mais célebre do filme. Foram oito noites de filmagem e nada menos que trezentos figurantes. Há também a famosa batalha de rua (apenas subentendida no livro), a corrida de sedução dos dois apaixonados no celeiro do palácio Salina, a chegada a Donnafugata e a majestosa missa, a conversa "capital" (segundo Buache) com Chevally: "Sou de uma geração infeliz e sem ilusões", lança o príncipe, com olhar distraído, "estamos velhos e cansados. Dormir é tudo que os sicilianos desejam, e eles haverão de odiar aqueles que pretenderem despertá-los". Lampedusa está falando, aqui, mas Visconti junta-se a ele para expressar suas dúvidas a respeito de um progresso sem moral, que pretende varrer o passado e fazer dele tábula rasa. E por sinal o realizador pensou em desempenhar ele próprio o papel do príncipe, para em seguida propor Laurence Olivier e, então, Burt Lancaster, cuja interpretação é sublime.

Outra cena reflete essa amargura: o diálogo do príncipe com o administrador Don Ciccio (Serge Reggiani) durante a caçada. "Tanto Don Ciccio quanto o príncipe têm pontos de vista reacionários", analisa o próprio Visconti. Um sobre o plebiscito, o outro sobre a unidade da Itália e o futuro da Sicília. Mas o fazem, ou por outra, Lampedusa quis que o fizessem, mostrando a maneira distorcida como a classe dirigente do Piemonte e seus aliados naturais davam origem ao mundo "novo", valendo-se dos instrumentos mais mentirosos e deprimentes do "antigo": má-fé, abuso, trapaça. "Eu frisei esses momentos não só por seu interesse em relação ao eixo histórico-político, mas também pela maneira como uma mistificação assim impregna as relações humanas e sentimentais, derrubando em seu destino livre e individual os limites de uma sociedade, de uma moral e de uma cultura."

Claudia Cardinale e Burt Lancaster

O LEOPARDO

Aqui, já não é Sartre, mas Gramsci que nutre a reflexão de Visconti. Os termos desse diálogo constituem efetivamente uma magistral lição de história, com o tema da reviravolta provocada pelo choque de modernidade, tal como os homens a pressentem, como uma ditadura do progresso e uma aceleração do tempo, com efeitos necessariamente desumanos. Para Visconti, Tancredi prenuncia o fascismo, enquanto a velha aristocracia em progresso entregará o poder a Mussolini, sessenta anos mais tarde. Tudo é cuidado à perfeição, na reconstituição dos detalhes, naturalmente (muito já se escreveu sobre o detalhismo maníaco de Visconti, até a obsessão, chegando a colocar objetos autênticos *dentro* das cômodas ou no perfume do ambiente), mas, sobretudo, na utilização do espaço, na expressividade das panorâmicas, no manuseio das cores. Numerosos planos-sequência dinamizam esse aparato, que nunca parece pomposo, que não reconstitui, mas expressa o passado em sua instantaneidade, valorizando como nunca a arte cinematográfica. Nada é realista, pois tudo aparenta provir do real, sobrepujado pela estética. A música de Nino Rota de fato representa um precioso complemento, mas a utilização de Verdi fala aqui da própria essência da adaptação, "representando o amor por esse músico o vínculo entre Lampedusa e Visconti, o vínculo que os une numa mesma compreensão da Itália moderna" (Monica Stirling).

■ Temos aqui a negação dos preceitos da Nouvelle Vague, o que levou muitos críticos a atacar o pretenso "academismo" do filme, afastando-se do neorrealismo do início da carreira de Visconti. Comunista, nem por isso ele foi mais bem-tratado por seu próprio campo, no qual não faltou quem criticasse sem hesitar as opções "francamente reacionárias" do realizador, já sob suspeita como aristocrata, aos olhos de certos stalinistas. Cabe lembrar que a partir de 1954 sucederam-se o relatório Krutchev, a revelação do Gulag e a insurreição de Budapeste, e com isso a visão de Visconti sobre a Revolução parece muito menos idealizada que em *Sedução da carne* (*Senso*). "Eu também adoto a definição do Risorgimento como revolução fracassada – ou melhor, revolução traída", conclui Visconti. Palma de Ouro em 1963 por unanimidade (coisa rara), *O leopardo* é, portanto, uma obra decisiva no conjunto artístico do mestre italiano. É um dos raros filmes em que a própria expressão da beleza se torna pura e absolutamente política.

LB

→ PISTAS PEDAGÓGICAS

▸ A modernidade.
▸ A introspecção/A morte.
▸ A representação social.
▸ A unidade italiana.

Bibliografia

Laurence Schifano, *Le Guépard*, Nathan, "Sinopse", 1991.
Alain Sanzio, Paul-Louis Thirard, *Luchino Visconti, cinéaste*, Ramsay, 1984.
Monica Stirling, *Visconti*, Pygmalion-Gérard Watelet, 1982.
Marianne Schneider, Lothar Schirmer, *Visconti*, Actes Sud/Institut Lumière, 2009.
Freddy Buache, *Le Cinéma italien (1945-1990)*, L'Âge d'Homme, 1992.

A guerra dos botões

FRANÇA, 1962 (*LA GUERRE DES BOUTONS*)

Louis Pergaud, *La Guerre des boutons*, 1912.

SINOPSE

Há gerações, os meninos de duas aldeias francesas, Longeverne e Velrans, promovem uma guerra no campo próximo, com murros, lança-pedras e bastões. Os chefes dos dois bandos rivais, Lebrac e o Aztec, disputam para ver quem se sai melhor em matéria de maquinações e táticas guerreiras. Uma das regras em vigor quando um dos bandos faz um prisioneiro é que todos os botões de sua roupa são cortados antes de libertá-lo. Nesse ano, o conflito adquire proporções inéditas.

Pr.	Production de La Guéville
Dir.	Yves Robert
Rot.	Yves Robert, François Boyer
Foto.	André Bac
Int.	André Treton (Lebrac), Michel Isella (o Aztec), Martin Lartigue (Petit Gibus), Pierre Trabaud (professor), Jean Richard (pai de Lebrac), Jacques Dufilho (pai do Aztec), Michel Galabru (pai de Bacailé), Pierre Tchernia (Bédouin)
Duração	90 min

Outras versões:

- *La Guerre des gosses* (Jacques Daroy e Eugène Deslaw, 1936), int. Serge Grave (Lebrac), Jacques Tavoli (Aztec), Mouloudji (la Crique), Saturnin Fabre
- *A guerra dos botões* (John Roberts, 1994)

A transposição para a tela do célebre romance de Louis Pergaud é um projeto pessoal do realizador Yves Robert, por ele roteirizado e produzido em sua própria produtora, La Guéville, fundada anos antes com sua mulher, a atriz Danièle Delorme. Essa personalização do projeto não decorre de uma vontade própria, mas, surpreendentemente, das dificuldades encontradas pelo diretor para executar o projeto. No início da década de 1960, entre o cinema francês tradicional (um cinema "de astros") e o sopro de novidade da Nouvelle Vague, ninguém, tanto entre os produtores como entre os distribuidores, parece acreditar em um filme completamente (ou quase) interpretado por crianças. No entanto, *A guerra dos botões* já havia sido adaptado uma primeira vez na década de 1930, com Serge Grave, célebre menino ator da época (que desempenhava o papel de Sacha Guitry, jovem em *Le roman d'un tricheur*). Mas essa versão já tinha sido mais ou menos esquecida em 1960. Precisamente para compensar essa ausência de astros, ou simplesmente de atores conhecidos, Yves Robert contratou figuras conhecidas como Galabru e Dufilho. Eles têm apenas papéis secundários, mas sua presença supostamente devia tranquilizar os possíveis compradores, mais, por sinal, que os espectadores.

Martin Lartigue

■ O filme segue bem fielmente as peripécias do romance e a caracterização dos personagens. Assim é

que vamos encontrar as duas aldeias rivais, os principais protagonistas (Lebrac, a Crique, o Aztec, o traidor Bacaillé), além dos episódios mais famosos da guerra (a cabana, o corte dos botões, o ataque dos meninos completamente nus para evitar a retirada dos botões, justamente). Em compensação, Yves Robert, roteirista e diretor, procede a várias modificações fundamentais, representando "desvios" do texto original para outro significado.

A primeira delas é a modernização da intriga, situando-a na época contemporânea da realização – ao passo que o texto original, sem especificar realmente a data da ação, a situa no tempo da juventude de Louis Pergaud, nascido em 1882 (cabe lembrar que o romance inicialmente tinha como subtítulo "romance dos meus 12 anos"). Essa modernização tem como efeito, por exemplo, a entrada em ação de um trator ("Agora, temos tanques!", exclama o Aztec).

A alteração mais importante diz respeito ao que podemos chamar de processo de "assepsia" geral do romance. O incrível e saboroso frescor da linguagem das crianças é em grande medida atenuado. Certos elementos da época (como o fato de Velrans ser uma aldeia "carola" e Longeverne, "vermelha") desaparecem. Mas, sobretudo, o filme escamoteia o negrume geral do texto, que aumenta à medida que avançamos em suas páginas. Através das brincadeiras das crianças, Louis Pergaud também descreve a terrível miséria social (famílias vivendo em grande pobreza, não raro devastadas pelo álcool, crianças para as quais o diploma é uma utopia). Ele também tem a premonição dos massacres que estão por vir, concluindo o romance numa nota terrivelmente triste e melancólica, com a célebre frase pronunciada por uma das crianças (a Crique) a propósito dos adultos: "Pensar que quando crescermos talvez sejamos tão bobos quanto eles." Essa frase também está no fim do filme, mas em contexto bem diferente: é dita por Lebrac e Aztec, que, internados, se reconciliam numa grande gargalhada.

■ É disso que trata o filme: transformar um livro que, segundo Pergaud em seu prefácio, não se dirige "às criancinhas nem às jovens donzelas", num espetáculo de família. Assim, é um grande êxito, tanto mais que, coisa rara no cinema da época, consegue não "infantilizar" as crianças. Grande parte do sucesso comercial do filme viria exatamente da impressão de "naturali-

dade" transmitida pelo bando de garotos, contrastando radicalmente com as convenções em vigor, especialmente na década de 1950, em sua atuação e em seu aspecto. O sucesso seria particularmente importante para um dos meninos, Martin Lartigue, com sua frase cult, invenção de Yves Robert: "Se eu soubesse, não teria vindo..." Com o pseudônimo Petit Gibus, ele faria outro filme sob a direção de Yves Robert (*Bébert et l'omnibus*, no papel do irmãozinho de Jacques Higelin).

A guerra dos botões transforma-se quase instantaneamente num clássico do "filme para crianças" ou, de maneira mais genérica, do filme para a família, embora recebesse do Ofício católico, ao ser lançado, uma cotação moral severa, "4S", ou seja, "estritamente para adultos"!

LA

→ **PISTAS PEDAGÓGICAS**

▸ A representação das crianças do cinema.

▸ As "sociedades de crianças" como reflexo do mundo dos adultos (de *A guerra dos botões* a *O senhor das moscas*).

Bibliografia

Yves Robert, *Un homme de joie. Dialogue avec Jérôme Tonnerre*, Flammarion, 1996.

Dossier "Les enfants, le cinéma et les bibliothèques", *La Revue des livres pour enfants*, n° 230, setembro de 2006.

O homem invisível

ESTADOS UNIDOS, 1933 (*THE INVISIBLE MAN*)

H. G. Wells, *The Invisible Man*, 1901.

SINOPSE

Um desconhecido misterioso chega à pousada de uma pequena aldeia. Tem o rosto completamente coberto por ataduras e um par de óculos. Os moradores acabam descobrindo que se trata de um cientista que inventou o soro da invisibilidade e o experimentou em si mesmo. Mas o soro também afetou seu cérebro, transformando-o em um criminoso megalomaníaco.

Pr.	Universal Pictures/Carl Laemmle Jr.
Dir.	James Whale
Rot.	R. C. Sherriff, Philip Wylie
Foto.	Art Edeson, John Mescall
Int.	Claude Rains (Griffin, o homem invisível), Gloria Stuart (Flora), Henry Travers (Dr. Cranley), William Harrigan (Dr. Kemp), Una O'Connor (Jenny Hall), John Carradine (um aldeão)
Duração	71 min

O *homem invisível* se inscreve numa série famosa, constituindo o que os historiadores chamam de "época de ouro" do cinema fantástico americano, na década de 1930, testemunha da Grande Depressão que se seguiu à crise de 1929. E o estúdio Universal, produtor do filme, está na origem dessa série. Nos anos anteriores, já produzira *Drácula*, *Frankenstein* e *A múmia*, grandes sucessos. Os outros estúdios logo adeririam ao movimento, como a MGM com *Monstros*, a RKO com *King Kong* etc. O diretor, James Whale, realizou por sua vez o *Frankenstein* baseado em M. Shelley (outra grande adaptação literária), e outro filme de terror, *A casa sinistra*, no ano anterior. Entre o puro fantástico e a ficção científica, *O homem invisível* está, portanto, entre esses numerosos filmes, refletindo tanto a estética muito particular do estúdio Universal quanto a de seu realizador.

■ Do romance, o filme conserva a brevidade (menos de 1h15min, o que, no entanto, muitas vezes acontece nos filmes fantásticos da Universal) e a divisão em duas partes bem-delimitadas. Mas se mantém perfeitamente linear, sem as muitas mudanças de temporalidade (passado/presente) a que recorre H. G. Wells. O ritmo bem-marcado do filme também converge na direção da decupagem do romance em capítulos bem curtos. A primeira metade do filme, com a chegada do estranho coberto de ataduras à pousada da aldeia, é tratada em forma de comédia quase burlesca, com as reações dos habitantes. O humor, presente no romance, é calcado aqui a ponto de se aproximar em certos momentos da tradição do cinema burlesco, que vamos encontrar, por exemplo, na interpretação e na

Claude Rains, Forrester Harvey e Una O'Connor

146

Claude Rains e Gloria Stuart

mímica facial deliberadamente exagerada de certos personagens, especialmente o dono da pousada. Mas aos poucos o filme resvala cada vez mais para o aspecto sombrio e trágico, até a morte do homem invisível. Concentrado na ação, muitos diálogos ou monólogos são abreviados e mesmo eliminados (especialmente os do homem invisível), assim como as reflexões morais ou filosóficas. Também são eliminadas certas peripécias secundárias, mas Whale e seus roteiristas mantêm-se fiéis à trama do romance.

O principal objetivo do filme, contudo, não é propor uma reflexão sobre os limites da pesquisa científica ou os efeitos do poder absoluto, embora esses temas essenciais na obra de Wells transpareçam como pano de fundo. Apesar de ser às vezes burlesco, ele tampouco é uma sátira científica ou filosófica, antes focalizando o efeito de choque oferecido pela invisibilidade na tela, assim como o paradoxo cinematográfico que é "mostrar o invisível". Nesse sentido, a obra é, antes de mais nada, um festival de efeitos visuais. Alguns são puramente "mecânicos" (objetos mexendo-se sozinhos), enquanto outros repousam em trucagens óticas. A sequência mais famosa é aquela em que o homem invisível retira as bandagens para permitir que sejam vistos... o vazio e a transparência. O responsável pelos efeitos especiais, John Fulton, retoma na verdade uma técnica de Méliès, aperfeiçoando-a. Mas é evidente que, ontologicamente, o impacto dessa descoberta é muito mais forte na tela que em um livro.

O filme também está cheio de anedotas que ficaram famosas. Assim, o ator principal, Claude Rains, aceitou o desafio de nunca ser "visto" em todo o filme, exceto na cena da morte, representando apenas com o corpo e a voz. Há também um dos mais célebres "erros" da história do cinema fantástico: quando o homem invisível é perseguido e as marcas dos seus passos aparecem na neve, elas têm a forma de solas de sapatos – embora ele supostamente estivesse... completamente nu!

Claude Rains

■ Mesmo assim o filme faz enorme sucesso, e o homem invisível, com sua silhueta tão particular, suas ataduras e os enormes óculos escuros, entra imediatamente para o panteão dos personagens míticos do cinema fantástico. A época de ouro do gênero se prolonga por toda a década de 1930. Dois anos depois deste filme, o cineasta, James Whale, faria *A noiva de Frankenstein*, e o estúdio Universal produziria vários outros filmes do gênero, com outros "monstros", como *O lobisomem* (1940). O personagem do homem invisível seria por sua vez retomado muitas vezes depois deste primeiro filme, tanto no cinema quanto na televisão, em aventuras as mais diversas, comédias e mesmo variações eróticas. A primeira continuação "oficial", *A volta do homem invisível*, seria realizada em 1940 por Joe May, com Cedric Hardwicke e Vincent Price. Entretanto, à exceção de um filme soviético que ficou praticamente inédito, o romance original de H. G. Wells não seria mais adaptado, ao contrário de outros clássicos da literatura fantástica, como os de R. L. Stevenson, M. Shelley e B. Stocker, de grande posteridade cinematográfica, ou mesmo outras obras de Wells, como *A guerra dos mundos*, cuja dimensão mitológica sem dúvida é mais rica.

LA

→ PISTAS PEDAGÓGICAS

▸ O mito da invisibilidade na literatura e no cinema.

▸ H. G. Wells e as origens da ficção científica.

Bibliografia

Clive Hirschhorn, *Universal*, Octopus Books/CELIV, 1983.

Jean-Claude Michel, "Dossier James Whale. L'homme invisible", *L'Écran fantastique* (nova série), n° 10, 1979.

O homem que queria ser rei

GRÃ-BRETANHA-ESTADOS UNIDOS, 1975 (*THE MAN WHO WOULD BE KING*)

Rudyard Kipling,
***The Man Who Would Be King*, 1888.**

SINOPSE

No império colonial das Índias britânicas, no fim do século XIX, Daniel Dravot e Peachy Carnehan, dois aventureiros inescrupulosos, estão dispostos a qualquer coisa para enriquecer. Antigos militares, franco-maçons, ele se aventuram em territórios desconhecidos. A virgindade desse mundo selvagem fascina os personagens, obnubilados pelo poder, pela morbidez oriental, na fronteira do sagrado e do sobrenatural. A avidez dos conquistadores será suficiente para transformá-los em reis?

Pr.	John Foreman/Allied Artists Pictures/Devon/Persky-Bright/Columbia Pictures Corporation
Dir.	John Huston
Rot.	John Huston e Gladys Hill
Foto.	Oswald Morris
Int.	Sean Connery (Daniel Dravot), Michael Caine (Peachy Carnehan), Christopher Plummer (Rudyard Kipling), Saeed Jaffrey (Billy Fish), Doghmi Larbi (Ootah)
Duração	129 min

Já é uma tendência dizer que o cinema extraiu filmes bem melhores de narrativas curtas que de obras caudalosas, como se a passagem para a tela grande exigisse do roteiro um retraimento inversamente proporcional à amplificação visual. *O homem que queria ser rei* é uma longa novela, publicada por Rudyard Kipling em 1888. Ele pode ter se inspirado nas peregrinações do aventureiro americano Josiah Harlan (1799-1871), que chegou ao Afeganistão e se transformou no "Príncipe de Ghor", ou, mais provavelmente, nas de Sir James Brooke (1803-1868), conhecido como o "Rajah Branco", que fundou uma dinastia em Sarawak em 1841. Kipling é um dos maiores inspiradores de filmes, e a adaptação inicial de uma de suas obras remonta a 1910 (*The Vampire*). Seus escritos foram levados à tela numerosas vezes, especialmente com *Elephant Boy*, de Zoltan Korda, *Marujo intrépido* (*Captains Courageous*), de Victor Fleming, *A queridinha do vovô* (*Wee Willie Winkie*), de John Ford, e *Gunga Din*, de George Stevens, para não falar das numerosas versões de *O livro da floresta* (1942, 1967, 1994). Qualquer que seja o modelo histórico, ele serve de pretexto, aqui, a uma parábola sobre os excessos e a loucura megalomaníaca dos homens. Se o ouro os torna ferozes, o poder pode transformá-los em seres doentes e, por fim, entregues à autodestruição. As reflexões sobre a decadência dos impérios, apreciadas por Toynbee e pelos historiadores do período pós-vitoriano,

Michael Caine e Sean Connery

149

O HOMEM QUE QUERIA SER REI

estão bem presentes aqui, no auge da glória colonial do reinado britânico sobre uma parte do mundo. Mas a leitura deixa uma impressão de incompletude, como se o próprio autor se sentisse afinal desencorajado ante um tema tão ambicioso. O talento de Kipling consiste precisamente em saber concluir seu trabalho, rematando-o de tal maneira que a imagem se transforma em fábula, temperada com essa exótica grande classe que transporta para lugares distantes já nas primeiras linhas.

Michael Caine e Sean Connery

■ John Huston faz o inverso de Kipling e amplia na direção da imagem, graças a um orçamento colossal. Em 1975, ele está no auge da carreira e já pilotou filmagens faraônicas, tendo, por exemplo, adaptado em 1966 a Bíblia, nem mais, nem menos, interpretando ele próprio o papel de Noé! Kipling é seu autor de cabeceira, e ele afirma ser capaz de recitar qualquer poema do mestre à simples menção do primeiro verso. *O homem que queria ser rei* é, portanto, um velho projeto, próximo de temas já abordados anteriormente pelo cineasta, em *O tesouro de Sierra Madre*. Durante muito tempo, ele chegou a pensar em Humphrey Bogart e Clark Gable para encarnar os dois aventureiros. Com a morte dos dois astros, ele entra em contato com duplas masculinas míticas das décadas de 1950 e 1960, Kirk Douglas e Burt Lancaster, inicialmente, depois Richard Burton e Peter O'Toole, e ainda Paul Newman e Robert Redford. Sua escolha final garante em parte o sucesso do filme. Esquecendo os cachês astronômicos, ele contrata para o papel-título, de Daniel Daviot, Sean Connery, que queria justamente se desvincular da imagem de James Bond, ostentando um novo bigode. No personagem de Peachy Carnehan, Huston opõe a ele um ator em plena ascensão, Michael Caine, justamente definido pela imprensa inglesa como o "anti-Roger Moore" (na época o novo 007). De um lado, um escocês truculento, de outro, um londrino impassível, que durante muito tempo teve como principal desvantagem o sotaque londrino.

Os dois atores formam uma dupla excepcional, em busca de um tesouro perdido no coração de um território mítico, o "Kafiristão", ao qual chegam depois de uma odisseia das mais inverossímeis. Sua associação repousa na amizade, na cobiça e na maçonaria, cuja cultura literalmente impregna tanto a novela quanto o filme. Esses espertalhões, que vão dos andrajos aos uniformes vermelhos de Sua Graciosa

O HOMEM QUE QUERIA SER REI

Majestade, constituem as duas partes de um mesmo conquistador, representando a aventura, segundo Huston, uma busca da verdade próxima da introspecção. No fim da epopeia, cada um deles seguirá seu destino, devendo enfrentar a escolha mitológica entre morte sublime e sobrevivência sórdida. Muito antes de Albert Camus, estamos diante de uma meditação sobre o absurdo dos seres. Sobrevive aquele que não perde a cabeça. *O homem que queria ser rei* retoma um gênero muito apreciado pelo cinema anglo-saxônico, o "eastern bengalês", magnificamente exemplificado em outras épocas por *A carga da brigada ligeira*, *Gunga Din* e *Lanceiros da Índia*. Cabe notar que Huston introduz igualmente o personagem rubicundo de Rudyard Kipling, apenas para mandar uma piscadela desajeitada para o escritor.

■ É justamente essa fibra particular que delicia o espectador da década de 1970, reencontrando certo tom da narrativa hollywoodiana através das cenas épicas, das paisagens grandiosas, dos cenários do francês Alexandre Trauner e da interpretação de atores entre o cinema de autor e o espetáculo para o grande público.

As tribulações e reviravoltas se sucedem contra o pano de fundo da música do segundo francês da empreitada, Maurice Jarre. As filmagens foram extenuantes, e nelas John Huston se entregou de corpo e alma, a ponto de ir parar no hospital por complicações cardíacas, e com o fígado submetido a um excessivo consumo de uísque. Assim que ele melhora, Caine e Connery aparecem em seu quarto de hospital para interpretar diante dele, ali mesmo, a cena de abertura das filmagens, que estão em andamento!

Essa extraordinária impregnação do filme nos dois atores transparece na tela, e, na opinião dos dois, constitui ainda hoje o melhor trabalho de suas carreiras. Para nós, o vertiginoso encadeamento de cavalgadas além das montanhas, no rastro de Alexandre, o Grande, permanece como um clássico dos nossos primeiros encantamentos cinematográficos, com direito à cena mitológica do porão do tesouro, na qual Caine comenta, diante dos cofres cheios de ouro: "As joias da Torre de Londres ficam parecendo relíquias de família!" Sean Connery inclina-se, segura um rubi lapidado do tamanho de um punho de Hércules e se volta para o amigo, dizendo-lhe pelas costas: "Já viu uma pedra tão grande?" Volta-se então para Caine, que está segurando distraidamente um rubi de tal tamanho e esplendor que os olhos de Connery se apertam, assim como os nossos, levando-nos a murmurar, juntamente com o ator: "Santo Deus!"

E o fascínio, sempre renovado, restabelece em nós algo da infância.

LB

> **→ PISTAS PEDAGÓGICAS**
>
> ▸ Aventura e aventureiros.
> ▸ As adaptações de Kipling para o cinema.
> ▸ A aventura no centro da obra de John Huston.
> ▸ O Império britânico.
> ▸ O combate do herói com o divino.
> ▸ A maçonaria no cinema: sentido, rituais de iniciação e símbolos.

Bibliografia

Patrick Brion, *John Huston*, La Martinière, 2003.
Entrevista com Gideon Bachmann, "En écoutant Huston", *Écran 76*, n° 46, abril de 1976.

151

Julia Roberts

Hook – A volta do Capitão Gancho

ESTADOS UNIDOS, 1991 (*HOOK*)

J. M. Barrie, *Peter Pan (Peter and Wendy)*, 1911.

SINOPSE

A lenda é bem conhecida: Peter Pan é um menino perdido que se recusa a crescer, e que se refugiou na Terra do Nunca. Ele é o chefe dos Meninos Perdidos e luta contra o terrível Capitão Gancho. Um dia, encontra na Terra a jovem Wendy e a leva a descobrir sua terra. Mas o tempo passou: Peter Pan acabou crescendo e abandonou a Terra do Nunca. Agora adulto, ele vive com o nome de Peter Banning e esqueceu completamente Peter Pan. É um chefe de família e leva uma vida tranquila. Tudo muda quando Gancho encontra sua pista e decide se vingar, sequestrando seus filhos. Peter precisa então voltar à Terra do Nunca e voltar a ser Pan.

HOOK – A VOLTA DO CAPITÃO GANCHO

Pr.	Amblin Entertainment/TriStar Pictures
Dir.	Steven Spielberg
Rot.	Jim V. Hart, Malia Scotch Marmo e Nick Castle
Foto.	Dean Cundey
Int.	Robin Williams (Peter Banning/Peter Pan), Dustin Hoffman (Hook, "Gancho"), Julia Roberts (Tinkerbell, "Sininho"), Bob Hoskins (Smee, "Mosca"), Maggie Smith (Wendy), Charlie Korsmo (Jack), Glenn Close (Gutless)
Duração	140 min

Outras versões:

- *Peter Pan* (Herbert Brenon, 1928), int. Betty Bronson
- *Peter Pan* (Walt Disney, 1953)
- *Peter Pan* (P. J. Hogan, 2002), int. Jeremy Sumpter

Steven Spielberg está preparando dois outros filmes, *Jurassic Park* e *A lista de Schindler*, quando lhe é oferecida a possibilidade de realizar uma nova versão de *Peter Pan*, produzida pela Sony, através de uma filial da Columbia, que acaba de ser adquirida. Mais que um projeto artístico, esse filme está, portanto, na origem de uma autêntica operação industrial para lançar um novo protagonista econômico no mercado cinematográfico mundial. Entretanto, o projeto é mais original do que pode parecer à primeira vista. Se *Peter Pan* faz parte da cultura popular anglo-saxônica (muito mais claramente que na França), ele foi poucas vezes adaptado para cinema. No fim das contas, *Peter Pan* é muito mais conhecido pelo livro, lido de geração em geração, e pela peça sempre em cartaz, inclusive, e talvez até, sobretudo, nos espetáculos amadores ou escolares. Depois de uma versão filmada em 1928, na qual, como já se tornou praticamente tradição nos palcos, Peter é interpretado por uma mulher, a única outra adaptação é a de Walt Disney, que, bem de acordo com a estética de seu estúdio, promoveu uma ampla assepsia do relato, tratando de "infantilizá-lo" o máximo possível. A narrativa clássica do "menino que não queria crescer" é, com efeito, de uma bela riqueza simbólica, mas também reveladora de grande número de complexos neuróticos e sexuais (a interpretação habitual de Peter por uma mulher travestida é, neste sentido, apenas o sintoma mais evidente).

O paradoxo é que, se *Hook* não é originalmente um projeto de Spielberg, o fato é que o realizador parece a escolha mais evidente para dirigi-lo. Com efeito, o mito de Peter Pan está presente em grande parte de sua obra, como motivo recorrente. Constatamos que o "herói" spielberguiano típico é em geral um adulto que não consegue livrar-se da sua condição infantil (Indiana Jones) ou não assume sua condição de adulto e pai (figura que vai do pai de família de *Contatos imediatos do terceiro grau* ao pai divorciado de *Guerra dos mundos*). Temas derivados de Peter Pan também podem ser encontrados em outros filmes: Indiana Jones e as crianças escravizadas em *O templo da perdição*, o voo das crianças conduzidas por *E.T.*, o dos velhos que recuperam a juventude em *No limite da realidade* etc.

■ Spielberg nunca aborda frontalmente o livro ou a peça de origem, e *Hook* não é uma adaptação direta da obra, mas antes uma variação, ou, como tantas vezes acontece na literatura popular, uma continuação. A ideia, portanto, é que Peter finalmente deixou a Terra do Nunca (Neverland), aceitou crescer e se tornou adulto com o nome de Peter Banning. Esqueceu completamente que foi Peter Pan. Achado por seu eterno inimigo, o capitão Gancho, Peter precisa recuperar, ao mesmo tempo, a identidade, a memória e os próprios filhos, que foram sequestrados. Esse astucioso elemento do roteiro, que parte de uma situação que parecia impossível (estando Peter Pan adulto e amnésico, só Wendy, a essa altura uma mulher idosa, conhece a verdade), permite reescrever uma história conhecida, aprofundando-a e analisando-a. Podemos até falar de um interessante trabalho de distanciamento e relato dentro do relato. Assim, Peter Banning, um executivo estressado, continua a tratar de seus negócios pelo telefone enquanto assiste à peça teatral escolar da qual participa a filha, e que vem a ser nem mais nem menos que *Peter Pan*! Como todo mundo, Banning conhece, portanto, a lenda. Ao voltar ao país imaginário e reaprender a ser Pan, ele próprio reescreve sua história, com a ajuda dos outros personagens.

Entre eles, o capitão Gancho, interpretado por um Dustin Hoffman inquietante, assume então uma dimensão particular – e não é à toa que o filme se intitula *Hook* e não *Peter Pan*, e que *Pan* é um adulto amnésico. Sempre em busca da vingança, Gancho, mesmo depois de ter vencido o célebre crocodilo, transforma-se no elemento motor da narrativa, ao passo que na versão original essa função recaía em Peter, que vinha buscar os filhos. Dessa vez, é Gancho que os leva e quase consegue subornar o filho de Peter, transformando-o em aprendiz de pirata. Ganhando maior riqueza psi-

153

Robin Williams e Dustin Hoffman

cológica, Gancho de certa forma se transforma, nesta versão, numa espécie de personagem bem falante e decadente, mas também sofrendo de um profundo mal-estar ligado à perda da infância.

■ Apesar do enorme orçamento, o filme seria um semifracasso comercial, recebendo globalmente críticas desastrosas. A maioria delas, as mais justificadas, diriam respeito à estética geral da Terra do Nunca, totalmente construída em estúdio e encharcada de kitsch e sentimentalismo açucarado. O bando dos Meninos Perdidos, espécie de *melting-pot* multiétnico, mas de cultura essencialmente americana, também foi muito mal recebido. O público aparentemente também foi desestabilizado pela tonalidade extremamente sombria e cruel do filme, no extremo oposto da imagística de Walt Disney. Mostrar Peter Pan adulto não é apenas o fim de um sonho: o que vemos é um adulto amargurado, endurecido, sem alma nem fantasia. *Hook* também é um filme sobre a perda das ilusões e esperanças da juventude, e, talvez metaforicamente, sobre o estado geral da sociedade contemporânea. E por sinal o fim aberto sugere que as aventuras vivenciadas por Banning, ao voltar a ser Pan, não passariam talvez de um sonho ou de um fantasma, resgatando a ambiguidade fundamental do romance.

Em 2003, o cineasta australiano P. J. Hogan realiza uma nova versão, dessa vez retomando a história original. Mas o filme seria um inesperado fracasso comercial. Os motivos podem estar no fato de que outras séries cinematográficas (*O senhor dos anéis*, *Harry Potter*) atraem mais a atenção a essa altura, mas também na representação da célebre história em personagens reais, involuntariamente dando ênfase à dimensão sexual e amorosa da intriga. Na mesma época, Johnny Depp encarna o próprio J. M. Barrie em um filme biográfico que retrata a gênese de Peter Pan (*Neverland*, de Marc Forster). Também seria um fracasso de público. Retrospectivamente, esses dois filmes deixam claras, não obstante os defeitos artísticos constatados, a originalidade e a pertinência do olhar de Spielberg a respeito de um conto de fadas particularmente tortuoso.

LA

> **▶ PISTAS PEDAGÓGICAS**
>
> ▸ Representações de Peter Pan no cinema, em desenhos animados ou ilustrações.
>
> ▸ Variações em torno de lendas e contos clássicos: continuações e transposições (de Ulisses a Peter Pan).
>
> ▸ A "síndrome de Peter Pan" e os mitos da infância.

Bibliografia

John Baxter, *Citizen Spielberg*, Nouveau Monde, 2004.

Kathleen Kelley-Lainé, *Peter Pan ou l'enfant triste*, Calmann-Lévy, 2005.

Dan Kiley, *Le Syndrome de Peter Pan: ces hommes qui ont refusé de grandir*, Robert Laffont, "Réponses", 1996.

O cavaleiro do telhado e a dama das sombras

FRANÇA, 1995 (*LE HUSSARD SUR LE TOIT*)

Jean Giono, *Le Hussard sur le toit*, 1951.

SINOPSE

Julho de 1832. Angelo Pardi, jovem coronel hussardo e carbonaro italiano, fugiu do Piemonte depois de matar em duelo um oficial austríaco. Chegando à Provença, ele se vê em meio a uma epidemia de cólera. Tentando encontrar seu irmão de leite Giuseppe, ele chega a Manosque. Entretanto, acusado pela multidão de envenenar as fontes, é obrigado a se esconder, refugiando-se nos telhados, onde passa alguns dias. Em uma de suas explorações, conhece por acaso uma jovem, Pauline de Théus, que o hospeda sem temor. Ao descer dos telhados, ele é arregimentado por uma religiosa que limpa cadáveres. Conhece então o horror da doença, mas cumpre conscienciosamente sua tarefa. O destino leva-o a cruzar de novo o caminho de Pauline, que está em busca do marido. Angelo trata de protegê-la, mas os soldados estão em toda parte, e os dois são detidos e postos em quarentena em Vaumeilh. Conseguem fugir juntos, mas Pauline cai doente. Angelo tenta salvá-la.

Pr.	Hachette Première/Canal+/Centre Européen Cinématographique Rhône-Alpes/France 2 Cinéma/Entree Europees Cineatografique
Dir.	Jean-Paul Rappeneau
Rot.	Jean-Paul Rappeneau, Nina Companeez, Jean-Claude Carrière
Foto.	Thierry Arbogast
Int.	Olivier Martinez (Angelo), Juliette Binoche (Pauline de Théus), Pierre Arditi (Sr. Peyrolle), Jean Yanne (o mascate), François Cluzet (o médico), Claudio Amendola (Maggionari), Isabelle Carré (a professora), Carlo Cecchi (Giuseppe), Paul Freeman (Laurent de Théus)
Duração	135 min

O romance faz parte do "ciclo do *Hussardo*", compreendendo, na ordem em que foram redigidos, *Angelo*, *Mort d'un personnage*, *Le Hussard sur le toit* e *Le Bonheur fou*, embora *Le Hussard* tenha sido publicado primeiro, em 1951. Já ao ser lançado, o livro despertou o interesse de vários cineastas, como René Clément, Roger Leenhardt, Luis Buñuel, François Rossif, Édouard Niermans, para não falar do próprio Giono. Para o papel de Angelo, chegou-se a pensar em Gérard Philipe, Franco Interlenghi, Marlon Brando, Anthony Perkins, Alain Delon e Jean-Marc Barr. Entretanto, Giono declarava em 1960: "*Le Hussard sur le toit* é muito cobiçado. Para mim, é uma obra importante, e não desejo entregá-la à fantasia de qualquer um." Finalmente, depois de muitos projetos abortados, só 25 anos depois da morte do escritor é que Jean-Paul Rappeneau consegue adaptar esse romance que até então considerava "vasto demais, belo demais, quase inacessível". O cineasta já tinha empreendido a adaptação de uma importante obra literária francesa, *Cyrano de Bergerac*, grande sucesso popular em 1990.

Para escrever a adaptação de *Hussard*, ele recorre a Nina Companeez e Jean-Claude Carrière. Desde logo escolhe, para o papel de Pauline de Théus, Juliette Binoche, já irradiando sua condição de estrela desde *Perdas e danos*, de Louis Malle, em 1992, e *A liberdade é azul*, de Krzysztof Kieslowski, em 1993. Mais difícil é a busca do ator para o papel de Angelo, e se passa mais de um ano até que Rappeneau venha a entregá-lo a Olivier Martinez, que se apresentara para o teste várias vezes. Ele havia chamado a atenção em *IP5: l'île aux pachydermes*, de Jean-Jacques Beineix, em 1992, recebendo o César como melhor revelação por *Un, deux, trois, soleil*, de Bertrand Blier, em

O CAVALEIRO DO TELHADO E A DAMA DAS SOMBRAS

1993. Teve de aprender a lutar com espada, montar a cavalo e falar italiano para encarnar o personagem de Angelo. Os papéis secundários são entregues a atores importantes do cinema francês – François Cluzet, Gérard Depardieu, Jean Yanne, Pierre Arditi –, e os espectadores descobrem Isabelle Carré em um de seus primeiros papéis no cinema. As filmagens duram quatro meses e meio em cinquenta diferentes locações no sul da França.

Juliette Binoche e Olivier Martinez

■ Ao cineasta que se questionava sobre o que convinha cortar, acrescentar ou modificar em relação à obra original, Sylvie Durbet-Giono, filha de Jean Giono, respondeu: "Mude tudo, meu pai adoraria!" E, com efeito, para Giono, um filme inspirado num romance devia ser fiel, antes de mais nada, à arte cinematográfica. Ele próprio, ao escrever o roteiro e os diálogos de seu romance *Un roi sans divertissement* para o filme de François Leterrier, em 1963, preservou apenas os elementos essenciais da trama de sua obra. Jean-Paul Rappeneau sentiu-se, portanto, autorizado a proceder às transformações, evocando as motivações políticas dos personagens e extrapolando a partir de elementos presentes nos romances *Angelo* e *Le bonheur fou*. Desse modo, os motivos da fuga de Angelo pela Provença são expostos desde o início: ele quer avisar os amigos italianos da traição de Paolo, que os entregou aos perseguidores austríacos. Acontece que nem o traidor nem os agentes austríacos existem no romance de Giono. Trata-se de uma extrapolação a partir de fatos apresentados nos outros romances do ciclo do *Hussard*. A perseguição dos *carbonari* italianos pelos agentes austríacos permite apresentar um contexto político e criar um impulso narrativo, uma dimensão épica que leva o espectador até as motivações do personagem. Certa empatia se estabelece em sua fuga desesperada por uma região atingida pelo cólera. Da mesma forma, o filme dá a entender o envolvimento político de Pauline de Théus num complô radical antiorleanista visando derrubar a Monarquia de Julho, o que só é encontrado em *Récits de la demi-brigade*, coletânea de novelas escritas entre 1955 e 1964 com alguns dos personagens de *Le Hussard sur le toit*.

Além da extrapolação a partir de elementos provenientes do conjunto do ciclo do *Hussard*, Rappeneau também tenta uma condensação, reduzindo os episódios do início do romance, antes do encontro com Pauline, a um único momento central: o contato com o médico.

Desse modo, o cineasta estrutura seu filme numa dramaturgia condensada em duas partes, uma essencialmente baseada na fuga de Angelo, para escapar dos austríacos, e a outra, na história de amor platônico com Pauline. Assim, a epidemia de cólera não é apresentada de maneira tão forte e simbólica quanto no romance: enquanto Giono acentua o caráter mórbido e devastador do cólera para designar o mal, Rappeneau transforma a epidemia em um simples pano de fundo da fuga de Angelo, sem se deter nos sórdidos detalhes médicos, tão presentes no romance.

■ A década de 1990 mostra-se pródiga em adaptações de grandes obras literárias clássicas no cinema francês, como *Cyrano de Bergerac*, em 1990, e *A rainha Margot*, em 1994. Mas a expectativa dos críticos em relação a *Le Hussard sur le toit*, um dos maiores orçamentos do cinema francês até então, foi de certa forma decepcionada. Embora louvassem a criatividade de Rappeneau, que dotou a perseguição imóvel original do romance de um fôlego épico, ao criar cenas de ação espetaculares e sequências líricas sublimadas pela fotografia de Thierry Arbogast (prêmio César de melhor fotografia em 1996), eles lamentaram a ambição meramente ilustrativa e a escolha de Olivier Martinez, cuja interpretação não alcançaria o altivo porte stendhaliano. Entretanto, o filme foi um sucesso popular, com cerca de 2,5 milhões de entradas vendidas.

CM

→ PISTAS PEDAGÓGICAS

▸ Angelo Pardi, um herói stendhaliano.

▸ O registro épico no romance moderno e no cinema.

▸ Dramaturgia e simbolismo das grandes epidemias no cinema.

Bibliografia

Krzysztof Jarosz, "Une fidélité synthétique, *Le Hussard sur le toit* de Jean Giono porté à l'écran", atas do IV Congresso Internacional da Associação Portuguesa de Literatura Comparada, Universidade da Silésia, Katowice, Polônia.

Les Cahiers du Cinéma, n° 495, outubro de 1995, crítica do filme por Serge Toubiana.

Magazine littéraire, n° 329, fevereiro de 1995 (número dedicado a Jean Giono).

Positif, n° 416, outubro de 1995, crítica de Olivier Kohn.

O idiota

JAPÃO, 1951 (*HAKUCHI*)

Fedor Mikhailovitch Dostoievski, *Idiot***, publicado em folhetim em 1868-1869 na revista** *O Mensageiro Russo* **e editado em dois volumes em 1874.**

SINOPSE

Salvo na última hora de uma execução e desmobilizado em 1946, Kameda desenvolveu sua bondade natural em relação ao mundo, simultaneamente com sua propensão à epilepsia. Abrigado por seu parente Ono em Sapporo, na ilha de Hokkaido, e conhecido como "o idiota", ele se envolve nas intrigas de Taeko, uma bela mulher mantida pelo rico Tohaka, que, querendo livrar-se dela, oferece uma grande soma em dinheiro a quem quiser desposá-la. O ganancioso Kamaya, depois o jovem e rico Akama e finalmente o próprio Kameda, que declara a quem quiser ouvir que Taeko é pura. Cada um tem sua oportunidade. Finalmente, a fatal Taeko escolhe Akama, não sem se declarar seduzida pela maneira como Kameda a olha. Depois de recuperar seus bens, Kameda aproxima-se de Akama, que tenta matá-lo por ciúmes, e de Ayako, a filha menor de Ono, que aceita tornar-se sua mulher. Por orgulho, contudo, ela provoca um encontro de Taeko com Kameda, para conhecer a natureza dos sentimentos de um pelo outro. Um mal-entendido leva ao rompimento com Ayako, e Taeko desmaia. Akama então mata Taeko, por respeito, e enlouquece, seguido de Kameda, que logo morre. Sozinha, Ayako lamenta ter sido a verdadeira idiota dessa trágica história.

Toshiro Mifune e Setsuko Hara

Pr.	Shochiku Films
Dir.	Akira Kurosawa
Rot.	Akira Kurosawa, Ejiro Hisaita
Foto.	Toshio Ubukata
Int.	Masayuki Mori (Kinji Kameda), Setsuko Hara (Taeko Nasu), Toshiro Mifune (Denkichi Akama), Takashi Shimura (Ono, pai de Ayako), Chieko Higashiyama (mãe de Ayako), Chyoko Fumiya (Noriko), Yoshiko Kuga (Ayako Ono)
Duração	166 min

Outras versões:
• *L'Idiot* (Georges Lampin, 1946), int. Edwige Feuillère, Gérard Philipe, Lucien Coëdel, Jean Debucourt

Desde a adolescência Akira Kurosawa é um fervoroso admirador de Dostoievski, compartilhando suas preocupações e seu humanismo. Segundo ele, o príncipe Michkin, herói quixotesco de *O idiota*, é o mais próximo de seu autor. "Existe algo de sobre-humano nessa bondade que impregna o olhar de Dostoievski quando ele perscruta os

Setsuko Hara, Masayuki Mori e Toshiro Mifune

sofrimentos humanos mais terríveis", afirma o cineasta japonês em 1951. "Nenhum outro romancista descreveu o homem com tanta honestidade, profundidade e empatia. Dostoievski analisa o comportamento do homem em estado puro, às voltas com uma situação que chega ao auge; por isso é que seus personagens são tão extraordinários." A exemplo do escritor russo diante das torpezas de sua época, Kurosawa não desvia o olhar do sofrimento e da miséria encontrados na sociedade nipônica do pós-guerra. Assim, tenta questioná-la profundamente, "extrair [dessa] situação a questão que ela contém, como dizia Gilles Deleuze ao falar do cinema de Kurosawa, descobrir os dados da questão secreta, que só eles permitem responder a ela, e sem os quais a própria ação não seria uma resposta".

Kurosawa descarta desde o início a ideia de adaptar *O idiota* em estúdio. Recriar o contexto sociogeográfico da obra literária parece-lhe impossível. "A São Petersburgo do romance não tem equivalente na sociedade japonesa do século XIX", explica ele, que decide deslocar a intriga no espaço (Japão) e no tempo (o período imediatamente posterior à Segunda Guerra Mundial).

■ Passada a surpresa inicial, o resultado dessa transposição logo parece incrivelmente familiar (e sóbrio em relação ao restante da filmografia de Kurosawa), e a intriga trágica rapidamente adquire um caráter universal. Michkin transformou-se em Kameda, Rogojin, em Akama, Aglaia, em Ayako, Epantchin, em Ono, e Nastassia, em Taeko, cuja entrada em cena é antecipada em relação ao romance, por intermédio do retrato. O meio social também é transformado, e a aristocracia russa dá lugar a uma burguesia comerciante, mais balzaquiana, mais preocupada com o dinheiro. Kameda deve a qualificação de "idiota" tanto a sua bondade angélica e sua extrema doçura com os outros quanto a seu total desinteresse (sua ignorância) pela própria fortuna. A proximidade do fim da guerra, que tanto marcou a população japonesa, igualmente leva Kurosawa a dar uma justificativa histórica à anomalia psíquica de Kameda. A perturbação que o persegue, espécie de metáfora do trauma de guerra e do sentimento de culpa da nação japonesa, foi contraída pelo herói no momento em que seria fuzilado. Condenado à morte por erro em Okinawa, em 1946, ele escapou da execução na última hora. Esse episódio, que evoca uma aventura semelhante ocorrida ao próprio Dostoievski em 1849, e que é mencionada no fim do capítulo V da primeira parte do romance, constitui o ponto de partida de sua empatia e sua humanidade. Com essa invenção, o cineasta torna o personagem tanto mais compreensível aos olhos contemporâneos, na medida em que o vincula a toda uma geração de soldados desmobilizados e convidados à reconciliação. "O choque me deixou estupefato", conta Kameda. "Naquele momento supremo, tudo mudou bruscamente. Eu senti

O IDIOTA

uma enorme empatia por tudo e por todos. Decidi então ser sempre bom e amável."

Apesar de contemporânea, essa leitura não se afasta muito do espírito do romance. Hokkaido, a ilha mais setentrional do Japão, está debaixo de neve, o que nos conduz ao imaginário russo, passando sutilmente pela realidade japonesa. Cabe lembrar a longa sequência de planos curtos em que vemos Kameda vagando no labirinto de ruas cobertas de neve da cidade, como um demente indo de encontro aos muros brancos de sua solidão trágica, ou, ainda, a cena de confidências entre Kameda e Ayako, dois pontinhos negros entre duas fileiras de álamos, na qual a voz suave do jovem parece cativa de uma brancura ensurdecedora que revela sua pureza. Os cenários externos, cidade e natureza, pouco presentes na obra inicial, invadem o filme com sua enregelante presença, isolando os personagens num teatrinho de luz no qual seu destino parece bem sombrio. O aspecto desolado da neve traduz o seu ridículo, a sua pobreza e a sua incompreensão. Fala também da simplicidade do herói, de seu caráter iluminado e visionário. E clareia o filme no sentido literal (valores plástico e onírico) e no figurado (valores moral e metafísico) com sua onipresença, exacerbando a intensidade alucinada da aventura interna do herói. A interpretação do ator que desempenha o papel (impressionante Masayuki Mori) preenche muito bem as lacunas do diálogo, em grande parte simplificado em relação ao romance, contribuindo igualmente para a recriação do universo dostoievskiano.

■ À medida que o filme avança, a direção se torna mais áspera e despojada. Mais eficaz, adquire maior profundidade na análise da alma, compensando o que perde em matéria de representação dos comportamentos humanos. Mas as duas abordagens interferem no mesmo contexto de adaptação do clima do livro. Por um lado, o tempo dilatado das cenas de grupo, a distribuição dos atores no espaço do quadro e a atmosfera extremamente tensa das situações e das questões em jogo refletem com grande justeza o ambiente dos salões de São Petersburgo (especialmente na primeira parte realista do filme, centrada, tal como no romance, no aniversário de Taeko/Nastassia e intitulada "Amor e sofrimento"). Por outro, os muitos e longos planos no rosto e nos olhos de Kameda, o caráter cada vez mais febril, hipnótico, quase sobrenatural do drama e das imagens, tornam-se uma experiência de intensidade extrema, no cerne da alma humana (segunda parte lí-

rica, com os acréscimos da cena fantástica do carnaval noturno e as lamentações de Ayako como substituto do epílogo: "Amor e ódio").

Essa experiência se concretiza através da clarividência adquirida por Kameda desde que se viu morto, um dom de visão intuitivo, central na obra, e que encontra aqui expressões plásticas e dramáticas variadas (primeiros planos dos olhos, reflexos nos vidros, superimpressões, jogo complexo de olhares etc.). Como se estivesse de volta do limbo, trazendo suas marcas, Kameda perambula entre os vivos de uma sociedade comprometida por seus códigos (similiar à aristocracia russa), como uma espécie de profeta inocente ou criança livre. A exemplo do filme em seu conjunto, tornando visíveis os sentimentos mais profundos, ele percebe o sofrimento no olhar das pessoas, como Taeko, e as ama com todo o seu ser, oferecendo-se em doação, mesmo com o risco de mergulhar na loucura. Seu encontro com a morte durante a execução abortada (ao contrário do outro soldado de 20 anos, cujo olhar não foi capaz de sustentar no momento em que era por sua vez fuzilado), sua consciência aguda da morte e do tempo que resta, fazem dele um ser realizado e reconciliado com toda forma de vida. Um ser bom, sábio e puro no sentido dostoievskiano. Um ser *único*. Um santo.

PL

→ **PISTAS PEDAGÓGICAS**

▸ A tragédia do triângulo amoroso (*Uma mulher para dois*, *Amantes*, *Vicky Cristina Barcelona*).

▸ A representação da santidade na tela (*A paixão de Joana d'Arc*, *Sob o sol de Satã*, *Thérèse*).

▸ A mulher fatal no cinema (*Lulu*, *O anjo azul*, *Pandora*, *O destino bate à sua porta*, *Lola Montès*, *Gilda*, *Mulher satânica*).

▸ "Idiotia", entre clarividência e loucura.

▸ Os traumas de guerra e a incapacidade de se reinserir na sociedade.

▸ A neve como elemento de dramaturgia (*Nanuk*, *Louca obsessão*, *Fargo*, *Tempestade de gelo*, *Insônia*).

Bibliografia

Aldo Tassone, *Akira Kurosawa*, Edilig, 1983.

Hubert Niogret, *Akira Kurosawa*, Rivages/Cinéma, 1995.

Michel Estève (dir.), *Akira Kurosawa*, Études cinématographiques/Lettres modernes, 1999.

A ilha do tesouro

REINO UNIDO, 1950 (*TREASURE ISLAND*)

Robert Louis Stevenson, *Treasure Island*, 1882.

SINOPSE

O jovem Jim Hawkins assiste um dia à chegada de um marinheiro, o "capitão" Billy Bones, à hospedaria isolada mantida por sua mãe. Não demora e personagens estranhos e perturbadores começam a rondar a hospedaria e seu misterioso hóspede. Eles atacam. Bones morre, Jim e sua mãe fogem, levando uma parte de seus pertences. Encontram entre eles o mapa de uma ilha onde o antigo pirata anotou a localização de um tesouro. Em companhia de pessoas importantes do local, Jim sai em busca dessa ilha. Entre os membros da tripulação está um marinheiro pitoresco e coxo, Long John Silver, que logo haverá de se revelar, por sua vez, um pirata em busca do mesmo tesouro.

Bobby Driscoll e Robert Newton

A ILHA DO TESOURO

Pr.	Walt Disney Pictures
Dir.	Byron Haskin
Rot.	Lawrence Edward Watkin
Foto.	F. A. Young
Int.	Robert Newton (Long John Silver), Bobby Driscoll (Jim Hawkins), Basil Sydney (Smollett), Walter Fitzgerald (Trelawney), Denis O'Dea (Dr. Livesey), Finlay Currie (Billy Bones), John Laurie (Pew, o Cego)
Duração	96 min

Outras versões:
- *Treasure Island* (Victor Fleming, 1934), int. Wallace Berry, Jackie Cooper
- *Treasure Island* (John Hough, 1971), int. Orson Welles
- *L'Île au trésor* (Raoul Ruiz, 1985), int. Vic Tayback, Melvil Poupaud, Martin Landau
- *Treasure Island* (Fraser C. Heston, 1990), int. Charlton Heston, Christian Bale, Oliver Reed
- *Treasure Island* (Peter Rowe, 1999), int. Jack Palance

Obra-prima do romance de aventura – se não for o maior romance de aventura já escrito, de popularidade nunca desmentida –, *A ilha do tesouro* é, sem dúvida, no plano da construção e da narração, um dos romances de mais fácil e evidente adaptação para o cinema. A narrativa é relativamente breve, perfeitamente decupada em capítulos que representam sequências autônomas, e contada de um único ponto de vista, o do narrador Jim Hawkins, que registra suas recordações por escrito.

Essa limpidez, às vezes considerada simplicidade, embora o romance possa ser percebido em diferentes níveis de leitura, fez de *A ilha do tesouro* objeto de numerosas adaptações e variações. A versão de 1950 é a primeira em cores e foi por muito tempo considerada a adaptação de referência, relegando um pouco à sombra a de Victor Fleming, da década de 1930, extremamente caprichada, na qual um truculento Wallace Berry encarnava Long John Silver, numa interpretação que às vezes resvalava para a cabotinagem. O diretor da versão de 1950, Byron Haskin, é um ex-diretor de fotografia que passou à direção. Logo haveria de se tornar um pequeno especialista dos filmes voltados para a aventura e o imaginário. Também se devem a ele outros filmes de aventuras marítimas, filmes passados na selva e de ficção científica, entre eles uma célebre adaptação de *A guerra dos mundos* (1953). Mas no caso deste filme, o verdadeiro "autor" é de fato a empresa produtora, no caso, os estúdios Walt Disney. *A ilha do tesouro* é produzido na época em que os estúdios Disney ampliam seu campo de atividade, não se limitando mais ao cinema de animação. Este filme é uma das primeiras tentativas da célebre companhia no campo das "imagens reais". Cabe lembrar que no mesmo ano a Disney produziu o desenho animado *Cinderela*. Encontramos nesta versão de *A ilha do tesouro* certas características do mesmo "estilo": o cuidado com os cenários, a vivacidade das cores, a caracterização dos personagens como "tipos" imediatamente reconhecíveis, sem chegar ao excesso caricatural. Nesse sentido, a composição de Robert Newton no papel central de Long John Silver, o pirata coxo, é particularmente notável. A adaptação é fiel ao romance, com todos os seus momentos de suspense, e certas falas do diálogo são praticamente extraídas diretamente do livro. Uma modificação que vamos encontrar em todas as adaptações diz respeito à morte do pai de Hawkins, quase sistematicamente eliminada.

■ Entretanto, a principal liberdade tomada com o romance diz respeito ao personagem do próprio Jim Hawkins. Trata-se de um caso bem particular. Constatamos que em todas as adaptações clássicas do romance Jim Hawkins é sistematicamente "infantilizado", ou seja, apresentado como uma criança de uns 10 anos de idade. Mas se afirma que ele embarca no *Hispaniola* como "mousse", expressão que designa literalmente um aprendiz de marinheiro de menos de 17 anos. Lendo o romance, por seus atos e seu vocabulário, adivinhamos que Jim é na verdade um adolescente, e que sua viagem também se inscreve na tradição dos grandes romances de aprendizado. Essa redução da

Robert Newton e Bobby Driscoll

Bobby Driscoll, Robert Newton, Basil Sydney e John Laurie

idade do personagem de Jim à condição de menino é típica do cinema americano "clássico", no qual a figura do adolescente simplesmente não existe: ou bem se é criança, ou então adulto. Cabe notar, por sinal, que o filme de Fritz Lang, *O tesouro do Barba Ruiva*, com base no romance de Falkner, procede à mesma infantilização do personagem do jovem Mohune. Assim eliminando toda "ambiguidade" ligada ao personagem do adolescente, o filme se torna mais suscetível de ser aceito sem restrições, e, no sentido econômico, perfeitamente "de família", ou seja, podendo ser visto tanto pelas crianças quanto pelos adultos que as acompanham.

Somente na década de 1990, com efeito, é que a representação de Jim Hawkins se metamorfosearia, com a interpretação de Christian Bale no excelente telefilme realizado por Fraser C. Heston. Embora não seja a mais espetacular das adaptações, este filme ambicioso é o mais fiel ao texto, contando, além do mais, com um elenco extraordinário. Nele, Jim finalmente é apresentado como um adolescente a ponto de entrar no mundo dos adultos. Essa imprecisão na representação e na caracterização de Jim é o tema central do estranho filme experimental de Raoul Ruiz, famoso pelas condições de sua produção, que o tornaram praticamente invisível.

Entretanto, a versão de Disney é ainda hoje considerada a referência cinematográfica, que não chegou a ser eclipsada nem mesmo por Orson Welles, no papel de Long John Silver, na medíocre versão de 1971. Os estúdios Disney, por sinal, persistiriam por algum tempo nessa política de adaptações em imagens reais de "clássicos para a juventude", especialmente com *20 mil léguas submarinas*, realizado em 1954 por Richard Fleischer, com base em Júlio Verne. Byron Haskin também realizaria uma "continuação" dessa adaptação, ou melhor, do personagem de Long John Silver: *Long John Silver*, de 1954.

LA

▶ PISTAS PEDAGÓGICAS

▸ O tratamento dos personagens nas diferentes versões de *A ilha do tesouro*.

▸ A narrativa de aventuras e a narrativa de aprendizagem.

▸ O "filme de piratas" como gênero específico.

Bibliografia

Maurice Bessy, "Walt Disney", *Cinéma d'aujourd'hui*, n° 64, 1970.

Pierre Gires, "R. L. Stevenson et le cinéma" (dossiê), *L'Écran Fantastique*, n° 5, 1978.

Pacto sinistro

ESTADOS UNIDOS, 1951 (*STRANGERS ON A TRAIN*)

Patricia Highsmith, *Strangers on a Train*, 1950.

SINOPSE

Dois homens, Guy e Bruno, se conhecem por acaso em um trem. Ao longo da conversa, descobrem que cada um tem um problema pessoal: Guy com sua mulher, da qual quer se divorciar, e Bruno com o pai, que detesta. Desequilibrado mas inteligente, Bruno faz uma proposta a Guy: uma troca de assassinatos. Bruno matará a mulher de Guy, e este, o pai de Bruno. Ambos terão assim um álibi perfeito, pois não se conheciam antes e ninguém poderá estabelecer uma ligação entre os dois crimes.

Pr.	Warner Bros.
Dir.	Alfred Hitchcock
Rot.	Raymond Chandler, Czenzi Ormonde
Foto.	Robert Burks
Int.	Farley Granger (Guy Haines), Robert Walker (Bruno Anthony), Ruth Roman (Anne Morton), Leo G. Carroll (Senador Morton), Patricia Hitchcock (Barbara Morton), Laura Elliott (Miriam)
Duração	101 min

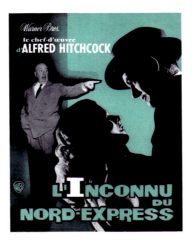

Quando decide adaptar o romance de Patricia Highsmith, que acaba de ser publicado, Hitchcock vem de dois fracassos comerciais sucessivos (*Sob o signo de capricórnio* e *Pavor nos bastidores*), filmes pouco de acordo com o que o público esperava do "mestre do suspense". É em grande parte para retomar o gênero e o estilo que fizeram sua fama que Hitchcock escolhe esse romance. Mais que a notoriedade da obra ou da autora (ainda limitada, pois se trata do seu primeiro livro), foi evidentemente o conceito da intriga (que poderíamos chamar de "gimmick"), ou seja, a troca de vítimas, que atraiu o cineasta, em virtude de seu extraordinário potencial dramático e da exploração do tema do duplo. Escrito na terceira pessoa e no imperfeito, o romance parecia de difícil adaptação para o cinema. Com efeito, trata-se de uma adaptação extremamente livre, que preserva poucos elementos do livro, à parte sua genial premissa inicial.

■ Na reedição francesa do romance, dez anos depois do lançamento do filme, Hitchcock aceitou escrever um breve prefácio. Com seu estilo pedagógico, sempre cuidando quase obsessivamente de ser bem compreendido, o cineasta explica, em parte, essas numerosas modificações ("Era preciso adaptar a história à minha maneira").

Seus roteiristas e ele tiveram um duplo trabalho "de depuração e enriquecimento", concentrando a narrativa nos personagens principais e acrescentando o da irmã menor de Anne, que contribui para o rápido avanço do conjunto da narrativa. Ele também explica por que Guy, arquiteto no romance, transforma-se em campeão de tênis no filme, para encontrar um melhor símbolo visual para o seu confronto com Bruno e acentuar o suspense.

Hitchcock não trata, contudo, das transformações mais evidentes efetuadas no romance, e que são exemplares ao mesmo tempo da temática

163

PACTO SINISTRO

pessoal do cineasta e do seu estilo cinematográfico. Com exceção das modificações já indicadas, a narrativa fílmica revela-se relativamente fiel ao romance em toda a primeira metade. O assassinato de Miriam no parque de diversões é inclusive reproduzido com grande exatidão (com a frase "Você é Miriam?", que no filme é acentuada pelo jogo de luzes).

Mas é na segunda parte que Hitchcock se afasta radicalmente do original. No livro, Guy mata o pai de Bruno. No filme, ele se recusa a fazê-lo, tenta adverti-lo e quase cai numa armadilha do próprio Bruno, que, por despeito, tenta acusá-lo do assassinato de sua mulher, plantando uma prova (um isqueiro) na cena do crime. Esta brutal alteração se explica, naturalmente, pelo fato de que a escritora e o cineasta trabalham com temáticas e problemáticas muito distantes. O romance de Patricia Highsmith é uma espécie de estudo psicológico sobre o fato de que qualquer um pode revelar-se um assassino, e também sobre o sentimento de culpa. Hitchcock, pelo contrário, trabalha sistematicamente com o tema do "falso culpado" (*O homem errado*, título de um de seus filmes), do homem comum subitamente apanhado, por acaso, numa situação da qual não consegue se desvencilhar. As duas obras convergem, todavia, num ponto: ambas deixam bem claro que, simbolicamente, Bruno é o "duplo" negativo de Guy, o seu "Hyde", ou a projeção do seu inconsciente, o que explica o fato de Bruno não ter realmente um nome de família (seu "nome" completo, no livro, é Charles Anthony Bruno).

O outro motivo dessa mudança, puramente cinematográfico, tem a ver com o fato de que, para reconquistar o interesse do público, Hitchcock precisava realizar um filme de "suspense", do qual o romance de Highsmith é totalmente desprovido. Por isso, o longo estudo psicológico que constitui a segunda parte do romance transforma-se, a partir do falso assassinato do pai de Bruno, em uma verdadeira corrida contra a morte: Guy precisa impedir Bruno de plantar uma falsa prova antes que seja tarde demais. Hitchcock entrega-se então a um magnífico exercício de manipulação do tempo, dilatado ou contraído a seu

Laura Elliott e Farley Granger

Robert Walker e Farley Granger

▶ PISTAS PEDAGÓGICAS

- Diferença entre "surpresa" e "suspense" na intriga policial e no cinema de Hitchcock.
- Verdadeiro culpado e falso culpado.
- O "malvado" como encarnação do "duplo" do herói.
- A psicologia do assassino na literatura.

bel-prazer. Bruno deixa o isqueiro cair num bueiro e precisa recuperá-lo. Guy joga uma interminável partida de tênis, culminando a situação num "clímax", num carrossel que se descontrola e gira cada vez mais depressa. Todos esses elementos, completamente inventados, são, antes de mais nada, ideias de diretor, contribuindo magistralmente para elevar a tensão, até o ponto de ruptura. Essa mesma preocupação de encontrar contrapartidas visuais para o texto literário está na origem da célebre abertura do filme, na qual vemos apenas os trilhos e os pés dos protagonistas, que se encontram, para só então descobrirmos seu rosto.

■ O filme de Alfred Hitchcock tem enorme sucesso comercial, de certa maneira relançando sua carreira. Embora não seja considerado hoje uma de suas obras-primas, é um dos mais conhecidos do público, tendo merecido vários relançamentos e exibições na televisão. Ao lado de *Intriga internacional*, é, de qualquer maneira, um dos filmes nos quais sua técnica do suspense se revela mais perfeita e exemplar.

LA

Bibliografia

François Truffaut, *Le Cinéma selon Hitchcock*, Robert Laffont, 1966.

Raymond Borde, Étienne Chaumeton, *Panorama du film noir américain*, Minuit, 1955.

Obra coletiva, *L'Avant-Scène*, n° 297-298, dezembro de 1982.

Jane Eyre

ESTADOS UNIDOS, 1944

**Charlotte Brontë, *Jane Eyre*, 1847
(publicado originalmente com o pseudônimo de Currer Bell).**

SINOPSE

A órfã Jane Eyre tem uma infância infeliz na casa da tia. É mandada para um orfanato, onde é vítima de maus-tratos e humilhações. Na idade adulta, Jane consegue emprego como governanta na mansão de Thornfield, para cuidar de uma menina, Adèle. O dono da casa, Edward Rochester, é um homem sombrio e colérico. Jane apaixona-se por ele, embora perceba que há sobre Edward e a casa um pesado segredo. Igualmente apaixonado, Edward a pede em casamento, mas o segredo que o atormenta vem a ser revelado e provoca uma sucessão de dramas.

Ann Garner e Elizabeth Taylor

JANE EYRE

Pr.	20th Century Fox
Dir.	Robert Stevenson
Rot.	Aldous Huxley, Robert Stevenson, John Houseman
Foto.	George Barnes
Int.	Orson Welles (Edward Rochester), Joan Fontaine (Jane Eyre), Margaret O'Brien (Adèle Varens), John Sutton (Dr. Rivers), Agnes Moorehead (tia Reed), Henry Daniell (Brocklehurst), Ann Garner (Jane Eyre criança), Elizabeth Taylor (Helen)
Duração	105 min

Outras versões (dentre mais de vinte adaptações):
- *Jane Eyre* (Christy Cabanne, 1934), int. Virginia Bruce, Colin Clive
- *Jane Eyre* (Delbert Mann, 1970), int. Susannah York, George C. Scott
- *Jane Eyre* (Franco Zeffirelli, 1996), int. Charlotte Gainsbourg
- *Jane Eyre* (Cary Fukunaga, 2011), int. Mia Wasikowska, Michael Fassbender

Grande clássico da literatura anglo-saxônica, *Jane Eyre* teve grande número de adaptações cinematográficas desde 1910. A primeira versão falada, em 1934, é curiosamente uma espécie de série B que condensa drasticamente o romance. Dez anos depois, em 1944, a versão dirigida por Robert Stevenson, que ainda hoje serve de referência, faz a escolha inversa, apresentando-se como uma produção de prestígio, na grande tradição das adaptações de clássicos do cinema hollywoodiano.

■ Essa versão de *Jane Eyre* resume bem os aspectos contraditórios do sistema hollywoodiano, com qualidades e defeitos às vezes paradoxais, pois muitas vezes levam a uma forma de êxito artístico. O filme é produzido pela 20th Century Fox. Entre os grandes estúdios americanos, a Fox é justificadamente considerada a companhia mais refinada e de produções mais elegantes (a MGM é mais espetaculosa, a Warner, mais brutal e realista etc.). Seu produtor, William Goetz, é um dos pilares do sistema, havia dois anos à frente da companhia. Ele reúne para esse filme uma considerável quantidade de talentos. O romancista Aldous Huxley é contratado para escrever a adaptação. A escolha dos atores é feita com particular cuidado. Orson Welles ainda está no auge da fama, pelo menos como ator. Joan Fontaine, que encarna Jane Eyre adulta, acaba de fazer grande sucesso em *Rebecca, a mulher inesquecível*, de Alfred Hitchcock. E conta com a presença de uma jovem atriz, absolutamente luminosa, chamada Elizabeth Taylor. Tudo indica, assim, uma produção de grande prestígio e respeitosa do romance original. De acordo com a tradição dos "filmes literários" hollywoodianos, os créditos começam sobre a imagem habitual do livro sendo folheado, até chegarmos às primeiras linhas do romance, introduzindo o filme propriamente dito. No entanto, aí está o paradoxo, pois o texto não é, em absoluto, o do romance. Assim é que o filme começa com estas linhas, lidas pela voz em *off*: "Eu me chamo Jane Eyre", de total e rasa banalidade, ao passo que o romance de Charlotte Brontë começa com a célebre frase "Eu não deveria ter saído naquela noite".

A adaptação não se limita a reescrever, processo que por sinal se confirma ao longo do filme toda vez que voltamos ao texto e aos intertítulos que ligam as sequências, todos eles criados com essa finalidade, apesar de supostamente extraídos do livro. Rapidamente, o próprio estilo do filme se revela bem particular: um preto e branco violentamente contrastado, névoas, sombras imensas, cenários maciços e inquietantes. São convocados aqui todos os elementos do romance gótico, que já inspiraram o cinema fantástico da década de 1930. A interpretação expressionista dos atores e a direção que reforça o aspecto aterrorizante das situações (como a jovem Jane Eyre punida, sozinha numa sala imensa, parecendo uma masmorra de filme de horror, ou o raio que cai numa árvore) vêm apenas reforçar essa impressão. É verdade que o romance de Charlotte Brontë também se baseia numa forma de romantismo violento e tenebroso, mas às vezes o filme parece adaptado de um romance de Ann Radcliffe. Acontece que, apesar

Orson Welles e Joan Fontaine

Joan Fontaine e Orson Welles

disso, a intriga e o esquema narrativo, mesmo condensados para caber em um filme de duração padrão, são perfeitamente respeitados, não obstante uma construção algo insólita, que desenvolve a parte da "infância", fundamental em Charlotte Brontë, afastando-se dos padrões dramáticos da época sobre a estrutura do roteiro. Trata-se de fato, portanto, de uma "visão" e de uma interpretação do romance, tanto quanto de uma adaptação no sentido estrito.

É sem dúvida essa interpretação forte e coerente que confere força ao filme, tornando-o a versão mais impressionante e, enfim, a mais convincente. Basta compará-la com uma das versões mais recentes, a de Zeffirelli, com Charlotte Gainsbourg. Esse filme sem dúvida é mais sóbrio, mais clássico e mais "literário", para usar uma fórmula consagrada, mas sem grande qualidade propriamente cinematográfica, à parte uma espécie de academismo que contradiz a força dos sentimentos expressos no romance.

■ Ainda hoje persiste uma dúvida quanto ao verdadeiro autor da *Jane Eyre* de 1944. Um boato persistente sustenta que Orson Welles não se teria limitado a trabalhar como ator, tendo contribuído muito para a realização. O argumento de peso em favor dessa tese é que o clima gótico do filme e a intensidade de certas sequências trazem a marca de Welles, muito mais que a de Robert Stevenson, o cineasta creditado. Este, diretor muito competente do ponto de vista técnico, nunca se distinguiu por alguma audácia de realização (cabendo lembrar que faria a segunda parte de sua carreira na Disney, dirigindo, entre outros filmes, *Mary Poppins*!). Sem ter como resolver o problema, não podemos deixar de notar que grande parte da equipe de *Jane Eyre* parece próxima de Orson Welles, e especialmente da equipe de *Cidadão Kane*: Agnes Moorehead, por exemplo, desempenhava o papel da mãe de Kane. John Houseman, o corroteirista, também é um colaborador de Welles em *Kane*. O grande diretor de fotografia George Barnes, responsável pelo clima gótico do filme, era o "mestre" de Gregg Toland (que era seu assistente), diretor de fotografia de *Cidadão Kane*, cuja música foi composta por Bernard Herrmann. Esses dados convergentes lembram, sobretudo, a que ponto é impossível designar pelo mesmo vocábulo o autor de um romance e o autor de um filme, no qual o enunciado é sempre impessoal, para retomar a expressão de Christian Metz. Assim, *Jane Eyre*, em sua versão de 1944, resulta, antes de mais nada, do sincretismo de talentos criativos reunidos sob a égide de um dos maiores estúdios hollywoodianos da época.

LA

▶ PISTAS PEDAGÓGICAS

▸ Diferentes versões de um mesmo romance, a partir de *Jane Eyre*.

▸ O cinema "gótico", suas origens e influências.

▸ O segredo no cinema.

▸ O conceito de autor no cinema.

Bibliografia

Christian-Marc Bosséno (dir.), número especial "Lector in cinéma", *Vertigo*, n° 17, Nouvelles Éditions Jean-Michel Place, 1998.

Jean-Pierre Coursodon, Bertrand Tavernier, *50 ans de cinéma américain*, Nathan, 1991.

Christian Metz, *L'Énonciation impersonnelle ou le site du film*, Méridiens Klincksieck, 1991.

Danièle Parra, Jacques Zimmer, *Orson Welles*, Edilig, "Filmo n° 13", 1985 (na abundante bibliografia, esse trabalho confere um papel importante a Orson Welles ator).

Jean de Florette

FRANÇA, 1986

Marcel Pagnol, "L'Eau des collines" (tomo 1: *Jean de Florette*, tomo 2: *Manon des sources*), 1963.

SINOPSE

Ugolin e seu tio César Soubeyran, conhecido como Papet, últimos sobreviventes de uma rica família de agricultores, decidem lançar-se no cultivo de cravos. Visitam então o vizinho para negociar a compra da propriedade de Romarins, na qual se encontra uma fonte em parte ressecada. Os dois velhos brigam, e o proprietário sofre uma queda fatal. Ugolin tampa a fonte para desvalorizar o terreno. Mas Jean Cadoret, um jovem corcunda idealista, filho de Florette, herda a fazenda do tio e nela se instala com a mulher e a filha Manon. Entusiasmado com a leitura de obras científicas, ele tem grandes projetos: cultura de abóboras asiáticas, criação de coelhos australianos... Papet induz Ugolin a fazer amizade com ele para melhor vigiá-lo, e atiça a desconfiança dos aldeãos contra o "estranho", de tal maneira que ninguém lhe revela a existência da fonte. Depois de um primeiro ano razoável, vem a seca. Como os Soubeyran se recusem a ajudá-los, os Cadoret precisam transportar água de uma fonte distante. Papet compra Romarins da viúva. Tio e sobrinho abrem a fonte antes que ela se vá. Mas Manon os viu.

Pr.	DD Productions/Films A2/Radiotelevisione Italiana (RAI)/Renn Productions/Télévision Suisse-Romande (TSR)
Dir.	Claude Berri
Rot.	Claude Berri, Gérard Brach
Foto.	Bruno Nuytten (Dir.)
Int.	Daniel Auteuil (Ugolin), Gérard Depardieu (Jean Cadoret), Yves Montand (Papet), Élisabeth Depardieu (Aimée Cadoret), Ernestine Mazurowna (Manon)
Duração	120 min

teriosa cujas motivações são inicialmente ignoradas pelo espectador. A história de Jean de Florette só é mencionada de forma alusiva nos diálogos. O passado é revelado aos poucos, ao longo do filme. O romance restabelece uma cronologia linear. A primeira parte, *Jean de Florette*, é, de certa forma, a explicação do drama de *Manon des sources*.

Claude Berri dirigiu ou produziu alguns dos maiores sucessos populares do cinema francês, de *Vieil Homme et l'enfant,* em 1966, a *Astérix e Obélix: missão Cleópatra,* em 2002, e *A Riviera não é aqui,* em 2008. Em sua filmografia, as adaptações de romances de Pagnol e Zola ocupam um lugar importante.

Jean de Florette é, ao mesmo tempo, uma adaptação do romance homônimo de Marcel Pagnol, publicado em 1963, e a história que precede a de seu filme lançado em 1952, do qual *Manon des sources* seria o *remake*. Pagnol escreveu o díptico *Manon des sources* e *Ugolin* dez anos antes do romance adaptado por Claude Berri. A ação concentra-se na vingança de Manon, rebelde mis-

■ Adaptar um romance de cineasta apresenta problemas específicos, já que o próprio autor utilizou as duas linguagens. Sua concepção da história é duplamente explicitada pelas palavras e imagens. Para Claude Berri, não bastava transpor o livro para a tela. Ele não podia ignorar o filme de Pagnol. Embora dispusesse de toda a margem de manobra necessária para criar o personagem de Jean, os outros protagonistas – Manon, Ugolin, César – já tinham uma aparência física, uma voz (e um sotaque!), um comportamento determinados pelo autor, fixados em película antes de serem inscritos no papel. Muito fiel ao conteúdo narrativo e aos diálogos, Berri se distancia do filme original pela técnica da cor e pelo registro dramático.

169

JEAN DE FLORETTE

No filme *Manon des sources*, Marcel Pagnol mistura comédia realista e tragédia à antiga. Os diálogos no café ou na praça da aldeia evocam a amabilidade do sul da França e os antagonismos secretos, a solidariedade camponesa e o isolamento de uma comunidade. Os personagens, dignos de *Marius*, às vezes caricaturalmente pitorescos, como o Sr. Belloiseau, com seu incômodo aparelho auditivo, sempre reconduzem ao tom cômico, depois de um momento de emoção. Ugolin, por sua vez, é trágico. Ama apaixonadamente a filha de sua vítima. Ele próprio é sacrificado em nome do destino da família, para perpetuar o nome e a fortuna dos Soubeyran. Por uma ironia fatal, contudo, depois de matar o primo sem sabê-lo, ele acrescenta seu suicídio aos dos antepassados. A paisagem provençal, magistralmente filmada, a luz e os contrastes violentos contribuem para o clima de ruína e morte. "L'eau des collines" dá mais espaço ao trágico, que se amplia, do calvário de Jean de Florette à revelação de Delphine e à morte de Papet. Embora as elucubrações estatísticas do corcunda sejam ridículas, seu otimismo louco, o gigantismo de sua empreitada fazem dele um herói prometeico. Ele será vencido ao mesmo tempo pela hostilidade da natureza e pela maldade dos homens. Pagnol não abre mão das "saborosas cenas de aldeia, nas quais dá livre curso à sua eloquência", segundo Claude Berri, mas elas ficam em segundo plano.

O tom cômico é abrandado na adaptação de 1986. Os aldeãos caricaturais desaparecem. Os que restam são reduzidos ao silêncio por um César (Yves Montand) inflexível. Gérard Depardieu interpreta um gigante simpático, espécie de Titã obrigado a vergar a espinha, mas sempre pronto a se reerguer, herói abortado que se revolta contra o destino. Daniel Auteuil não fica atrás, seu Ugolin é patético: obcecado por seu projeto, como bem lembram as inserções de cravos vermelhos que pontuam suas maldades, ele se precipita no crime sem pensar. Mas logo sente por Jean um fascínio temperado de remorso, executando de maneira cada vez mais reticente os planos cruéis do tio. Independente dos meios utilizados para alcançar seus fins, Jean e Ugolin têm o mesmo sonho: tirar sua terra natal do torpor em que se encontra, fazê-la entrar para o mundo moderno, através da dura luta pela sobrevivência. A sequência da tempestade é reveladora da mudança de tom. Berri a filma em "noite americana", com muitos trovões e relâmpagos. Quando Jean clama seu desespero nos mesmos termos que em Pagnol, a câmera sobe para uma dramática *plongée* acima de Depardieu, com os braços abertos, projetado sobre as duas atrizes. O eco repete duas vezes sua acusação: "Não existe ninguém lá em cima", num plano geral da colina. Depois dessa cena grandiloquente, evocando a crucificação, Pagnol leva seu herói a dizer: "Estou sendo um pouco ridículo, mas não perco a coragem." Como Stendhal, ele é capaz de zombar dos seus personagens. Em Berri, não encontramos nada parecido: um corte nos leva a um mergulho pela altura da grama seca, mostrando a família carregando barris. Como o romance, o filme é ritmado por essas idas e vindas cada vez mais frequentes à fonte de Plantier. O passeio se transforma em obrigação e logo em calvário, numa luz quente, cada vez mais ocre, até o episódio do siroco, quando eles correm debaixo de um céu amarelo-limão, à maneira de Van Gogh. Ao longo das adaptações, passamos, assim, da comédia ao drama e até ao melodrama.

A primeira parte termina com a vitória dos criminosos. Ela é apenas provisória, mas confirma o fracasso da ciência quando julga dominar a natureza, e do conhecimento livresco quando ignora a experiência humana. As mortes de Ugolin e Papet, por sua vez, representam uma acusação à sociedade tradicional, fechada em seus medos e ódios ancestrais. O professor é a figura acabada do mundo novo, no qual triunfam a instrução e o progresso, do qual o corcunda era apenas um precursor imperfeito.

■ Embora a crítica o tenha esnobado durante muito tempo, em nome da fidelidade a Pagnol ou por causa do seu academismo, *Jean de Florette* foi um autêntico sucesso de público, na França e no exterior, por resgatar o clima da Provença e contar um mito moderno com atores prestigiados.

MV

> **PISTAS PEDAGÓGICAS**

▸ A inspiração regional, leitura de um romance de Marcel Pagnol, Jean Giono, Alphonse Daudet.

▸ Pagnol como adaptador de Giono. Comparar o filme e o romance: *Regain*, *La Femme du boulanger*.

Bibliografia

Jean-Michel Frodon e Jean-Claude Loiseau, *Jean de Florette: la folle aventure du film*, Paris, Herscher/Renn Productions, 1987.

Marcel Pagnol, *Carnets de cinéma*, Éditions de la Treille, 2008.

O diário de Anne Frank

ESTADOS UNIDOS, 1959 (*THE DIARY OF ANNE FRANK*)

Anne Frank, *Journal (Het Achterhuis.*
Dagboekbrieven 12 Juni 1942-1 Augustus 1944), **1947.**

SINOPSE

Amsterdã, 1942. Uma adolescente judia, Anne Frank, é obrigada a se esconder em um sótão com os pais e outra família, os Van Daan. Durante dois anos, encerrada nesse espaço, ela escreve seu diário íntimo, contando e descrevendo seu universo cotidiano, seus medos e esperanças, assim como seu amor nascente por Peter, o filho dos Van Daan.

Millie Perkins e Richard Beymer

O DIÁRIO DE ANNE FRANK

Pr.	20th Century Fox/George Stevens Productions
Dir.	George Stevens
Rot.	Frances Goodrich, Albert Hackett (com base em sua peça)
Foto.	William C. Mellor
Int.	Millie Perkins (Anne Frank), Josef Schildkraut (Otto Frank), Shelley Winters (Petronella van Daan), Richard Beymer (Peter van Daan), Lou Jacobi (Hans van Daan), Diane Baker (Margot Frank)
Duração	175 min

Outras versões:
- *The Diary of Anne Frank* (Boris Sagal, 1980, telefilme), int. Melissa Gilbert, Maximilian Schell
- *Anne Frank, the Whole Story* (Robert Dornhelm, 2001, minissérie de televisão), int. Hannah Taylor-Gordon
- *The Diary of Anne Frank* (Jon Jones, 2009, minissérie de televisão), int. Ellie Kendrick

A produção do filme extraído do *Diário de Anne Frank* está intimamente ligada às condições específicas de difusão e recepção do livro nos Estados Unidos. Se a primeira edição do livro data de 1947, só em 1952 ele é traduzido e publicado. A publicação do diário é um acontecimento, mas ninguém fala de adaptação cinematográfica, tanto mais que a própria forma da obra não se presta muito a isto. Em 1955, Frances Goodrich e Albert Hackett montam uma adaptação teatral do diário. A peça obtém grande sucesso e recebe o Prêmio Pulitzer. Na verdade, a peça é que será transposta para a tela, não o livro original. Os autores da peça, que por sinal foram os roteiristas do filme, conseguiram "dramatizar", no sentido próprio termo, o diário de origem, que era, antes de mais nada, uma obra introspectiva, na qual os acontecimentos relatados não ocupam o primeiro plano. Além disso, a forma teatral é ideal, *a priori*, para um drama a portas fechadas. Trata-se, portanto, de uma adaptação literária em duas etapas: de um diário íntimo a uma peça, e depois da peça ao filme. O caso longe está de ser único. *Drácula*, por exemplo, seguiu o mesmo caminho em 1930.

■ Em virtude da força do tema, da repercussão da obra e da notoriedade da peça, o filme não poderia deixar de ser uma produção de prestígio, na tradição hollywoodiana do gênero. E por sinal é um dos mais poderosos estúdios que o produz, a 20th Century Fox. George Stevens é um dos realizadores mais cotados na época, tendo assinado anteriormente duas obras que se transformaram em clássicos: *Os brutos também amam* e *Assim caminha a humanidade*. O estúdio depara-se então com uma contradição interna. Um grande filme, segundo os cânones da época, deve ser amplo e espetacular, ao contrário do relato em questão, que se limita a personagens fechados num sótão. As soluções encontradas são exemplares do que o cinema hollywoodiano, no fim de sua era clássica (a Fox logo entraria em falência, com as filmagens de *Cleópatra*), pode ter do melhor e do pior. Como superprodução, o filme tem duração excepcional, quase três horas. Mas opta-se por filmar em preto e branco, provavelmente para lhe conferir maior austeridade e autenticidade (a

Josef Schildkraut, Millie Perkins, Shelley Winters, Richard Beymer e Gusti Huber

história do cinema. A Fox escolhe uma atriz então iniciante e desconhecida, que o estúdio pretendia transformar numa nova estrela: Millie Perkins, nascida em 1938. Designar uma atriz de 20 anos para encarnar uma adolescente de 13-15 é uma ilustração exemplar do problema que o cinema americano então enfrentava com a representação dessa idade. Se a ideia era transmitir a imagem de uma jovem adolescente de maturidade precoce, o resultado muitas vezes é inverso, ou seja, a imagem de uma jovem adulta fazendo trejeitos e bancando a menininha.

▪ Essa falha seria constantemente frisada quando do lançamento do filme, mas não chegou a prejudicar sua carreira crítica e comercial: *O diário de Anne Frank* seria, pelo contrário, um grande sucesso, contribuindo ainda mais para a fama da obra literária de origem. Mas na cerimônia dos Oscars só seriam recompensados, justamente, os pontos fortes do filme: a fotografia e os cenários, assim como a grande atriz Shelley Winters, que recebe o prêmio de melhor coadjuvante. O filme de George Stevens situa-se também numa breve corrente do cinema americano na qual é abordada frontalmente a história da Segunda Guerra Mundial e do Holocausto (na época, ainda não se fala de "Shoah"), por exemplo, com *Julgamento em Nuremberg*, de Stanley Kramer, em 1961.

O diário de Anne Frank não teria outras adaptações cinematográficas, mas a peça é regularmente montada nos Estados Unidos, e vários telefilmes ou minisséries lhe foram dedicados. A versão de 2001, contando com a participação de Ben Kingsley no papel de Otto Frank, não se limita ao *Diário*, seguindo o destino de Anne Frank até Auschwitz e sua morte em Bergen-Belsen.

LA

cor ainda não se havia generalizado no cinema, mas era sistematicamente usada em produções de prestígio), em função do tema (Steven Spielberg faria a mesma escolha em *A lista de Schindler*). Para compensar o preto e branco, o filme é rodado em CinemaScope, o que parece aberrante, levando-se em conta que ele se passa quase todo em interiores. Paradoxalmente, a decisão se revela particularmente pertinente, servindo a "tela larga" para reforçar a impressão de exiguidade do espaço em que vivem os personagens. As raras cenas externas, por sua vez, são filmadas *in loco*, na Holanda.

▪ Estabelecidos esses postulados estéticos, a construção do filme retoma o esquema da peça: da chegada da família Frank a sua prisão, passando por momentos de alegria, tensão, suspense (como na visita dos ladrões, dando a entender que é então que os Frank são descobertos), para não falar da história de amor nascente entre Anne e Peter. O filme também se vale do procedimento clássico da voz em *off* de Anne recitando as páginas do diário que escreve. De maneira igualmente clássica, ele é construído na forma de um longo *flashback*, introduzido pela volta do pai de Anne, Otto Frank, após sua libertação, descobrindo o diário da filha.

A grande prioridade, contudo, era a escolha da atriz para o papel de Anne Frank, problema que está na origem de um dos mais célebres erros de casting da

▶ PISTAS PEDAGÓGICAS

▸ O Holocausto no cinema: o que filmar e como filmar?
▸ O Holocausto visto por Hollywood.
▸ Diário íntimo e romance epistolar no cinema.

Bibliografia

Jean-Michel Frodon (dir.), *Le cinéma et la Shoah, un art à l'épreuve de la tragédie du XXe siècle*, Cahiers du cinéma, 2007.

Paul Cronin, *George Stevens, interviews*, University Press of Mississippi, 2004.

Diário de uma camareira

FRANÇA–ITÁLIA, 1964 (*LE JOURNAL D'UNE FEMME DE CHAMBRE*)

Octave Mirbeau,
***Le Journal d'une femme de chambre*, 1900.**

SINOPSE

Nos últimos anos do século XIX, Célestine começa a trabalhar como camareira na casa dos Lanlaire, na Normandia. Escrevendo seu diário, ela rememora sua vida junto a antigos patrões, sem deixar de revelar ao leitor o cotidiano de sua nova vida. A patroa é uma mulher exigente e autoritária. O patrão "não é nada na casa". Não demora e ela fica sabendo das fofocas da aldeia. Recebendo a notícia da morte de sua mãe, Célestine lembra-se da infância (pai alcoólatra e violento, morto afogado, mãe prostituída) e de sua primeira experiência sexual aos 12 anos. A jovem suspeita de que Joseph, jardineiro e cocheiro dos Lanlaire, estuprou e matou uma menina, e, paradoxalmente, sente-se atraída por ele. Concorda então em ir para Cherburgo com Joseph, que pretende abrir um café... O estabelecimento transforma-se num antro de antissemitas e patriotas no qual Célestine se comporta como patroa, renegando os valores que cultivou a vida toda.

Pr.	Ciné-Alliance/Filmsonor/Spéva Films/Dear Film Produzione
Dir.	Luis Buñuel
Rot.	Luis Buñuel, Jean-Claude Carrière
Foto.	Roger Fellous
Int.	Jeanne Moreau (Célestine), Georges Géret (Joseph), Michel Piccoli (Monteil), Jean Ozenne (M. Rabour), Daniel Ivernel (capitão Mauger)
Duração	98 min

Outras versões:

• *Le Journal d'une femme de chambre* (Jean Renoir, 1946), int. Paulette Goddard, Francis Lederer, Burgess Meredith

Jeanne Moreau e Michel Piccoli

Grande sucesso de livraria, com 146 mil exemplares vendidos ainda em vida do autor, essa obra é conhecida hoje principalmente pelo filme de Luis Buñuel, lançado nos cinemas em março de 1964 e periodicamente relançado.

Le Journal d'une femme de chambre foi levado várias vezes à tela. A primeira vez, na Rússia, em 1916, num filme mudo intitulado *Dnevnik gornitchnoi* e dirigido por M. Martov. A adaptação seguinte é mais conhecida, filmada por Jean Renoir em língua inglesa, em Hollywood. Mas o cineasta não pôde apresentar o filme que muitos esperavam. Malrecebido ao ser lançado, ele volta hoje a despertar interesse, mas sua adaptação extremamente livre do romance é infiel demais para poder um dia conseguir a unanimidade dos defensores do romancista e dos apreciadores do cineasta.

Em 1963, o produtor francês Serge Silberman visita Luis Buñuel em seu exílio americano. O cineasta triunfou no Festival de Cannes dois anos antes com *Viridiana*, que recebeu a Palma de Ouro, apesar das pressões do governo espanhol. Os dois rapidamente decidem trabalhar juntos. O projeto escolhido é a transposição para a tela do mais famoso romance de Octave Mirbeau, que Luis Buñuel declararia mais tarde ter sempre conhecido.

■ A adaptação do texto é um desafio, pois *Le Journal d'une femme de chambre* associa uma intriga linear, relato das vivências de Célestine junto aos Lanlaire, e um diário íntimo da camareira, expondo o que foram os lugares de sua vida, seus amores, sua visão do mundo, seu nojo. Luis Buñuel e Jean-Claude Carrière, o roteirista, optam por ater-se à intriga central, mas efetuando transposições lógicas. A ação do filme, quase inteiramente rodado em Paris e Milly-la-Forêt, já não transcorre por volta do fim da década de 1890, mas em 1928. Em *Mon dernier soupir*, sua autobiografia, publicada em 1982, o cineasta revelaria ter deslocado a ação para acertar velhas contas com o chefe de polícia Chiappe, que proibira a projeção de *A idade do ouro*, em 1930. No fim do filme, com efeito, Buñuel apresenta um desfile de militantes de extrema-direita clamando o nome do chefe de polícia.

Se o negrume e o humor corrosivo de Octave Mirbeau convinham perfeitamente a Jean Renoir, a denúncia da hipocrisia e do peso da religião nas consciências não podia deixar de atrair Luis Buñuel. A temática central do romance e a do filme convergem: o realizador, assim como Mirbeau, denuncia a condição anacrônica, em 1928, tal como trinta anos antes, do empregado doméstico, e igualmente a vingança recalcada a que pode dar lugar, frisando a justiça das reivindicações sociais de certas causas libertárias.

Pivô da intriga, Célestine (Jeanne Moreau), camareira e narradora, entra para a família Monteil, grandes burgueses normandos. O sogro é maníaco por botas. No romance, que é um panfleto em forma de diário íntimo, o velho fetichista é um ex-patrão de Célestine cuja morte é bem menos poética que no filme, pois o personagem termina com um sapato tão preso entre os dentes que a jovem é obrigada a cortar o couro para arrancá-lo... A Sra. Monteil, por sua vez, recusa-se, por algum motivo misterioso, a qualquer relação com o marido. Com isso, Octave Mirbeau pretende apenas tomar como alvo o mito da respeitabilidade burguesa ("por mais infame que seja, a ralé nunca chega a sê-lo como as pessoas de bem") e satirizar as agências de emprego, que transformam uma jovem numa criatura submissa. Mais extremista ainda, o romance também é um catálogo das perversões sexuais da época, que vão da masturbação aos amores ocultos, do estupro à prostituição, passando por diversas formas de fetichismo. Naturalmente, o filme, com seu grande orçamento, voltado para o público mais amplo possível e encomendado por Serge Silberman, teria de fazer uma triagem. O fetichismo pelas botinas seria, assim, um resumo brilhante do mencionado catálogo de desvios.

Esse personagem burguês, com sua indumentária solene e bigode trivial, paralisado numa vulgaridade grosseira, o gesto tímido e sem jeito quando se dirige a uma mulher, é maravilhosamente encarnado por Michel Piccoli, "detalhando as tristes nuances do macho desmoralizado, do fracassado das ninharias, do fraco que joga a toalha diante de qualquer autoridade", como tão bem descreve Jacques Zimmer.

Não podemos deixar de agradecer à dupla de atores Piccoli-Moreau (Sr. Monteil e Célestine) nessa cena, autêntico "confronto de cúpula de dois virtuoses e condensado de modulações, no qual ele [Piccoli] passa, em alguns minutos e cinco movimentos, do ridículo ao patético".

Se no romance o assassinato tem secretas correspondências com o amor ("um belo crime me emociona

Irene Ryan e Paulette Goddard, Le journal d'une femme de chambre *(Jean Renoir, 1946)*

como um belo macho"), Célestine, em Buñuel, não pode ter a expectativa de se casar com o suposto autor das violências, nem de enriquecer com o fruto do roubo cometido por aquele com quem vai fazer sua vida. Acontece então um casamento de conveniência com o bonachão capitão Mauger. A revolta social é mais alusiva, mais fina em Buñuel que em Mirbeau, para quem o desespero das vítimas é insondável: "Mas será que temos a servidão no sangue?" No romance, é flagrante a cumplicidade da religião com os carrascos dos empregados domésticos, vítimas de amores ocultos, forçados: "Mais vale pecar com os patrões que sozinha... é menos grave, contraria menos o Bom Deus." A justiça não existe mais para os destituídos: "Que seria da sociedade se um empregado doméstico pudesse levar a melhor contra a sociedade?"

■ O filme de Buñuel é uma obra inteira, rica e complexa, que retoma o essencial dos temas e da narração do romance, ao mesmo tempo tratando de compor com a censura da época e respeitando as dominantes temáticas do cineasta. A crítica se divide entre os incondicionais, nostálgicos do Buñuel de outras épocas, e os que se sentem politicamente incomodados. Mas não teria sentido recriminar o cineasta por não ter assumido uma atitude servil em relação à obra de Mirbeau, quando as duas obras denunciam a domesticidade.

J-P C

> **PISTAS PEDAGÓGICAS**
>
> ▸ Adaptar um panfleto para o grande público.
> ▸ O impacto da autocensura no roteiro.
> ▸ O olhar de um exilado sobre o mundo deixado 30 anos antes.
> ▸ O pessimismo dos filmes franceses do pós-guerra.

Bibliografia

Luis Buñuel, *Mon dernier soupir*, Robert Laffont, 1982.
Jacques Zimmer, *Piccoli, grandeur nature*, Nouveau Monde, 2008.
Cahiers Octave Mirbeau, n° 8, Société Octave Mirbeau, 2001.
Crítica de Claude Gauteur no número de dezembro de 1964 da revista *Image et Son*.

Uma mulher para dois

FRANÇA, 1962 (*JULES ET JIM*)

Henri-Pierre Roché, *Jules et Jim*, 1953.

SINOPSE

Paris, 1907. O estudante alemão Jules e o francês Jim são muito amigos. Insepará-veis, atravessam a Belle Époque compartilhando seus gostos estéticos, literários e amorosos. Um dia, conhecem Catherine, cujo sorriso lhes lembra o de uma estátua que encontraram em uma escavação. Ela se torna companheira de brincadeiras dos dois, amando-os igualmente. Mas se casa com Jules, sem se desligar de Jim. Estoura a guerra, e eles são separados. Ao retornar a paz, Jim reencontra Jules e Catherine, que foram viver na Alemanha. Ainda estaria intacto o amor pelos dois?

Pr.	Les Films du Carrosse/SEDIF
Dir.	François Truffaut
Rot.	François Truffaut, Jean Gruault
Foto.	Raoul Coutard
Int.	Jeanne Moreau (Catherine), Oskar Werner (Jules), Henri Serre (Jim), Marie Dubois (Thérèse), Cyrus Bassiak – pseudônimo de Serge Rezvani (Albert), Sabine Haudepin (Sabine), Michel Subor (voz do narrador)
Duração	102 min

Foi por acaso, remexendo no saldo de uma livraria, que François descobriu o romance pouco conhecido de Henri-Pierre Roché, dois anos depois da publicação. Ele se sente atraído pelo título extremamente musical, *Jules et Jim*, e também pelo fato de esse relato autobiográfico (exceto o fim trágico) ser o primeiro do autor, então com 74 anos. A leitura não o decepciona, e ele se diz "impressionado ao mesmo tempo com o caráter indecoroso das situações e a pureza do conjunto". A poesia dessa história de amor "em estilo telegráfico" (para ele comparável ao de Cocteau) o emociona a ponto de levá-lo a ler o romance duas vezes por ano. "Eu pensava nele com tristeza, pois tinha a impressão de que representava algo que o cinema não pode fazer", ou seja, mostrar um trio amoroso sem julgamento moral e sem que o espectador tenha a possibilidade de escolher entre os três personagens, igualmente cativantes. Ao problema da modernidade da obra, que pode chocar, soma-se o receio do jovem Truffaut de trair o estilo do texto, logo

ele, que em 1954, em seu famoso artigo "Uma certa tendência do cinema francês", criticava os cineastas que desnaturam as obras dos escritores para fazer transposições teatrais.

Em 1956, uma crítica publicada em *Arts*, na qual ele elogia as qualidades de um western B, *The Naked Dawn*, de Edgar G. Ulmer (mostrando durante quinze minutos o amor de dois homens por uma mulher), e a "moral estética e nova constantemente questionada" de *Jules et Jim,* permite-lhe entrar em contato com Roché. Tem início uma relação de amizade entre o velho escritor e o jovem crítico, que dão início a um processo de colaboração. Mas o projeto não avança, e seriam necessários mais cinco anos e a realização dos dois primeiros longas-metragens de Truffaut para que o filme finalmente se concretizasse. Enquanto isso, o romancista tardio, "amigo de pintores e escultores" – a julgar pela maneira como é apresentado Albert, o terceiro amante de Catherine no filme –, vem a falecer, em 9 de abril de 1959, aos 80 anos, não sem ter declarado sua satisfação com a escolha de Jeanne Moreau para encarnar a heroína.

■ O encontro de Truffaut e Moreau é decisivo. O autor de *Os incompreendidos* inspira-se tanto na personalidade da atriz quanto nas amantes de Jules e Jim no início do romance (eliminadas do roteiro) para elaborar

seu personagem de mulher emancipada. Kathe/Catherine adquire então maior importância, e o centro da narrativa se desloca da amizade entre Jules e Jim para o trio que ela forma com eles. Sua trajetória e sua imagem também evoluem. Mulher solar em sua paixão com Jules, e depois em sua ligação com Jim, Catherine já não é, no filme, a mulher depressiva que vem a se tornar no romance, quando do dilaceramento do casal que forma com Jim. Truffaut elimina a violência física e psicológica da agonia do casal, preferindo mostrar uma ruptura menos melodramática entre Jim e Catherine e o suicídio ao qual ela arrasta seu antigo amante. A bela Kathe, inspirada em uma realidade vivenciada por Roché, transforma-se então, diante da objetiva de um Truffaut fascinado com sua atriz, assim como Jules e Jim se mostram fascinados com suas estátuas,

em uma mulher exuberante, sublime, inteira. O jovem cineasta a idealiza com imagens fixas (magnífico CinemaScope em preto e branco de Raoul Coutard) e a valoriza como mulher livre e moderna, voraz diante da vida e do amor que reinventa, e resumida em alguns versos que ficaram célebres na canção de Serge Rezvani. Essa heroína sensual e culta, que se veste de homem, trapaceia no jogo, tenta se imolar, pula no Sena, troca de parceiros e se suicida, causaria escândalo, e o filme, proibido para menores de 18 anos, por pouco escapou da proibição total na época do lançamento.

■ Truffaut encarrega um amigo ator, Jean Gruault, que participou da elaboração do script de *Paris nous appartient*, de Jacques Rivette (1961), de elaborar um primeiro roteiro. Os dois (que viriam a escrever cinco

178

UMA MULHER PARA DOIS

filmes juntos) trabalham depois no "corte e colagem", misturando partes do livro a textos e diálogos por eles inventados. Mas o texto do comentário em *off*, lido por Michel Subor, e o dos diálogos que Truffaut às vezes atribui aos personagens permanecem fiéis ao romance. O cineasta não hesita, em compensação, em recorrer a *Les deux anglaises et le continent*, outro romance de Roché, que ele mesmo adaptaria nove anos depois, para construir o personagem de Thérèse e a infeliz troca de cartas entre Jim e Catherine. Durante as filmagens, Truffaut continua alterando o roteiro com liberdade cada vez maior, deslocando ou acrescentando cenas, como a da ausência de Catherine na estação ferroviária, quando Jim chega, o passeio dos três de bicicleta, o truque da locomotiva com Marie Dubois e a resposta de Catherine sobre suas muitas conquistas, copiada de Marilyn Monroe em *Nunca fui santa*. O cineasta inventa gags e cenas cômicas (a "Coisa", a troca de chapéus, as lutas de boxe e outras brincadeiras) para tornar mais leve o clima da intriga, eliminando passagens ousadas do romance para melhor mostrar o "puro amor a três". Também deixa de lado a última parte do livro, sobre os rompimentos e reencontros de Kathe e Jim, preservando apenas algumas ideias de cenas e comentários e espalhando-os em etapas anteriores da narrativa. Por fim, leituras, debates e anedotas enriquecem a escrita coletiva deste filme quebra-cabeça que bem traduz a concepção da adaptação e a relação com a escrita de um cineasta apaixonado por livros.

■ Embora tome liberdades com a trama (em grande medida enxugada), Truffaut respeita o espírito do texto. Ele insiste em transcrever, mediante um jogo de equivalências dramatúrgicas e visuais, "a rapidez das frases [do romance], sua aparente secura, a precisão de suas imagens" e "a emoção" que "surge da própria elipse". O tom é brusco, grave e embriagador, desprovido de psicologia e *páthos*. As imagens, que "dão a impressão de ver e rever um tempo em suspensão, um eterno presente", na formulação de Carole Le Berre, podem ser vistas como um álbum de recordações feito de elipses, do qual se desprendem uma alegre melancolia e o sentimento de uma vida vivida com urgência e necessidade tanto mais vitais na medida em que os jovens e belos protagonistas sabem que ela é frágil e efêmera. Como no romance, sua frivolidade é pura aparência. Eles vivem com uma consciência aguda e angustiante da existência, da felicidade que não se pode deixar escapar, dessa coisa tão séria que é a vida,

que não pode ser entravada por tabus morais. E como se quisesse deixar mais clara a gravidade dessa leveza do romance – a batalha dos desejos travada surdamente por personagens aparentemente tão brincalhões –, Truffaut acrescenta alguns contrapontos à dramaturgia, como a lembrança dolorosa da Grande Guerra (mencionada em poucas linhas no romance), a música profundamente tocante de Georges Delerue e o comentário do narrador no passado (ora objetivo, ora subjetivo), necessariamente num tom bastante literário.

Truffaut recorreu ao comentário (que por sinal ocupa apenas quinze minutos) "toda vez que o texto [lhe] parecia impossível de transformar em diálogo ou belo demais para ser amputado". Sua presença reforça a unidade e a fluidez da narrativa, que oscila entre comentário e confidência, "uma forma intermediária na qual se alternam diálogos e leitura em voz alta, correspondendo de certa maneira ao romance filmado". Essa alternância, evitando ao máximo a redundância com as imagens, permite-lhe manter uma distância irônica em relação ao tema, como uma indicação brechtiana para enxergar essa utopia amorosa sem ilusões. Monocórdica e rápida, a voz em *off* quase indiferente não é apenas a voz de um narrador onisciente e algo malicioso, é o benevolente companheiro de caminhada dos personagens, é ela que garante o vínculo necessário entre eles e o público, uma espécie de traço de união moral entre o que seu comportamento pode ter de incômodo e o espectador conservador.

PL

⟶ PISTAS PEDAGÓGICAS

▸ As mulheres emancipadas e rebeldes no cinema (*E Deus criou a mulher*, *La maman et la putain*, *Camille Claudel*, *Louise Michel, la rebelle*).

▸ Amor e imagem do casal revisitados.

▸ Papéis e funções da canção (hino) num filme (*Casablanca*, *La belle équipe*, *Veludo azul*).

▸ A voz em *off* como princípio de distanciamento brechtiano.

Bibliografia

Carole Le Berre, *Jules et Jim*, Nathan, 1996.
Édouard Bessière, *Deux "Jules et Jim"*, CDDP de l'Eure, 1998.
Antoine de Baecque e Serge Toubiana, *François Truffaut*, Record, 1998.
Carole Le Berre, *Truffaut au travail*, Cahiers du cinéma, 2004.
http://www.cinematheque.fr/zooms/julesetjim/index_fr.htm

Ligações perigosas

Choderlos de Laclos, *Les Liaisons dangereuses*, **1782.**

SINOPSE

Querendo vingar-se de um galanteador ao qual está destinada a jovem Cécile de Volanges, a marquesa de Merteuil pede a seu cúmplice e ex-amante, o visconde de Valmont, que seduza a mocinha antes do casamento. Promete-lhe, então, uma noite em sua companhia, em caso de sucesso. Depois de várias tergiversações, Valmont aceita, não sem continuar assediando a pudica Sra. de Tourvel, que acaba conquistando. Depois de sua vitória junto a Cécile, Valmont apresenta-se para "receber" a recompensa, mas a marquesa se recusa, suspeitando do amor do sedutor pela Sra. de Tourvel. Exige então que ele rompa. Consumada a desunião, Valmont exige seu troféu. Uma nova recusa da marquesa, que agora cai de amores pelo *chevalier* Danceny, amante de Cécile de Volanges, desencadeia uma "guerra" entre os dois libertinos. Merteuil então revela a Danceny que Valmont seduziu Cécile. Os dois duelam e Valmont é mortalmente ferido. Antes de morrer, o libertino entrega as cartas da marquesa a Danceny, que as publica, causando a desgraça de Merteuil.

Michelle Pfeiffer e John Malkovich, Ligações perigosas *(Stephen Frears, 1988)*

As ligações amorosas (Les Liaisons dangereuses)
FRANÇA, 1959

Pr.	Les Films Marceau-Cocinor
Dir.	Roger Vadim
Rot.	Roger Vadim, Roger Vailland, Claude Brulé
Foto.	Marcel Grignon
Int.	Gérard Philipe (Valmont), Jeanne Moreau (Sra. Valmont), Annette Vadim (Marianne Tourvel), Jeanne Valérie (Cécile Volanges), Jean-Louis Trintignant (Danceny), Simone Renant (Sra. Volanges)
Duração	105 min

Ligações perigosas (Dangerous Liaisons)
ESTADOS UNIDOS–REINO UNIDO, 1988

Pr.	Warner Bros./Lorimar Film Entertainment/NFH Productions
Dir.	Stephen Frears
Rot.	Christopher Hampton
Foto.	Philippe Rousselot
Int.	Glenn Close (marquesa de Merteuil), John Malkovich (visconde de Valmont), Michelle Pfeiffer (Sra. de Tourvel), Swoosie Kurtz (Sra. de Volanges), Keanu Reeves (chevalier Danceny), Uma Thurman (Cécile de Volanges)
Duração	119 min

Valmont
FRANÇA–ESTADOS UNIDOS, 1989

Pr.	Renn Productions/Timothy Burrill Productions
Dir.	Milos Forman
Rot.	Jean-Claude Carrière
Foto.	Miroslav Ondricek
Int.	Colin Firth (Valmont), Annette Bening (Sra. de Merteuil), Meg Tilly (Sra. de Tourvel), Fairuza Balk (Cécile de Volanges), Siân Phillips (Sra. de Volanges), Henry Thomas (Danceny)
Duração	137 min

D izer que levar uma obra dessa natureza à tela representa um desafio não é exagero, de tal maneira suas especificidades parecem insuperáveis. Gênero na moda no século XVIII, o romance epistolar representa, de certa maneira, o novo palco da época, em virtude de sua similitude com o teatro e seu princípio de duplo enunciado (aqui, duplo destinatário: aquele a quem se dirige a carta e o próprio leitor-*voyeur*. É um texto polifônico cujos personagens principais, mestres na arte da dissimulação, são os narradores de uma história fragmentada que o leitor vai recompondo em função da ordem e apresentação das cartas. No entanto, se levarmos em conta o *teen-movie Segundas intenções*, de Roger Kumble (1999), que situa a ação num campus de prestígio dos Estados Unidos hoje, e *Untold Scandal*, de Lee Jae-yong (2003), que transpõe a história para a Coreia do século XVIII, o romance de Laclos foi adaptado para o cinema cinco vezes. O aspecto intemporal e picante da libertinagem, a sociedade das aparências e a própria estrutura da obra, espécie de pré-montagem cinematográfica, representam fatores que estimulam o interesse dos cineastas.

■ O primeiro deles, o único francês que enfrentou o desafio, é Roger Vadim, que ousa uma transposição moderna. Cenários, figurinos, linguagem, intriga, tudo é diferente em seu filme. O cineasta decide situar a narrativa na Paris dos diplomatas e industriais do fim da década de 1950. Segundo ele, o círculo fechado dessa grande burguesia, no qual opulência rima com tédio, apresenta semelhanças com a alta sociedade ociosa do fim do Século das Luzes. A mesma hipocrisia social e sexual, as mesmas relações homens-mulheres. Sucedâneos das cartas, como o telefone, o telegrama e a mensagem gravada, renovam o motor da dramaturgia. O teatro e a ópera, lugares de exibição e voyeurismo, são substituídos pelos lugares então na moda: estações balneárias e de esportes de inverno, clubes de jazz. O filme, que apesar de tudo presta homenagem ao romance, citando seu autor como um prólogo, contém uma enésima transformação dos dois heróis. Merteuil e Valmont formam um casal casado e livre, espécie de variação moderna da libertinagem. Mas essa mudança de condição não altera muito a natureza de suas relações, e seu entendimento,

Glenn Close, Ligações perigosas *(Stephen Frears, 1988)*

como no romance, baseia-se no reconhecimento mútuo de sua perfídia consumada. Nesse novo contexto burguês, a Sra. Valmont, aliás Merteuil, continua a incitar o marido a agir, pois, como diz André Malraux em seu ensaio sobre *Les liaisons dangereuses*, ela é "Satã". Ela é o mal absoluto, a perversidade encarnada, que se basta e, em consequência, não precisa mais de justificativa para agir. Como em Laclos, ela será punida (varíola) e verá estampadas no rosto as marcas do seu vício (queimaduras). No fim, o filme de Vadim surge mais como um quadro bastante moralista de causas e consequências da libertinagem num casamento burguês – ele próprio pretexto para o estudo do desvendamento da sexualidade nas relações homens-mulheres – do que como um estímulo à liberdade sexual ou um balanço crítico dos costumes na rançosa sociedade gaulliana.

■ Trinta anos depois dessa adaptação que provocou furioso escândalo, dois cineastas de língua inglesa se lançam na empreitada. O primeiro, Stephen Frears, com grande economia de meios, que o força a voltar a objetiva

> **PISTAS PEDAGÓGICAS**
>
> ▸ Cinema e teatralidade (*La Poison*, *O discreto charme da burguesia*, *O último metrô*, *Ne touchez pas la hache*, *Pas sur la bouche*).
> ▸ A transposição moderna, reflexo de sua época (ociosidade da grande burguesia, crítica de costumes).
> ▸ A libertinagem no cinema.
> ▸ As adaptações de Vadim, Frears, Forman: obras morais?
> ▸ *As ligações perigosas* no cinema. Que resta da filosofia do Iluminismo?

de sua câmera para os dois heróis (como no romance), e o segundo, Milos Forman, que declara nos créditos ter "adaptado livremente" o romance, com uma encenação mais decorativa, mas voltada para o clima e o esplendor da época, servindo de contexto para a intriga. Na verdade, o luxo de cenários em *Valmont* vai bem além do romance, pouco generoso nesse terreno. O clima do microcosmo visual composto por Frears, pelo contrário, está em perfeita adequação plástica com o microcosmo epistolar, por definição íntimo, do romance.

As *Ligações perigosas* de Frears não se inspiram diretamente no romance, mas na peça de teatro anteriormente escrita por seu corroteirista, Christopher Hampton. E por sinal a cena de abertura, em montagem alternada, espécie de relato dentro do relato do face a face por vir entre os dois libertinos, insiste particularmente na teatralidade da "guerra de rendas" de que se falará mais tarde, e cujas armas são vestidos, joias, pó de arroz, máscaras e espelhos. A fidelidade histórica de Frears vai, portanto, além da simples reconstituição de uma época: ela indica o quanto o aparato é determinante na estratégia da sedução, das aparências e da mentira. Ao contrário do que acontece no filme de Vadim, em que se mostra evidentemente mais sensual, Cécile é apresentada como jovem ingênua, cujo vocabulário limitado contrasta com o domínio linguístico de que se valem os debochados (conversa mundana, registros do combate e da sedução, como no romance). Em Frears e Forman, a língua relativamente moderna nunca procura imitar a do romance. Mantendo-se em nível elevado, não recorre a qualquer arcaísmo nem a efeitos historicizantes.

Ao contrário de Vadim, que também transforma as *Ligações* no argumento de confronto das convenções sociais, Frears procura pintar o retrato de uma sociedade corrompida, "extremamente fim do mundo",

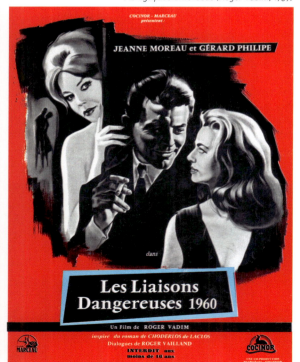

As ligações amorosas (Roger Vadim, 1959)

Meg Tilly, Valmont *(Milos Forman, 1989)*

Colin Firth e Fairuza Balk, Valmont *(Milos Forman, 1989)*

segundo comentário do próprio cineasta, sem consideração política (nada sobre a Inglaterra thatcheriana contemporânea da ação do filme). Sua obra, assim, pode ser encarada à luz das preocupações do fim de século que vinculam erotismo e morte. A isso, Frears opõe uma "visão redentora do amor", ao passo que o *Valmont* de Forman opta por uma sexualidade deliciosa e fecunda, com *happy end*, longe da sanção final de Merteuil no romance (e somente dela, pois, como Frears, Forman transforma a hipótese da morte de Valmont numa certeza).

Frears, que não seria capaz de ver as telas de Fragonard sem um olhar severo, propõe uma leitura fria, metódica, dura, senão cruel, da libertinagem e do processo que conduz à depravação, ao passo que Forman, preferindo ver o gozo nos "horrores do amor", volta um olhar alegre e consensual para a ação, por ele reduzida à questão da virgindade de Cécile, e tratada num ritmo fluido. Em Frears, a ação é mais compacta, o ritmo, mais nervoso, de acordo com o dinamismo e a tensão, com o espírito incisivo e irônico do romance (especialmente perto do fim, com uma música dramatizante). Forman elimina a gravidade, não a violência, da guerra entre os heróis, erotizando fortemente cenas e personagens. O estupro de Cécile, duro e realista em Frears, torna-se meio consentido em Forman (uma espécie de jogo sensual no qual Valmont nunca passa do substituto de Danceny), e Merteuil, vista no banho, aparece muitas vezes como amável hedonista que se diverte e provoca.

Tomada de empréstimo à tradição dos valetes de comédia, uma criada negra também aparece em Forman, no espaço de jogo dos libertinos, tomando o lugar das cartas, frequentemente utilizadas em Vadim e Frears. Nestes, sequências de redação e recepção de cartas pontuam a história e a tragédia da linguagem. A voz em *off*, que às vezes serve de ponte abreviada entre os personagens ou acontecimentos, leva em conta o ato da leitura, que se transforma em espetáculo do sujeito lendo ou escrevendo. E por sinal já nos créditos Frears frisa o valor simbólico da carta como vetor de indiscrição. Como no romance, a missiva serve de prova ou moeda de troca, é escondida, encontrada, roubada ou entregue furtivamente. No fim das contas, mais respeitoso do espírito do romance, Frears oferece uma adaptação mais sombria (como Vadim) que a de Forman. A escolha dos intérpretes, por sinal, é reveladora do projeto de cada um. Ao contrário dos casais Moreau/Philipe e Close/Malkovich, os atores de Forman, menos conhecidos e mais jovens, não trazem a lembrança de papéis anteriores nem os traços de seu suposto temperamento.

PL

Bibliografia

"*Les Liaisons dangereuses*. Un film de Stephen Frears", *L'Avant-Scène*, n° 498, janeiro de 2001.

Eithne O'Neill, *Stephen Frears*, Rivages/Cinéma, 1994.

Maurice Frydland, *Roger Vadim*, Seghers, 1963.

Claude Poizot, *Milos Forman*, Dis voir, 1987.

Brigitte E. Humbert, *De la lettre à l'écran. Les liaisons dangereuses*, Rodopi, 2004.

James Mason, Sue Lyon e Shelley Winters, Lolita (Stanley Kubrick, 1962)

Lolita

Vladimir Nabokov, *Lolita*, 1955.

SINOPSE

Numa mansão desarrumada, um homem mata outro com vários tiros de revólver. Anos antes, o autor do crime, o professor de literatura francesa Humbert Humbert, aluga um quarto na casa de Charlotte Haze, viúva ainda em plena forma que logo se mostra interessada por ele. Mas Humbert só tem olhos para sua jovem filha, Lolita. Para se aproximar dela, casa-se com a mãe, que, descobrindo a atração de Humbert por Lolita, atira-se na frente de um carro. Humbert passa então a viver com a mocinha, mas logo se mostra ciumento e autoritário, especialmente depois que Clare Quilty começa a rondá-la. Numa viagem pelos Estados Unidos, Lolita, doente e hospitalizada, misteriosamente desaparece. Anos depois, Humbert a encontra, envelhecida, feia, casada. Louco de raiva, encontra aquele com quem ela havia fugido: Clare Quilty.

LOLITA

Lolita ESTADOS UNIDOS–REINO UNIDO, 1962

Pr.	MGM/Seven Arts Productions/A.A. Productions Ltd./ Anya/Harris-Kubrick Productions/Transworld Pictures
Dir.	Stanley Kubrick
Rot.	Vladimir Nabokov
Foto.	Oswald Morris
Int.	James Mason (Humbert Humbert), Sue Lyon (Dolores "Lolita" Haze), Shelley Winters (Charlotte Haze), Peter Sellers (Clare Quilty), Gary Cockrell (Dick), Jerry Stovin (John Farlow), Diana Decker (Jean Farlow)
Duração	152 min

Lolita ESTADOS UNIDOS–FRANÇA, 1998

Pr.	Guild/Lolita Productions/Pathé
Dir.	Adrian Lyne
Rot.	Stephen Schiff
Foto.	Howard Atherton
Int.	Jeremy Irons (Humbert Humbert), Dominique Swain (Lolita), Melanie Griffith (Charlotte Haze), Frank Langella (Clare Quilty)
Duração	137 min

Abordar um romance alusivo e picante como *Lolita*, obra-prima de inteligência, ironia e cinismo, não significa apenas defrontar-se com a espinhosa questão da adaptação, mas também enfrentar o obstáculo da censura. Stanley Kubrick e Adrian Lyne, 35 anos depois, tiveram de recorrer a astúcias estilísticas para contornar o problema, ao mesmo tempo tentando afastar-se o menos possível do espírito do texto de Vladimir Nabokov (que escreveu um roteiro para Kubrick, o qual, por sua vez, se afastou quase completamente dele). Paradoxalmente, a tarefa foi tão árdua para Lyne quanto para Kubrick, de tal maneira a pedofilia, outrora um tabu, tornou-se desde o fim da década de 1990 um tema altamente sensível. O que em parte explica o fato de o filme de Lyne ter tido distribuição difícil e restrita nos Estados Unidos. Mas pode-se perguntar para Maurice Couturier, o tradutor da nova edição francesa de *Lolita*, se o que se visava não seria a volta à cena de um romance tão incômodo quanto *Lolita*, mais que a versão abrandada de Lyne. Lembremos também que a obra de Nabokov, entre outras críticas e problemas de censura, deparou com a recusa de quatro editores americanos, temerosos da justiça (estávamos em pleno macartismo), até ser publicada pela primeira vez, em língua inglesa... na França.

■ Lyne e Kubrick optaram por uma Lolita de idade mais avançada que a ninfeta de 12 anos do romance. Mais perversa, a Lolita de Lyne (Dominique Swain) tem 15 anos na época da realização do filme, e Sue Lyon, 14 anos, ao passo que Jeremy Irons encarna um Humbert Humbert mais jovem e, sobretudo, menos devasso que James Mason. Sob todos os pontos de vista, os dois atores escamoteiam o lado repugnante do personagem, e o ato pedófilo ("efebófilo" seria mais apropriado) parece menos "visível" nos dois filmes que em Nabokov. Em Kubrick, em momento algum Humbert beija ou tem qualquer gesto equivocado em relação à enteada. Em Lyne, a diferença de idade é de tal maneira abrandada pelo físico dos intérpretes que o espectador rapidamente esquece a questão escabrosa que está em jogo na intriga. Por isso Lyne, que se especializou em filmes de erotismo acadêmico (*9 1/2 semanas*

Sue Lyon, Lolita *(Stanley Kubrick, 1962)*

LOLITA

de amor, Atração fatal, Proposta indecente), mostra-se mais direto e demonstrativo que o antecessor, que ainda tinha de lidar, cabe lembrar, com o escândalo recente do lançamento do livro nos Estados Unidos (1958). Apesar disso, Lyne também foi obrigado a cortar, aceitando que cenas que evocavam explicitamente a relação sexual do casal fossem censuradas (uma cena em que Lolita lia uma história em quadrinhos, sentada no colo de Humbert, que, nu, evidentemente fazia amor com ela, foi cortada da montagem final).

Diante da difícil relação entre ética e estética, essas adaptações revelam-se opostas nas escolhas de encenação. Sóbria, sombria e nuançada em Kubrick, ela é maneirista, colorida e policiada em Lyne. Neste, só a grotesca liberação de violência na sequência do assassinato de Quilty permite imaginar o que poderia ter sido o filme: uma farsa barroca baseada no assassinato imaginário de uma mãe (que não tem, aqui, a fragilidade patética de Shelley Winters) para desposar sua filha púbere, e irrigada então pelo corolário da loucura paranoica. Em vez disso, Lyne passa uma borracha na ironia do romance, resvala para um sentimentalismo comportado e, sobretudo, comete um contrassenso ao transformar Humbert no amante romântico que não é.

O narrador pouco confiável do romance (defasagem irônica entre o que ele diz e o que adivinhamos) não passa de um vil predador que, ante a lembrança do trauma vivido na adolescência com Annabel Leigh, posa de vítima. Mas o tratamento das imagens à David Hamilton no prólogo francês (ausente em Kubrick) pode ser visto como expressão satírica da forma, para ironizar o lirismo convencional de que se vale Humbert.

■ Já na primeira cena em flashback da narrativa, Kubrick evidencia seu gosto pela mistura de gêneros, o grotesco e a paródia. Assim, Quilty ocupa em seu filme um lugar de primeiro plano, que não tem em Lyne, neste sentido muito mais respeitoso ao romance, no qual o personagem, nunca descrito, só aparece nas entrelinhas da narrativa (à exceção do fim sanguinolento). Em Kubrick, o grotesco remete à ironia e ao humor negro do romance, ao mesmo tempo eliminando a dimensão sadeana do personagem, cujo excesso de perversão leva a uma transgressão sexual permanente. Em compensação, Lyne transforma Quilty em um ser meio alucinatório e libidinoso (de onde vem a escolha do ator Frank Langella), que aceita sem problemas suas pulsões pornográficas e sua atração pela devassidão.

James Mason e Sue Lyon, Lolita (Stanley Kubrick, 1962)

O hilariante Peter Sellers compõe um Quilty misterioso, ameaçador e inapreensível, uma espécie de duplo maléfico de Humbert, encarregado, contra toda expectativa, do discurso moral do filme. Homem de múltiplas faces, Quilty (parônimo de *guilty*, "culpado", em inglês), cuja presença sorrateira paira sobre todo o filme, encarna a consciência pesada do herói. Suas recorrentes aparições, no limite da verossimilhança, levam a crer que ele não existe, que não passa de um fantoche careteiro, fruto da imaginação culpada de Humbert, macaqueando seus próprios desvios. Desse modo, quando Quilty se esconde por trás de um jornal para observar o comportamento de Humbert, é o representante de uma censura social que espiona (como a vizinha indiscreta que vem se queixar do incômodo causado por uma briga entre Humbert e Lolita). Da mesma forma, quando Quilty aborda Humbert, fazendo-se passar por policial, é o depositário da autoridade, irrisório fiador de uma moral que é o primeiro a pisotear. Uma autoridade que representa aqui o superego de Humbert, proibindo-o de realizar sua perversidade. Desse modo, o medo de perder Lolita e o sentimento de culpa é que levam Humbert à possessividade, ao delírio histérico (cena do hospital) e à loucura assassina. E é contra seu ciúme mórbido que o doutor Zemph, outro avatar de Quilty responsável por uma parte do discurso moral sobre a educação da Sra. Starch, investe numa cena memorável e prenunciadora do psicótico Doutor Fantástico de dois anos depois. Partindo dos desvios sexuais de um pedófilo, a obra de Kubrick oscila entre a comédia de costumes, a crítica social, o *road-movie*, a história de amor, que quase poderia ser considerada platônica, e o *film noir* (rivalidade, perseguição, acerto de contas etc.). Do motivo de escândalo restam apenas algumas alusões verbais, o que fica implícito em certas imagens, o que fica fora do campo e o recorte pudico das cenas, de tal maneira que o filme suscita apenas uma vaga impressão de embaraço em quem nada sabe do romance. Levado pela censura a apagar o jogo erótico do livro e a infâmia sexual de Humbert, Kubrick sabia que o medo social do herói não mais parecia muito justificado. Por isso é que procedeu a uma reviravolta na narração do romance, começando pelo fim e assim fazendo do seu filme um longuíssimo *flashback*. Por mais eficiente que seja, esse recurso prenuncia o destino inelutável e volta a conferir legitimidade ao comportamento inicialmente suspeito e depois angustiado do personagem. No fim das contas, Kubrick,

James Mason e Sue Lyon, Lolita (Stanley Kubrick, 1962)

não podendo representar a ninfeta do romance por causa do código Hays, conduz a narrativa na direção da farsa cruel, como num pesadelo, servindo de apoio a uma reflexão pessoal sobre a espiral do fracasso e o sentimento de solidão, ao passo que Lyne, totalmente voltado para a opção plástica da "bela imagem", tentaria resgatar a suavidade do estilo de Nabokov.

PL

> **PISTAS PEDAGÓGICAS**

▸ A figura do duplo (Humbert/Quilty, Lolita/Charlotte).

▸ Questões morais de um personagem que Nabokov condena, sem dar ao leitor a satisfação do arrependimento, e ao qual Lyne confere uma dimensão patética.

▸ Papel narrativo da voz em *off* (pensamentos, psicologia, suspense).

▸ Emprego do *flashback* como recurso de dramatização da narrativa.

▸ Estudo comparado da representação e da travessia (odisseia) do espaço dos Estados Unidos.

Bibliografia

Didier Machu e Taïna Tuhkunen (dir.), *Lolita*, Ellipse, 2009.
Michel Ciment, *Stanley Kubrick*, Stock, 1999.
Paul Duncan, *Stanley Kubrick, un poète visuel*, Taschen, 2003.
Michel Chion, *Stanley Kubrick, l'humain, ni plus ni moins*, Cahiers du cinéma, 2005.

Lord Jim

ESTADOS UNIDOS, 1965

Joseph Conrad, *Lord Jim*, Blackwood, 1900, publicado inicialmente em folhetim na *Blackwood's Magazine* de outubro de 1899 a novembro de 1900.

SINOPSE

Jovem oficial recém-saído da Escola de Marinha Mercante britânica, Jim é sub-comandante do *Patna*, velha embarcação que conduz 800 peregrinos a Meca, quando ocorre uma avaria. Convencidos de que o casco vai ceder, oficiais e maquinistas abandonam o barco, a bordo de um bote. Mas a embarcação é salva. Jim enfrenta sozinho o tribunal, que cancela sua licença de navegação. Perseguido pela má fama até o dia em que Stein lhe dá uma segunda chance, ele terá de entregar armas e barris de pólvora em Patusan, para apoiar a revolta dos aldeãos bugis explorados por um senhor de guerra local, o General, e por Cornelius, representante corrupto da empresa de Stein. Preso e torturado, ele não revela o esconderijo das armas. Libertado pelos aldeãos, ele toma a frente da revolta, ao lado de Waris, filho do chefe Doramin.

Peter O'Toole

LORD JIM

Pr.	Columbia Pictures
Dir.	Richard Brooks
Rot.	Richard Brooks
Foto.	Freddie Young
Int.	Peter O'Toole (Jim), James Mason (capitão Brown), Curd Jürgens (Cornelius), Eli Wallach (General), Jack Hawkins (capitão Marlow), Paul Lukas (Stein), Juzo Itami (Waris), Daliah Lavi (Jewel)
Duração	154 min

Outra versão:

• *Lord Jim* (Victor Fleming, 1925), int. Percy Marmont, Shirley Mason

O romance tem duas grandes partes. Inicialmente, o pecado e a queda que se segue: a juventude de Jim e o processo do *Patna* (capítulos 1 a 12), a vergonhosa fuga de porto em porto (capítulos 13 a 21). Depois, a redenção: a revolta heroica do Patusan (capítulos 22 a 27), o amor (capítulos 28 a 35) e o fim de Jim (capítulos 36 a 45). A técnica é complexa e promove uma reviravolta nas convenções da época. Conrad multiplica elos narrativos, pontos de vista e rupturas na continuidade espaço-temporal. Iniciado numa focalização onisciente, com muitos comentários sobre a psicologia do personagem, o relato é assumido pelo capitão Marlow após o processo, primeiro moralmente, depois numa longa carta com narrativas embutidas, um bilhete de Jim e uma carta de seu pai. Ora Marlow conta o que lhe foi dito por Jim, ora reconstitui sua história com base em depoimentos fragmentários.

As ações são entrecortadas por digressões sobre o conflito moral entre grandeza e fraqueza, culpa e redenção. A natureza ambivalente do homem, as consequências coletivas das escolhas individuais são os temas prediletos de Conrad. *Typhon*, que lembra o acidente do *Patna*, e, sobretudo, *No coração das trevas* (*Heart of Darkness*), do qual Coppola extraiu a intriga do seu vibrante *Apocalypse Now*, mostram heróis às voltas com um medo que desumaniza até a loucura. *Lord Jim* é ao mesmo tempo um drama psicológico, um romance filosófico e uma narrativa de aventura, com viagens marítimas, combates na selva, personagens marginais e pitorescos, cenário tropical.

■ Richard Brooks traduziu essa complexidade opondo as duas partes do seu filme, no tom e na técnica. A juventude de Jim, o episódio do *Patna* e a breve sequência do vagar sem rumo são acompanhados por uma voz em *off*, a voz de Marlow, que retoma a análise psicológica do romance, impondo ao espectador sua interpretação, por vezes irônica. No início, o cineasta zomba dos fantasmas heroicos do jovem marinheiro com um efeito de repartição da tela, encaixando umas nas outras cenas romanescas de filmes de ação. Em seguida, uma simples transição em plano e contraplano introduz a câmera subjetiva, e então tudo sofre uma reviravolta. Quando Jim descobre a fenda no casco, o espectador não tem como saber se a tempestade é efetivamente terrível ou se está ampliada por sua imaginação. A técnica mimética do cinema representa da mesma maneira o referente real da ficção, o buraco no casco e o que o personagem julga ver, as ondas submergindo a embarcação. A voz em *off* torna-se grave, e desaparece quando Jim toma o destino nas mãos em Patusan.

Somos então projetados num puro filme de aventuras, segundo o esquema clássico: a conquista da glória e do amor, seguida da queda. Brooks recorre a todos os clichês do gênero, criando tipos novos, como o guri indígena. Um cruel general de linhagem incerta toma o lugar de Tunku Allang, o velho rajá malaio. O cineasta acrescenta à intriga sequências movimenta-

James Mason

189

LORD JIM

das, típicas dos filmes de piratas: o atentado no porto, a tortura etc. As cenas de grande espetáculo, rodadas no Camboja e na Malásia, como a cerimônia fúnebre em Angkor, servem de pano de fundo. O romancista e o cineasta têm o mesmo prazer estético descrevendo paisagens e costumes exóticos.

A ação leva a melhor, aqui, sobre a análise psicológica. Cabe exclusivamente ao olhar tão particular de Peter O'Toole expressar a persistente dúvida do herói. Os críticos o recriminaram por sua interpretação superficial. Mas não se trata necessariamente de uma traição ao romance: nele, Jim não é expansivo, e seu comportamento é "cheio de reserva". O cinema, ação em imagens, deveria mesmo traduzir melhor que as palavras a ambiguidade do personagem, a darmos crédito à última carta de Marlow: "Não terá ficado nenhuma mensagem dele, senão a mensagem que cada um de nós pode extrair por conta própria da linguagem dos fatos, que muitas vezes são mais enigmáticos que as mais sutis combinações de palavras."

Peter O'Toole

■ Toda adaptação é uma interpretação. Peter Brooks parece querer redimir Lord Jim. O romance concluía com essas palavras: "Ele desaparece 'debaixo de uma nuvem' [*under a cloud* conota sombra, tristeza, mas também desconfiança e recriminações], o coração impenetrável, esquecido, não perdoado, figura romântica ao extremo." O filme termina com a cremação de Jim e Waris, lado a lado, ante o olhar confiante da jovem mestiça. Submissa ao destino, ela não implorou ao marinheiro em desgraça que ficasse a seu lado, ao contrário do personagem do romance. Entrega então a Doramin, para que o jogue na fogueira, o paletó do uniforme de Jim, símbolo de sua vida anterior e de sua filiação ao Império britânico.

Certos críticos veem em Lord Jim uma alegoria da Grã-Bretanha colonialista – "um de nós [*one of us*]", como repete Marlow –, cujos valores ele compartilha: coragem, lealdade, sentimento de pertencer a uma raça superior. O episódio de Patusan deixa claras a generosidade e a missão civilizatória do bom chefe branco. Mas seu segundo pecado é confiar nos compatriotas cobiçosos e corruptos, contra o interesse do povo que protege. Brooks insiste em sua leitura pós-colonial do romance com imagens pesadamente simbólicas: Waris é golpeado pelas costas quando está usando o casaco do amigo; o tesouro, tendo despertado a cobiça dos brancos, transforma-se no instrumento de sua morte; depois de depositar seu boné na mortalha do menino, digno, com o rosto iluminado de lado, Lord Jim desaparece fora de campo; as torres de cremação em chamas desmoronam, enquanto o vapor de Stein, o "pai" branco, se afasta contra a luz no céu esbraseado. O romance, durante muito tempo considerado difícil por causa de sua modernidade, é hoje visto como uma das obras-primas de Conrad. O filme teve sucesso apenas relativo ao ser lançado.

MV

→ PISTAS PEDAGÓGICAS

▸ O Extremo Oriente no imaginário ocidental.

▸ Do filme de aventuras no mar ao filme de guerra, olhares sobre a aventura colonial e a descolonização: *O grande motim* (Frank Lloyd, 1935, e Lewis Milestone, 1962); *Capitão Blood* (Michael Curtiz, 1935); *O homem que queria ser rei* (John Huston, 1975); *Le crabe-tambour* (Pierre Schoendoerffer, 1977); *Platoon* (Oliver Stone, 1986) etc.

Bibliografia

Jean-Luc Einaudi, *Vietnam! La guerre d'Indochine 1945-1954*, Paris, Le Cherche Midi, 2001.

Jean-Yves Tadié, *Le Roman d'aventures*, Paris, PUF, 1982.

Madame Bovary

Gustave Flaubert, *Madame Bovary*, 1857.

SINOPSE

Feliz por poder deixar a fazenda do pai, a sonhadora Emma Rouault casa-se com Charles Bovary, médico do interior. Rapidamente a jovem se entedia ao lado desse homem tímido e sem fantasia. O casal deixa então Tostes para morar no burgo de Yonville. Emma dá à luz uma filha, que logo vem a deixar de lado para se voltar para Léon Dupuis, escriturário, que em seguida é obrigado a deixar a Normandia para se estabelecer em Paris. Ela cai então nos braços de Rodolphe Boulanger, com quem vive uma intensa paixão amorosa. Mas o rompimento dos dois a deixa deprimida. Para diverti-la, Charles a leva à ópera de Rouen, onde encontram Léon, que se torna amante de Emma.

Isabelle Huppert, Madame Bovary *(Claude Chabrol, 1991)*

"Madame Bovary sou eu", dizia Gustave Flaubert, e hoje são também de certa maneira os cerca de dez cineastas de nacionalidades diferentes – Renoir (França), Lamprecht (Alemanha), Schlieper (Argentina), Sokurov (Rússia), Oliveira (Portugal), Mehta (Índia) etc. – que se arriscaram, com os mais diversos recursos e sucessos, à adaptação cinematográfica de *Madame Bovary*. Se a fama desse grande clássico da literatura mundial, pretexto para atrair espectadores, pode justificar comercialmente todo esse fascínio, os temas universais e as especificidades literárias da obra são também e, sobretudo, qualidades próprias para interessar cineastas do mundo inteiro. A paixão, o desejo, a frustração, o adultério, mas também o tédio (ou bovarismo), o dinheiro e a morte são temas sob muitos aspectos inesgotáveis. Assim, *Madame Bovary* muitas vezes foi qualificado de romance "protocinematográfico", em virtude da precisão de suas descrições, de sua propensão a "mostrar" tanto quanto contar e de sua construção narrativa prenunciando a montagem alternada, como na cena da feira agrícola. Cabe notar ainda que cada uma dessas adaptações é reflexo da cultura de seu país e da época em que foi realizada. De todas as versões, as francesas são as que se mantêm mais próximas do texto. Vamos nos deter aqui "apenas" nas de Jean Renoir,

MADAME BOVARY

Madame Bovary FRANÇA, 1934

Pr.	Nouvelles Société de Films (NSF)
Dir.	Jean Renoir
Rot.	Jean Renoir
Foto.	Jean Bachelet
Int.	Valentine Tessier (Emma Bovary), Pierre Renoir (Charles Bovary), Fernand Fabre (Rodolphe Boulanger), Daniel Lecourtois (Léon Dupuis), Max Dearly (Sr. Homais), Robert Le Vigan (Sr. Lheureux)
Duração	100 min

Madame Bovary ESTADOS UNIDOS, 1950

Pr.	MGM
Dir.	Vincente Minnelli
Rot.	Robert Ardrey
Foto.	Robert H. Planck
Int.	Jennifer Jones (Emma Bovary), Van Heflin (Charles Bovary), Louis Jourdan (Rodolphe Boulanger), Gene Lockhart (Sr. Homais), Alf Kjellin (Léon/Christopher Kent), James Mason (Gustave Flaubert)
Duração	115 min

Madame Bovary FRANÇA, 1991

Pr.	MK2 Productions/CED Productions/FR3 Productions
Dir.	Claude Chabrol
Rot.	Claude Chabrol
Foto.	Jean Rabier
Int.	Isabelle Huppert (Emma Bovary), Jean-François Balmer (Charles Bovary), Christophe Malavoy (Rodolphe Boulanger), Lucas Belvaux (Léon Dupuis), Jean Yanne (Sr. Homais), Jean-Louis Maury (Sr. Lheureux)
Duração	140 min

Vincente Minnelli e Claude Chabrol, por razões tanto históricas quanto culturais e estéticas.

■ Desses três filmes, o de Chabrol é de longe o mais fiel ao texto e ao espírito do romance. A obra de Renoir, inicialmente com duração próxima de três horas, sofreu com a amputação de mais de uma hora por motivos de distribuição comercial. Nele, a dramaturgia é um pouco descosturada, senão alusiva, no que diz respeito à motivação dos protagonistas, e o aumento da insatisfação de Emma é apenas sugerido. A escolha (imposta a Renoir) de uma atriz com 42 anos para o papel de Emma não convence muito (especialmente na primeira parte da narrativa). Pretendendo traduzir o isolamento de seu personagem do resto do mundo, a carnal Valentine Tessier/Emma opta por uma interpretação muitas vezes afetada de grande atriz trágica, que não é a expressão de uma jovem apaixonada, consumida por seus sonhos de amor e sua inconsequência. A atenção de Renoir às manifestações das diferenças sociais o leva também a escolher atores do mundo do espetáculo para os outros papéis principais. De tal maneira que, de Emma a Homais, passando por Lheureux e o tabelião, todos (à exceção de Charles) parecem, como em Flaubert, estar em um palco e representar uma comédia (para si mesmos). Assim, para atenuar a ênfase teatral do conjunto dos atores, Renoir teve a ideia de filmar em cenários naturais em Lyons-la-Forêt, como faria Chabrol cerca de meio século depois. Uma busca de autenticidade algo rústica que tem como consequência recuperar um pouco da impregnação realista da obra literária.

O outro interesse principal deste filme reside nas qualidades plásticas da imagem. A utilização do sobre-enquadramento no interior do espaço filmado e de um *flou* "impressionista" da imagem (influência do pai, o pintor Pierre-Auguste Renoir) é um artifício que tende a exacerbar a tensão trágica e o clima cada vez mais febril da intriga. Entretanto, ao fugir dos clichês da naturalidade e privilegiar a estilização dramática (que haveria de conduzi-lo, vinte anos depois, a *Le Carrosse d'or*), Renoir acabou se afastando um pouco do espírito do romance. Mas não tanto quanto Minnelli, que abandona o realismo flaubertiano em proveito de um romantismo decididamente hollywoodiano.

■ Ante o código de censura da época, que considera o adultério um tema delicado, Minnelli e seu roteirista Robert Ardrey tiveram de eliminar passagens sensuais para "desapaixonar as cenas entre Emma e Rodolphe", e Lana Turner, cujo nome chegou a ser cogitado para o papel de Emma, infelizmente foi substituída por Jennifer Jones, por ser considerada sensual demais. Para escapar da censura e atender o gosto do público por um final feliz, Minnelli teve a astuciosa ideia de enquadrar a história de Emma num processo por "atentado à moral pública e religiosa e aos bons costumes", movido contra Flaubert em 1857. No lugar do fim trágico do romance, o filme termina, assim, com a vitória de Flaubert, que vai pessoalmente defender e ganhar sua própria causa

Jennifer Jones e Van Heflin, Madame Bovary *(Vincente Minnelli, 1950)*

MADAME BOVARY

> **→ PISTAS PEDAGÓGICAS**

▸ Paixão amorosa e heroína trágica no cinema.

▸ Olhar crítico sobre a covardia amorosa (Rodolphe, Léon).

▸ O "bovarismo": um problema existencial ligado à educação das moças no século XIX?

▸ Homais, um retrato irônico da presunção intelectual (Bouvard e Pécuchet).

▸ Madame Bovary ou o retrato da burguesia do interior.

▸ Imagem "indireta" da medicina e do campesinato da época.

▸ O processo contra *Madame Bovary* de 1857.

no tribunal dos censores do Segundo Império (e de Hollywood!). Além dos cortes e das modificações em relação ao romance (num sincero gesto de impotência, Charles abre mão, por exemplo, da operação de Hyppolite), a versão de Minnelli é, mais ainda que a de Renoir, reflexo do início ao fim da visão e do universo de seu autor. Emma é no início uma encantadora fazendeira, mais ou menos como Katharine Hepburn em *Correntes ocultas* (1948). Em seguida, "no espírito do romantismo de um Victor Hugo ou de um Chateaubriand [...]", segundo o próprio Minnelli, traindo um contrassenso de leitura, torna-se "uma estudante, adolescente sonhadora em busca da beleza que só sua imaginação pode criar a cada momento, pois sua vida se depara com uma realidade indigna".

E é no cenário, um verdadeiro personagem que a cerca, que sua Emma tenta se refugiar. De onde vem a importância dos espelhos em que ela se contempla periodicamente para tentar descobrir se o que vê corresponde à imagem que tem de si. Globalmente, Minnelli baseia sua dramaturgia na oposição da vida congelada e detestada de heroína ao movimento e à embriaguez da existência por ela sonhada. A cena do baile, reflexo de sua encenação barroca ao extremo, quase até a caricatura (como o casamento irreverente de Emma), converge com a visão de Emma e bem traduz o turbilhão de vida a que ela tenta se entregar. A câmera se contorce com elegância e frisa os movimentos amplos e estonteantes dos dançarinos. A rapidez com que a heroína gira sobre si mesma revela seu desejo de vertigem. No fim das contas, Emma prenuncia a Ginny de *Deus sabe quanto amei* (1959). Julgando descobrir o amor, ela encontra a morte, vítima de seus próprios sonhos.

■ Essa busca de movimento também está presente no filme de Chabrol, no qual muitas vezes vemos Isabelle Huppert/Emma correr, caminhar apressadamente, ir e vir de um lugar a outro, de uma cama a outra, ou mergulhar a toda velocidade na escuridão de um jardim, como antecâmara de sua morte próxima, para ir ao encontro de Rodolphe. Essa última transposição foi uma questão de honra para seu autor, preocupado acima de tudo em respeitar a obra de Flaubert. Ao mesmo tempo em que elimina o primeiro capítulo do romance, que serve de enquadramento para o drama (como todas as outras versões), Chabrol é, em compensação, o único que consegue levar seu ator, Jean-François Balmer/Charles, a pronunciar a palavra através da qual o personagem livresco nasce para o leitor (aqui, dirigindo-se a Emma): "Charbovari." Sua encenação é clássica, equilibrada, operando as mesmas acelerações de ritmo que no romance, discretamente prosaica nas cenas externas, realista e crua nas cenas que envolvem a prática da medicina e a agonia de Emma, como exige a escrita precisa e detalhada do escritor. A realização não é comprometida por lirismo nem romantismo, o que seria um duplo erro de leitura. Ao contrário do que acontece em Minnelli, a voz em *off* não é a de um Flaubert formal e afetado, mas de um narrador que observa sua heroína com a distância da ironia. Reveladora do que Chabrol pensa dos homens de Emma, a escolha de atores medianos (à exceção de Balmer) para encarná-los reflete bem a impostura e a fraqueza dos personagens. Por fim, pelos caminhos do bovarismo, do devaneio romanesco, da urgência da paixão amorosa e da febre do desespero, Isabelle Huppert renova constantemente sua interpretação, ora quase apagada de tão discreta, ora carregada de uma energia feroz, encarnando no fim das contas uma Emma Bovary ideal.

PL

Bibliografia

Daniel Serceau, *Jean Renoir, la sagesse du plaisir*, Cerf, 1985.

Jean Renoir, *Ma vie et mes films*, Flammarion, 2005 (1ª ed. 1974).

Patrick Brion, Thierry de Navacelle e Dominique Rabourdin, *Vincente Minnelli, de Broadway à Hollywood*, Hatier, 1985.

Jean-Pierre Deloux, *Vincente Minnelli, sous le signe du lion*, Durante/BiFi, 2000.

Joël Magny, *Claude Chabrol*, Cahiers du cinéma, 1987.

Wilfrid Alexandre, *Claude Chabrol, la traversée des apparences*, Le Félin/Kiron, 2003.

◆ *O desprezo*
FRANÇA–ITÁLIA–ESTADOS UNIDOS, 1963 (*LE MÉPRIS*)

Alberto Moravia, *Il Disprezzo*, **1954.**

SINOPSE

Um roteirista, infeliz na atividade profissional mas loucamente apaixonado pela mulher, aceita uma encomenda sem interesse artístico real para pagar dívidas: trabalhar na adaptação da *Odisseia*, de Homero, para um produtor comercial. Mas nesse momento, depois de um mal-entendido, sua mulher se distancia dele e começa a desprezá-lo, sem que ele consiga fazer nada a respeito.

Brigitte Bardot, Jack Palance e Michel Piccoli

O DESPREZO

Pr.	Rome Paris Films/Concordia/C. C. Champion
Dir.	Jean-Luc Godard
Rot.	Jean-Luc Godard
Foto.	Raoul Coutard
Int.	Brigitte Bardot (Camille), Michel Piccoli (Paul Javal), Jack Palance (Prokosch), Giorgia Moll (Francesca), Fritz Lang (ele mesmo)
Duração	105 min

Michel Piccoli e Brigitte Bardot

O desprezo é sob muitos aspectos um encontro simbólico entre duas personalidades. De um lado, Alberto Moravia, escritor e reputado crítico de cinema, e eventualmente roteirista, atividade que sempre detestou (sentimento que vamos reencontrar no retrato do roteirista do seu romance). De outro, Jean-Luc Godard, cineasta já reputado e também antigo crítico de cinema, como a maioria dos realizadores da Nouvelle Vague. O encontro se dá em torno da adaptação de um romance de Moravia situado precisamente no mundo do cinema. Inevitavelmente, a adaptação elaborada por Godard transforma-o ao mesmo tempo em um filme sobre a destruição de um casal – tema principal do romance – e em uma obra sobre o próprio cinema, na perspectiva "reflexiva" prezada pelo cineasta. As esplêndidas imagens iniciais, mostrando uma câmera se aproximando em *travelling* do espectador, enquanto a voz de Godard recita os "créditos", concluindo com uma citação atribuída a André Bazin, é uma declaração de intenções e ao mesmo tempo uma chave de leitura.

■ Curiosamente, a gênese do filme assim como sua recepção resultam de uma espécie de mal-entendido, algo que está no centro do romance de Moravia. O projeto do filme é iniciado por Georges de Beauregard, o produtor dos primeiros filmes de Godard. Ele monta uma coprodução internacional com a Itália e os Estados Unidos, graças ao nome de Brigitte Bardot. É na época o filme mais "caro" de Godard, mas uma "pequena produção" para Bardot, bem diferente das que a estrela francesa está acostumada a filmar, e muito distante da chamada "qualidade francesa". Paradoxalmente, contudo, trata-se de um dos filmes mais "clássicos" de Godard, ou pelo menos um dos mais legíveis e de mais fácil abordagem. Na mesma ordem de ideias, estamos diante de um de seus maiores sucessos comerciais, ao mesmo tempo um dos menores de Bardot.

Fiel a seu estilo, o cineasta conserva a trama global do romance, ao mesmo tempo em que o desestrutura radicalmente. Assim, o incidente que provoca a crise do casal formado por Paul (Michel Piccoli) e Camille Javal (Brigitte Bardot) – Molteni e Emilia no romance – situa-se, no livro, na primeira parte. É, inclusive, a chave de leitura de toda a narrativa, embora ocorra

"wagneriano"). Moravia esclarece que sua carreira foi interrompida com a chegada de Hitler ao poder, e que, embora tivesse assinado alguns filmes interessantes, "certamente não era da classe de um Pabst ou de um Lang". Godard inverte totalmente essa perspectiva, entregando o papel do cineasta ao próprio Fritz Lang, em seu próprio papel. A homenagem prestada ao grande mestre alemão, em conflito com seu produtor, confere à narrativa a dimensão de uma reflexão sobre a história do cinema e sobre seu possível fim, assim como uma meditação sobre a criação cinematográfica. Fritz Lang, um dos "deuses" do cinema, confere uma perspectiva suplementar à utilização da *Odisseia*. Paralelamente à crise conjugal do roteirista e sua mulher e o destino de Ulisses e Penélope vem somar-se uma dimensão quase mística. Paul/Ulisses é apanhado no meio de uma guerra entre os deuses (Prokosch, o produtor, que se identifica com os deuses do Olimpo, e Fritz Lang), dimensão ainda mais reforçada pelo personagem de Giorgia Moll, secretária intérprete e oráculo que faz a ligação entre os diferentes personagens. No presente caso, um cineasta consegue assim transcender, em todos os sentidos, um romance original, ao mesmo tempo em que se mantém fiel a sua intriga de base, para lhe conferir uma nova dimensão artística e filosófica.

mais tarde no longa-metragem. Em sentido inverso, a proposta de reescrever a *Odisseia* aparece já no início do filme, ou quase, ao passo que no romance só chega lá pelo segundo terço. Poderíamos multiplicar exemplos nesse sentido, mas no fundo constatamos que o essencial do romance está no filme. Certas frases são diretamente reproduzidas (o romance é contado em primeira pessoa pelo roteirista, e o filme retoma às vezes algumas de suas falas com a voz em *off*), e até mesmo certas citações literárias (Dante), misturadas a outras da iniciativa de Godard (Hölderlin).

■ É na relação do romance com o cinema que no fim das contas Godard mais se afasta do texto original. Em Moravia, o projeto da *Odisseia* está apenas em estado preparatório. Moravia o descreve como uma espécie de aparato espetacular e extremamente vulgar, no espírito dos filmes sobre a Antiguidade da década de 1950. Na verdade, reconhecemos nessa descrição o *Ulisses* realizado por Mario Camerini e produzido por Carlo Ponti, um dos coprodutores de *O desprezo*! Em Godard, as filmagens já começaram e o roteirista é contratado para escrever novas cenas a pedido do produtor americano, e não mais italiano. Essa modificação permite a Godard introduzir um "filme dentro do filme", e, com isso, trabalhar sobre o cinema sendo feito.

A outra modificação essencial diz respeito ao "cineasta alemão" incumbido de filmar a *Odisseia*. No romance, ele se chama Rheingold (nome estranhamente

LA

> **PISTAS PEDAGÓGICAS**

▸ A *Odisseia* e suas variantes no cinema.
▸ Os "filmes dentro do filme" e o cinema visto pelo cinema.
▸ O conflito entre o realizador e o produtor no cinema.

Bibliografia

Antoine de Baecque, *Godard, biographie*, Grasset, 2010.
Michel Marie, *Le Mépris* (análise crítica), Nathan, "Synopsis", 1990.
Jean Collet, Jean-Luc Godard, Seghers, "Cinéma d'aujourd'hui", n° 18, 1963.

O mensageiro

GRÃ-BRETANHA, 1971 (THE GO-BETWEEN)

Leslie Poles Hartley, *The Go-Between*, 1953.

SINOPSE

No início do século XIX, Leo Colston, um garoto de 13 anos, de origem modesta, vai passar alguns dias na grande propriedade dos Maudsley, em Norfolk, a convite de Marcus, seu colega de escola. No calor de um verão escaldante, Leo, adolescente frágil ainda cheio de inocência, descobre um meio aristocrático que não conhecia. Sente-se estranhamente atraído por Marian, a irmã mais velha de Marcus, mas ela está interessada em Ted Burgess, um agricultor carismático. Marcus cai doente e Leo fica sozinho na grande propriedade, podendo movimentar-se livremente. Certo dia, Ted pede-lhe que entregue uma carta a Marian. Na verdade, a jovem, apesar de noiva do visconde Hugh Trimingham, é amante do agricultor. Leo passa então a servir-lhes de mensageiro, sem entender o sentido das relações entre os dois. Pouco a pouco, contudo, ele se sente embaraçado no papel que os amantes o levam a desempenhar. Manifestando sua inquietação, seu sentimento de culpa, Leo é ameaçado pelos dois amantes se deixar de atuar como seu mensageiro.

Pr.	MGM-EMI/Columbia Pictures
Dir.	Joseph Losey
Rot.	Harold Pinter
Foto.	Gerry Fisher
Int.	Julie Christie (Marian), Alan Bates (Ted Burgess), Margaret Leighton (Sra. Maudsley), Michael Redgrave (Leo Colston), Dominic Guard (Leo Colston criança), Michael Gough (Sr. Maudsley), Edward Fox (Hugh Trimingham)
Duração	118 min

Depois da realização de *O criado* Joseph Losey propõe ao dramaturgo Harold Pinter a adaptação de *O mensageiro*, romance britânico escrito em 1953 por Leslie Poles Hartley, que obtivera grande sucesso, recebendo vários prêmios literários. Ao escrever a história de um menino de meio modesto descobrindo o peso mortal das convenções morais da boa sociedade no fim da era vitoriana, Hartley tocou o coração dos ingleses do pós-guerra, ainda e sempre vivendo numa sociedade perseguida pela fatalidade das defasagens e determinismos sociais.

■ Num primeiro momento, Pinter, depois de escrever um roteiro de cerca de sessenta páginas, desistiu, achando o romance "comovente demais, perfeito demais". Só depois de *Estranho acidente* é que ele voltaria a *O mensageiro*, em sua terceira colaboração com Losey. Na releitura, Pinter redescobriu o romance, não mais como a história de um menino que testemunha a paixão proibida de dois amantes, mas como uma reflexão sobre o tempo. Hartley é influenciada pela filosofia de Bergson, segundo quem, ao lado de um tempo linear, cronológico, existe outro tempo, multidimensional, no qual

Alan Bates e Julie Christie

O MENSAGEIRO

Michael Redgrave e Alan Bates

seu roteirista e futuro Prêmio Nobel de literatura, tenta elevar as possibilidades cinematográficas, transformar a sétima arte em uma arte literária. Assim é que utiliza a voz de Leo idoso em planos do passado e a de Leo menino em planos do presente. Da mesma forma, pede ao diretor de fotografia, Gerry Fisher, que evoque visual e esteticamente Renoir ou Constable nas cenas do passado, oferecendo para o presente uma foto mais sombria, "de céu encoberto", e com isso invertendo o ônus da prova, pois o hábito no cinema é que o passado seja cinzento ou sépia e o tempo presente, cheio de luz. Por fim, ao contrário do que constatamos em outros filmes, que jogam em dois tempos narrativos, não existe em *O mensageiro flashback* nem *flash forward* (flash para a frente), mas justaposições, para deixar bem claro que os tempos não se sobrepõem, sendo "dois países estrangeiros", dois universos paralelos e independentes.

Esse trabalho em torno da obra dessa grande escritora deu a Losey e Pinter vontade de concretizar o sonho de suas vidas: a adaptação de *Em busca do tempo perdido*, de Marcel Proust. Depois de *O mensageiro*, Pinter começou então a tentar escrever um roteiro extraído da obra de Proust, mas o projeto não se concretizou.

passado, presente e futuro não existem, sendo uma mesma coisa ou coexistindo em espaços temporais paralelos.

O romance começa com esta frase, que serve para resumi-lo: "O passado é um país estrangeiro: nele, fazemos as coisas diferentemente do que fazemos aqui." Pinter e Losey apropriam-se completamente dessa ideia de um passado independente do presente, de tal maneira que também começam o filme com essa frase, pronunciada em *off* pela voz de Leo adulto, sobre imagens chuvosas. Na tela, a luz do campo inglês rapidamente toma o lugar da chuva, e, depois de um longo *travelling* na propriedade dos Maudsley, o jovem Leo Colston chega a Brentham. O presente e o passado, assim, sucedem-se instantaneamente. Aqui, o menino convive com o velho, que volta ao lugar de sua infância. Como a obra de Leslie Hartley contém elementos narrativos estimados pelos dois criadores (um lugar isolado, um meio fechado, um intruso entrando nesse ambiente por sua própria conta e risco), eles constroem um filme sutil e complexo, respeitando fielmente a intriga e as emoções por ela geradas.

■ Ao experimentar em *O mensageiro* certos procedimentos formais destinados a sugerir que "passado e presente são apenas um", ideia mais literária ou filosófica que cinematográfica, Losey, acompanhado de

■ Através de *O mensageiro*, que seria o ponto máximo da frutífera colaboração entre Harold Pinter e Joseph Losey, ninguém esqueceria o jovem Dominic Guard, mensageiro da própria infelicidade, fascinado por Julie Christie, tão bela sob sua sombrinha. *O mensageiro* é um dos grandes filmes de uma tendência literária do cinema que então estava em seu apogeu, pois o filme de Losey ganhou a Palma de Ouro no Festival de Cannes em 1971, concorrendo com *Morte em Veneza*, de Luchino Visconti, adaptado do romance de Thomas Mann.

PP

→ **PISTAS PEDAGÓGICAS**

▸ A traição.
▸ O fracasso da iniciação.
▸ O papel de intermediário.
▸ Paraísos perdidos.

Bibliografia

"L'univers de Joseph Losey", *CinémAction*, nº 96, Corlet-Télérama, 2000.

Joseph Losey, *L'oeil du "Maître"*, Institut Lumière/Actes Sud, 1994.

Michel Strogoff

FRANÇA–ITÁLIA–ALEMANHA OCIDENTAL–IUGOSLÁVIA, 1956

Júlio Verne, *Michel Strogoff*, 1876.

SINOPSE

No fim do século XIX, uma rebelião eclode na Rússia e as linhas de comunicação são rompidas. O czar incumbe um mensageiro, Michel Strogoff, de percorrer milhares de quilômetros na Sibéria oriental, ocupada por um dos chefes dos rebeldes, Feofor Khan, para prevenir o grão-duque, irmão do czar, do perigo iminente. Nesse caminho cheio de obstáculos, ele conhecerá a bela Nadia, assim como os jornalistas europeus Harry Blount e Alcide Jolivet.

Curd Jürgens

MICHEL STROGOFF

Pr.	Illiria Film/Les Films Modernes/Produzione Gallone/UFUS
Dir.	Carmine Gallone
Rot.	Marc-Gilbert Sauvajon
Foto.	Robert Lefebvre
Int.	Curd Jürgens (Michel Strogoff), Geneviève Page (Nadia Fedor), Sylva Koscina (Sangarre) Jacques Daqmine (o grão-duque), Inkijinoff (Feofor Khan), Henri Nassiet (Ivan Ogareff), Sylvie (a mãe de Strogoff), Louis Arbessier (o czar), Gérard Buhr (Henry Blount), Jean Parédès (Jolivet), Françoise Fabian (Natko)
Duração	111 min

Outras versões:

- *Michel Strogoff* (Viktor Turjansky, 1926), int. Ivan Mosjukin
- *Michel Strogoff* (Jacques de Baroncelli e Richard Eichberg, 1935), int. Adolf Wohlbrück
- *The Soldier and the Lady* (George Nicholls Jr., 1937), int. Anton Walbrook
- *Michel Strogoff* (Eriprando Visconti, 1970), int. John Philip Law

Não surpreende que *Michel Strogoff* seja um dos romances mais frequentemente adaptados para o cinema e a televisão, desde o início do cinema mudo. Puro romance de aventuras, ele não requer grandes efeitos especiais, ao contrário de certas "viagens extraordinárias" na esfera do fantástico ou da ficção científica. E, sobretudo, o romance é construído sobre um esquema narrativo de simplicidade e força tão elementares que parece talhado para o cinema. Reduzido à sua expressão mais simples, o tema é o seguinte: um homem (um herói) precisa ir de um ponto A a um ponto B, distantes vários milhares de quilômetros, percorrendo territórios hostis nos quais enfrenta necessariamente muitos perigos. Como tantas vezes se observou, esse tema pode ser tanto de um western clássico quanto de qualquer filme que tenha como tema a viagem perigosa ou a busca heroica.

■ Pouco considerada na história do cinema mundial, a versão de 1956 é um perfeito exemplo do sistema de coproduções europeias que surgem em meados da década de 1950, concorrendo no mercado internacional, em certos casos suplantando-o, com o cinema hollywoodiano, que começa então um longo processo de declínio (que duraria até o surgimento da "Nova Hollywood", cerca de quinze anos depois). O eixo principal dessa coprodução é formado pela França e pela Itália. A Alemanha Oriental junta-se ao financiamento,

e devemos acrescentar ainda a Iugoslávia, na época usada com frequência para as filmagens externas (e também por seus figurantes e sua cavalaria). Os créditos refletem esse aspecto cosmopolita. Atores franceses e italianos cercam o ator alemão Curd Jürgens, grande estrela na época, que assume o papel de Strogoff – com o qual se parece, no entanto, muito pouco, à parte uma real "presença" física e um certo desembaraço atlético. O diretor, Carmine Gallone, é um grande especialista do cinema "comercial" e um veterano que filma, desde a década de 1910, melodramas, filmes de aventura, filmes de ópera ou de história da Antiguidade, entre eles o célebre filme de propaganda fascista *Cipião, o africano*. Em sua carreira, esse *Strogoff* situa-se entre dois episódios da série *Don Camillo*.

De certa maneira, o filme reflete a personalidade, ou melhor, a falta de personalidade do cineasta. O roteiro segue fielmente a estrutura narrativa do romance, livrando-a, naturalmente, de vários episódios e, sobretudo, diminuindo o papel de certos personagens secundários. Surgem algumas modificações. Os jornalistas tornam-se franceses e escrevem para jornais adversários políticos. Para introduzir um elemento suplementar de romance, Strogoff e Nadia não se fazem mais passar por irmãos, mas, obedecendo a ordens, por marido e mulher. Gallone não consegue reproduzir o fôlego das cenas *cult* do romance, como a da quase cegueira de Strogoff, com sua célebre frase "Olhe com seus dois olhos, olhe!", que é totalmente modificada. Não é com suas lágrimas, mas graças a uma intriga tramada pela favorita do khan (no fim das contas um belíssimo personagem feminino) que Strogoff escapa da cegueira, e é durante esse suplício que ocorre o inevitável balé de mulheres, sequência obrigatória de todo filme histórico sobre a Antiguidade e de todo filme europeu de aventuras de época. Por outro lado, Gallone sabe perfeitamente filmar a mecânica narrativa do romance. Os códigos do gênero são perfeitamente respeitados, às vezes chegando ao clichê (o papel do khan é confiado ao inevitável Inkijinoff, especializado na interpretação de "malvados" desde a década de 1930), as cenas de multidão são numerosas e bem-dirigidas, as paisagens são valorizadas em toda a sua variedade e a narrativa é bem-sustentada do início ao fim. Em virtude desse respeito aos códigos do gênero é que, por

201

Geneviève Page e Curd Jürgens

exemplo, o filme termina com uma batalha seguida de um duelo, e não mais com a simples "volta" de Michel Strogoff, que teria sido um "clímax" muito fraco do ponto de vista cinematográfico. Nesse ponto, a função de evasão do romance de Verne é perfeitamente respeitada, e esse *Strogoff* é um dos melhores "filmes de aventuras de época" desse período.

■ O público o recebeu muito bem. Lançado no fim de 1956, ele faz uma excelente carreira comercial na França e se torna um dos campeões de bilheteria (ao lado de *Guerra e paz*, de King Vidor, e *Notre-Dame de Paris*, de Jean Delannoy, numa época decididamente propícia às adaptações literárias históricas). Esse sucesso prolongado, aliás, leva à realização de uma "continuação", com base em uma história original escrita pelo mesmo roteirista, Marc-Gilbert Sauvajon, *Le triomphe de Michel Strogoff* (1960). Curd Jürgens, retomando o papel, é então dirigido por outro veterano, Viktor Tourjansky, o que tinha realizado a versão muda com o grande ator Ivan Mosjukin, obra que marcou sua época. A título de curiosidade, cabe assinalar também uma interessante adaptação realizada por Eriprando Visconti (sobrinho de Luchino), com a originalidade de ser em parte acompanhada do ponto de vista do "traidor" Ogareff, cuja ação vem assim a ser em parte justificada. Mas o filme é definitivamente comprometido por um orçamento miserável, uma realização medíocre e, sobretudo, a escolha catastrófica de J. P. Law para o papel de Strogoff.

Esse personagem lendário ainda faria outras aparições na telinha, em forma de novelas, mas decididamente é de fato o filme de Gallone, com suas numerosas exibições na televisão, que ainda hoje continua sendo a versão de referência.

LA

> **PISTAS PEDAGÓGICAS**

▸ Júlio Verne no cinema: os romances mais adaptados, os romances esquecidos.

▸ O tema da viagem perigosa no cinema: de Júlio Verne a John Ford.

▸ A representação das hordas tártaras no cinema.

Bibliografia

Claude Aziza, Cathy Boëlle-Rousset, *Le tour de Jules Verne en 80 mots*, Le Pré aux clercs, 2005.

Pierre Gires, "Jules Verne au cinéma", *Écran fantastique*, n° 9, 1979.

Os miseráveis

Victor Hugo, *Les Misérables*, 1862.

SINOPSE

O camponês Jean Valjean, condenado a cinco anos de trabalhos forçados pelo roubo de um pão, sai da penitenciária de Toulon em 1815, dezenove anos depois, por causa de várias tentativas de fuga. Está cheio de ódio da sociedade. Mas seu destino muda radicalmente quando o bispo de Digne, Monsenhor Myriel, empenha-se em evitar que ele seja de novo encarcerado em consequência do roubo que cometeu em sua residência. Depois disso, Jean Valjean esforça-se por fazer apenas o bem, em detrimento de sua própria felicidade.

Les misérables FRANÇA, 1934

Pr.	Pathé-Nathan
Dir.	Raymond Bernard
Rot.	André Lang e Raymond Bernard
Foto.	Jules Kruger
Int.	Harry Baur (Jean Valjean), Charles Vanel (Javert), Florelle (Fantine), Josseline Gael (Cosette), Jean Servais (Marius), Orane Demazis (Éponine), Charles Dullin (Sr. Thénardier), Marguerite Moreno (Sra. Thénardier)
Duração	281 min

Les misérables FRANÇA-ALEMANHA-ITÁLIA, 1958

Pr.	Pathé Cinéma/DEFA/P.A.C./Serena
Dir.	Jean-Paul Le Chanois
Rot.	Jean-Paul Le Chanois, René Barjavel
Foto.	Jacques Natteau
Int.	Jean Gabin (Jean Valjean), Bernard Blier (Javert), Danièle Delorme (Fantine), Béatrice Altariba (Cosette), Serge Reggiani (Enjolras), Sylvia Monfort (Éponine), Bourvil (M. Thénardier), Elfriede Florin (Sra. Thénardier), Fernand Ledoux (Monsenhor Myriel)
Duração	180 min (em dois episódios)

Les misérables FRANÇA, 1982

Pr.	G.E.F/Modern Media Filmproduktion/SFP/TF1 Films Production
Dir.	Robert Hossein
Rot.	Alain Decaux
Foto.	Edmond Richard
Int.	Lino Ventura (Jean Valjean), Michel Bouquet (Javert), Évelyne Bouix (Fantine), Christiane Jean (Cosette), Frank David (Marius), Candice Patou (Éponine), Jean Carmet (Sr. Thénardier), Françoise Seigner (Sra. Thénardier), Louis Seigner (Monsenhor Myriel)
Duração	187 min

Lino Ventura, Les Misérables *(Robert Hossein, 1982)*.

203

OS MISERÁVEIS

Harry Baur, Les Misérables (Raymond Bernard, 1934)

Jean Gabin, Bourvil, Béatrice Altariba e Sylvia Montfort, Les Misérables (Jean-Paul Le Chanois, 1958)

Ao lado de Alexandre Dumas e Georges Simenon, Victor Hugo está sem dúvida entre os autores que mais alimentaram a sétima arte, adaptadora às vezes feroz e sem escrúpulos de monumentos literários. Como observam com tristeza Mireille Gamel e Michel Serceau, "mais de 160 adaptações e nenhuma obra-prima!".

No caso de Hugo, seria o caso de enxergar um vínculo direto entre romance popular e cinema ou de ressituar este último em linha direta com o melodrama do século XIX? *Os miseráveis* também é enriquecido por uma fibra histórica particular, alcançando com seu lirismo literário a dimensão de "romance nacional" teorizada por Michelet como fundamento da cultura republicana.

■ Indiscutivelmente, as diferentes versões cinematográficas de *Os miseráveis* remetem antes às preocupações sociais e políticas de seus adaptadores e aos problemas de sua própria época do que à fidelidade em relação ao romance.

O filme de Raymond Bernard situa-se na antecâmara da Frente Popular: as cenas de insurreição homenageiam o cinema soviético e prenunciam *La Marseillaise*, de Renoir. *Les misérables* de Jean-Paul Le Chanois é uma espécie de livro de imagens, transposição cinematográfica, em 1957, do prêmio recebido no fim do ano, e cuja difusão é prioritária nas escolas francesas do pós-guerra. Caberia esperar uma obra menos voltada para o grande público, mais engajada, da parte de um Le Chanois que havia participado da Resistência nos anos mais negros. A adaptação de Robert Hossein, por fim, retoma em 1982 um naturalismo impregnado de uma estética zoliana. Ela traduz o surgimento da violência iconográfica na cultura de massa no início da década de 1980, ao preço de uma ênfase que não presta serviço necessariamente à obra de Hugo. A vontade de prestar homenagem pode ser inegável, mas não é necessariamente um bom sinal gravar o mármore com britadeira!

O personagem de Jean Valjean é tão mítico que, a exemplo de d'Artagnan ou Maigret, desfruta de uma espécie de autonomia nos filmes, permitindo distinguir o trabalho do ator em relação à qualidade intrínseca do conjunto no qual evolui. Harry Baur nos oferece, assim, um Valjean fúnebre, ao passo que Jean Gabin parece forçado no personagem, e seu dialoguista, Michel Audiard, debaixo de vigilância, tendo por sinal sido

→ **PISTAS PEDAGÓGICAS**

▸ A geografia da Paris dos Miseráveis.

▸ O povo na literatura do século XIX e suas representações na tela.

▸ As representações das crianças de Paris.

▸ A Paris das insurreições e revoluções.

rapidamente afastado do projeto. Lino Ventura vive um Valjean solene, finalmente verossímil como condenado hercúleo. Só mesmo com os equívocos de Hossein em matéria de encenação era possível demolir o filme ao redor de uma interpretação tão excepcional, representando o fim da barricada, filmada em câmera lenta, o máximo do mau gosto e da apelação. Essa última cena é um marco histórico considerável: em Raymond Bernard, em 1933, estamos no terreno da estética da revolução de 1848, a barricada da esperança e do futuro róseo. Em Le Chanois e Hossein, estaríamos antes de volta à barricada da Comuna de Paris, desesperada, quase maldita... O futuro deixou de ser róseo.

A obra de Victor Hugo é tão profusa e complexa que fazer uma adaptação leva quase inevitavelmente a se engajar em um caminho marcado por etapas conhecidas e incontornáveis. Por mais que se possa abrir mão do início na penitenciária, a cena na residência de Monsenhor Myriel não pode deixar de ser o marco inicial do filme, seguida da charrete do padre Fauchelevent, identificada por Valjean, sob o olhar frio de Javert, e depois da queda anunciada de Fantine. Ponto cardeal do livro: o encontro com Cosette carregando seu balde e tirada do inferno dos Thénardier. Segue-se então uma espécie de ponto fraco de todas as adaptações, das turbulências do *Quartier Latin* ao namorico de Marius e Cosette e a retomada da ação, a barricada e a morte de Gavroche. A partir daí, Valjean surge como salvador supremo e conclui o filme, ao passo que Javert entende e se afoga. O principal obstáculo de *Os miseráveis* talvez tenha a ver principalmente com essa constante falta de surpresas, o que convida a voltar a mergulhar na obra inicial e nela se perder. O aspecto econômico também deve ser levado em conta. Assim, a versão em três partes do filme de Raymond Bernard é mutilada e reduzida a duas partes depois da guerra, ao passo que a primeira montagem de Le Chanois tinha quase quatro horas e meia, e teve uma hora inteira cortada na montagem final. O filme de Hossein é exibido nos cinemas e também tem uma versão para a televisão, que não é tão mais original que seus sucessores.

■ *Os miseráveis* no cinema seria então algo tão ruim que mais vale passar ao largo? Justamente, não, e isso por pelo menos três motivos.

- O primeiro e principal é que todos esses filmes têm as qualidades de seus defeitos, a saber, constituem, cada um à sua maneira, uma excelente introdução à obra de Hugo. As inúmeras facetas do livro de modo algum são corrompidas por uma coluna vertebral de imagens, a exemplo desses livros infantis que certamente representam trampolins para a leitura.

- Além disso, cada filme oferece um notável panorama do desempenho dramático de sua época, levando-se em conta o número de talentos reunidos para os papéis secundários. Javert, para começo de conversa, numa espécie de exaltação de ator, oferece a Charles Vanel, Bernard Blier e Michel Bouquet a chance de composições notáveis, com menção especial para Blier, simplesmente prodigioso. Mas devemos acrescentar Jean Marais e Fernand Ledoux como Myriel, Bourvil e Jean Carmet como Thénardier, Sylvia Montfort como Éponine, Danielle De-

Michel Bouquet, Les Misérables *(Robert Hossein, 1982)*

Lino Ventura e Christiane Jean, Les misérables *(Robert Hossein, 1982)*

lorme e Évelyne Bouix como Fantine, Serge Reggiani, literalmente habitado, como Enjolras em Le Chanois. E, além disso, o último papel no cinema de Denis Lavant como Montparnasse, na versão de Robert Hossein. Com toda evidência, cada um dos *Miseráveis* é um viveiro de talentos cinematográficos.

- Finalmente, os três filmes são verdadeiras iniciações à Paris do século XIX, numa visão bem incompleta, é verdade, mas já em si útil para mergulhar na Paris das revoluções. Não só as diferentes versões de *Os miseráveis* podem ser vistas com interesse, mas são de certa maneira complementares, permitindo, pelo confronto, despertar um primeiro espírito crítico em matéria de cinema e, ao mesmo tempo, dando vontade de ler o romance. Mas cabe perguntar se a melhor variante não seria a de Marcel Bluwal para a televisão em 1972, com Georges Géret no papel do condenado em fuga.

Qualquer que seja a adaptação, o grito de Jean Valjean para a assistência no julgamento de Champma-thieu, revelando sua verdadeira identidade para em seguida se recolher à cabeceira de Fantine, é um momento antológico, em livro ou em filme!

LB

Bibliografia

Jean-Louis Leutrat, *Cinéma et littérature. Le grand jeu*, Paris, De l'incidence éditeur, 2010.

Mireille Gamel e Michel Serceau, "Le Victor Hugo des cinéastes", *CinemAction*, nº 119, Corlet éditeur, 2006.

Arnaud Laster, "Les Misérables: du cinéma muet à la télévision. Cent ans d'inspiration pour les cinéastes du monde entier", *L'Avant-Scène cinéma*, nº 438/439.

Alain Corbin e Jean-Marie Mayeur (dir.), *La Barricade*, Paris, Publications de la Sorbonne, 1997.

Olivier Dumont e René Paulin, "Lire avec le cinéma: *Les Misérables*. Cosette à la fontaine, plan par plan", http://www.ac-creteil.fr/lettres/pedagogie/college/4e/miserables_film/cosette.htm (esplêndido trabalho de iniciação à leitura iconográfica e à gramática cinematográfica).

Moby Dick

GRÃ-BRETANHA–ESTADOS UNIDOS, 1956

Herman Melville, *Moby Dick*, 1851.

SINOPSE

Meados do século XIX. Em Nantucket, o marinheiro Ismael embarca no baleeiro *Pequod*, comandado pelo capitão Ahab, que perdeu uma perna em combate com uma baleia-branca monstruosa: Moby Dick. A viagem transcorre bem, mas agora Ahab só pensa em encontrar a lendária baleia. Sua obsessão adquire proporções titânicas, e acabará levando à morte toda a tripulação, com exceção de Ismael, único sobrevivente.

Pr.	Moulin Productions Inc./Warner Bros.
Dir.	John Huston
Rot.	Ray Bradbury, John Huston
Foto.	Oswald Morris, Freddie Francis
Int.	Gregory Peck (Ahab), Richard Basehart (Ishmael), Orson Welles (Mapple), Leo Genn (Starbuck), Harry Andrews (Stubb)
Duração	115 min

Outras versões:
- *Moby Dick* (Lloyd Bacon, 1930), int. John Barrymore (Ahab)
- *Moby Dick* (Franc Roddam, 1998, TV), int. Patrick Stewart (Ahab), Henry Thomas (Ismael), Gregory Peck (Mapple)
- *Capitaine Ahab* (Philippe Ramos, 2007), int. Denis Lavant (Ahab)

Gregory Peck, Moby Dick (John Huston, 1956)

E m sua autobiografia, John Huston dedica um capítulo inteiro às filmagens de *Moby Dick*, detendo-se nos vários obstáculos que precisou superar, assim como na própria dificuldade da adaptação do romance de Melville: "Transpor essa obra para a tela era uma empreitada esmagadora. Retrospectivamente, pergunto-me até se era possível."

Moby Dick é um dos projetos mais pessoais de John Huston. No momento da realização, o cineasta está entre os grandes diretores de sua época, autor de filmes já clássicos como *Relíquia macabra*, *Segredo das joias* e *Moulin Rouge*. Huston é aqui seu próprio produtor (apoiado pela Warner), além de corroteirista. O filme realmente está sob seu controle.

MOBY DICK

Leo Genn e Gregory Peck, Moby Dick *(John Huston, 1956)*

Noble Johnson, John Barrymore e Walter Long, Moby Dick *(Lloyd Bacon, 1930)*

■ Desde o início, ele tem consciência da dificuldade de adaptar o texto de Melville. Opta por se associar a um roteirista, escolhendo o escritor Ray Bradbury, então famoso por suas narrativas de ficção científica, especialmente *Crônicas marcianas* (1950). Huston considera que algumas de suas páginas podem sustentar a comparação com Melville, mas o fato é que a chegada de Bradbury orienta a adaptação para a fábula, na fronteira do fantástico. O filme retoma a estrutura fundamental do romance, além de certos episódios mais marcantes: a pregação de Mapple, a tardia entrada em cena de Ahab, o prêmio prometido ao primeiro marinheiro que avistar a baleia-branca, as cenas de caça etc. Mas omite as numerosas digressões, as considerações filosóficas e os capítulos quase "documentais", que dão amplitude ao romance, mas se revelam pouco cinematográficos. Os personagens secundários (como Queequeg) e até o próprio Ishmael, a voz narrativa por meio da qual o relato é dito em Melville, têm sua importância reduzida. Em compensação, Bradbury e Huston insistem no aspecto mitológico da narrativa, concentrando-se no drama ao mesmo tempo épico e metafísico da luta de Ahab contra Moby Dick.

Por outro lado, Huston confere particular importância ao aspecto visual do filme, ajudado nesse sentido pelo grande diretor de fotografia Freddie Francis (que viria a assinar a fotografia dos filmes de David Lynch, além de se tornar ele próprio diretor). Ele opta por um estranho procedimento combinando preto e branco e Technicolor. A ideia de Huston é remeter às antigas gravuras marinhas, assim como às ilustrações (Eric Thake, Rockwell Kent) de algumas edições de *Moby Dick*. O trabalho de adaptação inclui, portanto, o "paratexto" do romance propriamente dito.

■ No lançamento do filme, todo o trabalho de encenação e estética foi quase unanimemente elogiado. Mas a crítica, como o público, mostrou-se mais severa ante a escolha e a interpretação de Gregory Peck no papel de Ahab. O astro americano é empregado aí num papel inabitual para ele. Além disso, sua interpretação sombria, intensa e autocentrada contrasta singularmente com a interpretação de John Barrymore na versão de 1930 (num filme dos mais medíocres). Com o passar dos anos e as reprises do filme, contudo, é a modernidade da interpretação de Peck, contrastando com as convenções hollywoodianas da época, que realmente marca o espectador. O ator de certa forma prestaria uma homenagem a esse filme ao interpretar o papel do padre Mapple na versão televisiva de 1998, papel desempenhado no filme de Huston por Orson Welles, que oferece um monólogo antológico. Uma recente e curiosa variação em torno de *Moby Dick*, realizada na França por Philippe Ramos, permite constatar que Ahab definitivamente se inscreveu entre os personagens míticos contemporâneos.

LA

▶ **PISTAS PEDAGÓGICAS**

▸ As referências bíblicas e mitológicas de *Moby Dick*.

▸ A busca e o fracasso em John Huston (*Relíquia macabra, O homem que queria ser rei* etc.).

▸ A obra de Ray Bradbury, romancista e roteirista.

Bibliografia

Robert Benayoun, "John Huston", *Cinéma d'aujourd'hui*, n° 44, Seghers, 1966.
John Huston, *John Huston*, Pygmalion, 1982.

Morte em Veneza

ITÁLIA-FRANÇA, 1971 (*MORTE A VENEZIA*)

Thomas Mann, *Der Tod in Venedig*, 1912.

SINOPSE

Em 1911, passando por uma espécie de crise moral e espiritual que não consegue entender, o compositor alemão Gustav von Aschenbach, no auge da fama, na casa dos 50 anos, decide viajar. Chega então a Trieste e depois a Veneza, hospedando-se no Grand Hôtel des Bains, no Lido. Nesse luxuoso palácio frequentado pela alta sociedade europeia, ele fica abalado com a beleza perfeita de um adolescente loiro chamado Tadzio. Sem coragem de abordá-lo, espreita-o pelas ruelas, nas visitas que Tadzio faz a Veneza com as irmãs, a criada francesa e a mãe. Simultaneamente, uma epidemia de cólera se dissemina pela cidade. Embora planejasse deixar Veneza, Aschenbach acaba ficando, e, diante do adolescente, é tomado por uma irresistível necessidade de rejuvenescer. No salão de cabeleireiro do hotel, é maquiado e tem os cabelos pintados. É quando começa a sentir os primeiros sintomas da febre.

Björn Andrésen

MORTE EM VENEZA

Pr.	Alfa Cinematografica/PECF
Dir.	Luchino Visconti
Rot.	Luchino Visconti, Nicola Badalucco
Foto.	Pasqualino De Santis
Int.	Dirk Bogarde (Aschenbach), Björn Andrésen (Tadzio), Silvana Mangano (mãe de Tadzio), Romolo Valli (gerente do hotel), Marisa Berenson (Sra. Aschenbach)
Duração	130 min

Na rica e complexa filmografia de Luchino Visconti, *Morte em Veneza* é a obra que vem depois de *Os deuses malditos* (1969), que expõe a degeneração de uma grande família alemã na ascensão do nazismo. Visconti segue, assim, uma matemática e uma estética muito distantes de seus primeiros longas-metragens, que representavam pontas de lança do neorrealismo. A partir basicamente de *O leopardo* (1963), Visconti realiza grandes filmes de época, nos quais desenvolve uma estética da "decadência" – seja a decadência de uma sociedade, seja de uma família, de um indivíduo ou de um grupo. A adaptação da longa novela (ou do breve romance) de Thomas Mann é uma das obras mais intensas e mais pessoais do cineasta.

Visconti retoma o essencial do texto: o lugar (Veneza), a época (início do século XX) e a trama narrativa. Mas efetua uma modificação muito importante. Embora continue sendo um artista conhecido, Aschenbach deixa de ser um escritor, passando a ser um compositor. Como o personagem do texto original, ele passa por uma espécie de crise moral e artística, fracassando em sua busca pelo "belo" e pela perfeição, que subitamente se apresenta na forma sublimada de um adolescente. Mas essa mudança da literatura para a música está longe de ser arbitrária ou episódica. Por um lado, essa transformação estabelece o vínculo com outro romance de Thomas Mann, *Dr. Faustus*, cujo tema de certa maneira vai ao encontro do tema de *Os deuses malditos*, de Visconti, criando assim uma espécie de espiral de influência literária (assim, as sequências em *flashback* fazem referência a *Faustus*). Por outro, *Morte*

Dirk Bogarde

...asta consegue, para começo de conversa, o essencial e o mais arriscado: conferir uma existência visual e carnal ao personagem de Tadzio, que no texto de Mann é apresentado como uma espécie de fantasma da beleza absoluta e de expressão imaginária dos recalques de Aschenbach. E o consegue graças a um jovem ator sueco desconhecido, então com 16 anos. A escolha de Dirk Bogarde, à parte o aparente paradoxo representado por um ator britânico para encarnar um alemão num filme italiano, também é fundamental: não só em virtude do talento do ator, mas também por trazer sua própria mitologia, decorrente de papéis muitas vezes "ambíguos". Visconti aprecia suas qualidades de ator, já tendo trabalhado com ele em *Os deuses malditos*, obra-prima na qual Bogarde tem um papel igualmente fundamental.

em Veneza é um filme banhado em música, especialmente a de Gustav Malher, que acompanha o vagar de Aschenbach, sendo ela própria, ao mesmo tempo, uma referência histórica da maior importância. Aschenbach torna-se assim um duplo de Malher, sem que se trate de uma biografia do célebre compositor.

■ O filme apresenta-se assim, antes de mais nada, como uma longa meditação contemplativa, banhada nas sinfonias de Malher. Visconti acompanha a progressiva descida de um homem em direção à própria morte, num cenário idílico que progressivamente também se decompõe, passando a simbolizar a decrepitude, ao mesmo tempo, de um espírito e de toda uma sociedade fadada à aniquilação (como o romance, o filme se situa um pouco antes da Primeira Guerra Mundial). Em ritmo lento e com planos compostos como quadros, numa fotografia cuidadosamente estudada, o filme assemelha-se então a um poema sinfônico – ao mesmo tempo em que retoma passagens-chave do romance, como a visita de Aschenbach ao cabeleireiro, que, tentando "rejuvenescê-lo", transforma-o em um "velho vaidoso", empoado e patético. Certas tomadas, em compensação, resumem o que está em questão na narrativa – como a famosa cena em que Aschenbach cruza na praia com Tadzio, em trajes de banho e caminhando num estranho movimento pendular.

A escolha dos intérpretes, um dos pontos fortes de todo o cinema de Visconti, é arte fundamental. O cine-

■ O filme tem uma recepção desigual por parte da crítica (sendo seu esteticismo às vezes considerado gratuito), mas com frequência muito favorável. O sucesso de público, por sua vez, é amplo e duradouro, rapidamente situando o filme entre os clássicos. Por um curioso efeito colateral, ele seria, para muitos espectadores, uma oportunidade de redescobrir a obra de Gustav Malher, especialmente a *Sinfonia nº 5*, que passaria a ser explorada com frequência na sétima arte.

LA

> **PISTAS PEDAGÓGICAS**

▸ Beleza e decadência.
▸ Veneza como metáfora.
▸ A tradução cinematográfica de concepções artísticas.
▸ A revelação do belo na literatura e no cinema.

Bibliografia

Lino Micciche, *Morte a Venezia*, Capelli, 1971.

Laurence Schifano, *Luchino Visconti, les feux de la passion*, Perrin 1987 (reed. Folio, 2009).

Marianne Schneider, *Visconti*, Institut Lumière-Actes Sud, 2009.

Alain Sanzio e Paul-Louis Thirard, *Luchino Visconti cinéaste*, Ramsay, 1986.

Jean-Claude Guiguet, "À propos de *Mort à Venise* de Luchino Visconti", *Revue du cinéma*, nº 257, fevereiro de 1972.

Le Mystère de la chambre jaune

FRANÇA–BÉLGICA, 2002

Gaston Leroux, *Le Mystère de la chambre jaune*, 1907.

SINOPSE

Numa grande propriedade, a filha do professor Stangerson é alvo de uma tentativa de assassinato. O enigma é incompreensível, pois a vítima é encontrada ferida, sozinha em seu quarto fechado, sem nenhuma saída possível. Um jovem e brilhante jornalista, Rouletabille, investiga o caso, evidenciando seu talento lógico e sua capacidade de raciocínio.

Outras versões:

- *Le Mystère de la chambre jaune* (Maurice Tourneur, 1912).
- *Le Mystère de la chambre jaune* (Marcel L'Herbier, 1930), int. Roland Toutain (Rouletabille).
- *Le Mystère de la chambre jaune* (Henri Aisner, 1948), int. Serge Reggiani (Rouletabille).

Pr.	Why Not/Wild Bunch/France 2/RTBF/Wallimage
Dir.	Bruno Podalydès
Rot.	Bruno Podalydès
Foto.	Christophe Beaucarne
Int.	Denis Podalydès (Rouletabille), Pierre Arditi (Frédéric Larsan), Claude Rich (de Marquet), Sabine Azéma (Mathilde Stangerson), Michael Lonsdale (Stangerson), Olivier Gourmet (Robert Darzac)
Duração	118 min

O célebre romance de Gaston Leroux, um dos mais famosos enigmas de "assassinato em local fechado", já fora levado três vezes à tela no cinema francês antes desta versão realizada por um cineasta atípico, até então conhecido por comédias estranhas e originais (*Versailles rive gauche*). Na história dessas adaptações, logo veio a se colocar a questão da relação com um romance que, em muitos aspectos, rapidamente passou a ser considerado "datado" (pelo estilo literário, a intriga, o contexto histórico, que remetem ao gênero do romance folhetim, algo superado). Desse modo, se as duas primeiras versões, especialmente a primeira do cinema falado, realizada por Marcel L'Herbier (um grande sucesso de público), seguem literalmente o texto original, a versão de 1948 tentava uma "modernização", situando a narrativa na época contemporânea à da realização do filme.

■ O filme de Bruno Podalydès, que volta a situar a história no início do século XX, é uma manifestação da renovação do interesse pela obra de Gaston Leroux (a partir da década de 1970), considerada portadora de vários níveis de leitura: nela vamos encontrar uma poesia surrealista e uma grande arte do imaginário. Esse novo interesse inscreve-se num movimento mais amplo de reabilitação crescente dos gêneros populares (através da literatura, do cinema, das histórias em quadrinhos etc.), de tal maneira que hoje é impossível

Jean-Noël Brouti e Denis Podalydès

LE MYSTÈRE DE LA CHAMBRE JAUNE

> **PISTAS PEDAGÓGICAS**
> - Gaston Leroux no cinema e na televisão.
> - Representações de Tintim no cinema, diretas (filmes, desenhos animados) ou indiretas (*O homem do Rio*).
> - Cinema e histórias em quadrinhos: semelhanças e divergências.

restringir o tratamento de uma obra como *Le Mystère de la chambre jaune* aos níveis mais óbvios apenas.

Denis Podalydès, irmão de Bruno e seu colaborador regular, interpreta o papel de Rouletabille, necessariamente levando em conta o novo olhar sobre esse tipo de literatura policial. O (melo)drama trágico e misterioso transforma-se em comédia surrealista. Mas nem por isso se trata de uma paródia. A defasagem decorre em parte da interpretação de atores que "super-representam" levemente, o que provoca uma distância cúmplice e divertida em relação ao drama em curso; e por outro lado, paradoxalmente, da grande fidelidade à obra original. O filme reproduz as peripécias mais inverossímeis (entre elas o famoso relógio que serve de esconderijo) e os diálogos mais famosos, especialmente a enigmática frase sempre citada pelos admiradores de Gaston Leroux: "O presbitério nada perdeu do seu encanto; nem o jardim, do seu brilho."

■ O estilo cinematográfico, todavia, difere nitidamente das versões anteriores, influenciado por outras fontes, dentre as quais a principal é a história em quadrinhos belga, especialmente a obra de Hergé. Grande admirador das aventuras de *Tintim*, Podalydès vale-se aqui de uma técnica que lembra o estilo da "linha clara", técnica de que Hergé é o grande mestre: enquadramentos simples, uma narração fluida, "recorte" perfeitamente claro dos personagens nos cenários. Além dessa influência formal, não faltam no filme exemplos de intertextualidade. Rouletabille, repórter, evoca Tintim até nos trajes; dois policiais assemelham-se aos Dupont-Dupond. A própria residência pode lembrar o castelo de Moulinsart. Por fim, sabemos que em todos os seus filmes Podalydès gosta de plantar em algum ponto do cenário uma réplica do "XFLR6", foguete lunar do álbum *Objetivo Lua* (podemos vê-la em meio à confusão do laboratório de Stangerson). Essa *gag* recorrente adquire aqui uma dimensão adicional em virtude de seu anacronismo, que o orienta na direção de uma autêntica chave de leitura, reforçada por um elemento paratextual ainda mais

importante: o cartaz do filme, cujo grafismo imita o dos álbuns de histórias em quadrinhos.

Esse *Le Mystère de la chambre jaune* pode ser visto, assim, ao mesmo tempo, como uma adaptação fiel de Gaston Leroux, um olhar sobre sua obra e uma readaptação desta através do filtro da cultura dos quadrinhos. Como no caso da versão de 1930, ante o sucesso do filme, viria em seguida a adaptação da continuação direta do romance, *Le Parfum de la dame en noir*, que iria ainda mais longe em matéria de humor distanciado e absurdo.

LA

Claude Rich e Olivier Gourmet

Pierre Arditi

Bibliografia

ALFU, *Gaston Leroux, parcours d'une oeuvre*, Encrage, "Références", 1996.

Jean Rollin, "Aujourd'hui Gaston Leroux", *Midi Minuit Fantastique*, n° 23 e 24, 1972.

Daniel Compère (dir.), *Dictionnaire du roman populaire francophone*, Nouveau Monde, 2007.

213

O nome da rosa

FRANÇA–ITÁLIA–ALEMANHA OCIDENTAL, 1986 (*DER NAME DER ROSE*)

Umberto Eco, *Il Nome della rosa*, 1980.

SINOPSE

No início do século XIV, prepara-se numa abadia isolada uma importante reunião entre congregações religiosas e emissários do papa. Guillaume de Baskerville, monge de grande argúcia, chega acompanhado de seu jovem noviço, Adso. Rapidamente ele descobre que assassinatos foram cometidos na abadia, que abriga uma fabulosa biblioteca de acesso estritamente controlado. Guillaume faz sua investigação e entende que os assassinatos giram em torno de um livro misterioso, obtido no labirinto da biblioteca.

Sean Connery

Pr.	Les Films Ariane/FR3/Cristaldi Films/Neue Constantin Films/RAI
Dir.	Jean-Jacques Annaud
Rot.	Gérard Brach, Alain Godard, Andrew Birkin, Howard Franklin
Foto.	Tonino Delli Colli
Int.	Sean Connery (Guillaume de Baskerville), Christian Slater (Adso de Melk), Michael Lonsdale (o abade), Féodor Chaliapin Jr. (Jorge), F. Murray Abraham (Bernardo Gui), Ron Perlman (Salvatore)
Duração	131 min

Nos créditos do filme, em vez das clássicas fórmulas "com base no romance..." ou "adaptado do romance...", encontramos uma expressão inédita até então no cinema. Trata-se de um "palimpsesto do romance de Umberto Eco". Essa bela formulação indica que o tema central do romance e do filme é o mundo dos livros e da escrita e ao mesmo tempo deixa clara desde o início a impossibilidade de uma adaptação fiel da obra literária de origem.

Best-seller relativamente inesperado, o livro de Umberto Eco, até então conhecido como professor universitário, linguista e semiólogo, é de fato uma obra extraordinariamente densa. Na forma de "romance policial histórico", gênero relativamente bem balizado, trata-se de uma reflexão teórica sobre o poder dos livros, de uma obra filosófica, de uma análise teológica (sobre as diversas facetas da Igreja, ou sobre a história das heresias), de uma reconstituição histórica de prodigiosa erudição em torno de uma época perturbada e pouco conhecida. E a obra ainda contém muitas outras pistas de leitura.

■ O filme extraído de *O nome da rosa* (uma rica coprodução europeia filmada em inglês) nitidamente opta por tratar apenas de alguns aspectos do romance, negligenciando ou eliminando muitos outros. A escolha às vezes é radical, mas é o preço a ser pago para oferecer uma obra fílmica coerente e de duração comercial aceitável. Por esse motivo, o filme concentra-se, antes de mais nada, na investigação policial. Os debates e as muitas digressões filosóficas, literárias, históricas e teológicas, embora não sejam totalmente eliminados, aparecem apenas como pano de fundo, que ao mesmo tempo confere um aspecto autêntico ao filme e certa profundidade aos atos dos protagonistas. A intriga amorosa (entre o jovem Adso e a camponesa) adquire uma dimensão mais forte e mais importante que no romance. É inclusive essa figura feminina que, no filme, explicita o título misterioso, cujo sentido era deixado a critério do leitor, com uma frase em latim reproduzida no fim do filme, e que se reveste de um sentido particular pelos comentários da voz em *off* do narrador (Adso no fim da vida): *Stat rosa pristina nomine, nomina nuda tenemus.*

■ A estética do filme difere sensivelmente das descrições do romance, por motivos ao mesmo tempo de compreensão (é necessário que o espectador possa se localizar) e de escolhas artísticas. O que fica particularmente evidente no caso da célebre biblioteca labiríntica. No romance, ela remetia com toda evidência à "biblioteca de Babel" da célebre novela de J. L. Borges. Na obra fílmica, a referência é antes pictórica, e o cenário, assim como o "circuito" do labirinto, parece extraído das gravuras paradoxais de Escher.

A palavra palimpsesto usada nos créditos faz referência a uma das principais características literárias do romance de Eco, que joga permanentemente com os modos e níveis de intertextualidade. É assim que a chave do enigma reside em uma obra perdida de Aristóteles que é "imaginada" a partir de outros textos, ou que os nomes de certos protagonistas representam chaves ou referências. Jorge, o bibliotecário cego, remete, naturalmente, a Borges. Mas o exemplo mais evidente e lúdico é o nome do herói, Guillaume de Baskerville, que remete simultaneamente a Guillau-

me de Lorris, o poeta do século XIII que escreveu a primeira parte do poema alegórico *O romance da rosa*, e ao *Cão dos Baskerville*, de Arthur Conan Doyle, uma das aventuras mais famosas de Sherlock Holmes. Evidente na leitura, esta chave é frisada no filme num diálogo, quando Guillaume solta sorrindo um "Elementar, meu caro Adso", expressão ausente do romance (e, paradoxalmente, do "cânone" holmesiano), mas popularizada por muitos filmes com o personagem do famoso detetive e seu discurso do método ("Elementar, meu caro Watson").

■ Essa inteligência da adaptação, que repousa nos mesmos princípios enunciados pelo produtor David O. Selznick a respeito dos romances considerados "inadaptáveis" (e que também foram retomados no caso de *O senhor dos anéis*), garantiu ao filme uma excelente recepção tanto da crítica quanto do público. Ele é considerado hoje o melhor longa-metragem de Jean-Jacques Annaud, que nem sempre foi igualmente feliz em suas adaptações literárias (*A guerra do fogo* foi um sucesso, mas *O amante*, um redondo fracasso). O filme também nos presenteia com um dos melhores papéis da carreira de Sean Connery, estrela internacional que aqui nos permite esquecer completamente sua imagem mitológica de James Bond, em favor de um "Sherlock Holmes medieval".

LA

→ **PISTAS PEDAGÓGICAS**

▸ O mito do labirinto (literatura e cinema), do Minotauro a *O iluminado*.

▸ O gênero do "romance policial histórico".

▸ O mito de Sherlock Holmes e suas aventuras "extracanônicas".

▸ Filmar a filosofia.

Bibliografia

Umberto Eco, *De Bibliotheca*, L'Échoppe, 1986.

www.sshf.com (site da Sociedade Sherlock Holmes da França)

www.umbertoeco.com/en (site dedicado a Umberto Eco – em inglês)

www.jjannaud.com (site oficial de J. J. Annaud)

Oliver Twist

GRÃ-BRETANHA, 1948

Charles Dickens, *Oliver Twist*, 1837.

SINOPSE

Na Inglaterra vitoriana do século XIX, o pequeno órfão Oliver Twist é expulso do orfanato por ter pedido uma porção adicional de farinha na refeição. Aceito como aprendiz pelo Sr. Sowerberry, fabricante de caixões e papa-defunto, o menino é maltratado e consegue fugir. Chega então a Londres para tentar ganhar a vida. Lá, conhece Artful Dodger, que o introduz num bando de jovens ladrões liderado por Fagin, personagem sombrio e ambíguo. Sob sua liderança, Oliver Twist passa a integrar plenamente a gangue; é ameaçado pelo pérfido Bill Sikes, amigo de Fagin, e desperta o interesse de Nancy, jovem enternecida com o destino de Oliver, mas também amante de Sikes. Depois de ser detido por um roubo que não cometeu, o órfão é de certa maneira adotada pelo Sr. Brownlow, a única pessoa que o trata como um ser humano. Mas o bando volta a sequestrá-lo e o desacredita junto ao protetor, fazendo-o passar pelo ladrão que se recusa a ser.

Pr.	Cineguild
Dir.	David Lean
Rot.	Stanley Haynes, David Lean
Foto.	Guy Green
Int.	John Howard Davies (Oliver Twist), Alec Guinness (Fagin), Robert Newton (Bill Sikes), Kay Walsh (Nancy), Francis L. Sullivan (Sr. Bumble)
Duração	111 min

Outras versões:
- *Oliver Twist* (Frank Lloyd, 1922), int. Jackie Coogan (Oliver Twist), Lon Chaney (Fagin).
- *Oliver!* (Carol Reed, 1948), int. Mark Lester (Oliver Twist), Ron Moody (Fagin).
- *Oliver Twist* (Roman Polanski, 2005), int. Barney Clark (Oliver Twist), Ben Kingsley (Fagin).

O*liver Twist* é o primeiro "verdadeiro" romance de Charles Dickens, depois de sua estreia brilhante como jornalista e da experiência cômica de *Mr. Pickwick*. Entre 1837 e 1839, o romance é publicado em fascículos ilustrados, fazendo enorme sucesso. É certamente a obra mais "pura" de Dickens, na medida em que prolongaria vários temas em títulos posteriores, já germinando em *Oliver Twist*. É para os ingleses mais ou menos o que *Os miseráveis*, de Victor Hugo, é para os franceses, com a publicação de várias versões diferentes e de livros infantis, sem esquecer o texto integral, que todo adulto de alguma forma conhece. Era de se esperar, assim, que esse monumento fosse adaptado para o cinema desde 1909 (existem seis versões mudas: cinco americanas entre 1909 e 1922, uma delas com Jackie Coogan, "o Kid" de Chaplin em 1922; uma inglesa, em 1923) e que merecesse uma produção luxuosa em 1948. Em meio às ruínas do pós-guerra, a produção pretendia simbolizar o renascimento do cinema britânico, mergulhando no coração de suas raízes literárias. Para isso, é contratado um jovem cineasta, David Lean, ex-montador de Michael Powell, autor de um filme de propaganda, *In Which We Serve*, e de um espetacular sucesso do gênero melodramático, *Desencanto*, filme de uma geração em 1945. O futuro monstro sagrado de Hollywood ainda não toma a frente de filmagens faraônicas, como *Doutor Jivago*, *Lawrence da Arábia* e *A ponte do rio Kwai*, futuros sucessos seus, mas já desfruta de uma real independência. O que lhe permite enfrentar uma primeira obra de Dickens, *Grandes esperanças*

(1946). O sucesso do filme leva os produtores da Cineguild a lhe encomendar um *Oliver Twist* ainda mais ambicioso, que ele logo trata de montar com uma equipe já escolada na filmagem anterior: Green, Hume e Bryan na frente técnica e Francis L. Sullivan e Alec Guinness como intérpretes. A busca do menino para o papel-título passa por uma campanha publicitária de escala nacional, e o pequeno John Howard Davies ascende à condição de astro mirim, para em seguida transformar-se num realizador correto e, sobretudo, num inteligente produtor de séries cômicas para a televisão (Monthy Python, Benny Hill, Mister Bean). Curioso destino para aquele que fora a encarnação da infância martirizada, fazendo gerações chorar em todo o mundo!

A primeira tomada é feita em 1947, com recursos consideráveis no marasmo econômico do momento. As primeiras cenas, em que o garoto é implacavelmente punido por ter pedido mais farinha, sempre perseguido pela fome, dirigem-se a um público que passou pelas privações da guerra desde 1940. A adaptação do romance de Dickens leva David Lean a reconstituir a Inglaterra da revolução e industrial. A realização do filme dá mostra do conhecido brilhantismo inglês quando se trata de expressar a vida urbana em toda a sua desumanidade. Costuma-se falar de "expressionismo", palavra tão banalizada, e remeter às gravuras de Gustave Doré. Mas o fato é que temos aqui uma expressividade britânica, uma arte sutil da reprodução caótica do mundo das ruelas e recantos, que pode ser qualificada de "gótica", remetendo a palavra, aqui, a uma escola iconográfica de especial riqueza, entre 1850 e 1950 (James Gillray, Hablot Knight Browne, Isaac Cruikshank e, mais recentemente, Arthur Rackham). E por sinal cabe sustentar a tese de uma correlação estreita entre o brilhantismo da ilustração e a vitalidade cinematográfica de um país, pois o paralelo quase sempre funciona. Os bairros pobres de Londres literalmente sufocam o espectador, com seus casebres miseráveis de paredes cobertas de fuligem, de onde as crianças saem em andrajos para as ruas molhadas pela chuva. Exatamente como no trabalho de ilustração dos fascículos originais, David Lean alterna enquadramentos e planos simples e diretos, induzindo uma empatia às vezes pesada em relação ao menino martirizado, mais coroada de êxito junto ao público infantil, enquanto o adulto aprecia a virtuosidade de certos *contre-plongées* que dinamizam a ação. Longe da suntuosidade empolada de suas futuras superproduções, Lean não cede aqui a nenhuma tentação que não faça explicitamente referência a Dickens, dando mostra de um rigor irretocável.

■ A principal dificuldade para adaptar *Oliver Twist* no cinema decorre do fato de a presença do personagem-título do romance diminuir ao longo da obra, parecendo que Dickens se cansa do garoto e passa a se valer dele apenas como fio condutor a distância de uma intriga que se desenrola muito bem sem ele. Uma opção dessa natureza, naturalmente, não é possível num formato mais compacto, necessário em duas horas de filme. A ação, assim, continua focalizada no menino. Outro problema é a necessidade de respeitar a pluralidade de públicos: enquanto Dickens montava uma cena de assassinato com muitos detalhes, ela vem a ser apenas subentendida por Lean, que não pode impor um crime sanguinolento a crianças, de acordo com o código de moralidade em vigor na época. O exemplo é eloquente, na medida em que permite constatar certas marcas do puritanismo vitoriano muito depois da época vitoriana propriamente dita. Da mesma forma, o fim do filme é de certa forma truncado em relação ao livro: Dickens tivera o cuidado de concluir com uma reflexão sobre a questão da pena de morte, mas a prisão do traidor (Fagin) é de tal forma paroxística que nenhum cineasta poderia deixar de terminar com semelhante apoteose.

Resta um problema que só se revelaria com a exibição do filme fora da Grã-Bretanha: o antissemitismo

Alec Guinness e John Howard Davies

Oliver Twist *(Roman Polanski, 2005)*

latente associado ao personagem de Fagin, à sua aparência física e à interpretação de Alec Guinness. O ator compõe um personagem de usurário judeu diretamente inspirado pelas ilustrações de George Cruikshank que acompanharam o romance na época. Estamos aqui na representação clássica do judeu "avarento", imortalizado por Shakespeare com o personagem de Shylock. Acontece que no filme de David Lean o problema vai além do caso particular, colocando-se como uma questão universal: seria possível aceitar obras e particularmente imagens carregadas de um antissemitismo "tradicional" depois da monstruosidade nazista e da revelação dos campos de extermínio em 1945? Evidentemente, a resposta é negativa, mas essa necessária *démarche* moral ao mesmo tempo impõe e valida uma visão teleológica do passado, por sinal potencialmente diferente segundo adotemos uma abordagem literária ou histórica da obra. O escândalo gerado pelo filme de Lean explode nos Estados Unidos, no contexto mais específico ainda do fim do macartismo e da consternação coletiva ante a súbita onda antissemita num país livre, apenas três anos depois do fim da Segunda Guerra Mundial.

■ Foi talvez esse um dos motivos que levaram Roman Polanski a realizar em 2005 uma nova obra adaptada do livro de Dickens, remetendo diretamente à sua própria infância no gueto de Varsóvia. O filme teve uma recepção moderada: houve quem elogiasse a ironia mordaz (mais próxima de Dickens), enquanto outros criticavam uma estética simplória que mais tinha a ver com Walt Disney.

"*Oliver Twist* evoca lembranças do espectador, induz à comparação", observa o crítico Aurélien Ferenczi, falando de uma reconstituição exemplar e remetendo aos célebres caricaturistas Hogarth e Daumier. "A reconstituição dos bairros pobres e decadentes do leste de Londres em cores nos estúdios de Praga", pergunta ele, "se compara com a estilização encarvoada do filme de David Lean, cujo aspecto sombrio tinha tudo a ver com a época – o imediato pós-guerra – e também com as gravuras do romance? Qual seria o melhor Fagin, grande papel do repertório inglês? Alec Guinness, 100% 'shylockiano' (em Lean), ou Ben Kingsley, aqui, mais ambíguo, mais humano?"

Mais uma prova, caso fosse necessário, de que os grandes romances e suas adaptações cinematográficas têm como efeito transcender os personagens e transformá-los em tipos universais.

LB

▶ PISTAS PEDAGÓGICAS

- O romance social.
- A Revolução Industrial.
- A representação dos bairros pobres no cinema (Lean, Renoir, Kurosawa).
- A infância maltratada e os bandos de crianças.
- A literatura de folhetim e seus desdobramentos.

Bibliografia

Aurélien Ferenczi, "Oliver Twist de Roman Polanski", Télérama, 18-25 octobre 2005.

Aurélien Ferenczi, "Oliver Twist de David Lean", Télérama, 20-27 décembre 2006.

Collectif, "David Lean", Positif, n° 291, mai 1985.

Philippe Pilard, Histoire du cinéma britannique, Nouveau Monde, 2010.

Panique

Georges Simenon, *Les Fiançailles de M. Hire*, 1933.

SINOPSE

Um crime é cometido em um bairro popular de Villejuif. Rapidamente as suspeitas da vizinhança recaem no Sr. Hire, sujeito estranho e solitário, que ingenuamente se deixa seduzir por Alice, amante de Alfred, o malandro que cometeu o crime. Induzida por este, a jovem tenta descobrir a natureza da prova da culpa de Alfred que o Sr. Hire alega ter em seu poder. Fracassando nessa tentativa, ela acaba montando uma armadilha para Hire, plantando em sua casa a bolsa da vítima. Quando o populacho em fúria ameaça linchá-lo diante da sua casa, Hire foge pelos telhados e morre ao cair. Pouco depois, a polícia encontra em seus pertences uma fotografia do assassino cometendo o crime.

Panique FRANÇA, 1947

Pr.	Filmsonor
Dir.	Julien Duvivier
Rot.	Charles Spaak, Julien Duvivier
Foto.	Nicolas Hayer
Int.	Michel Simon (Désiré Hire), Viviane Romance (Alice), Paul Bernard (Alfred), Charles Dorat (Michelet), Max Dalban (Capoulade), Lita Recio (Marcelle), Lucas Gridoux (Fortin)
Duração	100 min

Monsieur Hire FRANÇA, 1989

Pr.	Cinéa/Hachette Première et Compagnie/FR3 Films Production
Dir.	Patrice Leconte
Rot.	Patrice Leconte, Patrick Dewolf
Foto.	Denis Lenoir
Int.	Michel Blanc (Sr. Hire), Sandrine Bonnaire (Alice), André Wilms (inspetor), Luc Thuillier (Émile)
Duração	80 min

PANIQUE

Sandrine Bonnaire e Michel Blanc, Monsieur Hire (Patrice Leconte, 1989)

Panique retoma a trama do romance de Simenon e desenvolve alguns personagens secundários, como o açougueiro Capoulade, a prostituta Marcelle e o professor Sr. Sauvage, que no texto quase desaparecem na multidão. Outros elementos (especialmente as atividades de Hire) são modificados, e, em virtude da censura, as cenas noturnas em que Alice se despe, sendo observada da janela por Hire, são abrandadas para chegar à tela. Por outro lado, Julien Duvivier e seu corroteirista, Charles Spaak, dotam a história de um desenlace mais violento que na obra de Simenon, na qual o protagonista morre de uma crise cardíaca. Por fim, a carta de denúncia de Hire mencionada no romance é substituída por uma fotografia por ele tirada, que sela o destino de Alice e Alfred.

■ A economia do filme de Patrice Leconte é nitidamente mais tênue. O diretor de *Les Bronzés* deixa de lado a questão da propagação do boato, presente no filme de Duvivier – o herói logo cai sob suspeita, como em Simenon –, e reduz a intriga a um face a face entre Hire e Alice. Em seu filme, os fatos não importam muito. Contam apenas a psicologia dos personagens, sua relação singular e o clima artificial em que vivem. Leconte transforma o herói insignificante de Simenon num sujeito estranho e ameaçador, atribuindo-lhe – com o único objetivo de espicaçar a curiosidade do espectador – atividades inquietantes, como o cerimonial do camundongo morto atirado de uma ponte e a sessão de tatuagem nas costas. A relação que se estabelece entre o herói e Alice vai muito mais longe que em Simenon. Os dois têm mais iniciativa, fascinados um pelo outro e envolvidos num jogo de sentimentos complexos. O cineasta também transforma Hire num personagem rígido, é verdade, mas muito mais autoconfiante, friamente cerebral, capaz de enfrentar verbalmente o inspetor e resistir à tagarelice falaciosa de Alice, além de se mostrar hábil em sua abordagem amorosa junto a ela. A modernidade do filme chega, inclusive, a fazer de Hire um cliente de prostitutas, que dá mostra de audácia física com Alice durante a luta de boxe. Como no romance, a mola principal do drama é a paixão louca. Mas ela é de natureza diferente nos dois filmes. Em Duvivier, mais moralizador, ela conduz ao mal e ao autossacrifício (Alice já foi para a prisão por Alfred). Em Leconte, como em Simenon, parte mais do próprio Hire, vítima no fim das contas lúcida, e em consequência consentindo em seu próprio equívoco sentimental.

■ Hire, que no livro de Simenon só consegue sair-se bem em tarefas repetitivas, tem em Duvivier um passado de advogado, o que, intelectualmente (notar a maneira como manuseia o imperfeito do subjuntivo), o situa muito acima dos congêneres que ele despreza abertamente. Comportamento perfeitamente incompatível com sua fraqueza, seu temperamento de vítima das circunstâncias na narrativa literária. Da mesma forma, é difícil ver um temperamento sanguíneo em Hire, herói vegetativo do romance. Esse procedimento destina-se a induzir em erro o açougueiro, senão o espectador: a predadora, aqui, é, naturalmente, Alice. O subterfúgio da pista falsa desvia por um momento do que realmente está em jogo no filme, cuja mola dramática não repousa no sentimento de culpa de Hire, mas na maneira como o casal Alice-Alfred consegue confundi-lo. Esse artifício, por sinal, é o oposto do método de Simenon (aplicado por Leconte), que sabemos muito pouco afeito ao suspense. O lance teatral final dos dois filmes – a fotografia no caso de Duvivier, a capa de chuva no de Leconte, como prova da culpa de Alfred/Émile – também se afasta de Simenon, que opta pelo caminho da constatação pura e simples, diante de um leitor que já dispõe de todos os dados.

PANIQUE

Onde Duvivier se mostra mais audacioso, todavia, é ao atribuir ao herói uma dupla identidade, perfeitamente original em relação ao romance, no qual Hire vive exclusivamente da obscura atividade de empacotamento. Como Alfred e Alice, que fazem um jogo duplo, Hire leva uma vida dupla, exercendo a profissão de vidente por baixo da identidade do doutor Varga, sujeito afável, humano e cordial, ou pelo menos movido por boas intenções em relação ao próximo. Essa dualidade de identidade nos remete mais facilmente ao lendário doutor Jekyll na medida em que a visita à "sua" ilha ocorre sob o signo do *film noir* (silhueta sombria de Hire, trilha musical inquietante, clima angustiante). Nesse momento, o espectador pode sentir-se tentado a imaginar que Hire montou uma armadilha para matar Alice, e que seria de fato o assassino de Melle Noblet. Acontece que o próprio Duvivier é que está montando uma armadilha para nós. Ao confundir o espectador no jogo cinematográfico das aparências, ele o entrega à sua própria consciência, depois de levá-lo a adotar momentaneamente o ponto de vista da turba vociferante.

Onde Leconte realmente se afasta do espírito de Simenon é ao optar por uma encenação abertamente estetizante (cores vivas, iluminação carregada de estúdio, cenários luxuosos, movimentos de câmera), longe do ambiente dos interiores modestos do livro. Mais sintonizado com o tema, Duvivier inscreve seu filme (como tantos filmes do pós-guerra) numa corrente sombria que se vincula ao desencanto do fim da década de 1930. Aqui, a cidade, como os homens, desempenha um papel determinante no processo dramático, muito mais que em Simenon e Leconte: com seus prédios velhos ou decadentes, símbolos do isolamento da alma humana, e o seu parque de diversões (um acréscimo em relação ao romance), cujo ritmo vai num crescendo, o cenário do filme está em uníssono com a ação. Com efeito, o bairro de Villejuif é uma permanente fonte de espetáculo, no qual a sede de violência convive com a embriaguez do divertimento, dois fatores que levam à loucura coletiva da multidão enfurecida. Neste sentido, a cena dos carrinhos que colidem no parque de diversões, na qual Hire é atacado por todos os casais (perseguição que inclusive lembra uma caçada a um passante), constitui uma impressionante antecipação da grande sequência final. A música cacofônica do carrossel, que ocupa grande parte do espaço sonoro, marca o ritmo do drama num contraponto irônico. Espécie de comentário da ação no mesmo tom, a cantoria do cantor de rua clama em intervalos regulares a falência dos homens ("Um dia, quem sabe, todos os seres humanos caminharão de mãos dadas. O amor é a beleza do mundo..."). Por sua vez, Leconte associa um tema musical à Alice toda vez que Hire a espia de sua janela. Essa música, inspirada em Brahms e ligada ao voyeurismo do herói (igualmente importante em Simenon), expressa o que se passa na cabeça do personagem: os acordes perfeitos da melodia como associação mental do desejo de sentimentos harmoniosos.

Fria e afetada em Leconte, a leitura da narrativa de Simenon, escritor de olhar seco, mas sempre discretamente terno e caloroso com seus personagens, torna-se mais sombria em Duvivier. Mais simbólico que realista, o microcosmo de *Panique* surge através de uma perversidade nascida dos sentimentos pessimistas inspirados a Duvivier por seus congêneres. À misantropia evidenciada por Hire fazem eco, aqui, a covardia, a estupidez, a vulgaridade dos moradores do bairro. E quando todos se unem para dar vazão aos instintos, uma multidão cega, enfurecida, destruidora se abate sobre um homem acuado e sem defesa. Desse bairro, que lembra os piores momentos da França de Pétain esmagada pelo medo e diferentes interesses – além dos acertos de contas coletivos da Liberação –, estão ausentes toda inteligência, todo pensamento, toda reflexão.

PL

→ PISTAS PEDAGÓGICAS

▸ A propagação da calúnia no cinema (*Fury*, de Fritz Lang, 1936; *O corvo*, de Henri-Georges Clouzot, 1943; *O inquilino*, de Roman Polanski, 1976).

▸ O impacto do cenário na dramaturgia.

▸ A música como leitmotiv e princípio ativo (infralinguagem) da narração.

▸ A figura do duplo.

▸ O pessimismo dos filmes franceses do pós-guerra.

Bibliografia

"*Panique* suivi de *Monsieur Hire*", *L'Avant-Scène*, n° 390-391, 1990.

Yves Desrichards, *Julien Duvivier*, Durante/BiFi, 2001.

Éric Bonnefille, *Julien Duvivier, le mal aimant du cinéma français*, 2 vol., L'Harmattan, 2002.

Perceval le Gallois

FRANÇA, 1978

Chrétien de Troyes, *Perceval ou le conte du Graal*, circa 1181.

SINOPSE

Apesar de totalmente protegido do mundo exterior pela mãe, o jovem Perceval conhece um dia cavaleiros e decide tornar-se um deles. Chegando à corte do rei Artur, ele solicita ser armado e tenta demonstrar sua coragem. Ao deixar o castelo, passa por diversas aventuras e conhece jovens mulheres que vem a proteger e defender. Um dia, num castelo estranho, depara com o Graal, mas não tem coragem de fazer perguntas, por uma questão de discrição. É então condenado a vagar novamente.

Fabrice Luchini e Arielle Dombasle

PERCEVAL LE GALLOIS

Pr.	Les Films du Losange/FR3
Dir.	Éric Rohmer
Rot.	Éric Rohmer
Foto.	Nestor Almendros
Int.	Fabrice Luchini (Perceval), André Dussollier (Gauvin), Pascale de Boysson (viúva), Marc Eyraud (rei Artur), Arielle Dombasle (Blanche-Fleur), Michel Etcheverry (o rei pecador), Marie-Christine Barrault (Guenièvre)
Duração	138 min

A obra de Éric Rohmer é composta de grandes ciclos (*Contos morais, Comédias e provérbios*) eventualmente intercalados com filmes "fora dos ciclos". Era o caso de *A marquesa d'O...*, seu filme anterior, baseado em Kleist, e desta adaptação do romance de Chrétien de Troyes, filmada dois anos depois. Embora os filmes não se assemelhem, *Perceval* também se situa numa curiosa tendência do cinema autoral francês da década de 1970, que consiste em se reapropriar de temas e textos da Idade Média para livrá-los de sua imagística cinematográfica convencional (quase sempre hollywoodiana, e que teria como arquétipo *Os cavaleiros da távola redonda*, de Richard Thorpe, 1953). Desse modo, Robert Bresson realiza pouco antes uma versão ascética e mística de *Lancelot du Lac*, enquanto Frank Cassenti filma *La Chanson de Roland,* quase na mesma época que Rohmer, mas em sentido inverso, numa perspectiva marxista e dialética (filme que seria distribuído na França três meses antes de *Perceval*).

■ O filme de Rohmer não se situa em nenhuma das duas tendências anteriores. Pouco misticismo em seu filme, embora se trate do Graal, e tampouco nenhuma análise ideológica. O principal objetivo do cineasta é trabalhar o próprio texto, que tenta restituir e tornar compreensível para o espectador ouvinte do século XX. Rohmer incumbe-se pessoalmente da tradução do francês arcaico para o francês contemporâneo, ao mesmo tempo preservando palavras, expressões e maneiras de se expressar originais, além de uma estrutura versificada em octossílabos.

Se logo no início o filme tem um efeito de distanciamento e surpresa para o espectador, que, naturalmente, não está habituado a ouvir essa língua, Rohmer vence a aposta ao tornar o texto perfeitamente compreensível, apesar da aparente dificuldade. Na verdade, a obra escrita é muito mais facilmente acessível quando é filmada (logo, "dita", interpretada e mostrada) do que quando é simplesmente lida. As palavras difíceis ou em desuso contam com uma espécie de tradução simultânea pela imagem: podemos ver o que é um "cavalo de batalha", uma "cota de malha", e entendemos imediatamente, pela interpretação do ator, o que significa "estar dolente". Além disso, o espectador ouvinte é ajudado pela dicção dos atores, mas também – embora possa parecer paradoxal inicialmente – pela estrutura octossilábica, que na verdade é a métrica clássica das canções populares (é o caso da *Marselhesa*), e cuja musicalidade rapidamente se torna familiar. Ao mesmo tempo, o cineasta condensa o romance, que tem mais de 9 mil versos, eliminando vários elementos dentre os mais "mitológicos" (a espada mágica desaparece, o próprio tema do Graal torna-se menos central), mas conserva certas digressões que fazem parte do movimento global da narrativa, embora tenhamos como consequência que o roteiro não apresenta a estrutura clássica de um filme de aventuras.

■ Éric Rohmer também inova no modo narrativo escolhido. Ele não se limita a reproduzir os diálogos em forma versificada, fazendo o mesmo com os trechos de narrativas ou descrições confiados aos atores. Desse modo, de um verso a outro, mas às vezes também dentro de um mesmo verso, eles passam de uma parte descritiva a um diálogo do seu próprio personagem e, portanto, da terceira à primeira pessoa. Num outro registro, Rohmer alterna trechos falados ou dialogados com outros cantados por um coro, culminando as sequências cantadas na última parte do filme, com uma representação da Paixão de Cristo. Esse quadro lembra a dimensão cristã de uma parte da obra de Rohmer, embora ela seja mais tradicional que mística (no sentido bressoniano), ou mais filosófica. Assim, *Perceval* faz a ligação com *Minha noite com ela* (sobre a aposta pascaliana), mas também com os retratos de adolescentes ou jovens adultos recorrentes em tantos "filmes de aprendizado" do cineasta.

→ **PISTAS PEDAGÓGICAS**

▸ O mito do Graal no cinema: de *Perceval* a *Indiana Jones*.

▸ Fala e cinema. Quando um filme se baseia no texto e na língua (Guitry, Rohmer, Welles).

▸ A representação da Idade Média no cinema, entre história, mito e fantasia.

- Em contraponto ao trabalho com o texto, a encenação é voluntariamente de um artificialismo total e ostensivo. O filme é inteiramente rodado em estúdio. Os cenários são despojados, as árvores e os elementos naturais, representados com imagens simples, os interiores são reduzidos a elementos chapados, antes evocando cenários de fundo de teatro que elementos cinematográficos. A encenação de Rohmer nada tem de teatral, contudo, na medida em que utiliza os elementos tradicionais da decupagem cinematográfica. Mas a decisão de evitar toda forma de "realismo" na reconstituição dos cenários ou figurinos, ao mesmo tempo baseando-se em motivos extraídos de pinturas, gravuras ou iluminuras, confere ao filme um ar de intemporalidade que tanto mais valoriza o texto, o qual permanece, assim, como o elemento fundamental.

- A crítica foi quase unânime na França em seus elogios ao filme quando do lançamento, e *Perceval*, sem chegar naturalmente a bater recordes de bilheteria, também teria uma boa recepção da parte do público. Ele também revela um jovem ator atípico, de voz e dicção singulares, Fabrice Luchini, que tem então definitivamente lançada sua carreira de astro do cinema francês. Rohmer, por sua vez, faria logo em seguida o primeiro filme do ciclo das "Comédias e provérbios": *La Femme de l'aviateur*, uma comédia dramática contemporânea que, em contraste, reforça ainda mais a singularidade de *Perceval*.

LA

Bibliografia

Éric Rohmer, *Le Goût de la beauté*, Flammarion, 1989.
"Perceval le Gallois", *L'Avant-Scène cinéma*, n° 221, fevereiro de 1979.
François Amy de La Bretèque, *L'imaginaire médiéval dans le cinéma occidental*, Honoré Champion, 2004.
Pascal Bonitzer, *Éric Rohmer*, *Cahiers du cinéma*, 1999.

Planeta dos macacos

ESTADOS UNIDOS, 1968 (*PLANET OF THE APES*)

Pierre Boulle, *La Planète des singes*, 1963.

SINOPSE

Depois de uma viagem intersideral que os leva muito longe no espaço, astronautas descobrem um planeta dominado por macacos. Evoluídos, inteligentes e capazes de falar, eles construíram sua própria civilização. Nesse planeta, os seres humanos não passam de uma raça animal inferior, dominada pelos macacos, que, além do mais, os utilizam em diversas experiências científicas. A chegada de um homem "superior" cria grande perturbação.

Pr.	APJAC Production, Inc./20th Century Fox Film Corporation
Dir.	Franklin J. Schaffner
Rot.	Michael Wilson, Rod Serling
Foto.	Leon Shamroy
Int.	Charlton Heston (Taylor), Roddy McDowall (Cornelius), Kim Hunter (Zira), James Whitmore (Presidente), Maurice Evans (Zaius), Linda Harrison (Nova)
Duração	102 min

Outras versões:

• *Planeta dos macacos* (*Planet of the Apes*), (Tim Burton, 2001), int. Mark Wahlberg, Tim Roth

Charlton Heston

A fama do filme de Franklin Schaffner há muito superou a do romance de origem, escrito pelo francês Pierre Boulle, e do qual por sinal se afasta sensivelmente. *Planeta dos macacos* é na acepção da expressão um filme "de produtor", no sentido hollywoodiano, ou seja, um projeto lançado com base em matéria-prima romanesca escolhida por seu potencial espetacular e comercial. Na época, por sinal, o diretor F. J. Schaffner não é considerado um verdadeiro autor: é na verdade um excelente técnico do cinema, proveniente da televisão, tendo em seu currículo apenas alguns filmes sem grande sucesso, entre os quais *O senhor da guerra*, já interpretado por Charlton Heston, verdadeiro "pilar" do longa-metragem.

■ Do romance de Pierre Boulle, o filme, cujo roteiro foi escrito em grande parte por Rod Serling, criador da famosa série de televisão *Além da imaginação*, preserva apenas o conceito de base e a trama global: astronautas

225

Maurice Evans, Charlton Heston e Linda Harrison

chegam a um planeta desconhecido e descobrem que lá são os macacos que constituem a espécie superior. O herói, um astronauta, consegue no fim recuperar a liberdade e fugir, em busca de uma terra mais hospitaleira. Antes de mais nada, portanto, o filme repousa num desafio técnico que consiste em criar maquiagens e efeitos especiais suficientemente verossímeis para os "macacos" civilizados, interpretados por atores usando máscaras. Do êxito desse aspecto do filme depende em grande medida o sucesso geral do empreendimento, tanto mais que os maquiadores e atores se empenham até em distinguir as diferentes "raças" simiescas (gorilas, orangotangos etc.). Entretanto, o filme se afasta radicalmente dos personagens originais, parecendo numa primeira etapa transformar o romance de origem em puro produto "hollywoodiano". Desse modo, o prólogo, contando de maneira extremamente poética a descoberta de uma espécie de "garrafa no mar", desaparece; o herói do romance, que originalmente se chamava Ulysse Mérou (nome dos mais significativos para os apreciadores de jogos onomásticos), torna-se simplesmente Taylor, encarnado por um Charlton Heston que carrega consigo sua própria mitologia (Ben Hur, Moisés etc.).

■ O filme, todavia, vai ao encontro do romance em sua ambição original: produzir, antes de mais nada, um conto filosófico. O planeta dos macacos de certa maneira corresponde às terras estranhas e simbólicas descobertas por viajantes como Gulliver, ou então descobridores de países "utópicos" (ou antiutópicos). No filme, Taylor/Heston passa, assim, por momentos de desespero ("É um mundo de loucos"), até se perguntar de que maneira esse "universo pelo avesso" veio a se constituir, sendo rechaçado por Zaius, o grande cientista dos macacos, dono de uma ciência que conserva certa parte de esoterismo, ocultando o segredo do planeta. A revelação desse segredo é, naturalmente, o ponto que mais diverge em relação ao romance. Neste, o leitor descobre que a "garrafa" lançada por Ulysse, na qual se encontra um relato de sua odisseia, é na verda-

▶ **PISTAS PEDAGÓGICAS**

▸ Cinema de ficção científica e conto filosófico.
▸ O cinema americano da década de 1970, testemunha de sua época.
▸ A vitória do reino animal.
▸ A crítica do dogmatismo científico.
▸ A figura do macaco, de *King Kong*, de Ernest B. Schoedsack, a *Nénette*, de Nicolas Philibert.

de encontrada por um casal de chimpanzés, e que todo o universo já agora é provavelmente dominado pelos macacos. Já o filme termina com uma das mais belas e famosas sequências do cinema de ficção científica: depois de provar que homens inteligentes viviam no planeta antes da dominação dos macacos, Taylor e sua nova companheira, Nova, seguem o curso do rio que margeia a "zona proibida" e descobrem, arrasados, as ruínas da Estátua da Liberdade. A viagem interestelar de Taylor serviu apenas para trazê-lo de volta à Terra, no futuro, depois de uma guerra termonuclear. Sua odisseia, tal como a de Ulisses, consiste em voltar para casa. Mais que um extraordinário achado de roteiro, esse fim serve, sobretudo, para traduzir o que realmente está em questão no filme e no contexto em que foi realizado. O cinema hollywoodiano está então em plena crise há cerca de dez anos (a "nova Hollywood" ainda está em gestação), mas, além disso, é todo o país que se vê em dúvida e em crise moral (é a época da Guerra do Vietnã, dos assassinatos políticos em série, dos movimentos de liberação). Essa dúvida generalizada é expressa por Taylor caindo na gargalhada ao ver seu companheiro astronauta plantar uma pequena bandeira americana no solo do planeta, pouco depois da brutal chegada. Mais que o medo da guerra atômica, é na verdade o temor do desmoronamento dos Estados Unidos que é simbolizado no esplêndido plano final que mostra Charlton Heston arrasado, de joelhos diante da estátua desmoronada.

■ O filme deu origem a quatro "continuações" diretas, de impacto cada vez menor, mas cada uma delas tratando ainda de questões éticas ou filosóficas, e também a uma série de televisão muito mais banal. A refilmagem realizada por Tim Burton, em compensação, não contribui com nada de novo, revelando-se o filme menos interessante do cineasta.

LA

Bibliografia

Michel Chion, *Les Films de science-fiction*, Cahiers du cinéma, 2009.

Maurice Ronet, Marie Laforêt e Alain Delon, Plein soleil *(René Clément, 1960)*

O sol por testemunha

Patricia Highsmith, *The Talented Mr. Ripley*, **1955.**

SINOPSE

O riquíssimo pai de Philippe Greenleaf encarregou o ambicioso Tom Ripley de trazer de volta seu filho, jovem que leva uma vida fácil em São Francisco. Acontece que Philippe considera o clima italiano propício a prolongar sua escapada romântico-caótica com a amante Marge e se recusa a acompanhar Tom. Mais ainda, decide levá-lo com Marge num cruzeiro em seu veleiro. Mas uma briga de namorados acaba com a paciência de Marge, que desembarca, deixando os dois frente a frente. Tom, que tomou gosto por sua nova vida de luxo, assassina Philippe, lançando ao mar seu corpo amarrado. Assume então a identidade de Philippe e elimina também Freddy, amigo do falecido que se mostra um pouco curioso demais. Marge, por sua vez, estranha o desaparecimento do amante e avisa a polícia, que se perde no imbróglio de pistas gerado por Tom. Muito seguro de si, Tom ainda tenta seduzir Marge, mas o barco de Philippe, tirado da água para ser vendido, revela seu cadáver, preso à hélice.

O SOL POR TESTEMUNHA

O sol por testemunha (Plein soleil)
FRANÇA-ITÁLIA, 1960

Pr.	Robert e Raymond Hakim/Paris Film/Paritalia/Titanus
Dir.	René Clément
Rot.	René Clément, Paul Gégauff
Foto.	Henri Decae
Int.	Alain Delon (Tom Ripley), Maurice Ronet (Philippe Greenleaf), Marie Laforêt (Marge Duval), Elvire Popesco (Sra. Popova), Billy Kearns (Freddy Miles), Erno Crisa (inspetor Riccordi)
Duração	116 min

O talentoso Ripley (The Talented Mr. Ripley)
ESTADOS UNIDOS, 2000

Pr.	Miramax Films/Paramount Pictures/Mirage Enterprises/Timnick Films
Dir.	Anthony Minghella
Rot.	Anthony Minghella
Foto.	John Seale, Benoît Delhomme
Int.	Matt Damon (Tom Ripley), Jude Law (Dickie Greenleaf), Gwyneth Paltrow (Marge Sherwood), Cate Blanchett (Meredith Logue), Philip Seymour Hoffman (Freddy Miles), Peter Smith-Kingsley (Jack Davenport)
Duração	139 min

Depois de *Pacto sinistro*, o primeiro romance de Patricia Highsmith adaptado para o cinema, por Alfred Hitchcock, em 1952, chega a vez de *O talentoso Ripley* encontrar seu realizador, na pessoa de René Clément, que à primeira vista não parecia indicado para adaptar um thriller psicológico, e ainda menos com tal escrita fílmica. Aquele que costuma ser apresentado como o mais inapreensível cineasta francês do pós-guerra filma aqui sob a influência da Nouvelle Vague, então no apogeu. É certo que a presença a seu lado de Paul Gégauff, roteirista titular de Chabrol (entre 1959 e 1976), deve ter orientado algumas de suas escolhas de encenação. Seja como for, não faltam ao filme, fotografado por Henri Decae, um dos dois principais diretores de fotografia da Nouvelle Vague (ao lado de Raoul Coutard), interesse dramático, com seus subentendidos e seu suspense ofegante, nem qualidades estéticas, especialmente no plano da utilização da cor, elemento rítmico da ação e revelador psicológico dos comportamentos. O mesmo não se pode dizer do *remake* de Anthony Minghella, *O talentoso Ripley* (2000). Embora respeite mais o romance, essa segunda realização é prejudicada por uma encenação mais convencional e decorativa (fotografia turística, composição de planos redundante, busca estetizante da luz) e uma dramaturgia mais atomizada e distendida, recorrendo a uma infinidade de lugares e cenas secundárias.

■ A questão da identidade, o tema do estranho, o mistério das relações, o jogo e as falsas pistas são temas que falam tanto a René Clément quanto à romancista Patricia Highsmith. Assim é que *O talentoso Ripley* desperta o interesse do cineasta francês, que, no entanto, decide enxugar sua dramaturgia. Ele começa por eliminar todo o início, situado em Nova York, onde Tom faz seu acerto com o pai de Greenleaf, o que lhe permite tornar mais opaca a personalidade de Tom (ao contrário de Minghella, que o transforma numa introdução por demais explicativa, na qual o herói logo de entrada é apresentado

Alain Delon, Plein soleil (René Clément, 1960)

229

Jude Law e Matt Damon, O talentoso Ripley *(Anthony Minghella, 2000)*

como impostor, ao passo que no romance é apenas um oportunista). Clément elimina cenas como as escapadas de Tom e Philippe em San Remo e Cannes, mantendo apenas Mongibello e Roma como cenários da ação. Altera o fim (em Veneza) e, sobretudo, omite qualquer alusão à homossexualidade patente do herói de Highsmith. Não é o caso do filme de Minghella, que não só desenvolve a relação de Tom com o alegre Peter Smith-Kingsley como transforma a orientação sexual de Tom em uma das chaves da intriga. Prova disso é que a luta no momento do assassinato, filmada como um ato de amor, é reveladora da atração-repulsa de Tom por Philippe, ao passo que em *O sol por testemunha* ela surge como resultado final de um desejo de vingança, após a derradeira humilhação da insolação, ela própria inscrita no título do filme.

De certa maneira, como Peter, Meredith Logue (Cate Blanchett), que mal aparece no fim do romance e está ausente em Clément, é um elemento motor da ação de *O talentoso Ripley*. Esse novo personagem serve aqui para reforçar a maquinação de Tom, e, sobretudo, para selar solidamente seu destino, na cena em que ele marca encontro simultaneamente com Meredith e Marge no terraço de um café da Piazza di Spagna. É igualmente Meredith que leva Tom, após seu encontro fortuito no barco, no fim do filme, a entrar em ação de novo, empurrando-o para uma espiral infernal de mentiras – em outras palavras, mostrando-lhe os limites da sua impostura e obrigando-o a se defrontar consigo mesmo.

▪ O episódio do assassinato de Freddy é escrupulosamente retomado nos dois filmes. Mas se em Minghella não passa de uma reprodução aplicada do romance, torna-se em Clément pretexto para um verdadeiro desafio de encenação. Cabe notar que Tom, por assim dizer ausente diante do que acaba de fazer, come um frango depois do crime. Ora, esse ato de devoração, metáfora da consumação do assassinato de Philippe no barco, evidencia a monstruosidade do personagem, como dá a entender o *travelling* para trás do fim do plano. Esse movimento de câmera, por moral e dramático que seja, indica que esse homem que se apropriou dos objetos, da voz e dos gestos de Philippe não é mais *ele mesmo*. Ou seja, em sua mente, não foi ele que cometeu o crime, mas Philippe, que ao mesmo tempo ele é e não é. Pois

O SOL POR TESTEMUNHA

é disso que se trata aqui: Tom é um indivíduo vivendo duas identidades, a sua e a de Philippe, constantemente tentando passar por alguém que não é. Seu duplo jogo o obriga a ser ora ele próprio, ora Philippe, em função do interlocutor. Acontece que a representação de Tom na tela, confundindo as pistas, nunca estabelece uma diferença entre as duas entidades. Desse modo, o personagem parece escapar ao espectador, que, no entanto, sempre sabe com quem está lidando, seja Tom ou Philippe. E é aí que está a força paradoxal do filme, que, ao mesmo tempo em que nos fornece informações sobre seu herói, o torna cada vez menos legível (importância dos espelhos, que multiplicam sua imagem). O que a cena dos créditos do *remake*, com função programática, também nos anuncia, enumerando adjetivos até se deter em "talentoso" ("*Mysterious Yearning Secretive Sad Lonely Troubled Confused Loving Musical Gifted Intelligent Beautiful Tender Sensitive Haunted Passionate Talented Mr. Ripley*").

Durante toda a primeira parte, Clément transforma o personagem friamente calculista do romance (desajeitado e deslocado em Minghella) em um indivíduo extrovertido, gozador e "simpático", sempre cúmplice de sua futura vítima, inclusive nas brigas. Sua semelhança com Philippe não é apenas física, mas moral. Os dois são egocêntricos, imorais, tendentes à preguiça e desrespeitosos do trabalho dos outros (especialmente de Marge). Esse cinismo na relação com os outros é frisado pela câmera, que, obedecendo a certos códigos do estilo Nouvelle Vague, parece celebrar o culto da juventude ociosa e desenvolta. O dinheiro fácil, as festas, as garotas e a velocidade, a atração por certos objetos (toca-discos, automóvel conversível) e o imaginário da liberdade transformam esses desocupados ricos em criaturas sintonizadas com as aspirações de sua época. Por isso, a encenação nunca faz um julgamento moral dos dois, pelo contrário, desperta certa empatia, especialmente nos espectadores jovens mais familiarizados com essa *dolce vita*. Esta é perfeitamente enquadrada pela partitura musical, entre espírito festivo e comentário irônico, de Nino Rota, fiel companheiro de estrada de Federico Fellini (cabe notar, em Minghella, a presença do jazz como elemento dramático que serve para estabelecer a amizade entre Tom e Philippe).

Apesar de astuto, o herói nem por isso é destituído de escrúpulos ou consciência moral, como permitem constatar as cenas com Marge, pelo menos antes que ele venha a seduzi-la para conseguir sua parte na herança (a noiva de Philippe é deixada de lado na narrativa de Minghella, cabendo a Peter e Meredith humanizar o herói). Sua estratégia em relação à jovem não é apenas reveladora de sua venalidade, mas também mostra o quanto Tom era dependente moralmente do amigo morto. Sabendo-se que a pobreza não é mais o motor de sua ação, o fato de contemplar a possibilidade de tomar o lugar de Philippe ao lado de Marge indica que Tom continua ligado à lembrança de Philippe, cujo corpo, preso à hélice do barco, é trazido de volta pelo mar, num fim original, à altura dos maiores thrillers, e que toma certa liberdade em relação ao do romance, decididamente mais aberto.

PL

Matt Damon, Gwyneth Paltrow e Peter Smith-Kingsley, *O talentoso Ripley* (Anthony Minghella, 2000)

> **PISTAS PEDAGÓGICAS**

▸ A imagem do duplo no cinema: figura do estranho, entre exclusão e impostura (*Two-Faced Woman*, *Grosse fatigue*, *Face/Off*, *Esse obscuro objeto do desejo*).

▸ A representação da juventude em obras tão diferentes quanto *Rendez-vous de juillet* (Becker), *Les tricheurs* (Carné), *Nas garras do vício* (Chabrol).

▸ Questões associadas ao *remake*: por uma releitura contemporânea da obra literária e/ou cinematográfica?

Bibliografia

"Plein soleil", *L'Avant-Scène*, n° 261, 1981.
André Farwagi, *René Clément*, Seghers, 1967.
Denitza Bantcheva, *René Clément*, Éditions du Revif, 2008.

231

Poil de Carotte

FRANÇA, 1932

Jules Renard, *Poil de Carotte*, 1896.

SINOPSE

No fim do ano escolar, os internos de uma pequena escola de Morvan estão felizes por poder voltar para casa nas férias de verão. Exceto um deles: François Lepic, apelidado por sua mãe de Poil de Carotte [pelo de cenoura] por causa da cor de seus cabelos. Constantemente perseguido por essa mulher cruel e maldosa, abandonado pelo pai taciturno e rejeitado por um irmão e uma irmã hipócritas, o menino leva uma infância infeliz e solitária. Ele só encontra um pouco de alegria e reconforto junto à criada Annette, ao padrinho e à Mathilde, uma menina à qual se une num simulacro de casamento. Certo dia, contudo, Poil de Carotte junta coragem para abrir o coração com o pai, que toma seu partido, mas infelizmente não pode cuidar dele, ocupado que está com sua eleição para o cargo de prefeito da aldeia. No auge da infelicidade, o garoto tenta se enforcar, mas é salvo na hora H pelo pai. "François" Lepic finalmente pode então nascer para os outros e para si mesmo.

Robert Lynen e Christiane Dor, Poil de Carotte (Julien Duvivier, 1932)

Pr.	Les Films Marcel Vandal e Charles Delac
Dir.	Julien Duvivier
Rot.	Julien Duvivier
Foto.	Armand Thirard
Int.	Robert Lynen (François "Poil de Carotte"), Harry Baur (Sr. Lepic), Catherine Fonteney (Sra. Lepic), Christiane Dor (Annette), Louis Gauthier (o padrinho), Max Fromiot (Félix), Colette Segall (Mathilde), Simone Aubry (Ernestine)
Duração	80 min

Outras versões:

• *Poil de Carotte* (Julien Duvivier, 1925), int. André Heuzé (François), Henri Krauss e Charlotte Barbier-Krauss (Sr. e Sra. Lepic)

• *Poil de Carotte* (Paul Mesnier, 1952), int. Christian Simon (François), Raymond Souplex e Germaine Dermoz (Sr. e Sra. Lepic)

• *Poil de Carotte* (Henri Graziani, 1973), int. François Cohn (François), Philippe Noiret e Monique Chaumette (Sr. e Sra. Lepic)

POIL DE CAROTTE

Julien Duvivier se apropria pela primeira vez do romance (e da peça homônima em um ato) de Jules Renard, em 1925, realizando uma versão muda. Entretanto, apesar da forte ligação de Duvivier com a obra do escritor, Jacques Feyder tivera antes a ideia dessa adaptação. Autor do roteiro (fortemente inspirado em *La Bigote*, outra peça de Renard), Feyder também seria o diretor, mas confusas negociações acabariam levando a empresa Phocéa, detentora dos direitos, a escolher Duvivier, que transforma radicalmente o script de Feyder. Duas visões de mundo, quase igualmente sombrias, conjugam-se então harmoniosamente: o pessimismo e a misantropia de Duvivier, por um lado, e, por outro, a ironia e o humor negro de Renard. O cineasta logo se apaixona pelo tema, que não deixa de evocar para ele sua fria relação com o pai e a fuga de sua cidade natal (Lille) em 1914. "Jamais foi escrita uma história tão comovente", afirma ele então. De tal maneira que volta a ela sete anos depois, para nos oferecer uma das melhores obras de sua filmografia, dessa vez em versão falada e, provavelmente, uma das mais comoventes visões da infância infeliz no cinema.

Catherine Fonteney e Robert Lynen
Poil de Carotte *(Julien Duvivier, 1932)*

Robert Lynen e Colette Borelli,
Poil de Carotte *(Julien Duvivier, 1932)*

■ Os dois filmes se equiparam em termos de maestria técnica, e os protagonistas encontram intérpretes à altura. Na versão de 1932, aqui tratada, Harry Baur é um Lepic de gestual sóbrio, meticuloso, pesado, voltado sobre si mesmo, calado, distante, ríspido. Impenetrável. Seu silêncio, mais de proteção que de desistência, deixa transparecer de qualquer maneira uma discreta afeição pelo filho, através de violentos acessos de raiva voltados contra a megera da mulher. Sua falsa indiferença e a eleição de prefeito (episódio tomado de empréstimo a *La Bigote*) o tornam durante muito tempo inacessível ao filho. Mas o que interessa a Duvivier é a reconciliação dos dois. Para isso, o cineasta não hesita em revirar a intriga do romance, transformando Lepic em testemunha da tentativa de enforcamento de Poil de Carotte, o que lhe permite justificar a rápida reviravolta do vibrante reconhecimento final entre pai e filho (mais progressivo na peça). Catherine Fonteney, que já havia desempenhado o papel na Comédie Française, encarna a Sra. Lepic. Apesar de menos caricatural que a Lepic/Charlotte Barbier-Krauss do cinema mudo, ela não hesita em forçar a interpretação, entre o fel dos olhares e comentários dirigidos a Poil de Carotte e o mel dos gestos e da voz para seus queridinhos, Félix e Ernestine. Mas não temos por que reclamar, de tal maneira seus excessos correspondem à necessidade de representação e reconhecimento do personagem que, diante da câmera de Duvivier, acaba surgindo nu e patético no imenso deserto de sua terrível solidão. E não deixa de ser uma das qualidades do filme – especialmente quando a Sra. Lepic fica sozinha em casa enquanto o marido obtém sua vitória na prefeitura – mostrá-la de um ângulo diferente do apresentado em Renard: o ângulo comovente de um ser humano sofrendo amargamente com a tristeza de sua vida mesquinha e inútil. Enquanto isso, a Sra. Lepic engana o tédio e passa sua amargura para o filho "que chegou tarde demais", Poil de Carotte, admiravelmente interpretado por Robert Lynen (que seria detido como resistente alguns anos depois e fuzilado na Alemanha em 1º de abril de 1944, aos 23 anos). O zombeteiro desembaraço do jovem ator de breve carreira, seu senso inato de *timing* e seu físico algo raquítico de criança abandonada o transformam no herói físico do romance.

POIL DE CAROTTE

André Heuzé e Charlotte Barbier-Krauss,
Poil de Carotte *(Julien Duvivier, 1925)*

Renée Jean e André Heuzé,
Poil de Carotte *(Julien Duvivier, 1925)*

A versão falada de 1932 também corrige certas impropriedades da versão de 1925, de fato se aproximando do universo de Renard. Duvivier elimina, em particular, a relação amorosa de Félix com uma garota de cabaré que ele próprio julgara de bom alvitre inventar na versão anterior. Também esquece sua ideia de transferir a intriga para a paisagem dos Altos Alpes, optando por um espaço menos "espetacular". Mas o cineasta resgata a coerência social do ambiente de Morvan, o clima camponês e sua influência na psicologia dos personagens. Na verdade, tal como em Renard, a natureza desempenha aqui um papel preponderante: terreno de jogo, fonte de bem-estar (o banho), refúgio onde o menino pode acalmar sua dor (inclusive mergulhando no tanque). Mas a natureza também é um espelho que reflete sua infelicidade. O comportamento suicida, mal-esboçado no romance, torna-se aqui um elemento importante da dramaturgia, que, no entanto, evita o melodrama (à exceção do fim convencional inventado pelo cineasta).

■ Sempre muito próximo da sensibilidade do herói, Duvivier opta por um tom seco e digno. A uma boa distância, em suma. O naturalismo rude do filme, apenas levemente temperado por alguns belos planos do harmonioso campo ao redor, como contraponto estético à feiura dos personagens, exacerba a brutalidade das relações entre indivíduos, a incomunicabilidade atávica do círculo familiar e a simplicidade desajeitada de bons sentimentos que às vezes machucam. Em contraste, a cena quase onírica do falso casamento com a pequena Mathilde é uma espécie de parêntese encantado num universo opressivo, hostil e mortífero. A caricatura dos retratos, tanto os maus (a mãe, Félix e sua irmã) quanto os bons (o amável padrinho, a criada Annette), tampouco é um erro. Ela traduz, mais uma vez, o ponto de vista de uma criança ainda pequena demais para não reduzir as criaturas a alguns traços grosseiros. No fim das contas, Duvivier transforma a poesia de Renard, colhida na fonte amarga das lágrimas da infância maltratada, em um quadro feroz e, às vezes, violento como o pobre coração das crianças mal-amadas.

PL

> **▶ PISTAS PEDAGÓGICAS**
>
> ▸ As megeras no cinema (*La Poison*, *Vipère au poing*).
>
> ▸ A infância infeliz (*David Copperfield*, *Oliver Twist*, *Os incompreendidos*, *Libero*).
>
> ▸ Relações pais-filhos (*La Boum*, *Le Petit Prince a dit*).
>
> ▸ O inferno da família ou a hostilidade entre pai e mãe (*Kramer versus Kramer*, *Diabolo menthe*, *À nos amours*).
>
> ▸ A questão do suicídio entre adolescentes (*Ken Park*, *As virgens suicidas*).

Bibliografia

Yves Desrichard, *Julien Duvivier: cinquante ans de noirs destins*, BiFi, 2001.

Eric Bonnefille, *Julien Duvivier, le mal aimant du cinéma français*, 2 vol., L'Harmattan, 2002.

Hubert Niogret, *Julien Duvivier: 50 ans de cinéma*, Bazaar & Co, 2010.

O retrato de Dorian Gray

ESTADOS UNIDOS, 1944 (*THE PICTURE OF DORIAN GRAY*)

Oscar Wilde, *The Picture of Dorian Gray*, 1891.

SINOPSE

Dorian Gray, um jovem nobre da sociedade vitoriana, de grande beleza, é influenciado por um nobre cínico e decadente, lorde Henry Wotton. Fascinado com a própria imagem, Dorian jura que um dia seu retrato, que acaba de encomendar, vai envelhecer no seu lugar. E é de fato o que acontece. Mas o retrato também vai se transformando com as perversões e os crimes de Dorian.

Pr.	MGM
Dir.	Albert Lewin
Rot.	Albert Lewin
Foto.	Harry Stradling
Int.	Hurd Hatfield (Dorian Gray), George Sanders (lorde Henry Wotton), Donna Reed (Gladys), Peter Lawford (David Stone), Angela Lansbury (Sybil Vane)
Duração	110 min

Outras versões:
- *Das Bildnis des Dorian Gray* (Richard Oswald, 1917), int. Bernd Aldor
- *Le Dépravé* (*Il dio chiamato Dorian/Dorian Gray*) (Massimo Dallamano, 1970), int. Helmut Berger
- *The Picture of Dorian Gray* (David Rosenbaum, 2004), int. Josh Duhamel
- *The Picture of Dorian Gray* (Duncan Roy, 2007), int. David Gallagher
- *Dorian Gray* (Oliver Parker, 2009), int. Ben Barnes

A dificuldade da transposição cinematográfica da obra de Wilde, no contexto de sua produção, decorre menos, na verdade, da condução da narrativa (linear, no fim das contas extremamente simples, e seguida por Lewin de maneira fiel e respeitosa) do que do caráter "escandaloso" da conduta dos personagens (Dorian e lorde Henry), amplificado pela aura polêmica da vida de Oscar Wilde. Isso explica em grande parte por que, depois de várias versões mudas na década de 1910, o romance não foi mais adaptado, tendo se tornado notoriamente mais rígidas as regras de censura.

Hurd Hatfield e Angela Lansbury

Esta adaptação do romance de Oscar Wilde é um projeto cinematográfico totalmente controlado, ou quase, por uma das mais estranhas personalidades do cinema hollywoodiano clássico. Roteirista e produtor respeitado, Albert Lewin teve a possibilidade de produzir e realizar alguns filmes originais no próprio sistema dos estúdios (no caso, a MGM), num tipo de procedimento que de maneira geral era vedado nas *majors*. Do ponto de vista americano, Lewin é o que poderíamos chamar de cineasta "intelectual" e "artístico". Assim, sua breve filmografia como realizador contrasta radicalmente com os padrões dos filmes de estúdio. *O retrato de Dorian Gray* é seu segundo filme, e o melhor (embora *Pandora*, realizado em 1952, possa sustentar a comparação).

O RETRATO DE DORIAN GRAY

■ Albert Lewin contorna a dificuldade com seu método habitual, que é sua assinatura de autor: a busca estilística. O romance pertence a priori ao gênero fantástico. Lewin não se vale de nenhum dos elementos "góticos" até então associados ao gênero. Como Jacques Tourneur, mas de forma mais maneirista, ele recorre à sugestão e a um clima perturbador. Os cenários são de grande riqueza, à beira de um estilo "decadente". O cineasta também ousa experiências inéditas. Assim, o filme foi rodado em preto e branco – à exceção dos planos do retrato, que são em cores (um luxo incrível para a época, requerendo uma tiragem em Technicolor para um filme inteiramente preto e branco), o que causa um impacto visual de notável força.

O estilo de Lewin também se revela na escolha dos atores, às vezes bem arriscada: Angela Lansbury, por exemplo, é apenas uma iniciante na época, revelada em *Gaslight*, de George Cukor. A escolha de George Sanders, em compensação, parece evidente para o papel de lorde Henry, pois o grande ator se supera nas composições de personagens elegantes, ambíguos e mesmo cínicos, conseguindo, com a sutileza de sua interpretação, passar muitos subentendidos (mais explícitos no romance, mas que não poderiam passar de maneira explícita pelas barreiras do código moral hollywoodiano). Quanto ao personagem de Dorian Gray, a escolha do estranho Hurd Hatfield, na época totalmente desconhecido, e cujo rosto de cera parece refletir apenas o vazio da alma, só foi feita depois de descartada a primeira ideia. Com efeito, chegou-se a pensar seriamente em oferecer o papel de Dorian a uma Greta Garbo vestida de homem – aposta genial que permitiria ao mesmo tempo evocar o desequilíbrio de identidade de Gray e a sexualidade de Oscar Wilde, tema completamente tabu nessa década de 1940.

■ O filme faria enorme sucesso, tanto de crítica quanto de público. E o diretor de fotografia, Harry Stradling, ganharia um Oscar por seu trabalho. Transformado num mito clássico do fantástico literário e também cinematográfico, Dorian Gray não mereceria posteriormente nenhuma outra adaptação digna de nota. A versão de Dallamano, com Helmut Berger (que na época está rodando *Os deuses malditos*, de Visconti), integra-se mais na tradição do cinema fantástico e erótico italiano. Mas o tema do retrato que assume a obsessão do envelhecimento pode ser encontrado em versões livres e inesperadas, como, por exemplo, *Fantasma do paraíso*, de Brian de Palma, comédia musical na qual o tema do retrato (em vídeo!) de Dorian Gray é associado aos de Fausto e do Fantasma da Ópera.

LA

Bibliografia

Jean Marie Sabatier, *Les Classiques du cinéma fantastique*, Balland, 1973.

Gérard Lenne, *Le Cinéma fantastique et ses mythologies*, Cerf, "7e Art", 1970.

Jean-Pierre Coursodon, Bertrand Tavernier, *50 ans de cinéma américain*, Nathan, 1991.

→ **PISTAS PEDAGÓGICAS**

▸ O tema do duplo na literatura e no cinema fantásticos.

▸ Narciso e suas encarnações modernas.

▸ O retrato pictórico no cinema.

▸ O mito faustiano da juventude eterna.

Retrato de uma mulher
REINO UNIDO–ESTADOS UNIDOS, 1996 (*THE PORTRAIT OF A LADY*)

Henry James, *The Portrait of a Lady*, 1881.

SINOPSE

Durante uma estada na América no fim do século XIX, a Sra. Touchett reencontra a sobrinha Isabel Archer e a convida a voltar em sua companhia para a Europa, para conhecer o mundo. A jovem logo se vê cercada de vários pretendentes. Seu primo Ralph, que sofre de tuberculose, pergunta-se o que ela vai fazer da vida. Lord Warburton, rico cavalheiro inglês, pede-lhe a mão, mas ela recusa. Um jovem de Boston, Caspar Goodwood, também lhe faz a corte e, tendo-a seguido até a Inglaterra, começa a assediá-la. Isabel também o rechaça. Ao morrer seu tio, ela herda 70 mil libras e se torna alvo da cobiça de todos.

Pr.	Propaganda Films/Polygram Filmed Entertainment
Dir.	Jane Campion
Rot.	Laura Jones, com base no romance de Henry James
Foto.	Stuart Dryburgh
Int.	Nicole Kidman (Isabel Archer), John Malkovich (Gilbert Osmond), Barbara Hershey (Sra. Serena Merle), Mary-Louise Parker (Henrietta Stackpole), Martin Donovan (Ralph Touchett), Shelley Winters (Sra. Touchett)
Duração	143 min

John Malkovich e Nicole Kidman

O escritor americano Henry James considerava que a melhor cena do seu romance era aquela em que Isabel se sentava em uma cadeira sem revelar qualquer emoção. Em consequência, recusara uma adaptação teatral de sua obra. A fama de romance impossível de adaptar estava profundamente arraigada no caso de *Retrato de uma mulher*, até que Jane Campion resolvesse enfrentar a difícil empreitada. A complexidade do romance residia ao mesmo tempo em sua intriga, no fim aberto e, sobretudo, na psicologia do personagem principal, sempre definido de maneiras indiretas e subliminares. Tendo lido o livro aos 20 anos, em 1974, a cineasta neo-zelandesa planejara com uma amiga montar uma produtora para adaptar romances clássicos para o cinema. Quando ela chega a realizar o filme muito mais tarde, em 1996, estamos numa década em que muitos clássicos da literatura anglo-saxônica já foram adaptados (James Ivory com as obras de

237

RETRATO DE UMA MULHER

Edward Morgan Forster, Ang Lee com Jane Austen, Martin Scorsese com Edith Wharton). O desejo de Jane Campion não era filmar *Retrato de uma mulher*, mas simplesmente apresentar sua própria interpretação da história do romance, preservando uma parte dos diálogos de Henry James. Ela entra em contato com Nicole Kidman para interpretar Isabel. As duas se conheceram em 1983 para um projeto de curta-metragem, *A Girl's Own Story*, mas na ocasião a atriz australiana não estava livre. Jane Campion desenvolveu mais tarde o projeto de adaptar o romance de James para o teatro, pensando mais uma vez em Nicole Kidman, e foi, portanto, muito naturalmente que lhe propôs o papel de Isabel na adaptação cinematográfica. Para o papel de Osmond, depois de contactar William Hurt, que recusou a proposta, não desejando interpretar um personagem maléfico sem qualquer possibilidade de resgate ou redenção, ela convida John Malkovich, que se dispõe a explorar livremente as zonas mais sombrias do ser humano. A música é encomendada ao compositor polonês Wojciech Kilar, que assinara a trilha original do *Drácula* de Francis Ford Coppola (1992).

■ Com sua roteirista, Laura Jones, Jane Campion optou deliberadamente por "sacrificar" o primeiro

Nicole Kidman

RETRATO DE UMA MULHER

terço do romance, que se passa nos Estados Unidos, e que para ela representa apenas um prólogo com conversas em torno de um possível casamento. O filme começa então com a proposta de casamento de Warburton a Isabel, logo de entrada estabelecendo, assim, o que está em jogo na diegese. Ela também altera o fim do romance, criando uma cena mais aberta, deixando o espectador hesitar quanto à escolha de Isabel de ir ou não ao encontro do marido. O último plano a deixa no alto da escadaria da mansão inglesa, perdida em seus pensamentos depois do ardente beijo trocado com Goodwood. Jane Campion também apresenta lugares que não existem no romance, especialmente nas cenas que se passam na Itália, considerando que representam uma espécie de eco dos sentimentos dos personagens, como as estátuas monumentais quebradas no pátio do Capitólio em Roma, por exemplo.

■ Mais que uma adaptação, Jane Campion efetuou uma autêntica recriação da obra de Henry James. Em sua sensível leitura do romance, a cineasta interpretou a recusa dos pedidos de casamento por parte de Isabel como medo da sexualidade, no que ela pressupõe de incontrolável entrega. Como mulher do século XX, ela foi capaz de se identificar com sua heroína do século XIX, avaliando a violência do seu medo de compromisso, em correlação com a presença de suas pulsões sexuais. Desse modo, ela acrescenta duas cenas oníricas (uma das quais foi cortada na montagem) que mostram Isabel sonhando com o ato sexual, como a cena que sucede à visita de Goodwood, que lhe tinha acariciado o rosto. Deitada na cama, a jovem se imagina grávida, acariciada por Warburton e Goodwood ante o olhar de seu primo Ralph. Esta incapacidade de apreender a verdadeira personalidade de Isabel é encontrada na encenação de Jane Campion, com muitos enquadramentos defasados, as imagens amplas das ações da jovem, os planos da heroína diante de espelhos ou através de vidraças, dando a entender que se o espectador tem dificuldade de capturar Isabel, o personagem também está numa certa busca de si mesmo. Numa ótica semelhante de representação das incertezas e da inquietação de Isabel, a cineasta "trai" James ao deixar de situar a maioria dos diálogos em jardins ensolarados, como no romance, para levá-los para interiores muito escuros, especialmente na parte italiana. Isso também corresponde à visão original

que Jane Campion tem da Itália, tendo descoberto Veneza no inverno e passado meses sozinha na cidade, em quase escuridão.

Retrato de uma mulher é, portanto, menos uma adaptação fiel de James que um eco da personalidade de Jane Campion, que viu em Isabel uma espécie de figura contemporânea da mulher, uma mulher em busca de si mesma, não sabendo o que fazer com suas pulsões sexuais. Em vez de privilegiar uma reconstituição histórica precisa, Jane Campion abre espaço, sobretudo, para os sentimentos dos personagens. Existem certas semelhanças entre Isabel Archer e Jane Campion em suas descobertas da Europa, tendo ambas vindo de países "novos" (os Estados Unidos no caso de uma, a Nova Zelândia no de outra). E para assentar ainda mais seu filme no fim do século XX, ela dá início ao longa-metragem com uma espécie de prólogo contemporâneo, filmando jovens que falam do prelúdio do ato sexual, o beijo. Mulheres "de hoje" se sucedem diante da câmera, recordando as transformações do rosto do parceiro no momento do beijo, e representam de certa maneira as "irmãs" de Isabel, que abre o filme num primeiro plano. Nesta adaptação de um monumento da literatura americana, Jane Campion apropriou-se da obra literária que amava, criando-a novamente e fazendo de Isabel Archer, mulher ébria de liberdade numa sociedade alienante, um personagem "campioniano", a exemplo da heroína de *O piano* (1993).

CM

→ **PISTAS PEDAGÓGICAS**

▸ Condição da mulher no fim do século XIX, na Inglaterra e nos Estados Unidos.

▸ O romantismo.

▸ A adaptação literária como autorretrato.

Bibliografia

Jean-Marc Lalanne, "Portrait de femme", *Les Cahiers du Cinéma*, n° 508, dezembro de 1996.

Christian Viviani, "Portrait de femme, la femme peintre et son modèle"; entrevista de Jane Campion a Michel Ciment, "Un Voyage à la découverte d'elle-même", *Positif*, n° 430, dezembro de 1996.

Marina Vlady e Jean Marais, La Princesse de Clèves *(Jean Delannoy, 1961)*

La Princesse de Clèves

Madame de Lafayette, *La Princesse de Clèves*, **1678.**

SINOPSE

1558-1559, na corte real. Durante baile oferecido por Henrique II, a princesa de Clèves apaixona-se à primeira vista pelo duque de Nemours. Mas ela jurou fidelidade ao marido, e não quer traí-lo. A paixão entre Nemours e Sra. de Clèves se intensifica então em detalhes que só olhos apaixonados podem perceber. Um retrato da princesa roubado por Nemours e uma carta que escreveram juntos, para ajudar o pároco de Chartres, selam ainda mais essa aproximação secreta. Mas a princesa resiste e se refugia em suas terras de Coulommiers, longe das intrigas e boatos da corte. Nemours cede então ao desejo enciumado e a procura. Informado das inclinações da mulher e apesar de suas negativas, Sr. de Clèves desconfia de uma aventura e morre de tristeza. A princesa, pressionada pelo pároco, aceita encontrar novamente Nemours, falando dos seus sentimentos e da sua impossibilidade de desposá-lo. Volta então a sua solidão, e ela cai doente e morre antes que Nemours, chamado à sua cabeceira, possa revê-la uma última vez.

LA PRINCESSE DE CLÈVES

Jean Delannoy nos oferece uma fiel ilustração do romance de Madame de Lafayette em trajes de época. O luxo da corte de Henrique II e sua morte num torneio, as intrigas dos cortesãos e os boatos espalhados pelo bufão do rei, a rigidez protocolar das relações dos personagens e a tirania do poder exercido pela rainha-mãe, Catarina de Médicis, tudo é sugerido com cuidadoso respeito pela trama. Figurinos pesados, cenários patrimoniais (castelo de Chambord), linguagem castiça (sem arcaísmo), formas e cores da imagem (Eastmancolor) também contribuem para a recriação do clima e da pompa no reinado dos Valois. Essa reconstituição do contexto, servindo de caução moral e histórica, representa para Delannoy e seu roteirista, Jean Cocteau, uma condição prévia da credibilidade e da compreensão do comportamento de personagens tão distantes. Tais escolhas plásticas, embora não pareçam muito sintonizadas com o estilo sóbrio e clássico do romance, devem não só validar a ideia de um contexto social e político determinante, mas também justificar a natureza profunda da tragédia amorosa. Delannoy tenta, assim, abolir a distância entre esse exemplo de virtude e nossa época moderna. Afinal, como exaltar "as virtudes de um amor de absoluta pureza" sem provocar sorrisos? Como entender hoje em dia que a princesa expira por um amor não consumado depois de ter levado o marido a morrer de ciúme? Paradoxalmente, essas opções de encenação embaralham as pistas e afastam o espectador do que de fato está em questão no filme. A estética suntuosa enrijece o tom, mantendo-o num passado congelado e distante. O filme muitas vezes parece um conto de fadas no qual a princesa de Clèves seria Branca de Neve. Calcando na edificação moral e na pureza, Delannoy parece muitas vezes pontificar, como no afetado fim do filme, diferente do livro, no qual a heroína opta pelo silêncio e pelo convento. Seja como for, o filme nos reserva belos momentos, como a cena do baile, na qual a câmera se desdobra em vários pontos de vista, como se fossem olhares pérfidos de uma corte entregue às intrigas. Ele evita a armadilha do filme muito explícito, que se empenha em aprofundar a veia da análise íntima para reproduzir a psicologia do romance. De maneira mais modesta, Delannoy não tenta explicitar, mas frisar os três fatores que levam a princesa ao seu heroísmo trágico: o amor, a virtude e a etiqueta. Desse modo, as regras e os códigos estritos que regem a corte constituem elementos decisivos para a negação do amor por parte da princesa. A expressão facial e os

La Princesse de Clèves FRANÇA-ITÁLIA, 1961

Pr.	Cinetel/Silver Films/PCM/Enalpa Film
Dir.	Jean Delannoy
Rot.	Jean Cocteau
Foto.	Henri Alekan
Int.	Marina Vlady (princesa de Clèves), Jean Marais (príncipe de Clèves), Jean-François Poron (duque de Nemours), Renée-Marie Potet (Maria Stuart), Lea Padovani (Catarina de Médicis), Annie Decaux (Diane de Poitiers)
Duração	101 min

La Lettre (A carta, 1999)
FRANÇA–PORTUGAL–ESPANHA, 1999

Pr.	Gemini Films/Wanda Films
Dir.	Manoel de Oliveira
Rot.	Manoel de Oliveira
Foto.	Emmanuel Machuel
Int.	Chiara Mastroianni (Sra. de Clèves), Antoine Chappey (Sr. de Clèves), Pedro Abrunhosa (Pedro Abrunhosa/Nemours), Françoise Fabian (Sra. de Chartres), Leonor Silveira (a religiosa)
Duração	77 min

La Belle Personne FRANÇA, 2008

Pr.	Scarlett Production/Arte France Cinéma
Dir.	Christophe Honoré
Rot.	Christophe Honoré, Gilles Taurand
Foto.	Laurent Brunet
Int.	Louis Garrel (Nemours), Léa Seydoux (Junie), Grégoire Leprince-Ringuet (Otto), Esteban Carjaval-Alegria (Matthias), Simon Truxillo (Henri)
Duração	94 min

Louis Garrel, Léa Seydoux,
La Belle Personne *(Christophe Honoré, 2008)*

LA PRINCESSE DE CLÈVES

vestidos, nela, refletem o peso das convenções que a imobilizam, obrigando-a a esconder seus sentimentos em nome da paz de espírito. A isso se soma sua elevada moralidade, marcada pelo jansenismo, cujo meio foi frequentado por Madame de Lafayette, e que a leva antes ao deserto da solidão que na direção da vida movimentada de cortesã. O físico de moça comportada de Marina Vlady, a rigidez de sua interpretação como sinal de contenção moral (grande economia de gestos e expressões faciais) e a distância fria criada pela encenação acadêmica (muitos planos de conjunto) são outros indícios da pureza de alma da heroína. Por fim, para tratar da questão da fidelidade, Delannoy simplesmente retoma as cenas de explicação entre a princesa e o marido e as que ela protagoniza com Nemours, mas infelizmente não desenvolve as visitas a Coulommiers, tão valiosas para o estudo da consciência, da evolução moral e do sentimento de culpa da "bela pessoa".

■ Assim como Andrzej Zulawski em *La Fidélité* em 2000, Manoel de Oliveira e Christophe Honoré propõem com alguns anos de intervalo duas versões modernizadas do romance, como forma de se questionar sua suposta atemporalidade. O que chama a atenção no cineasta português, situando a narrativa na alta burguesia parisiense, com um improvável cantor pop fazendo as vezes de Nemours, é o anacronismo das questões de reputação e julgamento social enfrentadas pela Sra. de Clèves e sua mãe. Embora a religiosa, confidente e amiga de infância aconselhe à Sra. de Clèves que viva mais de acordo com seus desejos, ela se obstina em preservar velhas razões morais. Como assumir semelhante defasagem entre um sistema de valores antiquado e o mundo de hoje, que não o aceita mais? Para responder a esse hiato moral e temporal, Oliveira opta por enfeixar a geografia do filme em duas sociedades diferentes que convivem sem nunca se encontrarem realmente: por um lado, a rua e o mundo da música pop, por outro, o convento de Port-Royal e os apartamentos luxuosos dos Clèves. O ambiente da desordem e do desejo frente ao espaço da calma e da lei. Schubert contra a música pop, representando os óculos escuros de Abrunhosa uma barreira à troca (de olhares) e ao julgamento dos outros. Para bem configurar sua inadequação à sociedade deste mundo e testar sua alta exigência moral, a Sra. de Clèves vai para a África prestar serviço humanitário com as religiosas. O que no romance parece uma "escolha forçada" não é vivenciado aqui como renúncia ou derrota, mas como incapacidade de transgredir e conciliar dois sistemas estranhos. Definitivamente, Abrunhosa e a Sra. de Clèves, que não se parecem, não têm nada a ver juntos. São muitas as coisas que os separam: Deus, a lei e a herança da mãe.

■ Honoré, "entediado com a questão da adaptação" e irritado com as declarações intempestivas de um candidato à presidência, transpõe por sua vez a corte de Henrique II para o pátio de recreação do Liceu Molière, em Paris. Os cortesãos, aqui, são alunos. Sua princesa é a diáfana Junie, amada pelo colega de turma Otto e cortejada por um professor de italiano, o mulherengo Nemours. A escolha do contexto surpreende, e ficamos nos perguntando o que o estoicismo sentimental

> **PISTAS PEDAGÓGICAS**
>
> ▸ Jogo de olhares e paixão fulminante no cinema.
> ▸ Confissão, negação e despeito de amor: a cena da declaração sentimental.
> ▸ Moral, virtude e fidelidade amorosa: uma questão de época?
> ▸ O filme de época ou a reconstituição histórica no cinema.
> ▸ O que está em questão na modernização de uma narrativa histórica ou baseada na história.
> ▸ Códigos, regras e decoro: a encenação da corte como teatro de olhares e intrigas.
> ▸ Estilização dos sentimentos: Oliveira, Bresson, Honoré, Green.

Léa Seydoux, La Belle Personne *(Christophe Honoré, 2008)*

Chiara Mastroianni, A carta *(Manoel de Oliveira, 1999)*

da heroína de Madame de Lafayette tem a ver com os adolescentes de hoje. Para validar sua hipótese, o cineasta postula que o espaço de um colégio fervilha tanto de intrigas amorosas quanto uma corte real, e que as primeiras emoções – e principalmente uma carta de amor extraviada ou um fracasso (levando ao suicídio de Otto) – representam para adolescentes, caracterizados pela intransigência e pela sede de ideal, a coisa mais importante do mundo. Assim, o filme retoma o cerne da narrativa, substituindo por novos códigos (os códigos de um romantismo burguês) os que eram ditados pelo contexto e pela língua do Grande Século. Entretanto, tudo que encontramos de precioso e artificial na ação e na escrita do romance volta a aparecer no filme, onde os comportamentos, situações e diálogos afetados dos personagens convivem com uma encenação estilizada, senão maneirista, herdeira da Nouvelle Vague.

Sabemos que Nemours não pode confessar seu amor àquela que ama. Por questões de decoro, no caso do herói literário, e porque a moral reprova esse amor pelo professor de Junie (moral que, no entanto logo vem a ser transgredida). Ora, se o não da princesa – motivado pelo senso da própria "glória", por seu estoicismo e por sua razão lúcida (influência de Corneille), mas também por seu desejo de tranquilidade pelo respeito ao seu dever e por medo das violências do amor (influência de Racine) – é perfeitamente verossímil, já não o é tanto na adolescente do filme, que declara ver apenas ilusão na felicidade proposta pelo homem mais velho. "Não existe amor eterno", lança ela. Ansiando o absoluto e diante das improváveis promessas de amor de Nemours, Junie o defronta com o caráter efêmero dos sentimentos. Não deposita nele a menor confiança e teme a tortura dos ciúmes. Argumento afinal de contas deslocado na boca de uma adolescente dessa idade, que sabemos pronta a cair a qualquer momento na rede de um jovem adulto (especialmente quando interpretado por Louis Garrel), essa outra figura sublimada do pai.

PL

Bibliografia

Obra coletiva, "La Princesse de Clèves",
L'Avant-Scène cinéma, n° 3, 1961.

Yann Lardeau, Jacques Parsi, Philippe Tancelin,
Manoel de Oliveira, Dis voir, 1988.

René Prédal, "Manoel de Oliveira, le texte et l'image",
L'Avant-Scène cinéma, n° 478/479, 1999.

Michel Estève, Jean A. Gili (dir.), *Manoel de Oliveira*, Minard, 2006.

O imenso adeus

ESTADOS UNIDOS, 1973 (*THE LONG GOOD-BYE*)

Raymond Chandler, *The Long Good-Bye*, 1953.

SINOPSE

O detetive particular Philip Marlowe é procurado por um amigo em dificuldade, Terry Lennox, e concorda em atravessar de carro com ele a fronteira do México. Lennox é suspeito de ter matado sua mulher, muito rica. Detido como suposto cúmplice, Marlowe é libertado quando Lennox vem a ser encontrado morto. Mas Marlowe é ameaçado por um gângster por causa de Lennox. É então contratado para ajudar a mulher de um escritor, Wade, alcoólatra inveterado que desapareceu misteriosamente. Os Wade eram vizinhos dos Lennox, e Marlowe presume que os dois casais se relacionavam, ao mesmo tempo em que se sente atraído pela mulher de Wade.

Elliott Gould

O IMENSO ADEUS

Pr.	E.K. Corporation/Lion's Gate
Dir.	Robert Altman
Rot.	Leigh Brackett
Foto.	Vilmos Zsigmond
Int.	Elliott Gould (Marlowe), Nina van Pallandt (Eileen Wade), Sterling Hayden (Roger Wade), Mark Rydell (Marty Augustine), Henry Gibson (Dr. Verringer), Jim Bouton (Terry Lennox), David Carradine (não creditado), Arnold Schwarzenegger (não creditado)
Duração	112 min

O personagem de Marlowe, criado por Chandler em 1939 em *O sono eterno* [*The Big Sleep*], rapidamente se transformou no arquétipo do "detetive particular" e na figura emblemática do *film noir* americano. Durante muito tempo, confundiu-se no imaginário dos espectadores com a figura de Humphrey Bogart (no filme *À beira do abismo*, extraído de *The Big Sleep*). E por sinal nenhuma outra adaptação de um dos romances de Chandler com o famoso detetive, nem nenhum dos outros intérpretes do papel (Robert Montgomery, James Garner, entre outros), chegou a alcançar a qualidade ou a fama do filme de John Huston.

■ Quando Robert Altman realiza por sua vez a adaptação de uma aventura de Marlowe, no início da década de 1970, com base em um romance que ainda não tinha sido levado ao cinema, já tem em seu currículo uma obra que o situa entre os grandes cineastas americanos contemporâneos, especialmente com sua Palma de Ouro em Cannes por *M.A.S.H.* (1970). Cineasta irônico e contestador, Altman não hesita em modificar profundamente as regras e os códigos do *film noir*, ao mesmo tempo em que se mantém fiel ao personagem original de Marlowe.

A primeira e espetacular modificação é a transposição da intriga do romance para a época contemporânea (década de 1970), o que, naturalmente, altera a estética geral do filme: o preto e branco, "marca" do *film noir* histórico, dá lugar à cor e a um estilo de vida diferente. Marlowe, interpretado por Elliot Gould, muito distante fisicamente do personagem original (mas não mais, no fim das contas, que Bogart), parece por sua vez sair diretamente da época da escrita do romance: circula num Lincoln do fim da década de 1940 e parece defasado, desligado do mundo real, ao qual dirige constantemente um olhar ora espantado e irônico, ora indiferente. E por sinal Altman deleita-se em introduzir gags intertextuais ao longo do filme, como, por exemplo, o personagem do guarda que imita a mímica e os diálogos das grandes estrelas da década de 1940. *O imenso adeus* é assim um filme que, ao mesmo tempo em que "moderniza" o universo e os códigos do *film noir* clássico, assume plenamente sua herança e suas raízes literárias e cinematográficas.

■ O roteiro, muito livre, mantém-se fiel apenas à estrutura básica do romance e à sua intriga central, desenvolvendo algumas intrigas anexas. Assim, Terry Lennox subtraiu uma grande soma do gângster, rebatizado de Marty Augustine no filme. Altman elimina alguns episódios, como os que envolvem os outros clientes de Marlowe, e transforma certos traços de personalidade (Lennox não tem mais o rosto coberto

Elliott Gould e Nina van Pallandt

de cicatrizes, o gângster é um psicopata violento que desfigura uma jovem na presença de Marlowe, a Sra. Wade tem destino diferente do suicídio etc.). Mas as principais mudanças dizem respeito às digressões e, de maneira geral, ao clima do filme. O início, assim, é completamente diferente do romance. Neste, Chandler (através de Marlowe, pois suas aventuras são contadas na primeira pessoa) relata a origem da estranha amizade entre o detetive e Terry Lennox. Já o filme começa com uma longa sequência totalmente inventada, na qual Marlowe é obrigado em plena noite a sair em busca da marca favorita de ração para seu gato num supermercado aberto, ao mesmo tempo em que faz compras para as vizinhas (um grupo de jovens meio hippies que dançam nuas no terraço, espetáculo recorrente que parece deixá-lo totalmente indiferente). O caráter insólito da sequência, determinante para caracterizar o universo e o temperamento de Marlowe, é reforçado pela estranha arquitetura do prédio onde ele mora. Na verdade, durante quase todo o filme Marlowe parece passar pela vida como num sonho acordado, acompanhado pela voz lancinante que canta "It's a Long Goodbye". Ele não parece ter nenhuma influência nos acontecimentos pelos quais passa, sem jamais entendê-los muito bem. A direção de Robert Altman reforça essa impressão de vertigem e desequilíbrio. A câmera, assim, está sempre em movimento ou é simplesmente carregada no ombro, de tal maneira que não há um único "plano fixo" em todo o filme, que se transforma em reflexo de um universo em perpétuo movimento.

■ A principal modificação diz respeito ao fim do filme e à resolução da intriga, que conduz a uma moral muito mais "sombria" e violenta que no romance de origem: descobrindo que foi manipulado, por quem e de que maneira, Marlowe finalmente realiza sua única verdadeira ação: um assassinato a sangue-frio. Esse ato é tão inesperado que traz uma carga de violência e desespero nunca antes alcançada no cinema policial americano. Mas, no fim das contas, está de acordo com a ambiguidade moral de Marlowe, uma incrível mistura de cinismo, niilismo e senso romântico da honra.

LA

→ PISTAS PEDAGÓGICAS

▸ O personagem do detetive particular na literatura e no cinema.

▸ Marlowe: metamorfoses de um mito.

▸ Um gênero exemplar: o *"film noir* americano".

▸ O cinema americano da década de 1970 e a "Nova Hollywood".

Bibliografia

François Guérif (prefácio de Alain Corneau), *Le Film noir américain*, Denoël, 1999.

Jean Loup Bourget, *Robert Altman*, Ramsay, 1994 (1ª edição), Edilig, "Cinégraphiques", 1980.

O processo

FRANÇA–ALEMANHA OCIDENTAL–ITÁLIA, 1962 (*LE PROCÈS*)

Franz Kafka, *Der Prozess*, 1926.

SINOPSE

Certa manhã, Joseph K., homem comum, empregado modelo de um banco, é acordado pela visita de inspetores de polícia. Fica sabendo que está detido, sem que lhe expliquem quais são as acusações contra ele, mas é deixado em semiliberdade enquanto seu processo é preparado. Ao mesmo tempo em que tenta organizar sua defesa, ele percebe que todos que o cercam tratam de se afastar. Apesar de recorrer a um advogado e a um padre, K. depara invariavelmente com a força da lei, e acaba sendo executado.

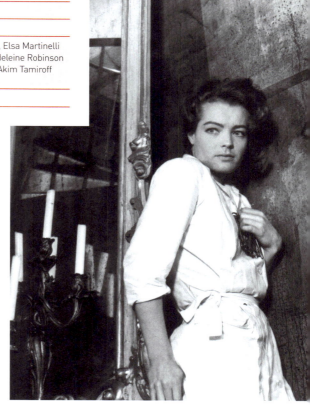

Romy Schneider

Pr.	Mercury Prod./Paris Europa Productions/Hisa Films/FICIT
Dir.	Orson Welles
Rot.	Orson Welles
Foto.	Edmond Richard
Int.	Anthony Perkins (Joseph K.), Jeanne Moreau (Srta. Burstner), Elsa Martinelli (Hilda), Romy Schneider (Leni), Suzanne Flon (Miss Pittl), Madeleine Robinson (Sra. Grubach), Orson Welles (o advogado Hastler/narrador), Akim Tamiroff (Bloch), Fernand Ledoux (escrivão), Michael Lonsdale (padre)
Duração	120 min

Outras versões:
- *The Trial* (David Hugh Jones, 1993), int. Kyle MacLachlan

Orson Welles não fazia nenhum filme havia cinco anos (o último foi *A marca da maldade*) quando lhe é oferecida a possibilidade de realizar *O processo*. Autor consagrado como genial e maldito, já enfrentou adaptações de Shakespeare (*Macbeth*, 1948; *Otelo*, 1952) antes de abordar essa obra-prima de Kafka. Como tantas vezes antes na carreira do realizador, a produção do filme enfrenta muitas dificuldades: desistência do produtor inicial, montagem financeira complexa e modificação dos locais de filmagem na última hora. Mesmo numa filmografia acidentada como a de Orson Welles, composta em grande parte de obras inacabadas, *O processo* figura como realização atípica. À parte o ciclo shakespeariano, trata-se da única adaptação literária do cineasta; mas cabe lembrar que anteriormen-

247

O PROCESSO

te ele transpôs vários romances para o rádio (*Guerra dos mundos*, *No coração das trevas*) ou para o teatro (*Moby Dick*), sem falar de sua perpétua filmagem de *Dom Quixote*.

■ Tanto pelas condições de produção quanto pela *démarche* artística de Welles, *O processo* nada tem de uma adaptação fiel do romance de Kafka, antes constituindo uma interpretação original. Em primeiro lugar, Welles situa o filme na época contemporânea, ou por outra, num futuro muito próximo do ano de realização, sem datá-lo com precisão – Joseph K. depara, em determinada sequência, por exemplo, com uma espécie de computador. O estilo visual, por sua vez, é o mais afastado possível de qualquer espécie de realismo. O filme foi rodado em parte na Gare d'Orsay, em Paris, na época desocupada (hoje o Museu d'Orsay), para substituir os cenários inicialmente previstos. Sempre adepto do foco curto e das grandes angulares, Welles modela o espaço a seu bel-prazer, alterando as dimensões dos objetos e lugares (como uma porta imensa que parece impossível de abrir, ou *contre-plongées* que esmagam o ponto de vista). Este *parti pris* pode parecer um contrassenso, ou oposto ao estilo de Kafka, que privilegia o estilo sóbrio, quase minimalista, acentuando a sensação de sufocamento e a situação inextricável de Joseph K. Mas também podemos ver aí, pelo contrário, uma simples translação: Welles

Anthony Perkins

O PROCESSO

Jeanne Moreau

substitui o labirinto mental descrito por Kafka por um labirinto espacial.

Essa passagem também afeta o sentido geral da obra. Ao situá-la numa época mais ou menos contemporânea Welles utiliza *O processo* como ilustração de um mundo centralizador e totalitário. O mais importante é que, do seu ponto de vista, como tantas vezes repetiu, Joseph K. é de fato culpado – no mínimo por fazer parte desse conjunto, do aparelho, no sentido amplo, da ditadura burocrática que acaba por esmagá-lo. Da mesma forma, a explosão final, tomando o lugar da "simples" degola do romance, remete ao perigo atômico, tão presente no início da década de 1960.

■ Em suas linhas gerais, contudo, Welles mantém-se fiel à trama do romance e aos principais personagens, que se sucedem (a senhoria, o advogado, o padre etc.) e são interpretados por atores famosos, reservando-se o próprio Welles o papel do advogado que vive em meio a um amontoado de processos, reflexo distante do acúmulo de objetos de *Cidadão Kane*. Sua decisão de eliminar certos personagens acentua a solidão social e afetiva de Joseph K.

Ao mesmo tempo em que reduz consideravelmente a duração da história, de um ano para alguns dias, Welles efetua um deslocamento de várias passagens-chave na ordem da narrativa, sendo a mais significativa a da parábola da porta da Lei contada pelo padre no antepenúltimo capítulo do livro, e que se encontra na abertura do filme, dita por Welles com a voz em *off* sobre a imagem dos quadros de Alexeieff. Welles esclarece que essa história "é contada num romance de Franz Kafka: *O processo*", mas ao mesmo tempo elimina a longa conversa que tenta fornecer uma interpretação. Essa recusa de uma explicação por demais didática é uma das características do cinema de Orson Welles, que geralmente põe em cena personagens ambíguos, sem que seja esclarecido o enigma de que estão cercados. Também encontramos em toda a sua obra a recorrência quase obsessiva da letra "K" nos nomes de seus principais personagens (Kane, Kurtz, Arkadin, Coronel Haki, Hank Quinlan...), que talvez tenha sua origem e sua consumação em Joseph K.

■ Relativamente pouco apreciado ao ser lançado, em virtude das liberdades estilísticas em relação ao romance de origem, *O processo* esteve durante muito tempo entre os filmes considerados "menores" de Orson Welles, até que a redescoberta progressiva de sua filmografia "subterrânea" (as obras inacabadas, entre elas *Dom Quixote*, igualmente transposto para o mundo contemporâneo) viesse alterar a visão do conjunto de sua obra, para lhe atribuir afinal um lugar muito mais importante.

LA

→ PISTAS PEDAGÓGICAS

▸ A burocracia e seus homens "sem qualidades" no cinema.
▸ O desenrolar do pesadelo e a lógica do pior.
▸ Kafka na tela (Welles, Soderbergh, Haneke).

Bibliografia

Gérald Garutti, *Le Procès de Franz Kafka et d'Orson Welles*, Bréal, 2004.

Orson Welles, *Le Procès* (roteiro), Cahiers du cinéma, "Les Petits Cahiers", 2005.

Youssef Ishaghpour, *Orson Welles cinéaste*, La Différence, 2005.

Danièle Parra e Jacques Zimmer, *Orson Welles*, Edilig, Filmo, nº 13, 1985.

"*Le Procès*, de Kafka à Welles" (dossiê *on-line* da Direction de l'Enseignement Scolaire, 2004), http://www2b.ac-lille.fr/weblettres/infos/kafka.pdf

249

Cais das sombras

FRANÇA, 1938 (LE QUAI DES BRUMES)

Pierre Mac Orlan, *Le Quai des brumes*, 1927.

SINOPSE

Desertor do exército colonial, Jean segue à noite para o Havre, de onde espera deixar a França. Chegando a um bar do porto, ele conhece Nelly, uma bela órfã pela qual se apaixona. Ela vive aterrorizada pelo tutor, Zabel, um sinistro apreciador de música religiosa, que ela desconfia ter assassinado seu amante. Jean e Nelly vivem um breve amor clandestino, enquanto ele tenta embarcar para a Venezuela. No momento em que o navio vai levantar âncora, contudo, Jean decide ir ao encontro de Nelly. Chega a tempo de salvá-la das mãos de Zabel e o mata. Nelly exorta-o então a fugir, mas ele é morto por Lucien, pequeno delinquente em quem havia despertado inimizade.

Pr.	Ciné-Alliance
Dir.	Marcel Carné
Rot.	Jacques Prévert
Foto.	Eugen Schüfftan
Int.	Jean Gabin (Jean), Michèle Morgan (Nelly), Michel Simon (Zabel), Pierre Brasseur (Lucien), Édouard Delmont (Panama), Aimos (Quart-Vittel), Robert Le Vigan (Michel Krauss), René Génin (o médico)
Duração	91 min

Jean Gabin e Michèle Morgan

Embora seja hoje considerado um dos maiores clássicos – muitas vezes premiado – do cinema francês do pré-guerra, *Cais das sombras* teve uma gênese e um início de distribuição comercial caóticos. No momento das filmagens, Marcel Carné tem apenas cerca de 30 anos, e o fracasso do seu segundo longa-metragem, *Drôle de drame* (1937), comprometeu seriamente o prosseguimento de sua carreira. Mas é justamente a esse filme, que causou boa impressão em Jean Gabin, que o cineasta deve a direção de *Cais das sombras*. No auge da fama, o ator insiste em filmar com a dupla Carné-Prévert e facilita a produção, apesar do caráter sombrio do roteiro. O longa-metragem deveria ser filmado em Hamburgo (Gabin está contratado por uma filial francesa da produtora alemã UFA), mas o serviço de propaganda de Goebbels considera o script decadente e proíbe a realização. Um produtor francês retoma então o projeto, e a ação é transposta do porto de Hamburgo para o de Havre.

Ao ser exibido na Bienal de Veneza, o filme é atacado pela imprensa mussolinista, que o acusa de transformar um desertor criminoso em personagem simpático. Na França, o filme faz enorme sucesso junto ao público, até que a comissão de censura de Vichy, secundada pela maior parte da crítica, o con-

sidera desmoralizante, proibindo a exibição por questões de nocividade moral.

■ Embora respeitem o espírito do original, Marcel Carné e Jacques Prévert submetem a importantes modificações o breve romance de Pierre Mac Orlan (que se declarou afinal encantado com o resultado). A intriga, que se estendia por vários meses, é reduzida a 48 horas. A ação é situada exclusivamente na cidade de Havre, em 1938, ao passo que a primeira parte do livro se desenrola por volta de 1910, no *Lapin agile*, em Montmartre, onde cinco personagens que não se conhecem se encontram numa noite de neve. Em seguida, o romance acompanha suas aventuras, nenhuma das quais é privilegiada, em Versalhes, Dijon e Marselha. A dramaturgia do filme, pelo contrário, acompanha apenas a trajetória do herói, preso a uma limitada rede de personagens secundários.

A ideia dessa tripla unidade de tempo, lugar e ação, obedecendo às regras da tragédia clássica e servindo para intensificar a tensão dramática, está na realidade contida no epílogo do próprio romance. Epílogo no qual encontramos Nelly em 1919, num clube de jazz: tendo se tornado uma espécie de princesa da noite parisiense, ela se lembra das pessoas – especialmente Jean – que conheceu em outra época no cabaré de Montmartre. Na verdade, essa rememoração em forma de *flashback* cinematográfico leva Prévert a distender a intriga do romance para lhe conferir um aspecto de pequeno teatro de sentimentos, um condensado de amor e ódio. O breve idílio no qual se corporifica o destino dos dois personagens, Jean e Nelly, é assim grandemente desenvolvido, e eles passam por mudanças em relação ao texto de Mac Orlan. O "Jean" do filme é produto de uma síntese de dois personagens do romance: Jean Rabe, desenhista boêmio que vive de expedientes e desenhos pornográficos, e Marcel Lannois, soldado desertor do exército colonial. Amante por uma noite de Nelly no romance, o primeiro é convocado como reservista, mas vem a ser morto no momento de deixar a tropa. O outro retoma a vida civil, passando a levar uma existência errante que o leva a Marselha, onde volta a se engajar na Legião. Em Mac Orlan, Nelly é uma pobre moça que, depois de passar uma noite com Jean, decide exercer a profissão de prostituta, na qual se sai muito bem. Perfeita imagem do eterno feminino triunfante, ela escapa ao próprio destino por baixo, ao passo que a Nelly do filme, a imagem da inocência amada por quatro homens (Jean, Zabel, Lucien e Maurice), é vítima da tirania dos sentimentos amorosos. Ao contrário de Mac Orlan, Prévert articula seu roteiro em torno da representação da infelicidade amorosa. A violência do amor dilacera o herói (partir ou não partir) e precipita sua queda, que ele não é capaz de prever. Com isso, nada mais pode contra a fatalidade e seus instintos assassinos (ficamos sabendo que ele já matou). Ele é irresistivelmente atraído pela beleza radiosa de Nelly, que, no entanto, nada tem de uma mulher fatal. Ele vê nela a luz que lhe falta, o farol que poderia guiá-lo em meio à espessa neblina de que se vê cercado, sem ter para onde ir.

■ *Cais das sombras* é, antes de mais nada, um filme de climas. De climas e de personagens representativos da galeria de tipos tradicionais que povoaram o cinema da década de 1930. Fortemente caracterizado, cada um deles é definido por frases ou obsessões que o designam exclusivamente pelo que é: Jean, o soldado às vezes violento, mas bom e heroico; Nelly, a jovem bela e íntegra,

CAIS DAS SOMBRAS

Jean Gabin e Michèle Morgan

tografia Eugen Schüfftan, ex-colaborador de Fritz Lang e Robert Siodmak –, impregnam as imagens do Havre de uma bruma noturna de alcance quase sobrenatural. Essa estética da abstração, também influenciada pelo cinema mudo de Josef von Sternberg, marca o lirismo da desgraça inscrito nos menores detalhes dos cenários (assinados por Alexandre Trauner). Desse modo, o pessimismo poético (mas nunca complacente) do roteirista, os cenários do filme e sua fotografia representam um funesto eco das angústias da época.

■ Ao mesmo tempo em que moderniza a história para torná-la contemporânea dos espectadores da época, o filme traduz com exatidão o clima neurastênico que domina a obra inicial. Em seu livro, Mac Orlan focaliza uma boemia de Montmartre que avança para o abismo da Grande Guerra com uma espécie de resignação romântica. À exceção de Nelly, todos têm um fim mais ou menos trágico. O clima desencantado da narrativa remete tanto ao miserabilismo poético, em voga no início do século, quanto à melancolia de um escritor cuja juventude foi esmagada pela máquina da guerra. Ao retomar essa história escrita cerca de dez anos após o armistício e conferir a seus protagonistas o caráter de uma derrota anunciada, a dupla Carné-Prévert de certa maneira se antecipa à crise de angústia provocada pelos acordos de Munique (setembro de 1938), alguns meses depois. E por isso não deixariam de ser criticados pelos moralistas de Vichy.

PL

apesar da corrupção do meio em que vive; Zabel e Lucien, os "maus" pitorescos e covardes; Kraus e Quart-Vittel, os mendigos celestes. Note-se que Lucien e Quart-Vittel, respectivamente oponente e coadjuvante, foram criados para o filme. Ambos exercem certa tensão sobre a intriga, agindo como reveladores da identidade do herói.

Esse filme, em que os seres humanos têm tanta importância quanto as imagens, em que a imagem se equipara ao escrito, em que a excelência do verbo compete com o brilhantismo dos atores, esse filme de cineasta e, ao mesmo tempo, de roteirista é um dos melhores exemplos do que Mac Orlan chamava de "fantástico social", etiqueta que Carné preferia à de "realismo poético". A expressão quase paradoxal reflete o clima e a natureza dual de um gênero enraizado numa realidade áspera e às vezes sórdida, povoado por marginais relegados pela sociedade burguesa (mercantil e monstruosa, aqui, no personagem de Zabel). Os personagens são alienados, e um profundo sentimento de impotência e fracasso permeia a intriga. Pesa permanentemente sobre o filme a chapa de chumbo de uma surda inquietação, como se fosse o sentimento febril de um perigo iminente. O que é perfeitamente traduzido pelo tom expressionista das imagens. Os efeitos de fumaça, os paralelepípedos reluzentes, a luz ora difusa, ora violentamente contrastada – artifícios que trazem a marca do diretor de fo-

→ PISTAS PEDAGÓGICAS

▸ Tipologia de um gênero: o "realismo poético" (forma, personagens, temas).

▸ Os filmes do "realismo poético", reflexo de sua época (crise econômica, queda da Frente Popular, iminência da guerra).

▸ Influências do cinema alemão no "realismo poético" (*Die freudlose Gasse*, de Georg Wilhelm Pabst, 1925; *Docas de Nova York*, de Joseph von Sternberg, 1928).

▸ *Cais das sombras*: um filme pessimista que capta o espírito da época, prenunciando sombrios acontecimentos históricos.

▸ A língua e o pessimismo lírico de Jacques Prévert.

Bibliografia

Obra coletiva, "Quai des brumes", *L'Avant-Scène*, nº 234, 1979.
Michel Pérez, *Les Films de carné*, Ramsay, 1986.
Marcel Carné, *Ma vie à belles dents*, L'Archipel, 1996.

Crime em Paris

FRANÇA, 1947 (*QUAI DES ORFÈVRES*)

Stanislas-André Steeman, *Légitime Défense*, 1942.

SINOPSE

Em Paris, a jovem cantora de cabaré Jenny Lamour vive com o pianista Maurice em cima de um estúdio de fotografia mantido por Dora, amiga do casal. O estúdio, especializado em "nus artísticos", é frequentado por Brignon, velho libidinoso e rico que promete um belo futuro a Jenny. Como bom marido ciumento, Maurice não gosta nada disso e ameaça de morte Brignon, que vem a ser morto pouco depois. O inspetor Antoine, a cargo da investigação, ouve os diversos suspeitos e descobre que um fio de cabelo loiro foi encontrado no local do crime, o que parece comprometer Dora. Mas as suspeitas do policial voltam-se para Maurice, incapaz de fazer valer seu fraco álibi. Sob prisão preventiva, Maurice tenta matar-se. Para salvá-lo, Jenny se acusa do crime, o que Dora igualmente faz, para proteger a amiga. Outras pistas terão de ser encontradas.

Pr.	Majestic Films
Dir.	Henri-Georges Clouzot
Rot.	Henri-Georges Clouzot, Jean Ferry
Foto.	Armand Thirard
Int.	Louis Jouvet (inspetor Antoine), Suzy Delair (Jenny Lamour), Simone Renant (Dora), Bernard Blier (Maurice), Charles Dullin (Brignon), Pierre Larquey (Émile), Raymond Bussières (Albert)
Duração	105 min

Louis Jouvet e Robert Dalban

Em 1946, Henri-Georges Clouzot tenta adaptar *Chambre obscure*, romance de Vladimir Nabokov no qual já havia trabalhado em 1943 com Jean-Paul Sartre. Mas ele ainda está sujeito à "suspensão" imposta pelo Comitê Interprofissional de Depuração, que considera que "o cineasta trabalhou durante três anos para os alemães e dirigiu *Sombra do pavor* (*Le Corbeau*), um filme tendencioso antifrancês". Seus produtores sugerem-lhe, então, que se volte para um gênero menos sensível, como o romance policial, para evitar novos problemas. Clouzot escolhe *Légitime Défense*, de Stanislas-André Steeman, de quem já havia adaptado, seis anos antes, *L'Assassin habite au 21*. Mas quando Clouzot conhece o escritor belga, o trabalho de reescrita já está quase concluído. E Steeman nem parece assim tão surpreso com o pouco espaço reservado ao assassino: "Clouzot é um animal de cinema [que só pode] construir depois de ter demolido, em total desprezo da mais elementar verossimilhança", reconhece ele, num misto de resignação e ironia. "Ele sempre tinha sonhado em fazer um documentário sobre a polícia judiciária."

dizia Clouzot, 'não é preciso mudar nada, já temos tudo... E que encenação!'"

Para dizer a verdade, a investigação policial e a solução do enigma que constitui seu motor não interessam muito ao cineasta. Basta ver o diletantismo com que ele trata o personagem do verdadeiro culpado (Paulo), reduzido a uma breve aparição no meio do filme para justificar o indício do fio de cabelo loiro (pertencente à sua amiga) e anunciar o desenlace (de maneira nada verossímil) da intriga. Frente à profundidade dos personagens e à qualidade da ambientação do cabaré e da delegacia de polícia, o personagem do inspetor Antoine fica totalmente submetido à interpretação teatral de Louis Jouvet, meio indiferente, meio cínica. Essa interpretação contrasta *a priori* com o realismo assumido pelo filme. Mas a composição do ator, saborosamente distanciada, está sintonizada à perfeição com o tom meio irônico e cínico do romance. Como no texto de Steeman, o policial exerce sobre os personagens do drama uma pressão destinada a revelar sua psicologia, suas angústias, seus remorsos, seu sentimento de culpa. Ele surge como entomologista que observa com lucidez e compreensão o comportamento dos seres humanos. Se no romance sua atenção volta-se para a observação de Maurice (um belo caso de esquizofrenia), no filme ela se fixa em Jenny, que adquire então considerável importância.

■ Com efeito, com a busca da verdade que o caracteriza, Clouzot começa a frequentar assiduamente o Quai des Orfèvres,[1] mantém contato com os inspetores de polícia, é autorizado a assistir a interrogatórios "duros", junta informações e documentos que possam dar estofo ao roteiro – do que dá testemunho a seguinte anedota relatada por François Chalais em seu *Georges Clouzot*: o cineasta trouxe certo dia da Prefeitura de Polícia uma fotografia representando, "num quarto de hotel vagabundo [...], um corpo de mulher deitada sobre o lado esquerdo, de costas para nós, com a saia levantada, revelando uma calcinha que parecia branca, de tal maneira eram negras as pernas... A título documental, ficávamos sabendo por algumas linhas de uma caligrafia caprichada que o negro representava a peste, e que se tratava de uma prostituta estrangulada por um árabe. 'Eu sempre sonhei em incluir isso num filme',

■ O personagem de Jenny, reescrito pelo cineasta, companheiro na vida real da atriz Suzy Delair, que o interpreta, adquire uma complexidade que constantemente aguça o drama. Muito mais que o marido, Maurice, que prefere fugir da realidade, é em torno de Jenny que os fios da intriga se entrelaçam. Fios que o inspetor limita-se a puxar a intervalos regulares, para ver os protagonistas, prisioneiros de um destino que lhes escapa pelas mãos, agir e se emanharar em suas contradições. Essa Jenny, com frequência mudando de roupa, por motivos profissionais e por vaidade, oferece uma diversidade de imagens que parece torná-la incompreensível. Boa dona de casa (sobre patins!) ao lado de Maurice, pelo qual está pronta a se sacrificar, ela também é uma mulher fatal que fascina e deixa cego aquele (ou aquela, como Dora) que captura nas malhas do seu olhar. Essa "Vênus de casaco de pele" (importância das raposas), fetichizada por Dora e Maurice, transforma-se de certa maneira na expressão da fantasia daqueles que a cercam. Sedutora capaz de

---

1. Cais da margem do Sena, no 1º *arrondissement* de Paris, onde se localiza a sede da Polícia Judiciária. (*N. do T.*)

CRIME EM PARIS

Raymond Bussières, Bernard Blier e Louis Jouvet

Suzy Delair

amor autêntico pelo marido "fofo", ela vai aos poucos perdendo contato com a realidade, ao mesmo tempo em que exala um mistério cuja irresistível atração é sentida pelo inspetor Antoine.

Obedecendo a um método policial de caráter psicológico, o inspetor se aproxima dela em círculos concêntricos. Sempre com pudor, ele a interroga e aprende a conhecê-la melhor para puxar o fio da meada de sua vida, que mais parece tensionada para criar sua própria infelicidade. Instintivamente, o policial a sente próxima dele mesmo e a entende quando ela lhe confidencia algumas passagens da infância e de sua intimidade, na cena do banheiro. Humano – dessa humanidade que o impede, como a Dora, de aspirar a uma posição social dominante (ele foi relegado ao cargo de inspetor-geral) –, o inspetor Antoine é aquele que tenta revelar a verdade de cada um. Ele é ao mesmo tempo o olhar do cineasta e a ligação entre ele e o espectador. De modo que foi precisamente por essa razão humana, que representa o que verdadeiramente está em jogo na intriga, que Clouzot concordou em adaptar o romance policial psicológico de Steeman.

■ Nessa história em que o leitor sabe desde o início que nenhum dos três suspeitos é o culpado, na qual sempre se adianta a um deles, o essencial não é tanto a resolução do enigma (à qual Clouzot se mostra indiferente) quanto a maneira de chegar a ela. Ela é que terá permitido revelar literalmente (cabendo notar a importância da prática fotográfica no filme), por pequenos toques, sob ângulos diferentes, uma ideia da verdade dos personagens. Pois o fato é que, para Clouzot, grande leitor de Kafka, para quem a verdade representa o objetivo supremo da arte, a verdade dos seres humanos nunca passa da soma das pequenas revelações que levam a imaginar o que ela poderia ser. Essa ideia não só orientou a escrita do roteiro do filme como resume a concepção moral dos seres e da vida segundo Clouzot.

PL

→ PISTAS PEDAGÓGICAS

▸ Das suspeitas à propagação do boato (*Fúria, Panique, Monsieur Hire*).

▸ Provar a própria inocência (*Intriga internacional, Le Fugitif*).

▸ O filme de mistério francês durante a Ocupação (*Le Dernier des six*, adaptação de romance de Steeman, 1941; *L'Assassinat du Père Noël*, 1941; *L'Assassin a peur la nuit*, 1942; *L'Assassin habite au 21*, 1942; *Goupi Mains Rouges*, 1942; *Madame et le mort*, 1942 etc.) e no pós-guerra (*Panique*, 1946; *La Dame d'onze heures*, 1947; *L'Impasse des anges*, 1948).

▸ A câmera fotográfica, símbolo do filme e instrumento de poder (*Blow-Up, depois daquele beijo; Police python 357*).

Bibliografia

François Chalais, *Georges Clouzot*, Jacques Vautrain, 1950.

Philippe Pilard, *H.-G. Clouzot*, Seghers, 1969.

José-Louis Bocquet e Marc Godin, *Henri-Georges Clouzot cinéaste*, La Sirène, 1993.

Quo Vadis

ESTADOS UNIDOS, 1951

Henryk Sienkiewicz, *Quo Vadis?*, 1896.

SINOPSE

Roma, na época de Nero. Um valoroso cônsul, Marcus Vinicius, retorna vitorioso de uma campanha militar e se apaixona por uma jovem escrava, Lígia. Mas ela faz parte da nova seita dos cristãos. Marcus pede ajuda a seu amigo Petrônio, influente membro da corte de Nero. O imperador, cada vez mais desequilibrado e cercado de personagens maléficos, vive exclusivamente para sua arte poética. Não demora, e ele provoca o grande incêndio de Roma, acusando os cristãos, que passam a ser vítimas de terríveis perseguições.

Robert Taylor e Deborah Kerr

QUO VADIS

Pr.	MGM/Loew's
Dir.	Mervyn LeRoy
Rot.	John Lee Mahin, S. N. Behrman, Sonya Levien
Foto.	Robert Surtees
Int.	Robert Taylor (Marcus Vinicius), Deborah Kerr (Lígia), Leo Genn (Petrônio), Peter Ustinov (Nero), Patricia Laffan (Popeia), Buddy Baer (Ursus), Rosalie Crutchley (Acté)
Duração	171 min

Outras versões:
• *Quo Vadis?* (Ferdinand Zecca, 1901)
• *Quo Vadis?* (Enrico Guazzoni, 1913)
• *Quo Vadis?* (Georg Jacoby, 1924)
• *Quo Vadis?* (Franco Rossi, 1984), film TV
• *Quo Vadis?* (Jerzy Kawalerowicz, 2001)

Quo Vadis é a primeira grande superprodução "antiga" americana do pós-guerra. Sua gestação no famoso estúdio MGM foi difícil. O filme dá a partida uma primeira vez em 1949 (o realizador seria John Huston, tendo como astro Gregory Peck).

No fim das contas, em consequência de uma série de problemas (divergências de pontos de vista quanto ao roteiro, desistência de John Huston e doença de Gregory Peck), o filme acaba sendo realizado por um bom artesão do cinema americano (com a assistência, não creditada, de Anthony Mann). *Quo Vadis* repousa, de qualquer maneira, numa sólida tradição: duas grandes versões foram realizadas na Europa e exibidas no mundo inteiro na época do cinema mudo. O romance de Sienkiewicz, por sua vez, inscreve-se numa longa linhagem de romances "antigos" (que iria de *Salammbô* a *Fabíola*, sem esquecer *Os últimos dias de Pompeia*, também com frequência adaptado desde a época do cinema mudo).

■ O filme segue fielmente as peripécias e os personagens do romance, com facilidade tanto maior na medida em que Sienkiewicz não é um autor preocupado com a profundidade psicológica de seus protagonistas: seu romance é, antes de mais nada, uma extraordinária pintura (fantasiosa, é verdade, mas precisa) da vida em Roma

Leo Genn, Peter Ustinov, Robert Taylor e Deborah Kerr

na época de Nero. O filme recria, assim, os diferentes "quadros" do livro: a corte do imperador, as catacumbas, o incêndio de Roma, a perseguição dos cristãos no circo etc. Entre as modificações mais dignas de nota, observamos simplesmente uma espécie de "condensação" do fim do romance com objetivos puramente dramáticos. Assim, no filme, a queda de Nero e a tomada do poder por Galba decorrem diretamente da revolta popular que, por sua vez, segue-se às perseguições e à revelação da culpa de Nero no incêndio de Roma. Quanto ao resto, o filme cumpre perfeitamente o contrato: cenários gigantescos, milhares de figurantes e efeitos espetaculares para reconstituir a Roma antiga e o grande incêndio.

Robert Taylor

cus Vinicius, Robert Taylor parece perfeitamente rígido e sem graça. Deborah Kerr, que interpreta Lígia, a escrava cristã, é um bloco de gelo e rigidez. Em sentido inverso, Leo Genn oferece uma interpretação toda feita de sutileza e humanismo no papel de Petrônio, árbitro da elegância na corte de Nero. E, sobretudo, o próprio imperador é encarnado genialmente por Peter Ustinov, num cabotinismo delirante que eleva o personagem à condição de mito – mas não de monstro absoluto (o verdadeiro "vilão" do filme é o seu prefeito, Tigelino): as cenas de declamação poética do imperador, o "lacrimário" e até sua morte patética estão entre os melhores momentos do filme, à parte as grandes cenas espetaculares.

■ Mas, sem dúvida, o significado profundo do filme deve ser buscado fora de suas relações com o célebre romance, ou, por outra, caberia antes perguntar quais os motivos que levariam a realizar um novo *Quo Vadis* no início da década de 1950. Como se sabe, o filme histórico grandioso passado na Antiguidade, assim como o cinema de ficção científica, fala muito mais da época contemporânea do que do período histórico que supostamente evoca. *Quo Vadis* é na verdade o filme que marca definitivamente a identificação dos Estados Unidos com a Roma antiga. O Império enfrenta na época perigos que podem acarretar sua destruição. Na primeira versão, a de John Huston, Nero seria comparado a Hitler, mas esse perigo já passou em 1950. Na época, o perigo americano é um país sem religião, ou antes, um país que substitui um Deus único por um tirano que promove um culto da personalidade de tal ordem que ele próprio se toma por um deus. Nessa versão de *Quo Vadis*, parece evidente que Nero representa Stalin (ou antes o risco de que tal regime possa surgir nos Estados Unidos), ao passo que Petrônio, sábio mas impotente representante de uma época "pioneira", é obrigado a se retirar ante a chegada da verdadeira fé, a fé dos cristãos, que salvará o Império.

O paradoxo do filme é que esse discurso tranquilizador é subvertido de dentro, de maneira talvez involuntária, pela interpretação. No papel do herói Mar-

■ O sucesso do filme acarreta a retomada das produções de grandes filmes históricos americanos na década de 1950, sempre numa referência "religiosa" de maneira cada vez mais espetacular (assim, em 1953, o primeiro filme em CinemaScope seria *O manto sagrado*). Quanto a *Quo Vadis*, ainda seria adaptado para uma série de televisão e, sobretudo, uma nova versão realizada na Polônia, país de origem do autor, numa perspectiva ao mesmo tempo católica militante e nacionalista, dando mais uma vez testemunho da importância do contexto de sua realização.

LA

> **→ PISTAS PEDAGÓGICAS**

▸ Nero na literatura, na pintura, no cinema.

▸ A fortuna cinematográfica de Petrônio, de *Quo Vadis* a *Satyricon*, de Fellini.

▸ As visões cinematográficas do Império Romano, entre fantasia e pesquisa.

Bibliografia

Laurent Aknin, *Le Péplum*, Armand Colin, 2009.
Hervé Dumont, *L'Antiquité au cinéma*, Nouveau Monde, 2009.
Claude Aziza, *Néron, le mal-aimé de l'Histoire*, Découvertes Gallimard, 2006.

Henry Fonda e Jane Darwell

As vinhas da ira

ESTADOS UNIDOS, 1940 (*THE GRAPES OF WRATH*)

John Steinbeck, *The Grapes of Wrath*, 1939.

SINOPSE

Estados Unidos, década de 1930. Deixando a prisão onde cumpriu pena por homicídio em legítima defesa, Tom Joad volta para sua casa em Oklahoma, encontrando a fazenda da família e toda a região ao redor desertas. Arruinados pela seca e expulsos pelas grandes empresas, muitos moradores foram para a Califórnia. A família de Tom encontrou abrigo provisoriamente na casa do tio John. Depois de encontrar os parentes, Tom viaja com eles e o ex-pastor Casy num velho caminhão. Mas a Califórnia não é o esperado eldorado, e Tom e sua família, que se vai reduzindo com as partidas e as mortes, passam a peregrinar entre campos de trânsito e favelas para ganhar salários de fome. Tendo descoberto o vergonhoso sistema de exploração e a repressão policial, Casy é morto, e Tom passa a ser procurado por agressão e ferimentos. Obrigada a partir, a família finalmente é recebida num acampamento do governo, onde recupera a dignidade. Mas Tom, procurado pela polícia, decide cair na estrada de novo e dar prosseguimento à missão de Casy.

260

AS VINHAS DA IRA

Pr.	20th Century Fox
Dir.	John Ford
Rot.	Nunnally Johnson
Foto.	Gregg Toland
Int.	Henry Fonda (Tom Joad), Jane Darwell (Ma Joad), John Carradine (Jim Casy), Charley Grapewin (Granpa Joad), Dorris Bowdon (Rosasharn), Russell Simpson (Pa Joad), O. Z. Whitehead (Al)
Duração	124 min

Duas recordações semelhantes estão na origem de *As vinhas da ira* (prêmio Pulitzer) e de sua adaptação. Foi depois de descobrir os campos de Salinas, na Califórnia, e de passar uma temporada como trabalhador ganhando por dia, em 1936, numa das propriedades exemplificando o capitalismo explorador por ele descrito em seu romance, que John Steinbeck decidiu relatar o que vira. Por sua vez, John Ford, tendo lido e gostado do livro, vem a se lembrar, quando o produtor Darryl Zanuck propõe-lhe o roteiro, de suas origens irlandesas e de um povo oprimido pelos ingleses, errando e morrendo de fome pelas estradas durante a Grande Fome (1846-1849). Desejando manter-se fiel ao espírito do texto de Steinbeck, que dedica metade dos capítulos ao contexto histórico, social e humano, o cineasta pede a seu diretor de fotografia, Gregg Toland, que produza imagens próximas do documentário, despojadas ao máximo de efeitos estéticos, e que não deixam de evocar as fotografias que Walker Evans e Dorothea Lange tiraram para a Farm Security Administration em 1930. De flagrante realismo, inclusive no plano sonoro, a encenação oferece uma visão extremamente realista das paisagens atravessadas, das estradas percorridas (a famosa Highway 66) e das condições de viagem (caminhões, tendas, trajes). A iluminação, toda feita de ásperos contrastes expressionistas, exacerba a intensidade dramática, projetando nos *Okies* – os fazendeiros desapropriados de Oklahoma – uma luz sublime, que os transforma em valorosos arautos de uma tragédia nacional elevada à condição universal.

■ O *tour de force* de Ford foi ter conseguido condensar as quase seiscentas páginas caudalosas do romance em um filme de duas horas, sem trair sua trama nem sua substância (embora deixando de lado a sátira religiosa e as metáforas animais como representações dos indivíduos). A dramaturgia, recentrada na família Joad, cujo êxodo é contado, escora-se na mitologia da viagem dos Pioneiros: uma longa travessia de espaços desérticos para conquistar o Grande Oeste americano, com suas pausas, suas tensões e suas terras hostis. As proporções da narrativa, dividida em três partes (antes, durante e depois da viagem) são respeitadas. Quanto aos diálogos, são quase todos retomados do texto original.

Perfeitamente fiel ao tema fordiano do grupo (familiar) em busca de território, o filme está numa encruzilhada de três gêneros cinematográficos: o filme social, o western e o *road-movie*. É ao mesmo tempo uma epopeia em cujo cerne se constrói e desconstrói a relação do homem com o espaço e um drama humano no qual a criatura destituída precisa enfrentar a adversidade para encontrar a salvação. Nesse filme, em que o caminhão substituiu a diligência, e os capitalistas (assim como seus lacaios da polícia) substituem os indígenas, a corrida para o Oeste dourado coloca a questão fundamental da terra a ser conquistada, da relação carnal dos homens que a cultivam e tentam fixar-se nela de maneira duradoura. A partir dessa problemática da fixação na terra, Ford constrói seu filme como a história da construção e do confronto de grupos humanos de interesses divergentes. O cineasta descreve um mundo em ruínas mergulhado na dúvida e na desorientação, inscrito entre duas épocas: uma, antiga, das tradições seculares, dos pequenos proprietários e das famílias unidas ao redor de um pedaço de terra; a outra, em devir, das grandes empresas financeiras apoiadas pelo sistema bancário e policial, e inteiramente voltadas para o lucro rápido e máximo.

■ Mas nem por isso Ford assina o que poderíamos chamar de uma obra engajada, a exemplo do romance, que (mais radical politicamente) se situa a igual distância entre a esperança bíblica e a expectativa revolucionária,

Dorris Bowdon, Henry Fonda e Jane Darwell

261

AS VINHAS DA IRA

como indica claramente a progressão moral e intelectual de Tom. Steinbeck insiste em que a desertificação do campo e a espoliação dos fazendeiros não resultam de colheitas ruins e de um clima hostil, mas da cobiça dos bancos, fechados a qualquer concessão. Fiel a seu método e a sua abordagem humanista, Ford prefere tratar o tema de igual para igual. Não existe nele desejo propagado, apenas um final mais orientado ideologicamente. Ele mostra indivíduos traumatizados e desprovidos de consciência política, prisioneiros de um destino que lhes escapa, mas que, movidos por uma fé poderosa em si mesmos, continuam a avançar, superam de maneira solidária forças complexas e mais fortes que eles e conquistam com muita força de vontade um pouco dessa paz que lhes era prometida. Sem sentimentalismo nem dramatização excessiva, o cineasta mantém-se no nível das questões morais do romance e procura de maneira simplesmente lírica traduzir a realidade social e dar testemunho da condição humana.

■ Que importa, no fundo, se o grupo se desintegra frente aos obstáculos? O importante, aqui, segundo nos diz o filme, está na mensagem final de Ma, admirável "mãe coragem" no coração de uma família que ela mantém com seu filho Tom até o fim, mensagem na qual ela expressa sua sólida crença nos seus e na democracia. Esse fim otimista não é o do romance, mais trágico, com os episódios da inundação, da criança natimorta e do desenlace na granja. A experiência californiana do filme é apresentada numa progressão mais positiva: a cena do campo em Keene Ranch, na qual Tom vinga Casy, vem depois da sequência do campo de Hooverville, e em terceiro lugar é que a família se encontra no campo do governo. Bem mais que uma etapa de sua odisseia, a passagem por esse campo surge como índice significativo da realização a que estão destinados os Joad (o povo). O epílogo abre espaço mais uma vez para uma fala profética e apaziguadora de Ma, legitimando fortemente a partida de Tom, já agora disposto a levar adiante o trabalho de pedagogia iniciado por Casy em busca de maior justiça social. Essas palavras de Ma, tiradas do capítulo XX do romance e situadas no fim do filme a pedido do produtor Zanuck, trazem um acréscimo de sentido que ultrapassa os limites do romance, em virtude do contexto histórico no qual surgiu o filme. Vale lembrar que estamos no fim de 1939, e o presidente Roosevelt se prepara para disputar um terceiro mandato. Ora, sem chegar a fazer a apologia do New Deal, o filme indica que as feridas da década de 1930 ainda estão abertas no povo sofredor, que outras dificuldades, encarnadas pelos especuladores em seus Chevrolets, continuam representando uma ameaça, mas que a pátria benevolente cuida maternalmente para protegê-lo. À sua maneira, o filme desenha (mais que o romance) uma imagem contrastada do país, entre Estado previdenciário e grandes empresas privadas dispostas a tudo para enriquecer.

PL

> **PISTAS PEDAGÓGICAS**

▸ A crise de 1929 e sua representação cinematográfica (*O pão nosso*, *Tempos modernos*, *A felicidade não se compra*, *Honkytonk Man*, *O'Brother*).

▸ O tema da estrada, do *western* ao *road-movie*, expressão de uma busca, de uma fuga ou de um exílio.

▸ *As vinhas da ira*: uma odisseia na trilha dos pioneiros. O sonho americano existe?

▸ Perseguição, Êxodo, Terra Prometida... As referências bíblicas do filme.

▸ *As vinhas da ira*, trabalhadores vítimas do sistema absurdo da finança liberal: um filme atual.

▸ Um filme a serviço da política social do New Deal?

Bibliografia

Jean Roy, *Pour John Ford*, Cerf, 1976.
Patrick Brion, *John Ford*, La Martinière, 2002.
Jean Collet, *John Ford, la violence et la loi*, Michalon, 2004.

A rainha Margot

FRANÇA–ITÁLIA–ALEMANHA, 1994 (*LA REINE MARGOT*)

Alexandre Dumas (e Auguste Maquet), *La Reine Margot*, 1845, romance-folhetim publicado em *La Presse* e, em forma de livro, em 1854.

SINOPSE

Dois jovens do interior, o huguenote La Môle e o católico Coconnas, terão de dividir a mesma cama, pois todos os albergues estão cheios para o casamento de Henrique de Navarra e Margarida, a irmã do rei Carlos IX, enlace que porá fim às guerras religiosas. Mas a rainha mãe, Catarina de Médicis, trama o assassinato do almirante de Coligny, protestante que tem as graças do rei. Depois da cerimônia, os noivos não consumam o casamento, mas fazem uma aliança política. A família real decide eliminar todos os protestantes: é a Noite de São Bartolomeu. Perseguido por Coconnas e ferido, La Môle encontra refúgio junto à rainha de Navarra, que cuida dele. Carlos manda prender Henrique, Margarida o protege, aconselhando-o a abjurar. As intrigas políticas prosseguirão, em tortuosos complôs.

Pr.	Renn Productions/France 2 Cinéma/D.A. Films/N.E.F. Filmproduktion/Degeto Film/ARD/WMG Film/RCS Films & TV
Dir.	Patrice Chéreau
Rot.	Patrice Chéreau e Danièle Thompson
Foto.	Philippe Rousselot
Int.	Isabelle Adjani (Margot), Daniel Auteuil (Henrique de Navarra), Jean-Hugues Anglade (Carlos IX), Vincent Perez (La Môle), Virna Lisi (Catarina de Médicis)
Duração	159 min

Outras versões:
- *La Reine Margot* (Camille de Morlhon, 1910)
- *La Reine Margot* (Henri Desfontaines, 1914)
- *La Reine Margot* (Jean Dreville, 1954)
- *La Reine Margot* (René Lucot, 1961), filme de TV
- *La Reine Margot* (Ruben Alexander Claassens, 2004)

Patrice Chéreau, homem de teatro conhecido por seu posicionamento político e suas escolhas estéticas, impõe-se no cinema com a adaptação de *A rainha Margot* em 1994. Ele amadurece o roteiro durante mais de três anos com Danièle Thompson, a partir do romance-folhetim de que Alexandre Dumas pai extraíra um drama de nove horas para o seu Théâtre-Historique. Inspira-se também em *Massacre em Paris* (1593), uma peça de Christopher Marlowe por ele dirigida no Teatro Nacional Popular de Villeurbanne, e no romance *A juventude do rei Henrique IV* (1935), de Heinrich Mann.

■ Como em todos os romances históricos de Alexandre Dumas, duas intrigas e duas séries de personagens se entrelaçam. O herói da aventura política é Henrique de Bourbon, rei de Navarra, o futuro Henrique IV, chefe do partido protestante, que veio a Paris para se casar com Margarida de Valois, irmã do rei Carlos IX e do futuro rei Henrique III, os chefes naturais do partido católico, igualmente representado por Guise, o amante de Margarida. O herói do romance de amor é o huguenote La Môle, acolhido pela rainha de Navarra na Noite de São Bartolomeu. Margot pertence aos dois universos, como dá a entender sua equí-

Daniel Auteuil e Isabelle Adjani

263

A RAINHA MARGOT

Jeanne Moreau, La Reine Margot (Jean Dréville, 1954)

voca lenda de rainha incestuosa com muitos amantes. Os personagens históricos são muito jovens em 1572, ano em que tem início o romance: Margot e Henrique ainda não completaram 20 anos, o rei tem 22 e François d'Anjou, seu irmão menor, apenas 17 anos. Dumas não precisou forçar a história para apresentar uma corte à deriva, príncipes ao mesmo tempo covardes e fogosos, facilmente manipulados por Catarina de Médicis, a rainha mãe, a única com alguma experiência do poder, num reino privado de seus chefes mais maduros por dez anos de guerras fratricidas. O poeta Agrippa d'Aubigné (1552-1630) deixou a respeito um pungente depoimento em *Les Tragiques*.

■ Patrice Chéreau lança mão desse material para oferecer uma representação moderna, expressiva, ao mesmo tempo realista e barroca. Os jovens nobres têm interesses e jogos de acordo com sua idade: sedução, desejo, ciúme. Nada de tiradas espirituosas, como tanto aprecia Dumas: o que ouvimos é a língua de adolescentes na corte... do liceu. A câmera e os atores estão constantemente em movimento, imprimindo um ritmo alerta à narrativa. Já nos primeiros planos surgem contrastes entre os protestantes, vestidos de negro, reunidos na sombra ao redor de Henrique, e os católicos, cujos trajes luminosos, voluntariamente anacrônicos, evocam os libertinos do século XVIII. A essas cenas de despreocupação juvenil opõe-se violentamente a Noite de São Bartolomeu, cor de sangue e lama.

Depois disso, o filme se afasta mais que o romance da cronologia dos fatos (a volta a Navarra), confunde títulos e atos dos três irmãos de sangue real (a aliança com Henrique é feita por François, e não por Carlos). Afasta-se também da reconstituição histórica tradicional, transpondo o espírito do Renascimento decadente, em vez de dar a respeito uma ilusão referencial. Desse modo, Chéreau afirma ter-se inspirado em *O Poderoso Chefão*, de Coppola, para mostrar que "as discussões políticas, para saber quem seria massacrado, ocorriam a um canto da mesa no fim de uma refeição". A transposição dos capítulos XI e XVI do romance é reveladora do trabalho do cineasta sobre a história. Dumas, seguindo a crônica de Pierre de L'Estoile, conta que um espinheiro voltara a florir durante a noite, e que os massacres tinham redobrado de intensidade, pois o povo vira neles um sinal de Deus. O Cemitério dos Inocentes transforma-se no cenário macabro de uma procissão. Da mesma forma, a corte trajada para uma festa se alegra com o enforcamento de Montfaucon. No filme, uma única sequência de tonalidade sombria: a carroça do carrasco joga brutalmente cadáveres nus numa fossa. A terra cor de cinza, os planos próximos dos corpos amontoados lembram os documentos, hoje inscritos na memória coletiva, de imagens equivalentes da Segunda Guerra Mundial. Chéreau superpõe duas épocas igualmente bárbaras: as guerras religiosas do século XVI e o século XX, ensanguentado por guerras das quais não está ausente o fanatismo religioso. Em pleno conflito da Bósnia-Herzegovina (1992-1995), também podemos ver aí uma evocação da limpeza étnica.

■ *A rainha Margot* recebeu o Prêmio do Júri e o Prêmio de Interpretação Feminina (Virna Lisi) em Cannes. Na linhagem de *Perceval le Gallois*, de Éric Rohmer, em 1978, e de *O nome da rosa*, de Jean-Jacques Annaud, em 1986, a adaptação de Patrice Chéreau é uma reflexão sobre a transposição do passado em imagens. Ela se destaca do gênero capa e espada, na qual seus antecessores enquadraram as obras de Alexandre Dumas, pela busca de uma autenticidade mais simbólica que documental, na qual a visão artística tem primazia sobre a reconstituição dos fatos históricos e da intriga romanesca.

MV

▶ PISTAS PEDAGÓGICAS

▸ Reconstituição histórica no romance e no filme a partir de cenas escolhidas: o casamento real, o assassinato de Coligny, a caçada.

▸ Comparação entre os personagens históricos do romance e do filme e sua apresentação numa enciclopédia, num manual de história, numa obra de historiador – por exemplo, Jules Michelet, *Précis d'histoire de France avant la Révolution* (1842).

Bibliografia

Denis Crouzet, *Dieu en ses royaumes: Une histoire des guerres de religion*, Champ Vallon, 2008.
Isabelle Durand-Le Guern, *Le roman historique*, Armand Colin, 2008.
Marc Ferro, *Le cinéma, une vision de l'histoire*, Le Chêne, 2003.

A religiosa

FRANÇA, 1966 (*LA RELIGIEUSE*)

Denis Diderot, *La Religieuse*, 1780.

SINOPSE

Depois de um prólogo sobre os conventos no século XVIII e as principais fontes de Diderot, assistimos à cerimônia abortada de votos de Marie Suzanne Simonin, obrigada pelos pais a entrar para o convento, para aumentar o dote das duas irmãs. Levada para a casa dos pais, ela é trancada em um quarto, até ser informada pelo confessor da mãe de que é fruto de adultério. Ela concorda então em ser levada para o convento de Longchamp. A madre Moni a mantém até o momento de fazer os votos, dos quais Suzanne não guarda qualquer lembrança, e em seguida morre. A nova madre superiora persegue a religiosa, rebelde à disciplina por ela imposta. Suzanne redige um relato e consegue entregá-lo a uma das companheiras. Por esse motivo, é punida com a masmorra, a terrível *"in pace"*. Depois da visita de Manouri, o advogado encarregado da revogação dos seus votos, ela é privada de alimento, proibida de acompanhar os serviços religiosos e finalmente considerada possuída e exorcizada. Ela perde o processo, mas é transferida para outro convento. Em sua nova casa, Sainte-Eutrope, ela passa por novos sofrimentos, como o assédio de uma madre superiora mundana e depravada. Conseguirá Suzanne livrar-se das garras de personagens tão maléficos?

Anna Karina

265

A RELIGIOSA

Pr.	Rome Paris Films/SNC
Dir.	Jacques Rivette
Rot.	Jacques Rivette, Jean Gruault
Foto.	Alain Levent
Int.	Anna Karina (Suzanne), Liselotte Pulver (Madre de Chelles), Micheline Presle (Madre de Moni), Francine Bergé (irmã Sainte-Christine)
Duração	135 min

A religiosa é o segundo filme de Jacques Rivette, e durante muito tempo foi o mais conhecido, não tanto por suas qualidades intrínsecas, mas pelo escândalo que provocou ao ser lançado em 1966. De corte clássico, com o romance de Diderot acompanhado muito de perto pelo roteiro e pelos diálogos, este filme ocupa um lugar à parte na filmografia do cineasta. O vínculo com os dois temas contemporâneos das obras que o antecederam e sucederam, *Paris nous appartient* e *L'Amour fou*, é sem dúvida o teatro, como dão a entender as três batidas e o vozerio durante os créditos, sobre fundo negro. Com efeito, Jean Gruault tinha escrito uma adaptação teatral de *A religiosa*, encenada por Jean-Luc Godard no Studio des Champs-Élysées, e Rivette afirmava numa primeira versão do roteiro que o filme não era uma "adaptação" do romance de Diderot, mas sua "representação". Muitas cenas dialogadas foram diretamente extraídas dessa adaptação. A estrutura dramática em cinco atos é reforçada pelas imagens das grades do locutório ou do confessionário. A narrativa é constituída por um prólogo (a exclusão da família), três episódios ilustrando três tipos de relações entre monjas (a compaixão, o sadismo, a depravação) e um epílogo (a definitiva expulsão do mundo).

■ Na origem do romance, vamos encontrar um trote passado por Diderot, Grimm e Sra. d'Épernay, que em 1760 inventaram as cartas da religiosa e as enviaram realmente a um amigo, o marquês de Croismare, que queriam atrair a Paris, interessando-o pelo destino da infeliz. Sinceramente sensibilizado, o marquês comunicou-lhes sua intenção de recebê-la em casa como governanta de sua filha, e assim os autores do trote tiveram de comunicar a morte de sua heroína, para não serem desmascarados. Mais tarde, Diderot retomou suas anotações para editar, em 1780, a longa carta-confissão de Suzanne, que seria completada em 1781 pelo prefácio anexo, formado por trechos da correspondência entre o marquês, destinatário real das cartas, e Sra. Madin, a ligação entre ele e o personagem fictício de Suzanne. Tendo começado com uma brincadeira, misturando o patético e o erotismo, como no melodrama, o romance aborda questões sérias, levando a uma condenação da sociedade do Antigo Regime.

O autor do ensaio *Sobre as mulheres* (1772) entrega-se nesse romance a uma espécie de estudo de caso sobre as consequências, tanto físicas quanto morais, do aprisionamento das mulheres, que na época era prática corrente. Seu romance é "a mais assustadora sátira dos conventos", segundo sua própria expressão, mas vai muito além desse fenômeno particular na denúncia dos abusos de poder. Suzanne, como seu *pendant* masculino, dom Morel, é esmagada por uma sociedade desigual que perpetua o poder dos poderosos sobre os fracos, dos homens sobre as mulheres, dos pais sobre os filhos. A ignorância e a hipocrisia da religião usada para fins temporais são suas melhores armas.

■ Quando Rivette inicia sua adaptação cinematográfica, a sociedade francesa mudou. A República assumiu o ideal revolucionário de "liberdade, igualdade, fraternidade": sua Constituição confere às mulheres os mesmos direitos civis que aos homens (embora elas

Anna Karina e Micheline Presle

A RELIGIOSA

Francisco Rabal e Anna Karina

Anna Karina

só votem desde 1945); a educação é gratuita e obrigatória para todos (embora os programas de conclusão dos estudos secundários só sejam os mesmos para os dois sexos desde 1924); no estado de direito, laico desde 1905, a vida monástica já é apenas uma questão de vocação espiritual. É certamente o que explica, com a censura preventiva, que o filme nada tem de escandaloso à primeira vista. Todo em nuances de cinza, com alguns toques de cor, ele traça o itinerário de uma jovem de bem, apesar de ignorante, dando mostra de todas as virtudes cristãs, embora não seja tocada pela graça. A encenação é sóbria, distanciada, sem condescendência com o erotismo do tema, ao qual, no entanto, Diderot não deixara de dedicar algumas páginas. Todas as mulheres são jovens, intercambiáveis sob seus véus, suas perucas ou sua máscara, inclusive a mãe de Suzanne. O fim difere do modelo: Suzanne não morre em consequência dos ferimentos sofridos na fuga, jogando-se pela janela do prostíbulo onde julgou ter encontrado refúgio. Esta última forma de enclausuramento e violência contra as mulheres é mencionada por Diderot, mas sua religiosa consegue sair incólume, como pudera sair das outras provações, sofridas sem ser entendidas, sem nunca perder a esperança, pois o marquês de Croismare de fato existe. A de Rivette, novamente transformada em pura heroína de ficção, acaba morrendo: sem protetor, nem submissa nem cortesã, ela não tem mais para onde ir. O drama torna-se tragédia, a visão do artista é mais radical que a do mistificador, temperada pela complexidade da vida real.

■ O contexto da criação foi o revelador do alcance político e social do filme. Já em 1965, ano de eleição presidencial, o governo recusou autorização para filmagens na abadia de Fontevraud. Ao ser lançado, o filme é exibido em Cannes, mas proibido nos cinemas. Para os defensores de *A religiosa*, a censura evidencia o paternalismo e o autoritarismo do governo gaullista. Constata-se também que a influência da Igreja Católica é preponderante nas questões de educação. Surgem protestos, entre eles a famosa carta de Jean-Luc Godard ao ministro da Kultur (*sic*), André Malraux. A distribuição finalmente é autorizada em 1967, mas só em 1988 seria suspensa a proibição aos menores de 18 anos, depois de um novo escândalo provocado por *A última tentação de Cristo*, de Martin Scorsese.

MV

▶ PISTAS PEDAGÓGICAS

▸ A educação de moças no século XVIII (Diderot, Laclos, Rousseau, Sade, Voltaire).

▸ O convento no cinema: espaço fora do mundo/metáfora do mundo.

▸ A censura cinematográfica.

Bibliografia

Élisabeth Badinter, *Diderot, Thomas, Mme. d'Épinay: Qu'est-ce qu'une femme?*, POL, 1989.

"À propos de l'affaire Suzanne Simonin", *Cahiers du Cinéma*, nº 181, agosto de 1966.

Valérie Vignaux, *Suzanne Simonin ou La religieuse*, Céfal, 2005.

Albert Montagne, *Histoire juridique des interdits cinématographiques en France (1909-2001)*, L'Harmattan, 2007.

À direita, Gérard Philipe

O vermelho e o negro

ITÁLIA-FRANÇA, 1954 (LE ROUGE ET LE NOIR)

Stendhal, *Le Rouge et le Noir*, **1830.**

SINOPSE

França, na época da Restauração. Pouco depois de contratado pelos Rénal como preceptor de seus filhos, Julien Sorel apaixona-se por Louise, a dona da casa, que não demora a ceder a seus avanços. Logo o Sr. de Rénal recebe uma carta anônima denunciando o adultério. Sua mulher revela-se uma excelente estrategista, mas não consegue evitar a partida do amante. Depois de passar pelo seminário de Besançon, onde conquista a confiança do terrível abade Pirard, Julien chega a Paris, onde assume as funções de secretário de um aristocrata, o Sr. de La Mole. Tornando-se confidente do marquês, ele é condecorado por serviços diplomáticos prestados. É quando se apaixona pela filha do protetor, a orgulhosa Mathilde, que o envolve em um estranho jogo de amor e ódio de classe. O marquês tenta impô-lo social e politicamente, para conseguir um casamento decente para a filha, mas uma carta da Sra. de Rénal, ditada por seu diretor de consciência, compromete a reputação de Julien. O casamento é anulado e o ambicioso jovem tenta assassinar a ex-amante. Julien é condenado à morte, enquanto Louise continua tentando defendê-lo. Finalmente, os dois antigos amantes se reencontram antes da execução, confessando um ao outro que nunca deixaram de se amar.

O VERMELHO E O NEGRO

Pr.	Franco-London-Film/Documento Film
Dir.	Claude Autant-Lara
Rot.	Jean Aurenche, Pierre Bost, Claude Autant-Lara
Foto.	Michel Kelber
Int.	Gérard Philipe (Julien Sorel), Danielle Darrieux (Louise de Rénal), Antonella Lualdi (Mathilde de La Mole), Jean Martinelli (Monsieur de Rénal), Antoine Balpêtré (abade Pirard), Jean Mercure (marquês de La Mole)
Duração	185 min

No momento em que a primeira adaptação do romance de Stendhal, assinada por Gennaro Righelli em 1950 e bastante insatisfatória, é lançada na França, Claude Autant-Lara já trabalha há alguns anos em sua própria visão cinematográfica da obra. Entretanto, uma série de problemas (censura do anticlericalismo stendhaliano, produção reticente...) atrasa consideravelmente o início das filmagens. Por outro lado, a redação do roteiro revela-se longa e difícil. Depois de tentar condensar o volumoso romance num script de noventa páginas, os roteiristas Jean Aurenche e Pierre Bost chegam à seguinte conclusão: será necessário preservar a dicotomia geográfica do livro e realizar dois longas-metragens de 90 minutos, correspondendo respectivamente ao "Livro I" (província) e ao "Livro II" (Paris). Num primeiro momento, o ator Gérard Philipe recusa o papel, considerando que lhe seria difícil transferir para Julien Sorel os traços de Fabrice del Dongo, por ele interpretado algum tempo antes em *A cartuxa de Parma*. Entretanto, um feliz acaso na agenda do ator e do cineasta, conjugado à contratação de Danielle Darrieux (então no auge da fama), apressa as coisas. Philipe aceita encarnar Julien e a dupla Bost-Aurenche reescreve o roteiro, voltando a centrá-lo nos amores de Julien com Louise e Mathilde. A cronologia do romance é bastante alterada, e a história começa e termina com o julgamento de Julien, transformando o filme num longo flashback e assim muito cedo espicaçando a curiosidade do espectador – que se pergunta sobre os motivos do gesto do jovem, que pode ser visto minutos depois da cena inicial nos braços de sua futura vítima. Desde o início os roteiristas procuram conferir uma dimensão social (no espírito modernizante da luta de classes da época) ao drama de Julien, transformando-o em um sujeito malnascido, condenado por ter trapaceado no mundo dos ricos e poderosos, na esperança de ascender socialmente: "Senhores jurados", declara ele no início do filme, "não tenho a honra de pertencer à vossa classe; veem em mim um camponês que se revoltou contra sua miserável sorte."

■ A intriga amorosa entre Louise e Julien, assim como seu encontro, um dos mais belos casos de amor à primeira vista da literatura francesa, sofre com os cortes e as sínteses dramatúrgicas do filme, que encontra dificuldades na tentativa de forjar equivalências cinematográficas para os impulsos ilícitos dos dois corações sinceros. O caráter romanesco dos sentimentos fica seriamente comprometido, a intriga, algo mecânica, carece de liga, e o retrato dos personagens muitas vezes perde em ironia sarcástica o que ganha em caricatura (o estridente Sr. de Rénal, o paternalista marquês de La Mole, o tolo Norbert de La Mole). Embora a mesquinha convivência das castas, a hipocrisia e as taras burguesas sejam expostas, ainda que de maneira mais contida que no romance, a crítica religiosa praticamente é ignorada. O contexto provincial da região de Franche-Comté (na cidadezinha de Verrières) também é eliminado, e certos personagens, como o intrigante congregacionista Valenod e Fouqué, o amigo de infância de Julien, desaparecem. Mais importante, contudo, é o fato de as ideias políticas de Stendhal serem apenas sumariamente formuladas na breve cena do baile na residência do marquês de La Mole (o duque de Retz do romance), no qual o conde Altamira (liberal napolitano condenado à morte em seu país) aparece

269

O VERMELHO E O NEGRO

para declarar a um exaltado Julien que "na França se cometem as maiores crueldades, mas sem crueldade". Os dois falam então da "beleza" moral de Danton, e Julien transforma-se por breve momento em porta-voz das ideias do escritor. O salão aristocrático de La Mole já não é exatamente o antro de privilegiados e arrivistas medíocres do romance, e (durante o episódio em Franche-Comté) a humilhação do Partido Liberal e a vitória esmagadora do Partido Ultra não chegam a ser denunciados. Na verdade, a eliminação da questão política agrava o déficit ideológico do filme, às vezes tornando obscuras ou sem sentido as motivações dos personagens.

▪ Seja como for, Julien continua sendo um "filho do século", consumido de paixão pelo mito napoleônico e revoltado contra os ricos, que usurpam direitos sem merecê-los. As regras de vida que ele se impõe inicialmente são transgredidas mais de uma vez, em virtude das próprias contradições que ele precisa enfrentar, entre sua natureza verdadeira e as condições sorrateiras do sucesso social. Assim, ele se mostra alternadamente terno e impulsivo, calculista e hipócrita. Ora, ao contrário de Tartufo, que só se interessa pelos bens e prazeres terrestres, Julien só busca o que possa lisonjear seu orgulho. Essa duplicidade do herói, que precisa avançar mascarado para vencer e se impor àqueles que, como Mathilde de La Mole, tentam humilhá-lo, aparece particularmente na voz em *off*, de que o filme faz uso imoderado. Esse artifício traduz naturalmente os pensamentos do protagonista, somando-se aos intertítulos (com citações do autor) como lembranças explícitas da origem literária da adaptação. Tais intertítulos permitem não só ligar os episódios entre eles como também anunciar a continuação da intriga, pelo procedimento narrativo da antecipação (eliminando toda surpresa). Philipe, em geral tão sensual e sedutor, dá a sensação de nem sempre estar encarnado no personagem. Ele oferece aqui um Sorel um tanto rígido, longe do entusiasmo e da paixão que consomem internamente a natureza profundamente romântica do herói, como bem evidencia, entre outros momentos, seu ato criminoso na igreja (ato destinado a lavar a honra, e não de despeito frente a uma situação social que lhe escapa, assim como sua atitude estoica na prisão não significa renúncia, mas busca de uma redenção). Curiosamente, esse desempenho "forçado", em vez de prejudicar a elaboração do personagem, contribui para revelar sua impostura, seu espírito de intriga, seu comportamento manipulador e falso. Diante dele, Danielle Darrieux imita com equilíbrio as hesitações da Sra. de Rénal, sua fragilidade, sua inteligência, senão sua frieza ante o delicioso sofrimento da infidelidade. "De longe a intérprete mais stendhaliana", diria a seu respeito um crítico da época. O que não é exatamente o caso de Antonella Lualdi/Mathilde (imposta pela coprodução), cujo ardor italiano, afinal bastante altivo, nem sempre é compatível com a loira elegante do romance. Por fim, a encenação, que por falta de recursos financeiros recorre a painéis pintados em tons unificados (azulados na residência dos Rénal, creme na dos La Mole), nem sempre consegue evitar a impressão algo congelada de reconstituição teatral, lambuzada aqui nas cores violentas do Technicolor.

PL

> **PISTAS PEDAGÓGICAS**

▸ Intriga, impostura e ambição (*Eva, O sol por testemunha, Prenda-me se for capaz, À l'origine*).

▸ Arrivismo: a relação de classes em questão.

▸ A imagem do notável de província (*Madame Bovary, A mulher infiel, O discreto charme da burguesia*).

▸ *O vermelho e o negro*: narrativa de aprendizagem.

▸ Julien Sorel ou o fracasso de um coração puro e romântico.

Bibliografia

Freddy Buache, *Claude Autant-Lara*, L'Âge d'Homme, 1982.

O salário do medo
FRANÇA–ITÁLIA, 1953 (*LE SALAIRE DE LA PEUR*)

Georges Arnaud, ***Le Salaire de la peur***, 1950.

SINOPSE

Em Las Piedras, pequena localidade da América Latina sufocada no calor e na miséria, homens de origens diversas vegetam na expectativa de novos horizontes. Eles passam o dia no bar de Hernandez, comerciante astuto que compartilha os favores da garçonete Linda com Mario, um pobre tipo desocupado. Um dia, Mario conhece Jo, velho gângster que acaba de chegar, fazendo amizade com ele. Os dois decidem trabalhar juntos quando a sociedade petrolífera americana SOC oferece 2 mil dólares por cabeça para transportar por uma distância de 500 quilômetros dois carregamentos de nitroglicerina destinados a extinguir um incêndio em um de seus poços. O trajeto revela-se extremamente perigoso, e um dos dois caminhões, conduzido pela dupla Luigi-Bimba, explode no caminho. Mario, por sua vez, logo se vê sozinho diante dos perigos, depois de ser abandonado por Jo, que sai de cena por causa do medo e de uma morte terrível. Finalmente, Mario consegue chegar ao local do desastre, mas morre por imprudência ao retornar.

Charles Vanel e Yves Montand

O SALÁRIO DO MEDO

Pr.	CICC/Filmsonor/Véra Films (França)/Fono Roma (Itália)
Dir.	Henri-Georges Clouzot
Rot.	Henri-Georges Clouzot, Jérôme Géronimi
Foto.	Armand Thirard
Int.	Yves Montand (Mario), Charles Vanel (Jo), Folco Lulli (Luigi), Peter van Eyck (Bimba), Véra Clouzot (Linda), Dario Moreno (Hernandez), William Tubbs (Bill O'Brien), Jo Dest (Smerloff)
Duração	156 min

Foi em parte na região de Nîmes, na Camargue, e em Anduze (a cena do bambuzal), que Henri-Georges Clouzot reconstituiu a região da Guatemala onde se desenrola a ação do livro de Georges Arnaud. Como o romance, o filme é dividido em duas partes: a vida letárgica em Las Piedras, e depois a louca aventura dos quatro caminhoneiros. Mas Clouzot não hesitou em transformar o breve romance inicial numa obra razoavelmente longa, demorando-se o suficiente (cerca de uma hora antes do início da ação) numa minuciosa "exposição" do clima nesse recanto de humanidade em decadência. E por sinal, o primeiro plano das baratas azucrinadas pelas crianças indica o ponto de vista adotado pelo diretor entomologista.

■ O romance desde o início mergulha o leitor na ação, com a explosão do poço de petróleo (oportunidade para Arnaud denunciar o cinismo dos "colonos" americanos em relação aos locais), mas Clouzot começa traçando um panorama da situação, por pequenos toques naturalistas sucessivos. Características repugnantes como o egoísmo, a pretensão, a duplicidade e a violência compõem o essencial do caráter dos personagens. Abandonada por Mario, Linda não passa de uma escrava espancada nas mãos de Hernandez. Já O'Brien, um dos dirigentes da Southern Oil Company (cujas iniciais lembram ironicamente as da Standard Oil Company), é apresentado como indivíduo cínico e corrupto, a exemplo de Jo, com quem fez negócios escusos em outra época. A cidade (portuária no romance), e mais particularmente o Corsário Negro, surgem como uma cloaca debilitante, "um caldo de cultura em estado gasoso" – contrastando violentamente o negro profundo e pegajoso com a brancura da imagem. Um falso ritmo descritivo pesa então sobre a dramaturgia, afinada pelo realizador no diapasão da vida letárgica local. É assim que ele confere um rosto à indigente população indígena, trazendo-a insistentemente para o plano e increvendo-a como distante eco da crítica socioeconômica do livro, paralelamente ao perfil psicológico dos personagens. A impregnação do tecido social é forte, assim como a identidade de certos protagonistas, aos quais Clouzot dá oportunidade de falar em sua própria língua (inglesa, espanhola, alemã, italiana, francesa). Contornando a armadilha da evocação do passado dos personagens (explicitado no romance), ele cerca seus heróis do mistério de um passado equívoco que os mantém prisioneiros em seu meio e os limita em suas escolhas. Somando-se a isso, a semimiséria em que vegetam, sua esperança de deixar o lugar e a nostalgia de seus países (o bilhete de metrô, a canção *Valentine* como sinal de origem) bastam para justificar seus atos, e especialmente sua decisão de aceitar a missão suicida proposta pela empresa americana.

→ PISTAS PEDAGÓGICAS

▸ Códigos do filme de aventuras: estudo da dramaturgia e da construção de seu herói (contrato, competência, desempenho, sanção).

▸ O filme foi parcialmente censurado quando do lançamento nos Estados Unidos: *O salário do medo*, uma obra panfletária antiamericana?

▸ Países pobres e empresas multinacionais: relações e questões geográficas, econômicas, políticas, humanas.

▸ Filme de ação, filme de personagens: reflexão sobre o sentimento do medo.

Yves Montand

O SALÁRIO DO MEDO

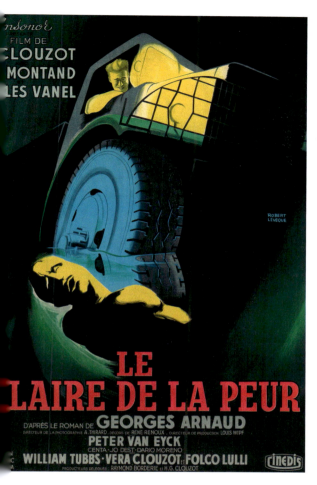

■ Partindo do postulado sociológico do romance, que ele ameniza ao omitir o peso da prostituição e da droga, Clouzot opta, no entanto, por ir mais longe na obscuridade psicológica dos personagens, oferecendo sua visão pessimista, senão misantropa, dos homens, já amplamente presente em *Sombra do pavor* (1943) e *Crime em Paris* (1947). A viagem, assim como a estética em preto e branco, torna-se um revelador da alma, e as peripécias equivalem a meios de verificação da covardia ou destemor dos indivíduos. O que dá no mesmo, sendo uma coisa meramente o inverso absurdo da outra, aqui. Duas cenas clímax, que não estão no romance, são significativas a esse respeito. A primeira, na qual Mario precisa manobrar o caminhão sobre andaimes, desmascara a impostura de Jo, que, longe do jogo de hipocrisia e mentiras de Las Piedras, aparece como é realmente: um crápula infame, vil e covarde. Quanto ao episódio da rocha, deixa bem claro o quanto o instinto de sobrevivência pode ser feroz em renegados como Bimba e Mario. Na verdade, Mario, que no início não escondia seu medo, revela-se corajoso, senão cruel, ao passar sobre a perna de Jo. Mario forma com Jo — personagem no qual Clouzot carrega fortemente nas tintas, e que deveria ser interpretado por Jean Gabin (papel que o ator recusou por temer que prejudicasse sua carreira) — uma dupla ambígua, cuja relação perversa é feita de fascínio e repugnância, ódio e amor; cada um deles é perfeitamente lúcido a respeito do outro, sabendo que no fundo foi feito do mesmo barro.

■ Georges Arnaud faz da sua narrativa de aventuras, cheia de peripécias e reviravoltas, um pretexto para uma denúncia social e política. Descreve um país exangue e sem futuro, entregue à pilhagem sistemática das riquezas naturais por parte de multinacionais sem escrúpulos. Um país em que a corrupção e os mais diversos tráficos acabam por transformar a população impotente em um amontoado de miseráveis amargurados e sem energia. A explosão da plataforma 16 maldesperta um movimento de raiva e indignação. Por sua vez, Henri-Georges Clouzot apresenta inicialmente uma série de águas-fortes à maneira de Goya, que não deixa de lembrar o negrume e a violência de *Os esquecidos* (1951) e de *Les Orgueilleux* (1953). À descrição desse inferno imóvel segue-se o inferno em ação, que se transforma numa parábola espetacular sobre o destino absurdo do homem. A cena da rocha, o fim escandalosamente trágico, tudo convida a reler essa epopeia à luz do mito de Sísifo.

Enorme sucesso na época (cerca de 7 milhões de espectadores), *O salário do medo* é com razão considerado pelos americanos a quintessência do filme de ação. Sua situação inicial, idealmente suja, seus personagens e os lances de uma intriga de suspense constantemente renovada os levaram a realizar um *remake* reatualizado, mas de qualidade inferior, *O comboio do medo*, de William Friedkin (*Sorcerer*, 1978).

PL

Bibliografia

"Le Salaire de la peur", *L'Avant-Scène*, n° 17, 1962.

Philippe Pilard, *Henri-Georges Clouzot*, Seghers, "Cinéma d'aujourd'hui", 1969.

José-Louis Bocquet e Marc Godin, *Clouzot cinéaste*, Horizon illimité, 2002.

Satyricon de Fellini

ITÁLIA, 1969 (*FELLINI-SATYRICON, 1969*)

Petrônio (atribuído a Caius Petronius Arbiter, dito), *Satyricon,* **62-64 d.C.**

SINOPSE

Dois jovens romanos, Encólpio e Ascilto, amam o efebo Gitão. Precisando de dinheiro, Ascilto o vendeu ao ator Vernacchio, que aceita devolvê-lo a Encólpio. Mas depois de uma noite de amor Gitão deixa Encólpio por Ascilto. Um terremoto salva Encólpio do suicídio, e em seguida ele vai na companhia do poeta Eumolpo à casa de Trimalquião, um arrivista depravado que gosta de recitar versos e está oferecendo um banquete. O jantar termina com uma visita ao futuro túmulo de Trimalquião, onde é contada a história da Matrona de Éfeso. Encólpio, Ascilto e Gitão são então capturados por Lichas, um procônsul que percorre os mares em busca de divertimentos para o imperador. Encólpio é então obrigado a se casar com Lichas. Mas a revolta dos soldados permite a libertação dos prisioneiros. Depois de algumas peripécias sexuais e do trágico sequestro de um oráculo hermafrodita, Encólpio e Ascilto chegam a uma cidade onde é festejado o deus Riso. Encólpio enfrenta o Minotauro, mas não consegue satisfazer Ariadne, que lhe foi ofertada como presente. Eumolpo leva então Encólpio ao Jardim das Delícias, onde o jovem recupera sua virilidade, graças à maga Enoteia. Depois da morte de Ascilto, Eumolpo também vem a morrer, não sem antes ter legado seus bens a todos aqueles que aceitarem comer seus despojos. Encólpio recusa-se e parte para a África.

Mario Romagnoli

SATYRICON DE FELLINI

Pr.	Produzioni Europee Associati/Les Artistes Associés
Dir.	Federico Fellini
Rot.	Federico Fellini, Bernardino Zapponi
Foto.	Giuseppe Rotunno
Int.	Martin Potter (Encólpio), Hiram Keller (Ascilto), Salvo Randone (Eumolpo), Max Born (Gitão), Alain Cuny (Lichas), Mario Romagnoli (Trimalquião), Luigi Fanfulla (Vernacchio), Magali Noël (Fortunata)
Duração	138 min

O *Satíricon* de Petrônio – do qual só nos chegaram alguns fragmentos, como lembra a última imagem do filme de Fellini, que mostra um afresco de Pompeia em ruínas, no qual aparecem os protagonistas da história – é uma obra composta de episódios justapostos, à maneira de um romance picaresco. Para melhor respeitar sua arquitetura lacunar e fragmentária, o cineasta – que acrescentaria seu próprio nome ao título, para distinguir o filme de outra adaptação, realizada um ano antes por Gian Luigi Polidoro – optou por uma construção decididamente atomizada. Assim é que passamos de um episódio a outro sem preocupação com a linearidade, nem de verdadeira progressão da tensão dramática, num espírito de liberdade e fantasia bem de acordo com as aventuras narradas e o tom adotado pelo autor latino.

■ As aventuras de Encólpio, transformadas por Fellini num "ensaio de ficção científica sobre o passado", segundo sua própria expressão, articulam-se em torno dos principais momentos do livro: o banquete de Trimalquião, a Matrona de Éfeso, o sequestro dos três comparsas de Lichas, a impotência de Encólpio, a ação de Enoteia e o banquete fúnebre e antropofágico do corpo de Eumolpo. Fellini acrescenta então suas próprias fantasias, sua visão da beleza, da androginia e da homossexualidade, de tal maneira que às vezes fica difícil distinguir o que é do cineasta e o que provém do escritor. Fellini mergulha com delícia nas falhas narrativas da obra original, para preenchê-las com sua imaginação fértil, brincar com o verdadeiro e o falso, divertir-se com a mistura de sonho e realidade e, assim, elaborar uma Antiguidade livre dos limites da ilusão e da verdade. Entretanto, longe de abandonar o substrato cultural do texto petroniano, Fellini pesquisa durante quase um ano, informa-se com historiadores e latinistas como Luca Canali, visita museus e ruínas antigas. Chega a pensar por um momento em inventar um latim dialetal como língua do filme, mas é chamado à razão pela produção, que exige o italiano. Quanto mais ele trabalha na adaptação, mais sente afinidades com Petrônio, que, à sua maneira, mostrou-se alarmado com as incertezas e os desequilíbrios da sua época. Como o autor latino, ele procura traduzir as mudanças iminentes da sociedade, ora com um entusiasmo delirante, ora com uma preocupação fria, senão mórbida, como bem frisam certas cenas e o fim aterrorizante do filme. Para ele, os heróis Encólpio e Ascilto são como os estudantes de 1968, ansiando por liberdade, opostos às regras tradicionais, que os limitam, e descomplexados até a imoralidade. E por sinal a estreia do filme no American Square Garden de Nova York, depois de um concerto de rock, confirma suas convicções: "Foi um espetáculo maravilhoso", declara o cineasta. "Aquele fabuloso exército de hippies chegando em motos incríveis e automóveis supercoloridos, iluminados com pequenas lâmpadas, um público unido diante de *Satyricon*, que parecia ter encontrado um lugar natural. Parecia que não me pertencia mais, na repentina revelação de um entendimento tão secreto, de vínculos tão sutis e jamais interrompidos entre a Roma antiga da memória e esse público fantástico do futuro."

■ *Satyricon de Fellini* deixa de lado certas passagens do texto inicial (Encólpio e os oradores, no mercado com os ladrões, com Quartilla, a sacerdotisa do deus Príapo), assim como as cenas na taberna, que anunciam a forma do romance picaresco; outras peripécias e alguns dos seus personagens são inventados: o teatro de Vernacchio, a ínsula Felicles, a mansão dos suicidas, a nin-

Hiram Keller e Martin Potter

SATYRICON DE FELLINI

fômana do deserto, o rapto do hermafrodita, o labirinto e seu Minotauro e a ilha dos afrescos. Os papéis, por sua vez, são redistribuídos: Gitão, que acompanha Encólpio até o fim do livro, desaparece um pouco antes da metade do filme; Ascilto, ausente depois da metade do romance, de certa forma toma o lugar de Gitão; Eumolpo tem seu papel consideravelmente diminuído. À exceção do banquete de Trimalquião, bem próximo do texto, todas as outras cenas são revisitadas, reescritas, corrigidas. Fellini literalmente se apropria da história de Petrônio, sem esquecê-lo completamente. Sua obra não lhe é fiel nem infiel. E por sinal a verdadeira questão não está aí – o que sempre deveria ser o caso quando se fala de adaptação cinematográfica. A essência do filme é petroniana, e seu universo, sua feitura, seu espírito, profundamente fellinianos.

■ O cineasta leu Petrônio e o tem em mente. Mas nem por isso quis realizar um filme histórico-mitológico, muito menos atualizá-lo. Compôs um *Satyricon* contemporâneo e visionário, fruto de uma reflexão sobre as mutações da época e de uma renovação estética empreendida a partir de *La Dolce Vita* (1960), da qual a presente adaptação seria uma versão anamorfoseada. Valendo-se da forma fragmentária do texto, Fellini construiu quadros figurativos transbordantes de vida (terrível e deliciosamente decadente), mobilizando todos os artifícios do cinema e das artes da representação teatral (pantomima, circo, dança). Dissolveu a colossal Antiguidade romana nos excessos barrocos de uma encenação tonitruante e nos imensos cenários de papel pintado dos estúdios Cinecittà. Saturou o quadro de objetos e de carne, exatamente como os convivas de Trimalquião enchem a barriga, *ad nauseam*. Sem jamais cair na apelação, tudo é amplificado, histerizado, sublimado, transformando-se em uma experiência psicodélica e catártica, no fim das contas muito diferente da Roma pagã e pré-cristã do autor latino (nenhuma alusão, aqui, ao cristianismo futuro). O grotesco muitas vezes se transforma em festa monstruosa; o grave, em demência trágica; o cômico, em farsa delirante. Agindo como demiurgo preocupado com o fim dos valores do seu tempo, Fellini optou por maquiar

Alain Cuny e Martin Potter

"as constatações tranquilas de Petrônio" com um *blush* radical, lançando um véu de sombra (interiores fechados e iluminação sombria) sobre o que podia parecer uma agradável ode ao amor físico em todas as suas formas. O erotismo petroniano, passado pelo filtro de seu onirismo cataclísmico, torna-se poderosamente sensual, selvagem e devorador. Assim, à medida que o filme avança, Eros já é ressaltado apenas mediante um recurso desesperado a Tânatos (cabendo notar que nessa história em que cada peripécia nunca passa de uma etapa sem importância, o verdadeiro drama para os heróis é a perda da virilidade). No fundo, Fellini serviu-se de Petrônio para nos proporcionar sua visão melancólica de uma Antiguidade imaginária, amoral e crepuscular, uma espécie de imenso teatro da crueldade, ao qual o herói Encólpio acaba por dar as costas, para partir com outros jovens para algum outro lugar, e uma possível renovação. Todos liberados, finalmente purificados dos miasmas e tabus, viajando em direção ao desconhecido de uma nova utopia.

PL

> **PISTAS PEDAGÓGICAS**

- O filme histórico e a questão da representação da Antiguidade romana.
- Tribulações de um anti-herói sofrido, ou o filme picaresco (*O manuscrito de Saragoça*, *Pequeno grande homem*, *Barry Lyndon*).
- 1968: uma chave do filme?
- Cinema e teatralidade (*Intolerância*, *A regra do jogo*, *Beijo na boca, não*).
- A reflexão sobre a morte do cinema.

Bibliografia

Jean Collet, *La Création selon Fellini*, José Corti, 1990.
Bertrand Levergeois, *Fellini*, L'Arsenal, 1994.
Federico Fellini, *Faire un film*, Le Seuil, 1996.
Chris Wiegand, *Federico Fellini*, Taschen, 2003.

◢ O senhor dos anéis

J. R. R. Tolkien, *The Lord of the Rings*, 1954-1955.
Vol. 1: *A sociedade do anel (The Fellowship of the Ring)*.
Vol. 2: *As duas torres (The Two Towers)*.
Vol. 3: *O retorno do rei (The Return of the King)*.

SINOPSE

Na Terceira Era da Terra Média. Outrora vencido, Sauron, o Senhor do Escuro, tenta novamente exercer sua dominação. Mas lhe falta o Um Anel, no qual concentrou grande parte do seu poder. Sem que ninguém saiba, o Anel está na verdade na posse de um hobbit (povo da Terra Média), Bilbo, que o transmite ao seu sobrinho, Frodo. Descoberta a verdade, o mago Gandalf afasta Frodo de seu país com o Anel. Entre os elfos, um conselho decide que o Anel deve ser destruído, o que, no entanto, só poderá ser feito em Mordor, no coração da terra de Sauron. Acompanhado por uma aliança reunindo os Povos Livres, Frodo encarrega-se dessa missão, enquanto a guerra pretendida por Sauron tem início na Terra Média.

Ian McKellen

O SENHOR DOS ANÉIS

O senhor dos anéis (The Lord of the Rings)
ESTADOS UNIDOS–NOVA ZELÂNDIA

- A sociedade do anel (The Fellowship of the Ring), 2001
- As duas torres (The Two Towers), 2002
- O retorno do rei (The Return of the King), 2003

Pr.	New Line/WingNut Films
Dir.	Peter Jackson
Rot.	Fran Walsh, Philippa Boyens, Peter Jackson
Foto.	Andrew Lesnie
Int.	Elijah Wood (Frodo), Ian McKellen (Gandalf), Viggo Mortensen (Grand-Pas/Aragorn), Sean Astin (Sam), Liv Tyler (Arwen), Billy Boyd (Pippin), Dominic Monaghan (Merry), Ian Holm (Bilbo), Orlando Bloom (Legolas), Christopher Lee (Saruman), Cate Blanchett (Galadriel), Sean Bean (Boromir), John Rhys-Davies (Gimli), Hugo Weaving (Elrond), Andy Serkis (Gollum/Smeagol), Bernard Hill (Theoden), Miranda Otto (Eowyn), John Noble (Denethor)

Outras versões:

- O senhor dos anéis (Ralph Bakshi, 1978), animação.

Durante muito tempo O senhor dos anéis foi considerado um romance inadaptável. Mas sua qualidade e o sucesso no mundo inteiro alimentaram os sonhos de produtores e cineastas. Os motivos dessa "inadaptabilidade" tinham a ver, ao mesmo tempo, com a sua densidade, a extensão, impossível de reduzir a um filme de dimensões normais, a complexidade da narrativa e a riqueza visual envolvida.

O senhor dos anéis é o que poderíamos chamar de um "romance cult", desses que dividem o mundo em dois (os que leram e os que não leram). Sua adaptação para o cinema atendia, assim, a uma intensa demanda. Cabe lembrar que o romance de Tolkien compõe-se de três volumes com seis partes ou "livros", acrescidos nas sucessivas reedições de anexos, complementos, genealogias etc. O universo de Tolkien é o da "fantasy", vale dizer, um gênero a meio caminho entre o fantástico e o maravilhoso, apresentando como real um mundo de pura imaginação, nutrida de lendas e criaturas feéricas.

Vários cineastas sentiram-se tentados pelo romance de Tolkien, mas vinham a desistir. Entre eles estava John Boorman, que acabaria realizando Excalibur, com base no ciclo arturiano. O cineasta Ralph Bakshi realizaria uma versão animada do romance, que foi um fracasso crítico e comercial. O motivo principal desse insucesso sem dúvida tem a ver com o fato de que o romance de Tolkien proporciona, pelos detalhes de suas descrições, um efeito realista tão intenso que a técnica da animação inevitavelmente o destrói.

■ O filme de Peter Jackson, pela radicalidade de suas opções, representa um momento importante na própria história do cinema. Com efeito, o filme não poderia ter sido feito antes, pois as técnicas cinematográficas ainda não estavam aptas a apresentar esse tipo de resultado. Em outras palavras, O senhor dos anéis é o filme que impõe definitivamente a importância dos efeitos digitais e das imagens geradas por computador. É verdade que não se trata do primeiro filme a utilizar essas técnicas. Mas nunca antes elas haviam tornado possível uma adaptação considerada inviável. Cabe lembrar, por exemplo, que a principal dificuldade a ser resolvida dizia respeito ao tamanho dos personagens e à escala dos cenários. Diferentes raças coabitam na Terra Média imaginada por Tolkien: hobbits, homens, elfos, anões, orcs, trolls etc. Acontece que os hobbits são do tamanho de uma criança de 10 anos, mas ao mesmo tempo são diferentes dos anões, dos trolls etc. Desse modo, o papel dos hobbits não poderia ser desempenhado por atores anões, pois não teriam correspondido à descrição física fornecida por Tolkien. Assim, somente efeitos especiais computadorizados – cabendo aqui admirar, de passagem, o paradoxo – podiam proporcionar o efeito de realidade desejado, e indispensável. Esses mesmos efeitos especiais também se revelaram necessários nas cenas de batalha, misturando criaturas fabulosas e seres reais. Por fim, o personagem capital de Gollum foi inteiramente criado em computador, a partir do registro dos movimentos de um ator. Posteriormente, Avatar contribuiria para uma evolução ainda maior da utilização dessas técnicas.

■ O problema representado pela enorme extensão do romance foi resolvido da maneira mais radical possível: fazendo três filmes, cada um deles correspondendo a um volume, com distribuição ao longo de três anos (do Natal de 2001 ao Natal de 2003). Trata-se de um caso realmente único. Os únicos antecedentes dizem respeito a filmes exibidos em duas partes (O conde de Monte Cristo, O bulevar do crime, Os miseráveis). O sucesso artístico e comercial da operação prova que era a boa opção.

Mas o romance não é adaptado em sua integridade, longe disso. Seguindo os preceitos estabelecidos por

Elijah Wood

Orlando Bloom

David O. Selznick em *...E o vento levou*, os adaptadores não hesitaram em cortar, suprimindo personagens e até capítulos inteiros. Entre os cortes mais espetaculares, podemos citar a eliminação de Tom Bombadil e a supressão da guerra do Condado, última aventura dos hobbits após o retorno à sua terra. Da mesma forma, muitos episódios foram resumidos ou transpostos. Mas essas escolhas se revelaram pertinentes, mais valendo a ótica que consiste em propor uma narrativa fílmica coerente do que uma multiplicação de sequências dispersas.

■ Resta, no entanto, um ponto particular e perfeitamente contemporâneo, que sequer teria existido há apenas dez anos: o da edição dos filmes em DVD. Bem mais que o VHS, o DVD modificou consideravelmente a relação do espectador com o filme, e, por extensão, o próprio conceito de obra fílmica fechada. Como se sabe, com o DVD é possível, valendo-se do zoom ou da divisão em capítulos, alterar a própria maneira de ver um filme. Além disso, as edições muitas vezes são acompanhadas de bônus, como cenas cortadas, comentários, making-of e documentários. Acontece que o caso da edição em DVD de *O senhor dos anéis* é absolutamente extraordinário. Ela foi feita, para cada filme da saga, em duas etapas. A primeira, seis meses depois do lançamento do filme nos cinemas, consistiu em editar um DVD "simples", idêntico à versão exibida nos cinemas. Alguns meses depois era publicada a edição "especial", uma caixa com quatro discos. Dois deles são documentários sobre as filmagens, galerias de fotos, *storyboards*. Os dois outros contêm o filme numa versão "longa", incluindo cenas inéditas. A diferença entre as duas versões pode chegar a trinta minutos em cada filme. Percebe-se que as duas edições são muito diferentes,

tanto mais que não se trata apenas de sequências isoladas, mas às vezes de uma mesma sequência que foi reduzida para o lançamento nos cinemas. O próprio ritmo do filme é, assim, alterado: trata-se de fato de duas montagens diferentes, e, portanto, de certa maneira, de duas adaptações diferentes.

■ Essa técnica modifica consideravelmente as próprias teorias da adaptação de uma obra literária para o cinema: qual é a "verdadeira" versão, e será que ela existe, no fim das contas? Devemos considerar que estamos diante de duas opções complementares, em função do modo de difusão escolhido? Um ponto mais particularmente interessante a notar é que as caixas da edição especial retomam, até na apresentação material, a forma livresca do romance de origem. Assim, tal como no livro, os discos contendo os suplementos são designados como "apêndices". Há nessa dupla edição uma evidente lógica comercial: com a versão "longa", um filme não poderia ter três sessões de cinema num só dia, ao passo que a existência dessa mesma versão longa em DVD permite aumentar as vendas. Entretanto – e é esse o fato mais interessante –, essa dupla edição vem a ser no fim das contas coerente com o romance de Tolkien, que ao longo das sucessivas edições foi sendo enriquecido com apêndices.

LA

→ **PISTAS PEDAGÓGICAS**

▸ Os grandes mitos utilizados em *O senhor dos anéis*, entre eles o anel de Gyges.
▸ O conceito de mal em Tolkien.
▸ O tema da busca e da viagem de iniciação.
▸ A *fantasy* na literatura e no cinema.

Bibliografia

Humphrey Carpenter, *J. R. R. Tolkien, une biographie*, Christian Bourgois, 1980.

Vincent Ferré, *Tolkien, sur les rivages de la Terre du Milieu*, Pocket Agora, 2001.

Laurent Aknin, *Tolkien*, Nouveau Monde/Septentrion, "Petits Illustrés", 2005.

www.lordoftherings.com

www.tolkiensociety.org

O sexto dia

FRANÇA–EGITO, 1986 (*EL-YOUM EL-SADES*)

Andrée Chédid, *Le Sixième Jour*, 1960.

SINOPSE

Cairo, 1947. Os ingleses ocupam o país e a cólera se propaga, impondo ainda maiores sofrimentos ao povo egípcio, já duramente afetado pela tutela britânica. Suspeita e delação minam o moral do país, pois aqueles que denunciam doentes recebem um prêmio de 7 libras. Saddika, uma bela cairota voltada para o trabalho, vive com o marido paralítico e seu adorado neto Hassan. Para quebrar um pouco a tristeza de seus dias, ela costuma ir a um cinema de bairro para ver seus melodramas favoritos. Okka, um jovem de 26 anos, admirador das comédias musicais e de Gene Kelly em particular, fica maravilhado com a beleza de Saddika e passa a cortejá-la assiduamente. Um dia, ela tem sua vida abalada, ao saber que o neto contraiu cólera. Ouvindo apenas o próprio coração, Saddika decide então fugir de barco para Alexandria, sendo seguida por Okka, o apaixonado, que tenta mais uma vez conquistá-la. A viagem transcorre em febril expectativa, pois, segundo se diz, a cólera é vencido se o doente consegue sobreviver cinco dias. Infelizmente, o menino morre ao alvorecer do sexto dia.

Pr.	Mis International Films/Lyric International
Dir.	Youssef Chahine
Rot.	Youssef Chahine
Foto.	Mohsen Nasr
Int.	Dalida (Saddika), Mohsen Mohieddin (Okka), Chewikar (Chahat), Hamdy Ahmed (Said), Sala El-Saadany (Dessouki), Youssef Chahine (Rafah, gerente do cinema)
Duração	105 min

Dalida

Ao adaptar *O sexto dia*, da romancista de origem egípcio-libanesa Andrée Chédid, Youssef Chahine está na realidade fazendo dois filmes em um. Isso significa que ele retoma o material dramático do livro – a narrativa comum de um homem e uma mulher apanhados na tormenta da doença e do amor – e superpõe uma história fantasiosa, a história de dois indivíduos tão apaixonados por cinema que escolheram um personagem de filme cada um como modelo de comportamento. No caso de Saddika, é a heroína infeliz de *O sacrifício de uma mãe*, diante da qual não se cansa de rezar, e, no de Okka, o ator Gene Kelly, herói dançante de filmes musicais como *O pirata* (1950). O cinema exerce sobre ambos tal fascínio que eles tentam fazer seu o destino do respectivo herói. De maneira magnífica, no caso de Saddika/Dalida, que compõe uma heroína de melodrama, notável em sua força de vontade resignada no sofrimento. E admirável no de Okka/Mohieddin (ator-fetiche de Chahine), que rodopia e se esgoela como seu ídolo, mas sem alcançar a mesma glória. Na verdade, os dois gêneros – o melodrama

O SEXTO DIA

Mohsen Mohieddin

Youssef Chahine

e musical – se entrecruzam, se alimentam mutuamente, irrigando a ficção e se misturando às relações e comportamentos dos personagens, que reproduzem seus gestos. Dois estilos opostos de interpretação convivem constantemente no mesmo espaço cênico. O estilo exuberante de Okka, todo voltado para seus sonhos de dança, sempre saltitante, falante e cabotino, endiabrado sedutor. E o estilo cerimonioso de Saddika, obcecada por sua dolorosa missão protetora, avó coragem contida até a frieza, digna a ponto de parecer rígida. Em outras palavras, o corpo exibido e exultante, por um lado, e por outro o corpo ausente por baixo da longa túnica negra, tendo como única parte visível o belo rosto de madona dolorosa.

■ Chahine faz do romance de Chédid a história da convivência de dois corpos, dois destinos, dois gêneros cinematográficos que se contemplam, se aprisionam lentamente e acabam por se aceitar timidamente. Pois com suas palavras e seus sentimentos sinceros o inquieto Okka acaba tocando Saddika, que descobre que também é um corpo – no contato com ele, mas também com a natureza, que a extrema lentidão do barco levando os protagonistas para Alexandria permite-lhe ver e sentir com crescente prazer. E, mais uma vez, o filme, dividido em duas partes distintas, entra em sintonia com o coração dos heróis. Na primeira parte, situada no Cairo, tudo é sombrio, agitado, acumulado (cenários, pessoas, a presença dos ingleses e da cólera), a encenação é complicada, o ritmo, ofegante, as sequências, muito decupadas. E então, ao começar a viagem Nilo acima, a tela se esvazia, os movimentos de câmera ficam mais tranquilos, luz e planos-sequência aparecem como a promessa de uma cura e de uma reconciliação esperadas. Depois dos sombrios pensamentos da primeira metade do filme, chega a hora da reflexão e de um esclarecedor voltar-se sobre si mesmo. As imagens de banhistas, das margens do rio, de reflexos da luz na água, do sol nascendo no Nilo fazem eco, então, ao discurso amoroso de Okka e a suas sequências de dança: convites à vida mandados em surdina a Saddika. Vale dizer, convites a assumir suas responsabilidades e aceitar seu destino de mulher amada, literalmente, a levantar o véu que cobre uma feminilidade reprimida há muito tempo. E depois de ter filmado Saddika/Dalida como mulher santa, meio virgem assustadiça (o que ela quase chega a ser, já que está casada com um homem impotente), Chahine deixa entrever a carne por trás da imagem icônica da estrela, a cabeleira loira profunda por baixo do véu negro, num plano-surpresa.

■ Para chegar a esse ponto, contudo, o cineasta se terá valido de toda a sua arte da narrativa, e, portanto, da encenação. Uma encenação inicialmente empolada, a exemplo dos arabescos coreográficos de Okka, e depois depurada como uma parábola, para deixar livre o campo para os personagens, que se voltam direta-

▶ PISTAS PEDAGÓGICAS

▸ Gêneros e códigos do cinema egípcio.

▸ A comédia musical americana.

▸ O melodrama social.

▸ A "mãe coragem" no cinema (*Roma, cidade aberta*, *Volver*, *A troca*).

▸ Filmar a doença e a morte de uma criança (*Le petit prince a dit*, *La Vie est immense et pleine de dangers*).

mente sobre si mesmos na barca da existência. É, assim, pura felicidade para o espectador ver o cinema de Chahine encontrar correspondências plásticas para as palavras do livro de Chédid. Jamais ilustrativo, o realizador não busca em momento algum "muletas" ou facilidades didáticas para "dizer" as coisas. Reduziu o lugar ocupado pelo pano de fundo político do romance? Um carro de um vermelho de cinema basta para manifestar a odiosa presença (que remete à época atual e à questão palestina, com a ocupação dos territórios por Israel). Uma criança morre, uma mulher ainda não sabe que está renascendo para si mesma e um sol flamejante levanta-se no fundo do plano. Uma corda cai do céu? É uma embarcação preparando-se para soltar amarras. Os cenários e os personagens que se transfiguram ou começam a dançar como por magia diante de nossos olhos configuram a maneira de Chahine de adaptar esse melodrama social de acordo com os códigos do cinema egípcio, ao mesmo tempo reinventando seus princípios. O amor ao cinema não basta para fazer um bom filme, ele parece nos dizer. O amor à vida que ele incute em sua heroína e em sua encenação deve somar-se para justificar sua existência, para passar da ilustração à representação, para tecer o vínculo entre a ideia e a imagem viva que impressiona. Nisso, para citar Serge Daney, "*O sexto dia* também é arte poética". Um filme que Chahine, fiel admirador do cinema de gênero (especialmente o americano) não deixou de dedicar a Gene Kelly", por ter enchido nossa juventude de alegria", explicou.

PL

Bibliografia

Christian Bosséno, "Youssef Chahine, l'Alexandrin", *Cinémaction*, nº 35, Cerf, 1985.

"Spécial Youssef Chahine", Cahiers du cinéma, suplemento ao nº 506, outubro de 1996.

Mohsen Mohieddin

Sob o sol de Satã

FRANÇA, 1987 (SOUS LE SOLEIL DE SATAN)

Georges Bernanos, *Sous le soleil de Satan*, **1926.**

SINOPSE

Germaine Malhorty, conhecida como Mouchette, é filha do fabricante de cerveja mais abastado de uma aldeia da região de Boulonnais. Entediada, tomou como amante o marquês Jacques de Cadignan, de quem espera um filho. Em vão seu pai manifesta toda a sua preocupação junto ao marquês. Mouchette tampouco consegue dele uma partida imediata para Boulogne, e o mata acidentalmente com seu fuzil. Ela foge, pensa em se matar e então se volta para o doutor Gallet, deputado da região, tornando-se amante dele. Ele se recusa a lhe fazer um aborto e a ouvir sua confissão a respeito da morte do marquês, considerada um suicídio pela justiça. Mouchette tem uma crise de histeria e é internada numa casa de repouso, onde dá à luz uma criança natimorta.

Pr.	Action Films/CNC/Erato Films/Films Antenne 2/Flach Films/SOFICA
Dir.	Maurice Pialat
Rot.	Sylvie Danton, Maurice Pialat
Foto.	Willy Kurant
Int.	Gérard Depardieu (Donissan), Sandrine Bonnaire (Mouchette), Maurice Pialat (Menou-Segrais), Alain Artur (Cadignan), Yann Dedet (Gallet), Brigitte Legendre (mãe de Mouchette)
Duração	103 min

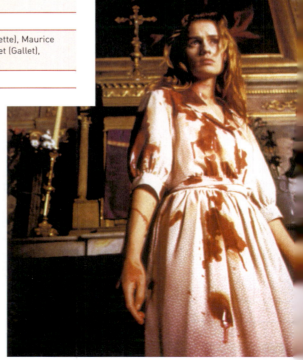

Sandrine Bonnaire

No auge da popularidade depois de *Police* (1985), Maurice Pialat pensa em um filme que possa lhe dar a Palma de Ouro em Cannes. Ele conhece bem Bernanos, e uma adaptação seria uma volta às boas lembranças da filmagem de *La Maison des bois*. O tema não é muito moderno, mas *Thérèse*, o filme de Alain Cavalier, foi premiado em Cannes em 1986 e fez grande sucesso de público. Três versões do roteiro são escritas por Sylvie Danton, embora Pialat seja mencionado nos créditos como autor da adaptação. Nas filmagens, acumulam-se os incidentes. Três cinegrafistas se sucedem. Embora Gérard Depardieu e Sandrine Bonnaire participem do projeto desde o início, Pialat contrata localmente atrizes não profissionais para interpretar a mãe de Mouchette e a mãe de Havret. Para o personagem de Cadignan, recorre a Alain Artur, o contrarregra da produção. A cena com o doutor

Gallet é filmada inicialmente com Claude Berri. Em seguida, é convocado Jean-François Stévenin, mas Pialat acaba decidindo filmá-la com seu montador, Yann Dedet, no dia seguinte à festa do fim das filmagens. O mesmo Dedet já salvara uma primeira vez o filme ao montar a sequência do encontro com o diabo de maneira convincente, pois a filmagem, iniciada durante o dia com o recurso da noite americana, se prolongara até tarde, com uma iluminação noturna, retardada por Depardieu, que de repente começara a brigar com o parceiro. Por fim, Pialat sofre de hipertensão, e durante uma crise fecha-se no quarto por quase uma semana, interrompendo as filmagens.

■ Adaptação improvável, elenco em parte improvisado, filmagens difíceis: apesar de tudo, *Sob o sol de Satã* se revelaria uma obra extremamente pessoal, que por fim recebeu a Palma de Ouro.

Pialat simplifica o romance, eliminando de maneira clássica certos episódios e personagens. Exime-se de qualquer aproveitamento dos dois primeiros capítulos do romance e dos cinco últimos, eliminando assim os personagens do pai de Mouchette e do romancista Saint-Marin. Mas respeita a sucessão das sete principais peripécias dramáticas: morte de Cadignan, recusa de Gallet, encontro com o diabo, encontro com Mouchette, suicídio de Mouchette, milagre da criança ressuscitada, morte de Donissan. À exceção de uma curta cena, todas as outras são marcadas pela presença de Menou-Segrais, papel desempenhado pelo próprio Pialat, que assim pontua o filme com sua presença, muito maior que a do personagem do romance. De maneira exemplar, é com o olhar de Menou-Segrais para a tonsura de Donissan que o filme começa, e também é Menou-Pialat que fecha os olhos de Donissan.

Assim, a história de Mouchette que dá início ao romance começa só depois de dez minutos. Ela é iniciada por um olhar de Donissan, que aparentemente vê Mouchette chegar à casa de Cadignan. Esse olhar desempenha de certa maneira o papel dos *flash-forwards* que tanto haviam desorientado os leitores de Bernanos, que muito cedo identifica Donissan como o futuro padre de Lumbres, o futuro santo de Lumbres. Também muito cedo o dom da visão interior é concedido a Donissan, que "vê" Mouchette.

■ Essa justaposição de sequências, brutalmente aproximadas, terá prosseguimento ao longo de todo o filme, que apresenta assim uma diferença notável em relação ao romance, cujo ritmo é mais variado: os quatro capítulos da primeira parte são duas vezes mais longos que os quatro do prólogo, por sua vez, duas vezes mais longos que os quinze da segunda parte, na qual a sequência do milagre, em particular, é contada de maneira salteada e fragmentária ao longo dos dez primeiros capítulos. Da mesma forma, a longa agonia de Mouchette era contada no livro por uma carta esclarecendo que só nos últimos momentos ela fora conduzida pelo padre diante do altar. Pialat, pelo contrário, põe face a face o suicídio de Mouchette e o milagre do pequeno Havret: o corpo erguido da criança faz eco ao corpo de Mouchette depositado diante do altar.

Bernanos contrabalança a dimensão místico-fantástica de seu romance com uma afirmação sempre renovada da veracidade dos fatos relatados por várias testemunhas, não raro através de cartas. Pialat não precisa dessas precauções, pois, à exceção da sequência do milagre, excepcional por sua duração e sua encenação, ele elimina os aspectos mais fantásticos do romance. O trapaceiro nunca chega a assumir o aspecto do diabo, nem faz das suas. A visão fantástica que Donissan tem de sua própria pessoa desdobrada não é visualizada for Pialat.

O romance de Bernanos é uma obra de combate contra um cristianismo bem-comportado que sequer ousa mais pronunciar os nomes de Deus e Satã. O filme de Pialat é uma obra de combate contra um meio

Gérard Depardieu e Sandrine Bonnaire

SOB O SOL DE SATÃ

Sandrine Bonnaire

cinematográfico que não tem mais coragem de exigir nada da encenação nem de forçar os atores a dar mais que a própria imagem. É uma obra de combate por um cinema moderno, na qual se defrontam grandes blocos de sequências em que o diretor exerce seu pleno domínio, permitindo que os atores deem o máximo de si mesmos: Sandrine Bonnaire até as raias de uma histeria branca, Gérard Depardieu até a exaustão do corpo.

■ Em competição pela Palma de Ouro no 40º Festival de Cannes também se apresentam, com grandes chances de sucesso, *Asas do desejo*, de Wenders, *Yeelen*, de Cissé, *A família*, de Scola, e *Olhos negros*, de Mikhalkov. A apresentação do filme de Pialat à imprensa, na manhã do dia da projeção oficial, é catastrófica. A recepção do filme nas projeções é tímida, ao passo que a crítica no dia seguinte se mostra globalmente favorável. Na cerimônia de encerramento, o filme de Mikhalkov obtém apenas um prêmio de interpretação, pois, no júri, Elem Klimov opôs-se ferozmente a uma premiação mais importante do compatriota. Presidente do júri, Yves Montand decide atribuir a Palma de Ouro a um filme francês pela primeira vez em vinte anos, recompensando Pialat. Apanhada de surpresa, uma parte do público vaia. "Se não gostam de mim, fiquem sabendo que também não gosto de vocês", retribui Pialat, ao mesmo tempo erguendo o punho em sinal de vitória. Só os de má vontade terão visto aí um gesto de ofensa.

J-L L

▶ **PISTAS PEDAGÓGICAS**

▸ A representação do milagre do cinema.

▸ Georges Bernanos por Robert Bresson (*Diário de um pároco de aldeia*, *Mouchette*).

▸ Maurice Pialat pintor: qual o papel desempenhado pela reprodução do *Angélus* de Millet visto na casa de Donissan em Lumbres?

▸ Escolha de narração: qual narrador, qual(is) ponto(s) de vista (ou focalização) no romance e no filme?

Bibliografia

Pascal Merigeau, *Pialat*, Grasset, 2002.

Um corpo que cai
ESTADOS UNIDOS, 1958 (*VERTIGO*)

Pierre Boileau e Thomas Narcejac, *D'entre les morts*, 1958.

SINOPSE

Acrofóbico em consequência de uma perseguição que terminou mal, John "Scottie" Fergus decide deixar a polícia. Ao mesmo tempo, um antigo colega de turma, Gavin Elster, pede-lhe que siga sua mulher, Madeleine, cujo comportamento suicida o preocupa. Ele passa então a segui-la longamente pelas ruas de São Francisco, e os dois se conhecem quando ele a salva de afogamento. Scottie apaixona-se, mas, por causa de sua vertigem, não consegue socorrê-la uma segunda vez, quando ela sobe em um campanário e se atira de lá. A investigação conclui por suicídio, e Scottie cai em depressão. Obcecado com a lembrança de Madeleine, o ex-policial acaba por reconhecê-la na pessoa de Judy Barton, que conhece por acaso. Os dois voltam a se encontrar e Scottie "transforma" Judy na Madeleine que ela também é, pois servira de isca para que seu amante, Elster, se livrasse da mulher. Informado do estratagema, Scottie atrai novamente Madeleine para o alto do campanário, de onde ela sofre uma queda mortal.

Kim Novak e James Stewart

UM CORPO QUE CAI

Pr.	Paramount
Dir.	Alfred Hitchcock
Rot.	Alec Coppel e Samuel Taylor
Foto.	Robert Burks
Int.	James Stewart (John "Scottie" Ferguson), Kim Novak (Madeleine Elster/Judy Barton), Barbara Bel Geddes (Midge), Tom Hellmore (Gavin Elster), Henry Jones (médico legista)
Duração	126 min

James Stewart

Tal como *Celle qui n'était plus*, romance de Boileau-Narcejac, que passou a ter o título de *Les diaboliques* depois do sucesso de sua adaptação cinematográfica por Henri-Georges Clouzot, *D'entre les morts* passou a se chamar *Sueurs froides* na França, em decorrência do êxito do filme de Hitchcock, que teve esse título no país. Na realidade, decepcionados com o fato de o "mestre do suspense" não poder adquirir os direitos de *Celle qui n'était plus*, Pierre Boileau e Thomas Narcejac decidem escrever um novo romance, próximo das preferências temáticas do célebre cineasta. Com sua intriga diabolicamente arquitetada, suas questões psicológicas e seu lado fantasioso, o autor de *Janela indiscreta* (1955) logo fica seduzido. E promove notáveis mudanças para adaptar a obra inicial, que não poderia ser mais francesa.

A intriga é transposta da França para os Estados Unidos, na cidade de São Francisco e cercanias, extremamente cinegênicas. No romance, a ação se passa inicialmente em Paris, durante a "guerra de araque",[1] e depois em Marselha, depois da guerra. Assim, o leitor é informado sobre questões de racionamento, tráfico e problemas de transporte da época. "Nós jogamos muito com o fato de que a obsessão do herói estava ligada à guerra de 1940, ao fracasso", declara Narcejac. "Era o que mais contribuía para inflamar a imaginação do sujeito. O contraste entre os 'dois' decorria da oposição entre a França de 1940 e a de 1945. Os americanos não podiam entender, nem, portanto, mostrar todo esse aspecto do romance. O que faz com que a neurose do herói, coletiva e simbólica no livro, se tenha tornado sinal de um caso particular." "Além disso", acrescenta Boileau, "o período da Ocupação justificava as transformações mentais e morais da mulher. Como não podíamos jogar com esse elemento, Hitchcock se ateve, sobretudo, ao lado maquinação da intriga."

E de fato é o aspecto obsessivo do personagem que mais é respeitado. Hitchcock retoma o trauma da morte de Madeleine, mas o priva de sua correspondência histórica – essa guerra que lhe servia de câmara de eco –, para se concentrar apenas nos aspectos psíquicos e fantasiosos da intriga. O roteiro também é dividido em duas partes, antes e depois da morte de Madeleine; Madeleine/Judy para a qual Hitchcock inventa um duplo "deserotizado", Midge, a eterna amante de Scottie, espécie de contraponto afetivo no mapa sentimental do herói. Por fim, outros episódios do romance são retomados com fidelidade, como o quarto de hotel alugado por mês e a tentativa de afogamento.

■ Vários elementos do romance são submetidos a um outro tratamento dramático. Na verdade, ao passar da escrita para a tela, as cores das roupas da heroína (cinza, preto, branco) adquirem um caráter fetichista. O verde constantemente marca a ressurreição de Madeleine, a relação entre a jovem e as águas mágicas e mórbidas da lembrança. O colar, cuja presença é apenas secundária na relação complexa entre Flavières e Renée, adquire contornos eminentemente simbólicos entre Scottie e Judy, precipitando tragicamente sua própria história quando ela o traz

---

1. O período entre setembro de 1939 e maio de 1940, quando a declaração de guerra entre a Grã-Bretanha e a França, por um lado, e a Alemanha nazista, por outro, ainda não levara efetivamente a combates. (N. do T.)

UM CORPO QUE CAI

no pescoço. O retrato de Carlotta Valdes, que no romance é apenas mencionado, transforma-se em um ponto de passagem recorrente nas perambulações de Madeleine pelo museu, servindo de revelador amoroso para Scottie. Vetor do processo de espionagem, e, portanto, do suspense, o automóvel – ou antes os automóveis, no filme – veicula uma pesada carga emocional, senão erótica. Seguindo o carro de Madeleine, que o deixa obcecado, Scottie nunca a perde de vista, e acaba por encontrá-la (trazê-la) em sua casa na última vez em que a segue. A acrofobia de forte conteúdo sexual de Scottie merece em Hitchcock um tratamento somático importante, ao passo que em Boileau-Narcejac serve apenas de eco ao tema da culpa. Igualmente mais desenvolvido, o motivo do penteado, e mais precisamente do coque (presente graficamente já na espiral dos créditos), cristaliza a loucura fetichista e necrófila do herói, assim como o fascínio hipnótico do tempo. Com efeito, ao passo que em Boileau-Narcejac a simples ausência basta para distinguir Madeleine de Renée, Hitchcock a transforma em um dos meios supremos (o penúltimo, antes do colar) que permitem a identificação de Judy com (a falsa) Madeleine. O coque com um furo no meio torna-se a metáfora do filme hitchcockiano em seu desenrolar, e a sua falsificação (o aplique) remete à maquinação do encenador. Por fim, cabe frisar o papel de grande eficácia desempenhado pela música de Bernard Herrmann, na qual a alusão ao "Liebestod" remete a "Tristão e Isolda", de Richard Wagner, assim como ao tema de Orfeu.

■ Observe-se ainda que o fim da história é que passa por uma mudança mais notável. Em Boileau-Narcejac, o leitor só fica sabendo da existência da maquinação ao fim de uma série de detalhes da parte marselhesa da narrativa. Em Hitchcock, a questão a certa altura já não é saber o que realmente aconteceu, pois o espectador foi informado da realidade dos fatos ao fim dos primeiros dois terços do filme (a carta que Judy escreve mas não envia a Scottie), e sim, bem na linha dos princípios do suspense psicológico característico do cineasta, saber como o herói vai

Kim Novak

reagir quando souber a verdade. Mal, naturalmente, pela maneira como o filme termina. Conseguindo fazer com que "sua" Madeleine volte do mundo dos mortos, segundo o tema órfico que permeia o romance, Scottie vê-se novamente sozinho quando sua Eurídice retorna definitivamente para o reino das sombras. "Eis um caso justificado de transposição", conclui Boileau. "No romance, a verdadeira identidade da mulher só é revelada no fim, ao passo que Hitchcock optou por informar o espectador já no meio do filme, e só o herói continua a duvidar. E ele estava certo: o leitor de romances policiais dispõe-se a ler trinta páginas de explicações, quando a história propriamente dita já terminou; eu diria inclusive que ele o deseja. Mas no cinema, uma vez resolvido o destino dos personagens e imobilizado o motor da ação, parece impossível acrescentar a frio uma sequência explicativa. Desse modo, Hitchcock antecipou-se muito habilmente ao desenrolar da intriga; deslocou o objeto do suspense, de tal maneira que o público saiba algo que o personagem ignora. No romance, que é conduzido de maneira muito mais subjetiva, esse deslocamento não era possível."

PL

→ PISTAS PEDAGÓGICAS

▸ *Um corpo que cai*, uma variação em torno do tema de Orfeu.

▸ Entre aparência e realidade: a questão fantasiosa dos sentimentos amorosos.

▸ O conceito de suspense psicológico.

▸ A expressão do fetichismo na tela.

▸ Morena/loira: variações em torno da cabeleira no cinema.

▸ A espiral do tempo e a vertigem no cinema.

Bibliografia

Noël Simsolo, *Alfred Hitchcock*, Seghers, 1969.
François Truffaut, *Hitchcock*, Ramsay, 1983.
Patrick Brion, *Hitchcock*, La Martinière, 2000.
Paul Duncan, *Alfred Hitchcock, architecte de l'angoisse*, Taschen, 2003.

O tambor
ALEMANHA OCIDENTAL–FRANÇA–POLÔNIA–IUGOSLÁVIA, 1979 (*DIE BLECHTROMMEL*)

Günter Grass,
***Die Blechtrommel*, 1959.**

SINOPSE

Em 1899, em um campo não distante de Dantzig, um homem em fuga se refugia debaixo da saia de uma camponesa da minoria cachube. Nascerá assim Agnes Bronski, que dará à luz, em 1924, o pequeno Oscar. Entre o merceeiro alemão Alfred Matzerath e o primo cachube Jan Bronski, debruçados sobre o berço, o menino não sabe quem é seu pai. No dia em que completa 3 anos, Oscar ganha um tambor de ferro branco e decide parar de crescer, para não ficar como os adultos. Testemunha da ascensão do nazismo, o menino assiste ao ataque aos correios de Dantzig, durante o qual Jan é morto. Depois do suicídio de sua mãe, ele se junta à turnê europeia de uma trupe de liliputianos de um circo que trabalha para o Reich. Ele assistirá à entrada das tropas soviéticas na cidade de Dantzig e à morte de Alfred, em seguida migrando para o Oeste.

David Bennent

O TAMBOR

Pr.	Bioskop Film/Franz Seitz Filmproduktion/Argos Films/Film Polski/Artemis Productions/Jadran Film/Hallelujah Films/GGB-14
Dir.	Volker Schlöndorff
Rot.	Jean-Claude Carrière, Volker Schlöndorff, Franz Seitz, Günter Grass
Foto.	Igor Luther
Int.	David Bennent (Oscar Matzerath), Angela Winkler (Agnes Matzerath), Mario Adorf (Alfred Matzerath), Daniel Olbrychski (Jan Bronski), Katharina Thalbach (Maria), Charles Aznavour (Sigismond Markus), Andréa Ferréol (Lina Greff)
Duração	142 min

No momento em que prepara seu filme, adaptado da obra de Günter Grass ("o romance mais infilmável", segundo o jornal *Die Zeit*), Volker Schlöndorff, cineasta engajado e principal nome do novo cinema alemão, ao lado de Wim Wenders, tem consciência de que sua credibilidade depende da escolha do ator para o papel de Oscar. A sorte lhe sorri quando ele conhece David Bennent, filho do ator Heinz Bennent, menino de cerca de 12 anos com problemas de crescimento. A escolha revela-se tão acertada que o realizador desiste de filmar a terceira e última parte do romance (chegando ao anúncio da morte de Stálin, em 1953), para não ter de substituí-lo por um adulto. "Oscar não é um anão, mas uma criança", declarava então o cineasta. "Ao preparar a adaptação, pensei no Chaplin dos primeiros tempos. Oscar é também *O garoto*. É a revolta da criança contra o mundo dos adultos."

Devemos reconhecer que a presença inusitada do jovem David Bennent em muito contribui para o sucesso do filme, Palma de Ouro no Festival de Cannes em 1979 e Oscar de melhor filme estrangeiro em 1980. Seu físico quase disforme, seu rosto de criança carregado de maturidade e seus olhos saltados se enquadram bem na singular ideia que o leitor poderia ter do herói do livro, "gnomo" que ao se recusar a escolher entre seus dois genitores, alemão e polonês, encarna uma metáfora da situação de Dantzig, porto hanseático dividido entre as duas nações desde o fim da Primeira Guerra Mundial. Como também é metafórica sua recusa de crescer, como maneira de permanecer num mundo de fantasia (da infância, para ele, e do Império milenar do Reich, para o povo alemão). Assim como Hitler arrasta sua própria nação em sua queda, Oscar está na origem de catástrofes. Jan, o polonês, por exemplo, é morto por ter tentado salvar Oscar durante o ataque aos correios de Dantzig em 1º de setembro de 1939, data que assinala o início do segundo conflito mundial e a integração forçada da Polônia ao grande Reich germânico. Por fim, a decisão de Oscar de voltar a crescer no fim da guerra corresponde ao momento em que a nação alemã dá início a uma nova era, para renascer das próprias cinzas.

■ Primeira parte da futura *Trilogia de Dantzig*, que seria formada ainda por *O gato e o rato* (1961) e *Anos de cão* (1963), *O tambor* causa escândalo ao ser lançado. Críticos mais exaltados enxergam no romance cenas de obscenidade, falas antirreligiosas e um tom em geral "niilista". Na verdade, num momento em que a Alemanha Ocidental de Adenauer, ainda às voltas com os grandes processos do nazismo, acaba de ser integrada à Otan e à CEE, a hora não é para brincadeiras. Pois é exatamente então que Grass decide lançar um olhar "divertido" para o meio século que acabou de transcorrer em seu próprio país. Não no registro épico do afresco histórico e social, em sintonia com a gravidade dos trágicos acontecimentos narrados, mas à maneira de um relato picaresco atrelado ao olhar ingênuo de um menino, capaz de apreender apenas uma parte dos acontecimentos que furiosamente o maltratam. O que permite ao autor sondar, num tom misturando absurdo, grotesco e ironia, o inconsciente coletivo de um povo ainda pouco disposto à introspecção.

■ No centro de tudo, portanto, uma criança, Oscar, cuja visão rapidamente identifica as duas forças que se opõem e se alimentam reciprocamente: os excessos báquicos e a ordem militar, encarnados respectivamente em Rasputin e Goethe. Grass mostra, assim, um mundo constantemente dividido entre uma vitalidade popular (a família de Oscar) e uma forte autoridade tutelar (a ordem nazista). Sinal adicional desse dilaceramento que leva a Alemanha à destruição (suicídio simbólico da mãe de Oscar), a narração do romance é alternadamente conduzida na primeira pessoa e na terceira, como se Oscar, criatura dividida em dois, ao mesmo tempo criança e adulto, fosse ele próprio o crítico da história que conta. E foi exatamente esse modo de enunciado que Schlöndorff procurou traduzir ao abordar a pequena e a grande história com igualdade de tratamento dramático. A encenação, eximindo-se de estabelecer qualquer diferença entre uma refeição dominical em família e um desfile militar, reproduz (e mesmo duplica) plasticamente o duplo ponto de vista de Oscar,

O TAMBOR

que descobre o mundo com seus olhos de criança e posteriormente relata fatos sobre os quais lança um olhar irônico.

■ Além da escolha acertada do ator e da fidelidade do filme ao espírito cáustico do livro, dois elementos que constituem autênticos motores da ação e são particularmente cinegênicos (pois o cinema é também e, sobretudo, som) contribuíram para o sucesso da adaptação: o tambor e os gritos estridentes emitidos pelo protagonista. Ambos dão origem a cenas de grande eficácia visual e sonora. "Vitricida" e dissonante, Oscar explode à distância o ritmo da música militar, as vidraças das janelas, as lentes dos óculos, os frascos de formol etc. Brinquedo de criança e ao mesmo tempo instrumento de música militar, seu tambor serve de mediador entre seu pensamento e seus sentimentos e o mundo que o cerca. Substituto da fala (Oscar não fala muito), a infralinguagem do tambor deforma a realidade e influi no curso dos acontecimentos. Ele é ao mesmo tempo denúncia e subversão na parada militar, na qual cenografia, montagem das imagens e mixagem sonora contribuem para transformar a sequência em uma das mais bem-sucedidas do filme. Como as batidas em seu tambor, os urros de Oscar ora são a manifestação de pânico diante das pessoas ou das circunstâncias, ora a expressão de uma vontade de destruir a ordem estabelecida. Pois, entre a ordem e a desordem, Oscar mostra nítida inclinação pelos excessos anárquicos, por esse delírio orgiástico (praticado pelos seus) que lhe repugna, mas apesar disso perverte o sistema social erigido pelos nazistas.

■ Para aderir decididamente ao espírito do texto, já que não poderia respeitar sua letra, em vista da multiplicidade de ações e personagens, Schlöndorff escora-se na tradição do *grotesk* (carnavalesco), perfeitamente ilustrada pelas cenas do nascimento de Oscar e da pesca de enguias. Resultado de uma rigorosa escolha de episódios mais significativos, o filme é formado por

Charles Aznavour e Angela Winkler

O TAMBOR

uma sucessão linear de vinhetas, cuja unidade, como no romance, é garantida pelo olhar e pelos comentários (aqui, em *off*) do narrador. A riqueza temática com frequência é sublimada pelo trabalho do diretor de fotografia Igor Luther, que compõe uma sequência de quadros naturalistas de beleza vaporosa, muito adequada à atmosfera surreal do romance. As rupturas de tom são frequentes e muitas vezes as sequências se encadeiam sem a preocupação de transição, à maneira do comportamento caprichoso da história no destino dos homens. Desse modo, o filme associa o cômico burlesco à fábula alegórica, explosiva mistura de registros à qual se soma a música sarcástica de Maurice Jarre, sublinhando o caráter tragicômico das situações. Na verdade, a imagem do "milagre econômico" do início do século, propagada pelas autoridades, vem a ser profundamente desmistificada. Por fim, com o negrume do seu humor, o filme convida o povo alemão a um exame de consciência, sugerindo que, a exemplo do próprio Oscar, assuma sua parte de responsabilidade.

PL

▶ PISTAS PEDAGÓGICAS

▸ Uma estranha página da história: a primeira metade caótica do século XX na história alemã, entre a arte do grotesco do filme e a ironia do romance.

▸ A ascensão do nazismo e a Segunda Guerra Mundial.

▸ Dantzig (Gdansk) no entreguerras.

▸ História e memória: o olhar infantil como maneira de revelar o absurdo e convidar à reflexão.

▸ A pequena história como metáfora da grande, com H maiúsculo.

Bibliografia

Roland Schneider, *Histoire du cinéma allemand*, Cerf, "7e Art", 1990.

Bernard Eisenschitz, *Le Cinéma allemand*, Nathan, "Cinéma 128", 1999.

Volker Schlöndorff, *Tambour battant. Mémoires de Volker Schlöndorff*, Flammarion, 2009.

A época da inocência
ESTADOS UNIDOS, 1993 (THE AGE OF INNOCENCE)

Edith Wharton, *The Age of Innocence*, 1920.

SINOPSE

Na década de 1880, em Nova York, o advogado Newland Archer é herdeiro de uma das famílias mais bem-situadas da cidade. Ele está para se casar com a jovem e encantadora May Welland, mas o retorno da Europa da prima de sua noiva, a condessa Ellen Olenska, que acaba de se separar rumorosamente do marido, perturba sua vida organizada. Ele se sente irresistivelmente atraído pela condessa, ao lado de quem May parece uma mulher sem encantos. A família de May receia um escândalo em consequência de eventual divórcio da condessa, o que leva Newland a convencê-la a continuar casada, apesar de distante do conde. Mas os encontros entre Newland e Ellen são cada vez mais intensos.

Michelle Pfeiffer

Pr.	Cappa Production/Columbia Pictures Corporation
Dir.	Martin Scorsese
Rot.	Jay Cocks e Martin Scorsese
Foto.	Michael Ballhaus
Int.	Daniel Day-Lewis (Newland Archer), Michelle Pfeiffer (Ellen Olenska), Winona Ryder (May Welland), Miriam Margolyes (Sra. Mingott), Richard E. Grant (Larry Lefferts), Alec McCowen (Sillerton Jackson), Geraldine Chaplin (Sra. Welland), Sian Phillips (Sra. Archer), Carolyn Farina (Janey Archer)
Duração	135 min

Quando Martin Scorsese decide adaptar o romance homônimo de Edith Wharton, transcorre uma década em que a transposição de grandes clássicos da literatura anglo-saxônica para o cinema é frequente (James Ivory com Edward Morgan Forster, por exemplo). Poderia parecer surpreendente que Scorsese se interessasse pelo mundo confortável desse romance, e isso depois de *Os bons companheiros* (1990) e *Cabo do medo* (1991), nos antípodas do universo aristocrático descrito por Edith Wharton. Mas bem sabemos do fascínio do cineasta pela cidade de Nova York, e a adaptação do romance representava outra maneira de descrever sua cidade-fetiche num gênero que até então lhe era estranho (com exceção de *A última tentação de Cristo*, de 1988): o filme histórico em trajes de época, no que pode haver de mais acadêmico numa autêntica su-

Winona Ryder, Geraldine Chaplin e Michelle Pfeiffer

perprodução. O realizador trabalha pessoalmente na adaptação, com o roteirista Jay Cocks, que voltaria a colaborar com ele em *Gangues de Nova York*, em 2002. Entra em contato com Daniel Day-Lewis, Michelle Pfeiffer e Winona Ryder para os papéis principais, e os três imediatamente aceitam.

■ A adaptação respeita a linearidade dos acontecimentos do romance, consistindo as únicas modificações em enfatizar as cenas mais carregadas de emoção entre Newland e Ellen, como, por exemplo, na sequência do fiacre, na qual a simples retirada de uma luva adquire uma intensidade erótica sem precedente. O narrador onisciente do romance é substituído por uma voz em *off* feminina presente ao longo de todo o filme, fornecendo ao espectador informações preciosas sobre os mistérios e códigos rígidos da alta sociedade nova-iorquina no fim do século XIX. A escolha da feminização da voz em *off* é uma alusão direta a Edith Wharton, parecendo o cineasta com isso restabelecer a voz narrativa onisciente do romance, que descreve o funcionamento da aristocracia e os esforços de Newland por se integrar a ela, ao mesmo tempo buscando preservar sua liberdade e sua integridade.

■ A direção de Martin Scorsese é ampla, fluida, atendendo às exigências do romantismo da diegese e à descrição do mundo luxuoso das aparências aristocráticas desse fim de século no leste dos Estados Unidos. Embora não possamos deixar de pensar em Visconti (*O leopardo*, 1963) quanto à realização, especialmente nas cenas de refeições ou de baile, Martin Scorsese centra sua encenação no estudo dos sentimentos, pintando o surgimento do desejo e do amor numa paixão que, no entanto, precisa esconder-se. O filme dá uma autêntica aula de cinema, contemplando todas as possíveis escalas de planos, múltiplos movimentos de câmera, diferentes tipos de ângulos, diferentes *raccords* visuais, mas também sonoros, para passar de uma sequência a outra (fusões, escurecimentos, aberturas de diafragma, falta é a da música) e promover integrações de planos e superposições de imagens. O diretor de fotografia Michael Ballhaus realiza um trabalho notável no próprio interior do plano, enfatizando ou apagando partes do campo visual para destacar os sentimentos dos personagens, como o rosto de Newland ao ler a carta anunciando a partida de Ellen para a Europa, com o rosto aos poucos se reduzindo apenas ao olhar que entra em desespero. Martin Scorsese entregou a realização dos

A ÉPOCA DA INOCÊNCIA

créditos de abertura do filme a Saul Bass, e podemos pensar que as rosas florindo em câmera lenta numa superposição de rendas e trechos de caligrafia vitoriana constituem a essência do filme, tal como concebido pelo cineasta. Saul Bass queria tentar resgatar a aura romântica do período, mostrando a sensualidade oculta nos códigos mais secretos. As flores, representação simbólica do romantismo, passam do botão à abertura total, que revela as rendas ou a caligrafia, que são como filtros através dos quais a realidade dos sentimentos é ao mesmo tempo contida, dissimulada e exaltada, num sutil jogo de esconde e revela.

■ Os temas caros a Scorsese de certa maneira convergem em sua visão do romance de Edith Wharton. Se o filme aparentemente se distingue do restante da obra do cineasta, pois a adaptação de um grande clássico da literatura parece distante do universo ao qual ele habituou seu público, não deixamos de encontrar certas semelhanças entre o mundo mafioso da Nova York do século XX e a aristocracia do fim do século XIX. Nos dois casos, temos o mesmo universo fechado, redigido de maneira autárquica por suas próprias regras. O personagem da Sra. Mingott, que rege essa sociedade à distância, não poderia ser uma espécie de chefão? O que está em questão no filme é uma maneira de dar a ver sem mostrar, de dizer as coisas sem nomeá-las. E, para Scorsese, de proceder a uma espécie de investigação histórica sobre o que era a sociedade americana dessa "nova Inglaterra" antes que os imigrantes de origem italiana reescrevessem parcialmente os códigos.

■ A recepção crítica do filme é globalmente favorável a Scorsese, cuja volta em grande estilo é saudada depois de *Cabo do medo*. São saudados a direção de atores, a reconstituição perfeita do universo de aparências dessa sociedade (Oscar de melhor figurino em 1994), o êxito da adaptação do romance de Edith Wharton, que permite ao cineasta, ao mesmo tempo em que se mostra notavelmente fiel à escritora, reatar com uma perfeição formal adequada aos temas que lhe são caros. Obra à parte em sua filmografia, *A época da inocência* permitiu a transição entre um filme que pode ser considerado imperfeito, *Cabo do medo*, e a obra-prima que seria *Cassino*, em 1995, voltando a um universo que lhe era mais familiar, o da máfia.

CM

Winona Ryder e Daniel Day-Lewis

▶ PISTAS PEDAGÓGICAS

▸ A sociedade americana do fim do século XIX.
▸ Filmar a opulência (*O leopardo*).
▸ Filmar o não dito.
▸ O papel da voz em *off* no desenrolar de uma narrativa.

Bibliografia

Jacques Morice, "L'Empire des signes", *Les Cahiers du Cinéma*, nº 472, outubro de 1993.

Obra coletiva, "Martin Scorsese à propos de la disparition de Saul Bass", *Les Cahiers du Cinéma*, nº 504, julho/agosto de 1996.

Olivier Kohn, "Le Temps de l'innocence", *Positif*, nº 392, outubro de 1993.

Thérèse Desqueyroux

FRANÇA, 1962

François Mauriac, *Thérèse Desqueyroux*, 1927.

SINOPSE

Thérèse Desqueyroux, que tentou envenenar o marido, Bernard, livrou-se de um processo graças ao falso testemunho dele. A caminho de sua propriedade em Argelouse, ela se pergunta como explicar-lhe o gesto. E se lembra da adolescência feliz, da amizade intensa com Anne de la Trave, do noivado e do casamento com Bernard, meio-irmão de Anne. Rememora sua triste vida com o marido e sua intervenção junto a Anne para que rompesse, em nome do clã familiar, a relação com Jean Azévédo, jovem israelita de uma rica família de Bordeaux. Chega então o dia em que Thérèse tem a ideia de envenenar Bernard simulando erro na dosagem de um remédio. Ela falsifica receitas, mas a manobra é descoberta pelo médico, levando-a aos tribunais. Depois disso, Bernard não quer mais viver com ela, senão para manter as aparências. Thérèse fica então fechada em seu quarto e só aparece nas reuniões de família. Bernard acaba deixando que ela se vá para Paris, sem nunca ter obtido uma explicação.

Pr.	Filmel
Dir.	Georges Franju
Rot.	Claude Mauriac, Georges Franju, François Mauriac
Foto.	Christian Matras
Int.	Emmanuelle Riva (Thérèse Desqueyroux), Philippe Noiret (Bernard Desqueyroux), Samy Frey (Jean Azévédo), Édith Scob (Anne de la Trave), Renée Devillers (Sra. de la Trave), Hélène Dieudonné (tia Clara)
Duração	107 min

"**É** por você que eu quero ser traído." É com essa tirada, que bem diz da especial admiração de François Mauriac pelo anticlerical Georges Franju e de sua desconfiança em relação ao cinema, que o escritor confia a adaptação de seu romance ao realizador de *Les yeux sans visage* (1960). O que não o impede de trabalhar com Franju e seu próprio filho, o crítico de cinema Claude Mauriac, no roteiro do filme, que não viria a decepcioná-lo. E não era para menos. O filme retoma fielmente a trama do livro. O procedimento da retrospecção e do monólogo interior, cujo alcance é decuplicado pela voz cheia de nuances de Emmanuelle Riva, é mantido. Os cenários naturais da região de Villandraut parecem com os do livro. A sobriedade da direção está em sintonia com o estilo clássico do romancista, e as imagens quase monocrômicas em preto e branco traduzem perfeitamente a atmosfera opressiva e febril que impregna a narrativa. O estilo da obra apresenta em seu conjunto muitos contrapontos e equivalências visuais à sensação de claustrofobia de Thérèse. Assim, a longa panorâmica circular do início, num céu plúmbeo, acompanhada pela música melancólica de Maurice Jarre, desde logo orienta a leitura do filme. Os planos de paisagens monótonas do campo na região de Landes e os rápidos *travellings* escalando os pinheiros na direção do céu carregado de nuvens falam do sofrimento e do desespero de Thérèse por não poder deixar sua condição e alcançar a emancipação.

■ Apesar do deslocamento da década de 1920 para a de 1960, contemporânea da realização, o filme não é reflexo de sua época, mas a transposição para a tela de um romance que rapidamente veio a ser considerado uma das grandes obras da literatura francesa.

Philippe Noiret e Emmanuelle Riva

Cerca de quarenta anos depois, diz Franju, o meio social da província descrita por Mauriac não mudou realmente, e as forças em jogo no drama permaneceram idênticas. A burguesia de Landes, obcecada com seu dinheiro e seus valores familiares, mantém-se fiel a si mesma, e Franju a mostra nos mesmos termos críticos do escritor, ele próprio originário desse meio. Prisioneira de uma dura opressão moral, Thérèse não tem como aproveitar as distrações modernas oferecidas por sua época. Nem muito menos expressar sua atração física por Anne, presente no subtexto do romance. Mal tem o direito de fumar e andar de bicicleta. Só Anne pode caçar.

Em compensação, Franju explora habilmente a modernização da ação quando altera o meio de transporte usado por Thérèse ao retornar a Argelouse (de automóvel, em vez de trem). Mergulhada em intensa reflexão retrospectiva, Thérèse projeta no para-brisa do carro que está dirigindo suas lembranças e sua visão dos acontecimentos. Por metafórica que seja (do gesto cinematográfico), essa projeção privada permite a Thérèse rastrear "a sucessão confusa de desejos [...], de atos imprevisíveis" que levou a sua tentativa de assassinato.

■ Mas a transformação mais importante, reveladora do pensamento de Franju, diz respeito à dimensão religiosa atribuída pelo escritor católico a seu romance. Para ele, Thérèse é culpada acima de tudo do pecado do orgulho (que ele situa além da sua tentativa de assassinato por envenenamento), ao se considerar intelectual e moralmente acima do marido, Bernard, e de sua classe social original. Um argumento que Mauriac desenvolveria em narrativa posterior – *La Fin de la nuit* (1935) –, na qual retoma o personagem de Thérèse, "punindo-o" pelo crime que a justiça não foi capaz de sancionar, em virtude do falso testemunho de Bernard, motivado pelo medo do escândalo. Enquanto isso, Thérèse deve expiar seu crime no isolamento e no sofrimento. Em sentido inverso ao olhar severo do escritor, Franju lança um olhar mais humano ao caso Desqueyroux. O cineasta opta por se situar ao lado da jovem, vendo-a como uma vítima incapaz de se conformar a um mundo opressivo. Sua única saída: voltar-se contra ele e destruí-lo com suas próprias armas, sorrateiras e metódicas. Franju entende sua funesta tentativa de escapar à família, a seu meio e a sua condição de mulher burguesa, que a oprimem e assassi-

THÉRÈSE DESQUEYROUX

Emmanuelle Riva e Samy Frey

nam cada dia um pouco mais. A visão que nos propõe do aprisionamento de Thérèse volta-se contra a inteligência burguesa, mostrando-se, em sentido inverso, cheia de tolerância e apego em relação a essa figura de mulher superior que tanto o fascina. Por isso é que, ao contrário de Mauriac, ele considera absurdo contemplar uma continuação para a história de Thérèse. Por isso também não desenvolve nenhuma das cenas que se prestam a uma interpretação religiosa, como a morte de tia Clara, vivenciada pela Thérèse literária como uma "intervenção divina" frente ao suicídio que estava para cometer.

■ Franju consagra a revolta e a busca de liberdade de Thérèse, figura feminista que não deixa de apresentar certa ambiguidade. Como ela própria tenta explicar a Bernard na cena final do café parisiense, "existem duas Thérèse": uma, burguesa, que um dia quis fazer a ponte entre os dois pinheirais, casando-se com ele, e a outra, intelectual e independente, no extremo oposto do meio do qual saiu. A liberdade que ela conquista no fim deve-se tanto a ela mesma quanto a Bernard, que, depois do falso testemunho, ainda se oferece para pagar pelo apartamento no qual ela passará a viver. Ora, se essa liberdade é para Thérèse uma vitória na qual Franju prefere deter-se, é também e, sobretudo, uma derrota para Bernard e a lei que ele representa. Marido frustrado e jurista de formação, o próprio Bernard, limitado no filme à sua obsessão de propriedade e respeitabilidade, é que torna inoperante o sistema judiciário, com seu recuo diante da instituição. O arquivamento do caso traduz a incapacidade da lei de julgar, senão a culpa, a responsabilidade de uma mulher contra a qual abriu processo, e que assim literalmente se liberta.

Embora tenha declarado a seu filho em 1962 que, "em certo sentido, Thérèse Desqueyroux sou eu. Coloquei nela toda a minha exasperação em relação a uma família que não suportava...", Mauriac formula uma espécie de peça de acusação contra o orgulho de uma mulher diante do tribunal dos seus leitores, acusação para a qual baixaria uma sentença alguns anos depois, em *La Fin de la nuit*. Como a heroína, Franju liberta-se de sua opressão (a opressão da adaptação), evita repetir o romancista de maneira submissa, ao contrário do que chegaram a afirmar apressadamente tantos críticos, e lhe responde com um arrazoado em favor da liberdade. O cineasta toma uma decisão ante as hesitações do romance e oferece total emancipação a Thérèse, aos seus olhos uma mulher completa, meditativa e pragmática ao mesmo tempo.

PL

> **PISTAS PEDAGÓGICAS**

▸ A burguesia de província em questão (*O discreto charme da burguesia*, *Diário de uma camareira*, *Vidas em fogo*, *Mulheres diabólicas*).

▸ A emancipação da mulher na sociedade (*Violette Nozière*, *Um assunto de mulheres*, *E Deus criou a mulher*, *Satin rouge*).

▸ A crítica da família (*Les Berkman se séparent*, *Un conte de Noël*, *L'heure d'été*).

▸ Casal e incomunicabilidade (*O desprezo*, *A aventura*, *A noite*, *O eclipse*).

Bibliografia

Gabriel Vialle, *Georges Franju*, Seghers, 1968.

Freddy Buache, *Georges Franju: poésie et vérité*, Cinémathèque française, 1996.

Kate Ince, *Georges Franju: au-delà du cinéma fantastique*, Manchester University Press, 2005.

Todas as manhãs do mundo
FRANÇA, 1991 (*TOUS LES MATINS DU MONDE*)

Pascal Quignard, *Tous les matins du monde*, **1991.**

SINOPSE

O famoso violista Marin Marais lembra-se do seu mestre, Monsieur de Sainte-Colombe, grande instrumentista da viola de gamba e misantropo de mão cheia. Recorda-se da primeira audição, aos 16 anos, diante desse músico austero, constantemente voltado para a perfeição e vivendo recluso com as duas filhas em seu castelo desde a morte da mulher. É também nesse momento que o jovem se apaixona por Madeleine, a filha mais velha de Sainte-Colombe, que viria a se tornar seu professor de viola depois de um desentendimento com o mestre. Mas o ambicioso Marais logo abandona Madeleine – que fica deprimida e acaba se suicidando – para iniciar uma brilhante carreira na corte de Luís XIV. Entretanto, ele volta à casa do mestre para tentar espiá-lo em seu trabalho e descobrir um pouco dos segredos de sua música. Um dia, é descoberto, e Sainte-Colombe finalmente aceita transmitir-lhe sua arte.

Pr.	Film Par Film/DD Productions/Divali Films/SEDIF/FR3 Cinéma/Paravision International/Canal+/CNC
Dir.	Alain Corneau
Rot.	Pascal Quignard, Alain Corneau
Foto.	Yves Angelo
Int.	Jean-Pierre Marielle (Sainte-Colombe), Gérard Depardieu (Marin Marais), Anne Brochet (Madeleine), Guillaume Depardieu (Marin Marais jovem), Caroline Sihol (Sra. de Sainte-Colombe), Carole Richert (Toinette)
Duração	114 min

Anne Brochet e Guillaume Depardieu

Pascal Quignard já tinha abordado o tema da música francesa no século XVII em outro breve romance publicado em 1987, *La leçon de musique*, cujo primeiro capítulo narrava "um episódio da vida de Marin Marais". Vivamente interessado, Corneau pede então a Quignard que escreva um novo texto para servir de apoio literário à elaboração do roteiro de *Todas as manhãs do mundo*. O romance (144 páginas) é curto e sintético, de estilo áspero, tenso, incisivo. As frases são breves, clássicas, equilibradas, bem de acordo com a escrita da época, os lugares e o personagem central, Monsieur de Sainte-Colombe. A seu respeito, poucas informações chegaram até nós – os dicionários ignoram até seu prenome e as datas de nascimento e morte. Mas sabemos que esse contemporâneo de Jean-Baptiste Lully dava concertos em casa acompanhado das duas filhas. A ele é atribuído o acréscimo de uma sétima corda à viola de gamba (parenta próxima do alaúde); sua reputação, seu virtuosismo e seu espírito de inovação eram de tal ordem que lhe permitiram fazer com que a viola ocupasse um lugar preponderante como instrumento solista no Antigo Regime. Sem ser um músico da corte, Sainte-Colombe foi compositor prolífico (mais de 250 peças) e teve entre seus alunos o célebre gambista Marin Marais (1656-1728), que o espionou durante algum tempo, até ser descoberto e definitivamente expulso de sua casa.

■ Quignard transforma esse déficit de informações num trunfo para a elaboração de sua narrativa e de seu personagem. Vale-se do mistério em torno da vida do músico para compor um caráter "íntegro", brutal, secreto, misantropo, mas que o ator Jean-Pierre Marielle, incumbido de interpretá-lo na tela, soube matizar com uma discreta humanidade. Sainte-Colombe revela-se alternadamente pai severo mas amoroso, viúvo ainda loucamente apaixonado pela mulher, músico genial voltado para a perfeição. Na arte do escritor, torna-se a quintessência do músico em busca do absoluto, um criador levado por um absurdo grau de exigência e pela grandeza de alma a se afastar do mundo dos homens. E nessa busca do ideal, fechado na simples cabana que lhe serve de local de trabalho, o músico logo passa a conversar com o além. Entabula um diálogo com a morte e, pela força poética de sua arte, traz de volta do limbo a amada. A música e a morte, e a morte dos prazeres, estão onipresentes na narrativa, que, no entanto, nunca chega a ser mórbida. Pois os desejos não desapareceram. Pelo contrário, elementos motores da dramaturgia, mostram-se bem vívidos. Desejo irrefreável de Madeleine por Marais, desejo enciumado de Marais pela arte de Sainte-Colombe, desejo místico de Sainte-Colombe por sua música dos mortos: cada personagem é movido por aquilo que busca com um ardor às vezes desesperado.

■ Mas é claro que é a música que está no centro dos projetos literário e fílmico. Acontece que essa música, que no romance só podia ser mencionada, ganha corpo no contexto do cinema. O famoso violista Jordi Savall, Corneau e Quignard, melômano erudito (violoncelista que também tocou piano, viola e órgão), fazem uma seleção de trechos musicais barrocos para o filme. Peças de Sainte-Colombe são tiradas do esquecimento, despertando um interesse sem precedentes no público, que ao ser lançado o filme transforma num sucesso de vendas a trilha musical. Para Sainte-Colombe, a música é feita de simplicidade, silêncio e emoção, verdade contra a qual o artificioso Marais se choca durante muito tempo, e à qual acaba por ter acesso na cena de reconciliação em torno do "Tombeau des regrets".

Essa música grave e envolvente é quase sempre tocada "ao vivo" nas imagens que impregna com seus dolorosos acordes. No lugar da melodia das palavras que ocupa o espaço do romance com uma música que o leitor deve "ouvir", o filme oferece à escuta uma música que "vive" e muitas vezes encaminha a narrativa (a tal ponto que chega às vezes a ser interpretativa), narrativa cujo princípio básico é o longo *flashback* desencadeado por Marais no início do filme. Essa opção pela confissão, decidida por Corneau, não só altera o ponto de vista do romance, que é perfeitamente linear e conduzido na terceira pessoa, e o que nele está em jogo, como confere à narrativa – e à música – uma nova força emocional, característica da própria lembrança. Acréscimo em relação ao romance, o longo plano-sequência inicial (seis minutos!) serve de pretexto à confissão de Marais, revelando sua impostura no ocaso de uma carreira bem-preenchida e reconhecendo sua dívida em relação àquele cuja vida e obra vai agora relatar. A cena, com a gravidade dilacerante das confissões, desde logo lança sobre o filme o peso de uma

Guillaume Depardieu

Anne Brochet e Jean-Pierre Marielle

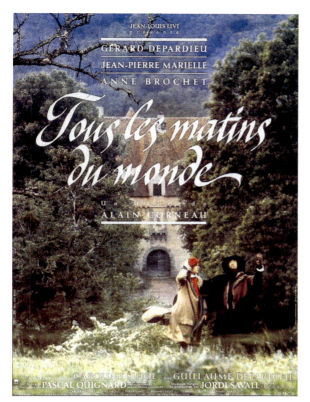

temos um homem "enfastiado do mundo", por outro, um ambicioso sempre em movimento, atraído pela luz e pelas honrarias. De um lado, o homem austero, enclausurado num "deserto" (pensamos em Alceste) próprio dos jansenistas, filmado em interiores sóbrios, sombrios e monocrômicos, de outro, o músico cortesão cuja pretensão é ritmada pelo pictorialismo luminoso das imagens em exteriores. A oposição entre os dois músicos encontra eco nos claro-escuros do realizador e diretor de fotografia Yves Angelo (*Le Colonel Chabert*, 1994), que constrói seus planos fixos como quadros (Claude Lorrain ou Georges de La Tour). A pintura barroca, frequentemente citada, como a música, serve de contraponto plástico à narrativa. As naturezas-mortas que aparecem regularmente na tela – pintadas por Lubin Baugin, artista jansenista e amigo de Sainte-Colombe, em seu ateliê – são como futilidades fazendo a ligação entre a vida e a morte. Elas questionam essa dialética da transmissão, na qual duas concepções universais do artista se confrontam violentamente. Uma encarnada por um homem voltado para a publicidade de um reconhecimento rápido, que resseca sua arte em sucessos fáceis e cuja esterilidade simbólica denuncia o desperdício, e a outra representada por um indivíduo de dimensão prometeica (Rimbaud), que alcança, com exigência e paciência, um alto grau de perfeição, capaz de ressuscitar as sombras e consolar sua dor.

PL

nostalgia culposa de que não mais se livrará. Ao situar a confissão de Marais no centro do filme, Corneau instaura uma situação de expectativa e orienta o olhar do espectador para a natureza da impostura, a questão da rivalidade por vir e o percurso de iniciação ao qual será submetido o confessor. Onipresente, a voz em *off* de Marais, conduzindo a narrativa e retomando constantemente o texto de Quignard, anuncia, descreve e comenta as imagens, sem evitar a repetição. Entretanto, ao encaixar a narrativa de iniciação numa cena de aula de música, Corneau dá a entender que a transmissão foi bem-sucedida (o aluno tornou-se mestre). O ponto de vista único, em *flashback*, também confere ao filme um caráter irreal que legitima as aparições *post mortem* da mulher de Sainte-Colombe, que se tornou lendária aos olhos daquele que conta sua história.

■ A encenação do filme aprofunda esteticamente o que constitui o antagonismo do romance (especialmente no nível das interpretações musicais diferentes de Marais, o inquieto, e Sainte-Colombe, o inspirado). Por um lado,

▶ PISTAS PEDAGÓGICAS

▸ Rivalidade entre artistas e a concepção da arte no cinema (*Amadeus*, *La belle noiseuse*, *Basquiat*, *Moça com brinco de pérola*).

▸ Filmes sobre a música, ou os músicos trabalhando (*Le Salon de musique*, *Don Giovanni*, *Bird*, *Por volta da meia-noite*, *Buena Vista Social Club*, *La Visite de la fanfare*).

▸ O pictorialismo da imagem de cinema (*Barry Lyndon*, *O contrato do amor*, *Flores de Xangai*).

▸ O mito de Orfeu (*Orphée*, *Le Testament d'Orphée*, *Orfeu Negro*, *Parking*).

▸ O jansenismo no cinema (*Minha noite com ela*, *Fragments sur la grâce*).

Bibliografia

Dossier Quignard sur le site du CNDP:
www.cndp.fr/presence-litterature/dossiers-auteurs/quignard.html
Obra coletiva, *L'Avant-Scène Cinéma*, n° 575, setembro de 2010.

A travessia de Paris

FRANÇA, 1956 (*LA TRAVERSÉE DE PARIS*)

Marcel Aymé, "Traversée de Paris", *Le Vin de Paris*, 1947.

SINOPSE

Na Paris ocupada, Martin, ex-motorista de táxi desempregado, por falta de gasolina, vive de pequenos expedientes ligados ao mercado negro. Foi encarregado de transportar pedaços de carne de porco à noite, da *rive gauche* até Montmartre. Como seu ajudante foi detido, ele contrata um desconhecido, Grandgil, que tomou por indigente. Depois de uma violenta cena de barganha na mercearia de Jambier, os dois partem pela cidade, com uma mala cheia em cada braço.

Bourvil, Louis de Funès e Jean Gabin

A TRAVESSIA DE PARIS

Pr.	Franco-London Films/Continentale Produzione
Dir.	Claude Autant-Lara
Rot.	Jean Aurenche, Pierre Bost
Foto.	Jacques Natteau
Int.	Jean Gabin (Grandgil), Bourvil (Marcel Martin), Jeannette Batti (Mariette Matin), Georgette Anys (Lucienne Couronne), Robert Arnoux (Marchandot)
Duração	80 min

Escaldado pela experiência de *Garou-Garou le passemuraille* (1951), o desastroso filme de Jean Boyer extraído de sua novela *Le Passe-Muraille*, Marcel Aymé já ficava com um pé atrás em matéria de adaptações cinematográficas em geral, e de Bourvil em particular. Claude Autant-Lara teve, portanto, de batalhar para montar seu projeto, inspirado num relato homônimo constante da coletânea de Aymé, *Le Vin de Paris* (1947). Uma história original, é verdade, mas trabalhada com mão pesada, na qual dois homens, um pintor e um pau-mandado do mercado negro, percorrem a capital à noite para entregar clandestinamente pedaços de porco a um açougueiro da Rue Lepic. Caberia imaginar que houvesse aí material para um romance inteiro, mas Marcel Aymé não parece acreditar em seus próprios personagens. Ele, o rei do anticlímax, se arrisca a um fim atropelado com o assassinato do palerma pelo operário e a prisão deste, roído pelo remorso: entre Raskolnikov e a luta de classes.

O filme retoma o argumento do livro, mas o amplia: o personagem de Martin é definido com mais precisão, ex-motorista de táxi amedrontado e astuto que tenta se virar com pequenos expedientes. Como seu parceiro habitual foi apanhado pela polícia, ele se vale dos serviços de Grandgil, um desconhecido corpulento que conheceu num bistrô, e que toma por um mendigo. Quando ele diz a Martin que é pintor, este entende "de parede", sem desconfiar que aquele colosso malvestido é na verdade um artista famoso. Grandgil concorda em transportar as malas de porco à noite por "crime de diletantismo", como escreve Marcel Aymé. "Eu queria ver até onde se podia chegar na época da Ocupa-

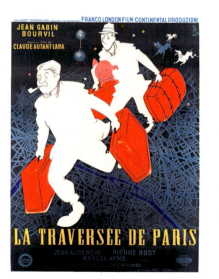

ção", diz ele a Martin, perplexo, no fim do filme. "Muito bem, vejo que se pode ir bem longe!" O principal mérito de Claude Autant-Lara e seus dois roteiristas, a célebre dupla Jean Aurenche e Pierre Bost, foi terem pintado sem maniqueísmo uma colaboração das mais sombrias, pois "onissórdida". Todo mundo tem seu lado trapaceiro, até o virtuoso Grandgil, posando como aquele que expõe os vícios do momento com suas provocações, mas que afinal se revela tão covarde quanto os outros: protegido pela fama, ele pode assumir riscos com toda tranquilidade.

■ *A travessia de Paris* é o anti-*A grande escapada*, que faria grande sucesso alguns anos depois, em 1966, ao apresentar o retrato inverso de uma França em que todo mundo resiste de alguma forma. Aqui, é descrito o acomodamento dos parisienses, obrigados a se virar com os problemas da época, ao mesmo tempo destilando um discurso de uma violência capaz de "dinamitar os códigos sociais" (Pierre Assouline) e trazer de volta esse "passado que não passa" (Henri Rousso). Duas cenas ficaram como clássicos do cinema francês. A primeira situa-se no subsolo da mercearia Jambier ("Rue Poliveau 45"), onde Jean Gabin/Grandgil grita a plenos pulmões o nome do merceeiro, para obrigá-lo a aumentar a remuneração pelo transporte do porco. Louis de Funès está perfeito como comerciante pegajoso e ganancioso, enquanto Bourvil se mostra aterrorizado com a voz poderosa que mais parece um vulcão em erupção. Segundo número tonitruante de Gabin: no famoso café à beira do Sena, onde ele acaba com a raça de todo mundo, provocando uma briga monumental. "Seus pobres cretinos", lança ele, deixando a todos petrificados, numa tirada antológica que ainda hoje causa polêmica. Poderíamos arriscar que Autant-Lara inverte o discurso socializante, sempre disposto a encontrar a virtude do lado dos indigentes, só porque não têm nada. E por sinal ele adota um ponto de vista magnificamente con-

305

A TRAVESSIA DE PARIS

Jean Gabin e Bourvil

traditório com o fim do filme, simbolizando a luta de classes melhor que muitos filmes engajados da época.

■ Como observa o crítico e cineasta Jacques Doniol-Valcroze, "nada nem ninguém é poupado. De passagem, os conceitos humanos, políticos ou sociais são seriamente arranhados. Quanto ao material vivo, todo mundo é mau, covarde ou burro... ou as três coisas ao mesmo tempo. Se o conto tem alguma moral, ela é anarquista". Chegou-se a dizer que o filme tinha nuances expressionistas ou se inspirava no neorrealismo italiano. Cabe lembrar que o autor tem uma formação artística herdada de seu mestre cenógrafo Max Douy, um dos papas dos cenários no cinema francês. Por falta de recursos mais generosos, o filme foi todo rodado nos estúdios de Joinville, mostrando uma Paris reconstituída por Douy e de certa forma transformando a capital no principal personagem da história.

O crescimento invisível da violência no filme recobre metaforicamente a evolução da brutalidade do ocupante durante os "anos negros". Filme pessimista, *A travessia de Paris* é uma reflexão sobre o medo individual e coletivo como sintoma de decomposição social e moral de uma sociedade.

"Lembrai-vos!", martela a trilha sonora, como num dobre de sinos que não podia deixar de marcar profundamente o público de 1956 – que recebe muito bem a mensagem, apesar de ser das mais polêmicas. Infelizmente, um projeto de realização de *Uranus* fracassaria mais tarde em virtude do excesso de causticidade, que afugentou os produtores da França de De Gaulle. Por seu próprio negrume, *A travessia de Paris* é de fato um filme típico de uma quarta República que se mostrava mais disposta a enfrentar as coisas de frente.

■ O filme de Autant-Lara de tal maneira se diferencia da novela de Marcel Aymé que, alçado à condição de obra-prima, consegue fazer com que as linhas do escritor, que ficam parecendo defasadas, soem falsas. O Grandgil de Aymé parece mais descontraído em relação à fúria de Gabin, e suas falas são frias, comedidas, cortantes como as de um burguês de Simenon. Martin é um proletário, às vezes enfurecido, que acaba por lançar mão do punhal quando Bourvil resume em sua interpretação a covardia e a emoção do homem da rua. Levando a adaptação cinematográfica à sua quintessência, Aurenche, Bost e Autant-Lara conseguem o verdadeiro prodígio de melhorar Aymé fazendo de Aymé melhor ainda que o próprio autor, o que o deixou estupefato... mas ele teve a honestidade de confessá-lo.

Como escreve Doniol-Valcroze: "A contribuição de Aurenche e Bost é indiscutível: a contribuição da metamorfose do literário e do cinematográfico. Eles transformaram os dardos de Aymé em flechas, muitas delas envenenadas." *A travessia de Paris* situa-se, assim, no ponto mais elevado da comunhão entre literatura e cinema.

LB

▶ PISTAS PEDAGÓGICAS

▸ A epopeia noturna.

▸ Paris: cenário e identidade do parisiense no cinema (Bourvil, Gabin, Arletty).

▸ Rostos da França dos anos sombrios no cinema.

Bibliografia

"La Traversée de Paris" (roteiro e diálogos), L'Avant-Scène, nº 66, 1967.

Michel Lécureur, *La comédie humaine de Marcel Aymé*, La Manufacture, 1985.

Jacques Doniol-Valcroze, "La Traversée de Paris" (resenha), *Cahiers du Cinéma*, nº 65, dezembro de 1956.

Dominique Maillet, "La Traversée de Paris, un film subversif", no DVD *La Traversée de Paris*, Gaumont, 2009.

Henry Rousso e Éric Conan, *Vichy, un passé qui ne passe pas*, Fayard, "Pour une histoire du XXe siècle", 1994.

Laurent Aknin, "La Traversée de Paris", in Yannick Dehée e Christian-Marc Bosséno (dir.), *Dictionnaire du cinéma populaire français*, Nouveau Monde (reed.), 2009.

Os três mosqueteiros

ESTADOS UNIDOS, 1948 (*THE THREE MUSKETEERS*)

Alexandre Dumas, *Les Trois Mousquetaires*, 1844.

SINOPSE

D'Artagnan, jovem aspirante da Gasconha, impetuoso e inexperiente, chega a Paris na esperança de se tornar mosqueteiro do rei. Conhece então três membros da companhia dos mosqueteiros e logo se vê mergulhado numa sucessão de intrigas que envolvem a rainha, o cardeal Richelieu e os planos de guerra entre França e Inglaterra.

Pr.	MGM
Dir.	George Sidney
Rot.	Robert Ardrey
Foto.	Robert Planck
Int.	Gene Kelly (D'Artagnan), Lana Turner (Milady de Winter), June Allyson (Constance Bonacieux), Van Heflin (Athos), Vincent Price (Richelieu), Gig Young (Porthos), Robert Coote (Aramis), Angela Lansbury (Ana da Áustria), John Sutton (Buckingham), Ian Keith (Rochefort)
Duração	126 min

Outras versões:

- *Os três mosqueteiros* (Henri Diamant-Berger, 1921), 12 episódios
- *Os três mosqueteiros* (Fred Niblo, 1921), int. Douglas Fairbanks
- *Os três mosqueteiros* (Henri Diamant-Berger, 1932), em duas partes
- *Os três mosqueteiros* (Rowland V. Lee, 1935)
- *Os três mosqueteiros* (André Hunebelle, 1953), int. Georges Marchal
- *Os três mosqueteiros* (Bernard Borderie, 1961), em duas partes, int. Gérard Barray
- *Os três mosqueteiros* (Richard Lester, 1973-1974), em duas partes
- *Os três mosqueteiros* (Stephen Herek, 1993)

Van Heflin, Gig Young, Gene Kelly e Robert Coote

Devemos reconhecer este paradoxo: a obra-prima de Alexandre Dumas foi muito mal-servida pelo cinema francês. São numerosas as adaptações francesas, mas a sentença é definitiva: são todas medíocres, quando não catastróficas (para não falar da versão "cômica" com os Charlots).

As melhores adaptações são estrangeiras. Já na época do cinema mudo, a série de Henri Diamant-Berger não sustentava a comparação com o filme americano interpretado por Douglas Fairbanks, no papel de d'Artagnan. As variações mais interessantes podem ser britânicas (o díptico de Richard Lester) ou italianas, como o incrível filme de Vittorio Cottafavi, *Il boia di Lilla* (1952), contando a história do ponto de vista de Anne de Breuil. De todas essas versões, contudo, a produzida pela MGM é ainda hoje a mais famosa. O grande estúdio americano está então no auge da glória e do poderio econômico, sinônimo de luxo, cores e cuidados de produção. A MGM, o diretor e o astro masculino são igualmente especializados na comédia musical. George Sidney já dirigiu filmes como *A escola de sereias* (1944), com a náiade Esther Williams, e *Marujos do amor* (1945), no qual Gene Kelly dança com Tom e Jerry (vale lembrar que também existe um desenho animado de Tom e Jerry adaptado de *Os três mosqueteiros*!).

▪ Todos esses critérios de produção indicam desde logo em qual direção se efetua essa transposição do romance de Dumas: na direção de um filme de grande espetáculo, colorido, no qual cavalgadas e duelos adquirem primordial importância. Os roteiristas conseguem então um verdadeiro prodígio, "condensando" todo o romance em pouco mais de duas horas de filme (chegando até a execução de Milady de Winter, e não se limitando, como às vezes acontece, à chamada aventura dos "ferretes da rainha"). Essa condensação, naturalmente, é feita mediante a eliminação de muitos elementos secundários do romance, o que é relativamente fácil, pois em geral se reconhece que Dumas muitas vezes "estica" o assunto. Certos personagens são quase completamente sacrificados, como por exemplo Aramis, reduzido a um papel mínimo. A intriga é concentrada em torno do "romance de aprendizagem" de d'Artagnan, por um lado, e, por outro, a história de Athos. O roteiro introduz cenas inexistentes no romance, para fazer com que a intriga avance mais rapidamente, ao mesmo tempo caracterizando imediatamente os protagonistas. É o caso, por exemplo, da primeira aparição de Richelieu, que recebe Milady para lhe encarregar de sua missão. Essa cena contém diálogos notáveis, permitindo tecer em alguns minutos as intrigas e motivações dos personagens. Da mesma forma, a cena em que d'Artagnan entrega a Richelieu a famosa "justificação" desenrola-se no interior da corte, na presença do rei e de todos os personagens, e não em particular, o que permite acelerar a conclusão. Outras modificações mais sutis destinam-se a dar satisfação às autoridades da censura, preservando o público familiar do filme. Assim, Richelieu nunca é explicitamente mencionado como "cardeal", para não comprometer a reputação da Igreja (Richelieu veste-se de negro... mas escreve com uma pena vermelha!). Da mesma forma, Constance não é mais casada com Bonacieux, para não introduzir o tema do adultério.

Apesar da extrema condensação, o filme consegue manter as linhas de força do romance. D'Artagnan age quase como uma criança nas primeiras sequências, e progressivamente ganha maturidade e nobreza. O aspecto trágico do personagem de Athos (muito bem-interpretado por Van Heflin) é respeitado. Do tom de comédia picaresca nas primeiras sequências, o filme evolui, como o romance, para uma tonalidade mais sombria e dramática no assassinato de Constance e na execução de Milady.

▪ Mas o maior encanto do filme reside na sucessão de duelos, perseguições, cavalgadas e acrobacias. Lideradas por Gene Kelly (que em parte foi codiretor do filme, sem ser creditado), as cenas de batalha adquirem dimensão verdadeiramente coreográfica, igualando e mesmo superando em certos momentos as proezas de Douglas Fairbanks, que na época ainda é a referência e o modelo. Essa piscadela em direção à arte do filme mudo é de certa maneira premonitória, pois algumas cenas desses *Três mosqueteiros* seriam incluídas alguns anos depois em *Cantando na chuva*, no qual são apresentadas como trechos de um filme mudo feito por Don Lockwood – ou seja, o personagem de Gene Kelly.

LA

Lana Turner e Vincent Price

▶ PISTAS PEDAGÓGICAS

▸ Alexandre Dumas na tela.
▸ O mito de d'Artagnan.
▸ O filme de capa e espada.

Bibliografia

Dictionnaire du cinéma populaire français, Nouveau Monde, 2009.

A um passo da liberdade

FRANÇA–ITÁLIA, 1960 (LE TROU)

José Giovanni, *Le Trou*, 1958.

SINOPSE

Prisão da Santé, bairro de vigilância máxima. Manu e seus companheiros de cela passam a ter a companhia de Claude Gaspard. Muito diferente deles, inicialmente desperta desconfiança, mas acaba por superar a má acolhida com sua gentileza. Cumprindo penas pesadas, os quatro decidem cavar um túnel a partir da cela para fugir. Acusado de tentar matar a mulher, Gaspard também pode receber uma pena pesada, e decide juntar-se à empreitada. O grupo, agora contando com cinco, cava todas as noites sob o comando de Roland, especialista em fugas. Mas na véspera do grande dia Gaspard fica sabendo pela cunhada, que vai visitá-lo, que sua mulher retirou a queixa, pondo com isso fim a seu encarceramento. Será que ele vai trair os companheiros de cela?

A UM PASSO DA LIBERDADE

Pr.	Play Art/Filmsonor/Titanus
Dir.	Jacques Becker
Rot.	Jean Aurel, Jacques Becker, José Giovanni
Foto.	Ghislain Cloquet
Int.	Philippe Leroy (Manu Borelli), Marc Michel (Claude Gaspard), Jean Keraudy (Roland Darbant), Raymond Meunier (Monseigneur), Michel Constantin (Geo Cassine), Jean-Paul Coquelin (Grinval), Catherine Spaak (Nicole)
Duração	116 min

Como se sabe, os jovens críticos dos *Cahiers du cinéma* que se tornaram realizadores no fim da década de 1950 adoravam *A um passo da liberdade*, de Jacques Becker, considerando-o, nas palavras de François Truffaut, "incriticável nos detalhes e na concepção geral". O que não surpreende, pois o filme estava em sintonia com suas preocupações estéticas na época. Ora, o que a eles parecia cinematograficamente "incontornável" já o era muito menos para Becker, acostumado a um cinema (de estúdio) de concepção clássica.

Mas o fato é que o autor de *Goupi Mains Rouges* e *Casque d'or* deseja em 1958 libertar-se das limitações comerciais, que se tornaram por demais pesadas para o seu gosto. "Não quero mais gastar nem levar ninguém a gastar somas colossais", dizia ele. "Meu próximo filme será econômico. Estou convencido de que é possível filmar coisas incríveis em pouco tempo, em cenários simples, com atores desconhecidos." Realizados em condições semelhantes e lançados nesse ano, *Nas garras do vício*, de Claude Chabrol, e *Os incompreendidos*, de Truffaut, causam-lhe forte impressão. Melhor ainda, essas novas experiências cinematográficas, ponto de partida da Nouvelle Vague, reforçam seu desejo de emancipação do cinema tradicional. Num momento em que acaba de assinar contrato para adaptar *Os três mosqueteiros*, Becker assume o risco de pôr em perigo um projeto "grande público" para se lançar em um filme quase documental, verdadeiramente experimental para ele. Sua escolha volta-se para o romance em grande medida autobiográfico de um jovem autor, José Giovanni, condenado à morte depois indultado, narrativa cuja autenticidade o fascina. O livro relata em detalhes uma tentativa de fuga, inspirada em um fato real ocorrido na prisão da Santé em 1947. O estilo é áspero e habilmente descuidado, sem artifícios dramáticos nem efeitos linguísticos, sempre muito próximo do jeito rude e da franqueza das relações entre homens do mesmo "meio". As imagens são simples, diretas e às vezes brutais, a intriga, eficaz.

■ Becker procura Giovanni, decidindo colaborar com ele (além de contar com a ajuda do crítico e roteirista Jean Aurel) na redação do roteiro. Giovanni é incumbido da primeira versão, remanejada por Becker em função da progressão que procura imprimir à dramaturgia. A traição de forte conotação sócio-histórica (a colaboração) e religiosa (Judas) que leva a aventura fraterna e coletiva a resvalar para a tragédia é um dos seus temas prediletos (basta lembrar Tonkin, em *Goupi Mains Rouges*, Leca, em *Casque d'or*, e Angelo, em *Touchez pas au grisbi*). Para isso, o cineasta reescreve o personagem do traidor, Gaspard, e inverte o esquema narrativo, conferindo-lhe mais importância que a Manu, o herói no romance. Giovanni fica mais contrariado na medida em que Becker nem por isso tenta fazer de Gaspard um herói negativo, traidor coberto dos sinais da infâmia, a exemplo dos personagens dos filmes citados anteriormente.

Ao contrário dos outros detentos, Gaspard, o jovem burguês de Neuilly, é constantemente movido pelo desejo de agradar ou de apresentar a melhor autoimagem, para ser aceito ou atrair as boas graças do "Senhor Diretor", por exemplo. Com esse objetivo, assume um comportamento próximo da sedução: finge submissão em relação às autoridades da prisão; tenta fazer amizade com os outros desde o momento em que chega à sua nova cela; deixa clara sua admiração para os companheiros e não hesita em lisonjeá-los, depois do acerto de contas com os bombeiros; e se mostra profundamente ferido quando tem a sensação de perder a confiança de Manu, que suspeita ser ele um traidor.

A UM PASSO DA LIBERDADE

Raymond Meunier, Philippe Leroy, Jean Keraudy, Marc Michel e Michel Constantin

Cobrindo Gaspard com um verniz de respeitabilidade burguesa em total oposição a seu ato final, Becker pretende surpreender e mesmo chocar o público, convidado a mergulhar no próprio inconsciente e rever suas certezas. Becker empenha-se apenas em mostrar um homem perfeitamente comum, que chega inclusive a confessar, no calor do companheirismo, nunca ter sido "tão feliz" na vida. Ele provavelmente é um pouco mais fraco ou influenciável que os outros. Ou mais egoísta. E sua moral? Becker não procura tomar partido nem entender seus motivos. Não o condena. Pior ainda, lastima-o. É pelo menos esse o sentido da última frase do filme, dita por Roland: "Pobre Gaspard."

Essa história de amizade traída certamente não teria a mesma força dramática se não repousasse em uma encenação meticulosa, empenhada em pintar os detalhes da vida carcerária e os preparativos da fuga. É naturalmente com esse objetivo que, durante os preparativos, Becker faz contato com um dos protagonistas reais do romance – Jean Keraudy –, entrevistando-o longamente sobre sua experiência da prisão, e especialmente sua tentativa de fuga. Percebendo o impacto documental que sua presença poderia ter no filme, Becker acaba por convidar Keraudy para desempenhar seu próprio papel. O ex-detento aceita, fazendo o papel de Roland. Com sua preocupação de homogeneidade, o cineasta acaba por escolher apenas atores desconhecidos e pouco experientes para atuar ao seu lado. No fim, como o próprio romance, o filme revela-se um documento perfeitamente verossímil sobre a vida em uma cela carcerária (refeições, trabalho, tédio, rondas, buscas, roubos etc.).

■ Naturalmente, Becker interessa-se menos pela fuga em si mesma do que pelo funcionamento desse grupo humano unido numa experiência coletiva. Cada fala para definir as modalidades do projeto de fuga, cada gesto para executar a empreitada escora-se em um plano do filme que mostra o seu mecanismo. O plano, aqui, é entendido como mecanismo de uma grande linha de montagem, grande máquina de precisão em que nada é deixado ao acaso. O plano todo, cuidadosamente preparado, ressalta o método desenvolvido por Roland, o rei da fuga, inscrevendo-se no tempo para falar do esforço necessário à sua realização. Pensamos em particular no longo plano fixo de três minutos mostrando os primeiros golpes de barra de ferro no piso de cimento para começar a abrir o buraco. Ou na perambulação pelos subterrâneos da prisão, pontuada pelas explicações luminosas de Roland.

"A aparência de puro documentário", escreve François Truffaut, também se manifesta na maneira de encenar e, sobretudo, na recusa de dramatizar a ação. Como o romance, o filme de Becker é uma obra ultradepurada, desprovida dos habituais artifícios de construção para suster a atenção do público. Pouca ou nenhuma ferramenta dramatúrgica para manter o suspense e provocar desdobramentos capazes de levar o espectador a saltar na poltrona, exceto no final. Por fim, nem música nem diálogos inúteis. Apenas palavras em tom monocórdio, gestos e olhares essenciais, para traduzir a eficiência das relações entre os cinco detentos.

PL

→ PISTAS PEDAGÓGICAS

▸ O filme de prisão, subgênero do policial de mistério (*Um condenado à morte escapou*, *O homem de Alcatraz*, *Zonzon*, *Un prophète*).

▸ *A um passo da liberdade*, uma dramaturgia baseada na regra das três unidades (lugar, tempo, ação) da tragédia clássica.

▸ A questão moral da traição.

▸ A luta de classes como chave do filme?

Bibliografia

Obra coletiva, "Le Trou", *L'Avant-Scène*, n° 13, 1962.
Valérie Vignaux, *Jacques Becker ou l'exercice de la liberté*, Céfal, 2001.
Claude Naumann, *Jacques Becker, entre classicisme et modernité*, Durante/BiFi, 2003.

Um amor de Swann

FRANÇA–ALEMANHA, 1984 (*UN AMOUR DE SWANN*)

Marcel Proust, *Un amour de Swann*, 1913.

SINOPSE

Swann conhece Odette de Crécy, cortesã sustentada que frequenta um círculo de burgueses abastados que se reúnem em torno do casal Verdurin. Habituado a frequentar a alta nobreza, Swann integra-se ao grupinho esnobe, não sem ironia e lucidez. Aos poucos, apaixona-se por Odette, mas ela continua jogando com seu poder de sedução e provoca seu ciúme, que se transforma em obsessão quando o Salão Verdurin abre as portas a um novo membro, chamado Forcheville, que parece merecer os favores de Odette. Swann recebe uma carta anônima revelando o passado de Odette. Ele procura verificar a veracidade dos fatos denunciados e chega ao cúmulo do desespero numa noitada na alta nobreza, na qual Oriane de Guermantes o recrimina com meias-palavras por essa sua ligação.

Pr.	Bioskop/Les Films du Losange/SFPC/France 3 Cinéma/Gaumont
Dir.	Volker Schlöndorff
Rot.	Volker Schlöndorff, Peter Brook, Jean-Claude Carrière e Marie-Hélène Estienne
Foto.	Sven Nykvist
Int.	Jeremy Irons (Charles Swann), Ornella Muti (Odette de Crécy), Alain Delon (Baron de Charlus), Fanny Ardant (Oriane de Guermantes), Marie-Christine Barrault (Sra. Verdurin), Jean-François Balmer (Dr. Cottard), Roland Topor (Biche)
Duração	110 min

daptar Proust é um desafio. Muitos cineastas e roteiristas fizeram a tentativa, poucos levaram o projeto a cabo. Volker Schlöndorff, diretor alemão que estudou na França, onde começou como assistente de Alain Resnais, é autor de várias adaptações notáveis de romances de Musil, Böll, Yourcenar e de *O tambor*, de Günter, em 1979. É com infinitas precauções que ele enfrenta esse monumento da literatura que é *Em busca do tempo perdido*, formando uma equipe brilhante com o roteirista Jean-Claude Carrière, o encenador Peter Brook, o diretor de fotografia Sven Nykvist, colaborador habitual de Bergman, e o compositor Hans Werner Henze. O elenco é igualmente internacional, com Jeremy Irons, Ornella Muti, Alain Delon e Fanny Ardant. O mesmo capricho seria evidenciado na reconstituição da Paris do *fin de siècle*, tanto nos cenários quanto nos figurinos.

O relato de Proust não é tão narrativo. Nele, dão-se poucos acontecimentos, empenhando-se o escritor em uma reflexão sobre a natureza do amor como uma paixão egoísta na qual o objeto amado finalmente tem pouca importância. Trata-se de uma descoberta íntima de si mesmo por meio da experiência da paixão, inclusive em seus aspectos mais tortuosos, como as crises de ciúme. O tema é em si mesmo pouco cinematográfico, pois essa reflexão desdobra-se no turbilhão da escrita proustiana, cheia de metáforas e circunvoluções para definir a própria essência do amor. Desse modo, os acontecimentos narrados têm pouca importância.

O filme nem de longe respeita a cronologia bastante linear da obra, que começa e acaba em duas recepções em tudo opostas (uma noitada na casa dos Verdurin, outra com Oriane de Guermantes). Redistribui seus elementos em uma ordem diferente, começando com o despertar de Swann, que assume a narração através da voz em *off*. Esse procedimento (que remete ao papel do narrador na escrita de Proust) logo é deixado de lado, e vamos encontrar Swann com Charlus na recepção dos Guermantes, ocorrendo a noitada com os Verdurin só bem mais tarde. Todo o filme é, portanto, construído numa série de *flashbacks*, que, no entanto, não são claramente situados pelo espectador, do ponto de vista cronológico, como acontece no romance. Mas se a cronologia não é respeitada, as diferentes etapas do amor de Swann por Odette o são, permitindo retraçar a progressiva degradação da relação, através das frequentes cenas que têm juntos.

■ O filme volta-se para a pintura dos tormentos do ciúme de Swann (o personagem de Forcheville é introduzido bem cedo), eliminando os momentos de felicidade do seu amor. Da mesma forma, o "cenáculo" dos Verdurin é mostrado essencialmente através do ridículo de seus membros (o deslocamento da mandíbula de Sra. Verdurin, a fala escatológica de Biche). Essa dupla escolha frisa deliberadamente o profundo mal-entendido sobre o qual se cristaliza o amor de Swann por Odette: ele é um esteta que vê o mundo em termos de correspondências artísticas e se apaixona por Odette por causa da sua semelhança com a Zéfora de um afresco de Botticelli. Uma "pequena frase" da sonata de Vinteuil (compositor inventado por Proust), composta aqui por Hans Werner Henze, torna-se o *leitmotiv* lancinante da degradação do amor entre os dois amantes. É aqui que o filme chega a seu limite, mantendo-se no pico da relação amorosa e dos episódios mundanos, sem conseguir transcrever por meios cinematográficos a profundidade da reflexão íntima e estética de que o personagem de Swann é portador. Vários temas do romance (antissemitismo, homossexualidade, crítica à alta burguesia, crueldade dos bem-nascidos) são aplicados a essa trama, sem que o cineasta os integre a um prisma que remeta à construção caleidoscópica da obra proustiana ou a uma visão original que o cineasta dela tivesse. As referências artísticas são reduzidas a seu valor ilustrativo, como o ensaio que Swann tenta escrever sobre Vermeer, simples consolo para a perturbação que sente em relação a Odette no filme. Ao justapor o mundo interior e o universo mundano sem conseguir expressar o que os vincula de maneira inexplicável, o filme parece pintar a história de um apaixonado ciumento, enganado por uma mulher leviana numa Paris magnificamente reconstituída. A sequência final, inexistente no romance, introduz uma grande defasagem temporal, mostrando um Swann velho e moribundo, em visita aos Guermantes com sua filha Gilberte. Ele casou com Odette. Os Guermantes o rejeitam com maldisfarçada crueldade.

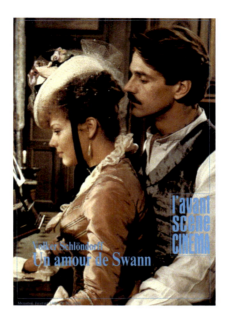

■ No lançamento do filme, as qualidades da reconstituição foram elogiadas – recebeu César de melhores cenário e figurino em 1985 –, mas também se chamou a atenção para o caráter forçado da adaptação. A atuação dos atores não foi unanimemente apreciada, e alguns críticos consideraram explícitas demais as opções interpretativas (como no caso de Alain Delon fazendo um barão de Charlus declaradamente homossexual). Além da questão do sucesso relativo, tendo o filme atraído cerca de 800 mil espectadores, *Um amor de Swann* coloca o problema da adaptação literária da obra proustiana, que só adquire sentido por uma arquitetura estilística que o próprio autor comparava a uma catedral, e, por sua fluidez, a um vestido.

DD

> **PISTAS PEDAGÓGICAS**

▸ Dois destinos paralelos: Swann e o conde Muffat em *Nana*, de Zola.

▸ O que é um cineasta "proustiano"?

▸ A cristalização do amor.

Bibliografia

Marc Chevrie, *Les Cahiers du cinéma*, nº 358, abril de 1984.

Emmanuel Carrère, *Positif*, nº 278, abril de 1984.

Volker Schlöndorff, "À propos de l'adaptation d'Un amour de Swann, notes de travail", http://marcelproust.pagesperso-orange.fr/images/adaptation_amour_de_swann.pdf

Jean-Pierre Becker e Gaspard Ulliel

▶ Eterno amor

FRANÇA–ESTADOS UNIDOS, 2004 (*UN LONG DIMANCHE DE FIANÇAILLES*)

Sébastien Japrisot,
***Un long dimanche de fiançailles*, 1991.**

SINOPSE

Em janeiro de 1917, cinco soldados franceses acusados de mutilação voluntária são condenados ao abandono na terra de ninguém, entre a trincheira francesa conhecida como Bingo Crépuscule e a trincheira alemã na frente do rio Somme. Em agosto de 1919, Mathilde, noiva do mais jovem deles, Manech, conhece o capitão Esperanza, que os conduziu à trincheira. Convencida de que Manech ainda está vivo, Mathilde começa sua investigação por via epistolar, pois não pode mais andar, em consequência de uma queda de escada aos 3 anos de idade. Ela põe anúncios nos jornais para tentar encontrar pessoas que se encontravam no Bingo Crépuscule. Não demora, e contrata Germain Pire, detetive particular que se desloca por ela e também recebe ajuda de Célestin Poux. Mathilde acaba descobrindo a verdade ao encontrar Benoît Notre-Dame, um sobrevivente que mudou de identidade. Em 1924, Germain Pire localiza Manech, com a identidade de outro soldado, depois de uma troca de matrícula.

ETERNO AMOR

Pr.	2003 productions/Warner Bros/Tapioca films/TF1 Films productions
Dir.	Jean-Pierre Jeunet
Rot.	Jean-Pierre Jeunet, Guillaume Laurant
Foto.	Bruno Delbonnel
Int.	Audrey Tautou (Mathilde), Gaspard Ulliel (Manech), Dominique Pinon (Sylvain), Chantal Neuwirth (Bénédicte), André Dussollier (Pierre-Marie Rouvières), Jean-Pierre Becker (Esperanza), Marion Cotillard (Tina Lombardi), Dominique Bettenfeld (Ange Bassignano), Jodie Foster (Elodie Gordes), Jean-Pierre Darroussin (Benjamin Gordes), Clovis Cornillac (Benoît Notre-Dame), Julie Depardieu (Véronique Passavant), Jean-Claude Dreyfus (commandant Lavrouye), Albert Dupontel (Célestin Poux), Denis Lavart (Six-Sous)
Duração	134 min

Sébastien Japrisot vendera os direitos de acaptação do seu romance em 1992 à Warner Bros., e Ang Lee começara a trabalhar em um roteiro que, considerado confuso, não foi aproveitado. A Warner estava para perder os direitos quando o sucesso mundial de *O fabuloso destino de Amélie Poulain*, de Jean-Pierre Jeunet (2001), levou-a a propor a adaptação ao cineasta francês. Jeunet trabalhou com Richard Fox, amigo "europófilo" de Pedro Almodóvar e coprodutor de Kusturica, que lhe deu total liberdade no roteiro, no uso da língua francesa, na escolha do elenco e na montagem final. A Warner fundou uma empresa francesa, 2003 Productions, e o próprio Jeunet entrou como coprodutor. Na verdade, ele pôde realizar um filme inteiramente francês, do elenco aos estúdios, passando pela infraestrutura técnica.

Do ponto de vista artístico, o cineasta tinha descoberto o romance de Sébastien Japrisot no ano do lançamento, depois de filmar *Delicatessen*. Durante as filmagens de *Amélie*... ele tinha falado a respeito com Audrey Tautou, dizendo que a via no papel de Mathilde. Fascinado pela Primeira Guerra Mundial, Jeunet encontrava no romance uma fantasia muito próxima do universo de *Amélie*. Assim foi que essa adaptação lhe deu a oportunidade de exprimir sua identificação com o escritor e experimentar a reconstituição histórica, com as trincheiras da Grande Guerra e a Paris da década de 1920. E se cercou de uma equipe que já o acompanhara em vários filmes: fez a adaptação com Guillaume Laurant, reconvocou o diretor de fotografia Bruno Delbonnel e a cenógrafa Aline Bonetto e também reencontrou seu grupo habitual de atores – Audrey Tatou, Dominique Pinon, André Dussollier, Ticky Holgado e Jean-Claude Dreyfus –, a eles juntando Albert Dupontel, Denis Lavant, Marion Cotillard, Jean-Paul Rouve e, no papel de Manech, Gaspard Ulliel,

que havia chamado a atenção em *Beije quem você quiser*, de Michel Blanc, em 2002. Jodie Foster, que manifestara seu desejo de trabalhar com Jeunet quando do lançamento de *Amélie*, recebeu um pequeno papel. Globalmente, os muitos papéis são interpretados por atores de personalidade forte, que conferem a necessária substância ao filme. Para a trilha musical, o realizador voltou a convocar Angelo Badalamenti, compositor-fetiche de David Lynch, que já trabalhara com ele em *Ladrão de sonhos* (1994). O filme teve um dos maiores orçamentos do cinema francês (45 milhões de euros), e as filmagens duraram cinco meses e meio, em uma centena de lugares e cenários diferentes.

■ Se a adaptação revela-se globalmente fiel à letra e ao espírito do romance, especialmente no que diz respeito às peripécias e à conclusão, podemos identificar algumas mudanças dignas de nota em fatos relativos aos personagens e a certos acontecimentos, efetuadas essencialmente com fins cinematográficos. A dificuldade consistia em adaptar um romance essencialmente epistolar. Uma voz feminina em *off* presente ao longo de todo o filme substitui o narrador onisciente do romance, permitindo gerir uma estrutura narrativa complexa. Para conferir à investigação o necessário dinamismo, ela não é privada do uso das pernas em consequência de um acidente de escada, mas fica manca em decorrência de poliomielite, o que lhe permite deslocar-se e ir ao encontro de seus interlocutores. Assim, ela encontra Tina Lombardi (Marion Cotillard) pouco antes de sua execução. Mathilde também entra em contato com seus interlocutores por telefone, o que suscita cenas em *split screen* extremamente originais.

O filme também enfatiza a vingança de Tina contra os oficiais que condenaram "seu Anjo", pretexto para

---

→ **PISTAS PEDAGÓGICAS**

▸ A Primeira Guerra Mundial na tela (os acontecimentos militares, a vida cotidiana dos soldados, os combates, as armas, as automutilações, as mulheres na guerra).

▸ A evocação histórica no romance e o cinema do fim do século XX.

▸ A morte de um ente querido: busca e investigação.

ETERNO AMOR

o assassinato do comandante Lavrouye num bordel, cena espetacular completamente inventada por Jeunet. Outras mudanças ou acréscimos parecem motivados pelo desejo do cineasta de aproximar o universo do romance do seu: transformação da região originária de Manech e Mathilde – Landes, na Bretanha –, acréscimo de superstições de Mathilde, fazendo eco às de Amélie Poulain. Por outro lado, Jeunet introduz uma intertextualidade cinematográfica plenamente assumida com obras de realizadores como Tati (o personagem do carteiro lembra *Carrossel da esperança*), Kubrick (certas cenas nas trincheiras são uma evidente homenagem a *Glória feita de sangue*) ou com *O resgate do soldado Ryan*, de Spielberg, retomando seu realismo extremamente cru em algumas cenas de combate. Mas essas referências não rompem a estética geral do filme, cujo rigor e precisão estão em harmonia com a do romance, que se caracteriza pela minúcia da reconstituição histórica, pelo trabalho com a fotografia (sépia), pela estetização das chamadas cenas "do cotidiano", pela colagem de materiais visuais heterogêneos (imagens de arquivo, jornais, cenas de animação, tomadas reais), pela importância do número de planos, pela utilização de uma distância focal curta para filmar os atores.

Audrey Tautou

■ O filme foi bem-recebido pelo conjunto da crítica, que esperava o realizador francês "na esquina" depois de *O fabuloso destino de Amélie Poulain*. À parte a polêmica sobre a nacionalidade do filme, em virtude do sistema de produção americano (a questão chegou inclusive a ser julgada nos tribunais), *Eterno amor* concorreu ao César em 2005 com 12 indicações e obteve cinco prêmios (melhor fotografia, melhor cenário, melhor figurino, melhor atriz coadjuvante, Marion Cotillard, melhor revelação masculina, Gaspard Ulliel). Cerca de 4,5 milhões de espectadores viram o filme nos cinemas da França. O motivo desse sucesso reside provavelmente no perfeito equilíbrio entre a encenação da morte ligada à Grande Guerra e a energia da busca romântica de Mathilde no universo estilizado de Jean-Pierre Jeunet.

CM

Bibliografia

Obra coletiva, "Un long dimanche de fiançailles", *Les Cahiers du Cinéma*, n° 595, novembro de 2004.

Entrevista com Jean-Pierre Jeunet, *Positif*, n° 525, novembro de 2004.

http://wwws.warnerbros.fr/movies/unlongdimanche/long_dimanche_flash-640.html

▶ *Un roi sans divertissement*

FRANÇA, 1963

Jean Giono, *Un roi sans divertissement*, 1947.

SINOPSE

Inverno de 1843. O jovem capitão da polícia militar Langlois chega a um povoado a pedido do procurador do rei para investigar o recente assassinato de uma jovem. Para o procurador, o assassino é como um rei entediado: mata para se distrair do silêncio e da solidão do deserto de neve que o cerca e oprime. A investigação conduz Langlois até a grande faia, uma árvore enorme em cuja copa o criminoso esconde suas vítimas. Sem avisar ninguém, Langlois encontra o sujeito e o mata, não sem antes recuperar a tira de couro com a qual ele estrangulava as vítimas. A partir desse momento, o sangue do assassino deixa o jovem capitão obcecado, e ele, por sua vez, sente crescer em si uma violência assassina. Não conseguindo livrar-se dela, Langlois acaba se matando.

Claude Giraud

UN ROI SANS DIVERTISSEMENT

Pr.	Les Films Jean Giono
Dir.	François Leterrier
Rot.	Jean Giono
Foto.	Jean Badal
Int.	Claude Giraud (capitão Langlois), Charles Vanel (procurador do rei), Colette Renard (Clara), Albert Rémy (prefeito), René Blancard (pároco), Pierre Repp (Ravanel)
Duração	85 min

No fim da Segunda Guerra Mundial, Jean Giono é praticamente proibido de publicar. O Comitê Nacional dos Escritores o acusa por seu pacifismo anterior ao conflito, as páginas de seus romances publicadas por um jornal pró-alemão (*La Gerbe*) e o aproveitamento não contestado da temática de suas obras pelo regime de Vichy. O PCF,[1] então muito influente, também o faz pagar por sua denúncia do stalinismo. Abalado, o escritor não consegue mais avançar na redação de seu romance *Le Hussard sur le toit*. Para compensar a falta de inspiração, renovar seu texto e recuperar alguma legitimidade, lança-se então num gênero novo para ele – a crônica romanesca, ciclo do qual *Un roi sans divertissement* constitui a primeira parte –, com o objetivo, segundo escreveria em 1962, "de compor crônicas, ou a crônica, do 'sul imaginário', cuja geografia e cujos personagens eu havia composto em meus romances anteriores [...]. Com essas crônicas, eu queria conferir a essa invenção geográfica seu arcabouço de fatos concretos (igualmente imaginário)". Uma crônica que destila a repugnância provocada em Giono por seus contemporâneos, no momento confuso da Liberação.

■ Desde cedo interessado por cinema, a ponto de criar uma produtora própria e realizar um filme (*Crésus*, 1960), Giono participa ativamente do projeto de adaptação de *Un roi sans divertissement*, situando "o homem antes da natureza" e diante da própria loucura. Ele mesmo escreve o roteiro, participa da escolha de locações, supervisiona as filmagens e se mostra particularmente preocupado com o cromatismo das imagens, a ponto de exigir que as casas que servem de cenário sejam pintadas em meios-tons. Para não se repetir e, sobretudo, afastar a armadilha da difícil transposição de um romance "descritivo" para a tela, Giono não procura realmente adaptá-lo, mas o transcreve, reformula, esclarece. Ele reformula a dramaturgia, transforma ou elimina personagens (Bergues, Frédéric II, Sra. Tim etc.), modifica os lugares onde transcorre a ação e no fim das contas oferece ao leitor uma análise em imagens e em "cores" de sua própria obra romanesca.

As imagens trocam o povoado de Chichilianne, na região de Trièves (sul de Isère), pela aldeia Les Hermeaux, situada no planalto de Aubrac (oeste de Lozère), na esperança de conseguir imagens de uma abolição das formas, em relação com o tema central do tédio. A intriga, transcorrendo ao longo de vários anos (1843-1848) e dividida em duas partes no romance, é limitada a alguns dias e fundida em uma só ação: a perseguição a um assassino no qual o próprio justiceiro logo vem a se transformar. Muitos episódios da segunda parte do romance, que só tinham interesse dramático na dimensão da duração, são eliminados ou deslocados para contribuir para uma intensidade cuja falta poderia ser prejudicial à teatralidade do filme. A cena da caçada, que antecede a descoberta do assassino, tensiona de maneira eficaz o drama, transformando-se em uma armadilha para o assassino, e ao mesmo tempo esclarece a psicologia em mutação de Langlois, prenunciando a continuação do drama. Em contrapartida, o que se desenrola ao longo de anos no romance, aos poucos levando ao suicídio de Langlois, fica parecendo algo rápido e artificial no filme. Com efeito, a progressiva contaminação do elemento monstruoso que antecede a crise propriamente dita (infinitamente mais cinegênica) é totalmente omitida. Por outro lado, a mudança de situação de Langlois projeta na dramaturgia um clima de crescente angústia. O capitão não é mais o homem providencial que a aldeia espera, no romance, mas um estranho que os aldeãos (e, em consequência, o prefeito que a todos representa) têm "sob forte suspeita" de suspeitar deles.

---

1. Partido Comunista Francês. (*N. do E.*)

■ De todas essas transformações dramatúrgicas, contudo, a que envolve o personagem do procurador é a mais significativa das intenções didáticas do roteirista. Cúmplice mudo do romance, o velho ocupa um lugar central no filme. Ele analisa, interpreta, explica, sem interferir diretamente na ação. Muito cedo Langlois informa o sentido e os riscos de sua missão. Antecipa, orienta e o manipula em sua investigação, como um rei entregue a seu sorrateiro divertimento. Também é ele que justifica o quase desaparecimento do assassino do romance, M. V., reduzido no filme a uma simples silhueta, de quem nada sabemos.

Pouco importa, parece dizer-nos, e com ele concorda a câmera inquisidora de Louis Leterrier, detendo-se em cada rosto humano durante a noite da caçada ao lobo. Pois os homens da aldeia têm todos a mesma capacidade de matar ou de fazer mal a si mesmos. Ao contrário do romance, que baseia seu suspense na alusão ou na retenção de informações, o filme instaura uma espécie de fatalidade, cuja progressão é ritmada pelas intervenções do procurador. As falas e os conselhos que ele dirige a Langlois, por ele interpretados de maneira radical, são uma referência da sua evolução psicológica. O capitão, progressiva e fatalmente, toma a si o discurso do procurador sobre a universalidade do mal e a questão da identificação com o assassino, esquecendo tudo que ele lhe diz sobre a importância curativa do divertimento. Logo, aquilo que é objeto de diversão para o procurador (o símbolo derivativo da cor vermelha nos trajes do mensageiro) transforma-se em fascínio mórbido para o jovem, que rapidamente "aprendeu", como temia seu mentor. No fim da sua aprendizagem, Langlois torna-se o carrasco do assassino que procura matar em si mesmo (depois do lobo) para evitar, por sua vez, matar também, justificando assim o pensamento de Pascal segundo o qual "um rei sem divertimento é um homem cheio de misérias".

■ Como bom discípulo de Robert Bresson, para quem trabalhou como ator, Leterrier opta por uma encenação depurada, senão austera, aproximando-se com isso da trágica simplicidade do relato, que começa como uma história policial clássica. Nada distrai a atenção do olho do espectador, fascinado exclusivamente pela beleza áspera e pela lentidão hipnótica das imagens. Imagens que, não raro pouco iluminadas, por escolha do diretor de fotografia, Jean Badal, constituem quadros (evocando os mestres flamengos) no limite do fantástico, adequados para essa reflexão metafísica sobre a condição humana – quase uma demonstração, no filme, de tal maneira é evidente a exposição dos motivos. Uma dramaturgia do enquadramento e da cor é então posta em funcionamento para sondar o tédio de viver do indivíduo e sua incontrolável necessidade de enganá-lo recorrendo à barbárie. Os planos-sequência, a interpretação estática dos atores e as longas explicações testam a paciência do espectador. A bicromia (marrom-cinza, com dominante de branco puro) "empobrece", literalmente desola a imagem, pela subtração das cores. Sente-se então uma necessidade urgente de cores vivas com valor de divertimento, à imagem das "delícias que o vermelho do sangue pode proporcionar aos que são prisioneiros do branco da neve e do tédio", segundo Giono. Vermelho e branco, duas cores que ainda podem ser lidas como uma reescrita cruel do motivo percevaliano do sangue na neve.

PL

→ **PISTAS PEDAGÓGICAS**

▸ Função dramática da cor no cinema (*Um corpo que cai*, *Fahrenheit 451*, *A lista de Schindler*, *Gritos e sussurros*).

▸ Crônica (policial) e filosofia: uma reflexão sobre a alma humana.

▸ Estudo de um gênero: o policial metafísico (*Blow-Up*, *depois daquele beijo*, *Sobre meninos e lobos*, *Às margens de um crime*).

▸ O crime de sangue: suprema mistificação para o tédio existencial?

Bibliografia

"Un roi sans divertissement, de l'écrit à l'écran", *Bulletin de l'Association des Amis de Jean Giono*, nos 37 e 38, 1992.

Jacques Meny, *Jean Giono et le cinéma*, Ramsay, 1990.

Un sac de billes

FRANÇA, 1975

Joseph Joffo, *Un sac de billes*, **1973**.

SINOPSE

Paris, 1941. Os dois filhos da família Joffo, Maurice (13 anos) e Joseph (10 anos), são meninos peraltas. Eles se divertem escondendo o letreiro "loja judia" da vitrine do salão de cabeleireiro do seu pai, o que leva um soldado alemão a entrar no estabelecimento. Mas logo chega ao fim o tempo das brincadeiras: o uso da estrela amarela na roupa torna-se obrigatório, e os judeus estrangeiros são levados. Mal Joseph troca sua estrela por um saco de bolas de gude com um dos colegas, que "invejava a sua sorte", tem de deixar Paris, com Maurice, para atravessar a linha de demarcação. A partir de então, os dois meninos enfrentarão juntos os perigos que os cercam, sem nunca deixar de provocar, nem de mergulhar sem hesitação na experiência da vida. Anos depois, os dois irmãos voltam à Paris liberada. Toda a família posa para uma fotografia diante do "Salão Moderno". Falta apenas o pai de Jo e Maurice.

UN SAC DE BILLES

Pr.	AMLF/Les Films Christian Fechner/Renn Productions
Dir.	Jacques Doillon
Rot.	Jacques Doillon e Denis Ferraris
Foto.	Yves Lafaye
Int.	Pierre-Éric Schulmann (Maurice), Richard Constantini (Joseph), Joseph Goldenberg (o pai), Reine Bartève (a mãe), Hubert Drac (Henri), Gilles Laurent (Albert), Michel Robin (Mantelier), Dominique Ducros (Françoise), Dominique Besnehard (o instrutor)
Duração	105 min

Na longa carreira de Jacques Doillon, com cerca de trinta filmes desde *L'an 01*, de 1971, *Un sac de billes* é um filme à parte. O cineasta do "tráfico de sentimentos", dos confrontos íntimos, das situações tensas a portas fechadas, nas quais aparece a verdade dos indivíduos, encena aqui um filme de grande orçamento, inscrito numa época histórica e exigindo reconstituições em estúdio. Além disso, trata-se de adaptar um romance popular, muito distante do universo literário de Doillon, que depois filmaria *Le Jeune Werther*, com base em Goethe, além de levar à tela os amores de Benjamin Constant e Germaine de Staël. Se Claude Berri, produtor do filme, pensou em Doillon, foi porque seu primeiro "verdadeiro" filme, *Sem saída*, demonstrava suas grandes qualidades para dirigir jovens e levá-los a falar com naturalidade, qualidades indispensáveis no caso de *Un sac de billes*, filme em que os dois meninos estariam o tempo todo presentes na tela.

■ Se para Doillon se trata de um filme de encomenda, ele a aceita porque "não via muito bem como recusar essa história de crianças perseguidas", e, além disso, já tinha uma vontade muito forte de trabalhar com crianças. Naturalmente, Doillon apresenta suas condições: vai filmar a família Joffo bem de perto, na altura dos dois meninos, sem forçar muito na reconstituição de época. Ele também rejeita todo *páthos*. A emoção virá da fala das crianças. Por outro lado, mesmo quando estiverem nas mãos dos alemães, ele não vai em momento algum fazer dos dois irmãos vítimas passivas, mostrando, pelo contrário, a energia de que são capazes para se libertar. Com isso, a emoção é ainda mais forte, reproduzindo fielmente o clima do romance-relato de Joseph Joffo, escrito em primeira pessoa, num tom falado que nunca resvala para o lacrimejante, para contar tudo que lhe aconteceu durante os quatro anos em que os nazistas perseguiram sua família, entre tantas outras. As intervenções em *off* do jovem Joseph no filme correspondem a essa fala do Joseph escritor: sua voz cheia de zombaria marca as cenas, nunca resvalando para a comiseração.

Para ficar bem perto da história de Maurice e Joseph, Doillon decupa seu filme numa sucessão de cenas intimistas, nas quais os garotos sempre estão presentes. Adepto de uma interpretação natural, com diálogos simples, às vezes informativos mas nunca didáticos, ele se sai particularmente bem nas sequências em que os dois irmãos se defrontam. Em compensação, o realizador já não agradaria tanto ao filmar seus primeiros amores. Certos críticos, como Serge Daney nos *Cahiers du cinéma*, o censuram por ter de repente, sem nenhum motivo especial, feito o filme resvalar na direção de Truffaut, seja na cena em que Maurice, com seus falsos ares de Antoine Doinel, sai com uma prostituta, seja naquelas em que Joseph fica perturbado com Françoise, a filha do livreiro miliciano. Nessa última parte, por sinal, as relações entre Joseph e Mantelier não deixam de lembrar as do menininho judeu de *Le Vieil homme et l'Enfant* – filme de Claude Berri – com o velho camponês pétainista interpretado por Michel Simon.

Richard Constantini

Michel Robin e Richard Constantini

Acontece que esses dois momentos amorosos, que no filme parecem as sequências mais artificiais, e, portanto, menos convincentes, não constam do romance. São cenas escritas por Doillon e seu roteirista, artificialmente transpostas e, sobretudo, que permitiram ao cineasta experimentar sua vontade de filmar garotos diante do sexo oposto. Paradoxalmente, quando o filme se atém ao livro – um livro, entretanto, muito mal-considerado, pois sob a suspeita de ter sido escrito no gravador, ou abundantemente "copidescado" –, Doillon dá o melhor do seu talento, ao mesmo tempo sendo um apaixonado de história, evidenciando enorme prazer em dirigir crianças. O que quer que pensemos sobre o livro de Joseph Joffo, ele traz em si a força do seu tema. E o faz com grande justeza, um pudor que Doillon soube perfeitamente adaptar para a tela.

■ Desde *Un sac de billes*, muitos outros filmes trataram dos anos negros da Ocupação, do "passado que não passa". Muitos se beneficiaram da contribuição de trabalhos históricos, da mais ampla difusão de *Le Chagrin et la pitié*, de Marcel Ophüls, e do choque representado por *Shoah*, de Claude Lanzmann. Mas a profusão de obras serviu algumas vezes para gerar ainda maior confusão. *Un sac de billes* tem a virtude de ser um filme claro. Rever Maurice e Joseph repetindo que "não são judeus" para o "médico" que decide seu destino com uma penada vale todos os discursos.

PP

→ PISTAS PEDAGÓGICAS

▸ A guerra e os dramas da Segunda Guerra Mundial vistos pelas crianças.

▸ Crônicas da França ocupada.

▸ As recordações da infância no cinema.

▸ A direção de atores: trabalhar com crianças (Doillon, Truffaut, Eustache).

Bibliografia

René Prédal, *Jacques Doillon, trafic et topologie des sentiments*, Cerf, 2003.

Uranus

FRANÇA, 1990

Marcel Aymé, *Uranus*, 1948.

SINOPSE

Blémont, 1946: um povoado imaginário no interior, devastado pelos bombardeios aliados. Todo mundo tenta sobreviver nas ruínas, enquanto os resistentes mantêm a ordem, não sem cometer certos abusos, e os antigos colaboradores são ativamente buscados. Em meio a esse caos, uma família burguesa, Archambault, é obrigada a dividir seu grande apartamento com os Gaigneux, um casal de operários, membros do PCF, e o professor Watrin. Quando um conhecido fascista, Maxime Loin, pede ajuda, para Archambault é uma questão de princípio ajudar um homem em fuga, no que conta com a aprovação de Watrin. Os dois decidem então esconder o antigo colaborador e se engajar – logo eles, que não resistiram aos nazistas –, protegendo por "humanidade" um "canalha".

Pr.	DD Productions/Films A2/Investimage 2/Investimage 3/Renn Productions/Soficas Sofi Ano
Dir.	Claude Berri
Rot.	Claude Berri, Arlette Langmann
Foto.	Renato Berta
Int.	Gérard Depardieu (Léopold), Jean-Pierre Marielle (Archambaud), Danièle Lebrun (Sra. Archambault), Philippe Noiret (Watrin), Michel Blanc (Gaigneux), Michel Galabru (Monglat), Gérard Desarthe (Maxime Loin), Fabrice Luchini (Jourdan), Daniel Prévost (Rochard)
Duração	100 min

Poucos escritores franceses tiveram tanta intimidade com o cinema quanto Marcel Aymé. Para começar, graças a uma vivência pessoal, pois ao chegar a Paris em 1925, entre seus diversos ganha-pães, o jovem frequenta os estúdios como figurante, paralelamente à sua carreira de autor iniciante. Também vamos encontrar traços dessa intimidade em uma novela intitulada *Noblesse*: na rodagem de um filme histórico, os atores encarregados dos papéis secundários disputam para ver quais serão os nobres e quais, os homens do povo, chegando a uma luta generalizada. Como se vê, o cinema está no centro das preocupações e da própria estética do narrador, que publica algumas críticas até passar a escrever roteiros e diálogos, na década de 1930. Ele trabalha inicialmente em suas próprias obras, ao mesmo tempo em que

sonha roteirizar as aventuras de Fantômas. A adaptação mais bem-sucedida de sua obra é, segundo opinião geral, *A travessia de Paris*, de Claude Autant-Lara, em 1956, mas muitas histórias de Aymé foram adaptadas para a tela, entre elas o romance *Uranus*.

Publicado no pós-guerra imediato, em 1948, *Uranus* apresenta uma França nauseante, devastada por dentro, na qual reinam os resistentes da véspera, que se proclamam heróis e impõem um regime de terror. Os caçadores de ontem transformaram-se em presas e vice-versa. Os expurgos dão prosseguimento à decomposição social em ação nos anos negros da Ocupação, contexto e pretexto ideais para acertar velhas contas ou dar livre curso ao sadismo recalcado das "pessoas normais". É uma valsa dos contrários na qual se agita todo um mundinho: gaullistas, comunistas e pétainistas, aproveitadores e exploradores, traidores e patriotas, velhacos e profissionais do mercado negro.

No cerne desse sombrio microcosmo, os debates entre o pessimista Archambault e Watrin marcam o encadeamento de diferentes cenas, uma espécie de radioscopia implacável da decomposição em curso. Watrin decidiu ostentar o otimismo como ideologia, correndo assumidamente o risco da tolice crédula, que quase chega a reivindicar. No momento da morte de

URANUS

Gérard Depardieu

suas maquinações com Watrin, interpretado por Philippe Noiret, num dueto de dois monstros sagrados do teatro e do cinema.

Mas devemos reconhecer que o personagem do professor Watrin não se sustenta, embora represente a chave do filme. Se Marcel Aymé inventa uma figura lunar, expondo o lúgubre ambiente ao seu redor com uma espécie de ternura exacerbada, o papel de Noiret constitui um superlativo da falta de esperança, o que emperra o andamento da máquina. Vinte anos depois, semelhante contrassenso ainda surpreende. Como explicar um erro tão grosseiro numa "comédia desumana" funcionando estruturalmente por contraste, e ainda por cima quando se constata que os personagens secundários parecem brotar diretamente do romance?

sua mulher, fulminada na cama com o amante em pleno bombardeio da casa, Watrin estava lendo um livro de astronomia, e toda noite tem pesadelos sobre Urano, planeta gelado sem nenhum traço de humanidade. Trata-se naturalmente de uma metáfora daquilo que o cerca, a começar pela galáxia de personagens que ganham vida e se entrecruzam ao seu redor.

■ Rodado em 1990, o filme é uma adaptação das mais fiéis do clima imaginado por Aymé. A construção do romance em episódios autônomos presta-se maravilhosamente à translação cinematográfica, sem que os cortes necessários afetem a intriga. O cartaz, desenhado por Tardi, orquestra a promoção do filme, ao mesmo tempo expondo os estereótipos figurados por um elenco magnífico, cada artista encarnando com precisão determinado tipo social. Gérard Depardieu é Léopold, tonitruante dono de bistrô de veia poética, obrigado a receber a escola em seu estabelecimento. Sua vida muda em contato com as aulas, que toma ao pé da letra. Danielle Lebrun percorre as ruínas num passinho de burguesa indignada. Daniel Prévost finalmente pode dar livre curso a seu número de crápula num filme trágico. Gérard Desarthe assusta no papel de um antigo membro da Gestapo perseguido. E que dizer de Michel Galabru, literalmente pegajoso, passando sermão no filho num ácido monólogo de apologia da colaboração sistemática como princípio de respeitabilidade social? Jean-Pierre Marielle, como Archambault, estrutura as diferentes intrigas das

■ O filme de Berri dissolve-se em sua própria radicalidade, somando-se as duas figuras centrais à obscuridade ambiente, em vez de sublimá-lo com as maquinações em que dão testemunho de uma época, como no romance. Resta uma formidável evocação desse *"no man's tempo"* da Liberação, da continuidade dos ódios, baixezas e torpes tramas que, a exemplo dos tíquetes de alimentação, perduraram muito depois do fim do conflito e da comemoração afetada da vitória oficial.

LB

> **PISTAS PEDAGÓGICAS**
>
> ▸ A sátira social: os estereótipos dos franceses no cinema popular.
>
> ▸ A França, dos anos sombrios à Liberação.
>
> ▸ A Segunda Guerra Mundial no cinema francês.

Bibliografia

Christiane Baroche, À la recherche de Marcel Aymé (VHS: 3 x 13 min), CNDP-La Cinquième, "Galilée", 2001.

Agnès Lefillastre, *Uranus*, Télédoc Scéren-CNDP, disponível on-line em: http://www2.cndp.fr/TICE/teledoc/mire/mire_uranus.htm

Michel Lécureur, *Marcel Aymé, un honnête homme*, Les Belles Lettres, 1997.

Michel Lécureur, *La Comédie humaine de Marcel Aymé*, La Manufacture, 1985.

De víbora em punho

FRANÇA, 2004 (*VIPÈRE AU POING*)

Hervé Bazin, *Vipère au poing*, 1948.

SINOPSE

No verão de 1922, Jean e Ferdinand são criados pela avó paterna no castelo da família, em Belle Angerie. A morte da avó obriga os pais, Jacques e Paule, a deixar a Indochina, onde ele trabalha em uma universidade chinesa, para voltar a cuidar dos filhos. Os dois meninos esperam impacientemente os pais e o irmão menor, que ainda não conhecem, na plataforma da estação. Atirando-se nos braços da mãe para beijá-la, eles recebem uma violenta bofetada. Só o pai os beija. De volta ao castelo, tem início um verdadeiro inferno em família, e a guerra entre Jean (o narrador) e sua mãe deixará marcas indeléveis no menino, entre um pai ausente e preceptores dedicados a Paule, cada vez mais duros com as crianças. Passando fome e frio, privados de todo conforto e ternura, eles estão constantemente expostos a recriminações, punições e humilhações da parte da mãe, sob o olhar de um pai que aparentemente prefere não ver nada, para evitar um conflito com a mulher. Jean e o irmão traçam vários planos para se vingar daquela que os maltrata.

Jules Sitruck

UN FILM DE PHILIPPE DE BROCA
VIPÈRE AU POING
d'après l'ouvrage de Monsieur **HERVE BAZIN** *"VIPÈRE AU POING" Éditions Grasset & Fasquelle*

Jacques Villeret

Pr.	Angoa-Agicoa/FR3 Cinéma/Procirep/Ramona Productions/Zephyr Films/ Rézo Productions
Dir.	Philippe de Broca
Rot.	Philippe de Broca, Olga Vincent
Foto.	Yves Lafaye
Int.	Catherine Frot (Paule "Folcoche" Rézeau), Jacques Villeret (Jacques Rézeau), Jules Sitruk (Jean Rézeau), William Touil (Ferdinand Rézeau), Cherie Lunghi (Miss Chilton), Richard Bremmer (padre Traquet), Sabine Haudepin (tia Thérèse)
Duração	100 min

Há sempre uma especial ambição, e certamente um sabor, em adaptar para o cinema uma obra literária de estilista, em transformar em imagens o gênio do verbo ou a fluidez de uma narração que evolui do íntimo para o ódio, como em Hervé Bazin.

Houve quem se perguntasse o que levou Philippe de Broca, autor de *Cartouche* e *O homem do Rio*, a abordar um romance desse gênero. Para começo de conversa, havia talvez uma questão pessoal para o cineasta, que viria a morrer meses depois. E tampouco devemos es-

quecer que o mesmo De Broca assinou obras bem sutis, como *Esse mundo é dos loucos*, e que o chamado cinema "popular" também pode se confrontar com a literatura dita "clássica". Existe no caso de De Broca, como no de Bazin, um erro de rotulagem, que nos deveria induzir a rever filmes como *Les Caprices de Marie* à luz das transformações sociais da década de 1970, e a redescobrir a extrema dureza de *De víbora em punho*.

O filme – e aí está o problema – está muito longe da violência do romance, de tal maneira que os críticos acusaram o cineasta de ter transformado o livro em algo asséptico. As críticas voltam-se antes de mais nada contra o academismo do tratamento cinematográfico, acusando De Broca de fazer um cinema extremamente "clássico", com enquadramentos caprichados, situações muito comportadas, um dispositivo de plano e contraplano sem surpresas nem busca. O problema é que o chamado cinema "de autor" também fracassa muitas vezes na adaptação dos clássicos. Ca-

DE VÍBORA EM PUNHO

beria traduzir a riqueza literária em uma riqueza de imagens ou, ao contrário, buscar o despojamento?

■ O argumento trata do crescente e sufocante ódio de um menino de 11 anos, Jean Rézeau, por sua mãe, a quem deu o apelido de "Folcoche", contração de "fo!le" (louca) e "cochonne" (cadela). Da mãe Mac Miche, da condessa de Ségur, à Sra. Lepic, de *Poil de Carotte*, passando por *Louis Lambert*, de Balzac, a dureza materna é um tema recorrente da literatura. Mas poucas obras foram tão longe na condenação direta de uma mãe pelo filho, tendo o livro sido escrito quando a mãe de Hervé Bazin ainda era viva, e, portanto, representando para ele uma espécie de autoanálise. O próprio Jean é que, em um longo *flashback* com a voz (de Denis Podalydès) do adulto em que se transformou, conta sua infância no ambiente da Angers da década de 1920. Criados por uma avó ideal, o irmão mais velho e ele assistem estupefatos e consternados à chegada dos pais da China, operando uma revolução familiar na qual "Folcoche" passa a reinar com métodos virtuosísticos de tortura física e mental, enquanto o pai se refugia covardemente no conforto moral e na solidão do seu escritório.

O romance justapõe meticulosamente a dominação da mãe desumana e a resistência crescente do filho menor, obrigado a caminhar metaforicamente "de víbora em punho", ou seja, em estado de permanente ódio. Apesar disso, existe algum amor em tanto detestar. A grande virada no livro situa-se numa noitada mundana na casa dos Rézeau, quando a mãe joga na cara do filho que, por mais que a deteste, é ele o que mais se parece com ela. O filme tenta explorar a complexidade dessa relação. Os confrontos físicos parecem ridículos e as disputas, às vezes, falsas, mas a alternância entre cenas diurnas, com as imagens superexpostas ao sol, e a penumbra da propriedade rural, o extremo cuidado com as imagens noturnas, a interpretação extremamente burilada dos atores contribui para pintar em pequenos toques o ambiente sufocante do livro. De Broca se supera nas cenas de felicidade, como a caçada com um pai finalmente atento ou o episódio da doença que joga "Folcoche" em uma cama de hospital, numa trégua de curta duração. Sua volta será ainda mais terrível.

■ A interpretação de Catherine Frot como "Folcoche" está no centro dessa abordagem em contraluz do livro por parte do filme. Longe da caricatura da feiticeira interpretada na televisão por Alice Sapritch, a atriz destila um personagem complexo, cuja crueldade constantemente convive com a dúvida e a dor íntima, à beira de uma explosão. Diante dela, a interpretação do pequeno Jules Sitruk não é necessariamente o elemento mais bem-sucedido do filme. O ator infantil parece mais à vontade nas cenas humorísticas, nas quais repete o que já fez em *Monsieur Batignole*, de Gérard Jugnot, e não se mostra dos mais convincentes nas trocas de olhares fulminantes entre mãe e filho à mesa, tentando cada um deles fazer com que o outro baixe as pálpebras.

Jacques Villeret interpreta a covardia com o talento que fez dele um dos principais atores de sua época, especialmente em seu acesso de raiva, no qual manda a mulher se recolher ao quarto e na cena seguinte se desmancha lentamente, esmagado pelo crime de "lesa-esposa" que acaba de cometer. Cabe notar que no lançamento do livro, a mãe de Hervé Bazin fez este comentário espantoso sobre o filho: "Ele me maltratou, mas me tornou imortal."

LB

Jacques Villeret e Jules Sitruck

→ **PISTAS PEDAGÓGICAS**

▸ Os maus-tratos no contexto familiar.

▸ A figura da mãe má: do conto de fadas ao romance contemporâneo.

▸ A relação mãe-filho.

▸ A violência contida-não dita.

Bibliografia

Manual pedagógico sobre o filme de Philippe de Broca, que pode ser baixado pelo site http://www.crdp-strasbourg.fr/cinema/vipere/livret.pdf

O ladrão aventureiro

FRANÇA, 1967 (*LE VOLEUR*)

Georges Darien, *Le Voleur*, 1897.

SINOPSE

Paris, fim do século XIX. Originário de uma família burguesa, Randal tem uma infância tranquila, até a morte dos pais. Seu tio torna-se então seu tutor e dilapida sua herança com investimentos de alto risco na Bolsa. Pobre e roubado pelo tio, o jovem decide tornar-se ladrão profissional! Nesse período de desenvolvimento do anarquismo, e apesar de oficialmente ser engenheiro, ele passa a viver do dinheiro e dos títulos que rouba dos burgueses. Personagem principal, ele também é o narrador do romance, sendo acusado por Darien, no início de seu livro, de lhe ter roubado e assinado o manuscrito.

Geneviève Bujold e Jean-Paul Belmondo

O LADRÃO AVENTUREIRO

Pr.	CC Champion/Les Artistes Associés/NEF
Dir.	Louis Malle
Rot.	Jean-Claude Carrière
Foto.	Henri Decae
Int.	Jean-Paul Belmondo (Georges Randall, Geneviève Bujold (Charlotte), Marie Dubois (Geneviève Delpiels), Julien Guiomar (abade Félix La Margelle), Paul Le Person (Roger la Honte), Christian Lude (Urbain Randal), Françoise Fabian (Ida), Marlène Jobert (Broussaille), Charles Denner (Jean-François Cannonier)
Duração	125 min

O filme começa com uma série de roubos. Quase sete minutos sem fala. Toda a força dessa cena inaugural está em ostentar diante do espectador a mistura de assalto e violação da propriedade, o arrombamento como metáfora da destruição da ordem burguesa.

Uma voz em *off* se ouve enquanto um facho luminoso percorre os compartimentos na penumbra e o ladrão procede à fria pilhagem com gestos precisos: "Há ladrões que tomam mil precauções para não estragar os móveis. Eu, não. E há outros que começam tudo de novo depois da visita. Eu, nunca. Meu trabalho é sujo, mas eu tenho uma desculpa: eu o executo de maneira suja..."

O filme repousa nesse monólogo narrativo evocando retrospectivamente a vida de Georges Randal, assaltante, e as origens de sua "vocação". Mas é, sobretudo, um paralelo entre o roubo e o ato anarquista que está subjacente, digressão da "propaganda pelo fato", vale dizer, a justificação de todos os meios, entre eles a violência, para apressar a revolução (doutrina adotada oficialmente no congresso anarquista de Londres em 1881, mas que seria posta em prática dez anos depois, na França, com os atentados de Clément Duval, Auguste Vaillant, Caserio e o célebre Ravachol).

Georges Randal conta sua história de jovem burguês que, arruinado pelo tio depois da morte dos pais, decide tornar-se ladrão. Nada de comiseração, aqui, pela dura necessidade de sobrevivência. Trata-se efetivamente de ódio, gozo e fria destruição da burguesia. Primeiro plano de Jean-Paul Belmondo: "Eu me tornei ladrão inicialmente por raiva, mas continuo sendo, por prazer."

Sempre sintonizado com sua época, Louis Malle decide em 1966 adaptar o livro homônimo de Georges Darien, publicado pela editora Stock em pleno caso Dreyfus (1897) e redescoberto por André Breton e Jean-Jacques Pauvert quando de uma reedição em 1954.

■ Georges Darien é um dos panfletários mais virulentos do fim do século, ao lado de Mirbeau, Bloy e Závaco. Ele colabora em várias publicações anarquistas, entre elas *L'Ennemi du Peuple*, *L'En Dehors* e seu próprio jornal, *L'Escarmouche*. Em 1906 e 1912, Darien concorre nas eleições legislativas como "candidato do imposto único" pelo 1º *arrondissement* de Paris, amargando o esperado fracasso. Cinquenta anos depois, ninguém mais se lembra de seus panfletos, como *Bas les coeurs*, *Les Pharisiens* e, sobretudo, sua denúncia dos horrores da prisão de *Biribi*.

Um livro sobre a revolta total e individual a poucos meses de maio de 1968: seria um eufemismo dizer que o tema é atual nessa França meio adormecida do general de Gaulle, alvo das críticas de Pierre Viansson-Ponté.

■ Os roteiristas (Jean-Claude Carrière e Daniel Boulanger) adotam um ponto de vista duplamente surpreendente. Por um lado, esvaziam deliberadamente o livro de todo o conteúdo ideológico, para que a trama cinematográfica resgate por si mesma a violência original. Por outro, põem em cena um Jean-Paul Belmondo exatamente oposto àquele de ares zombeteiros de *O homem do Rio* ou *Les Tribulations d'un chinois en*

329

O LADRÃO AVENTUREIRO

Chine, permitindo-lhe retomar seu tipo de composição para os filmes de Jean-Pierre Melville (*Técnica de um delator*). Essa radical sobriedade é que gera a violência contida que impregna as duas horas do filme, num ritmo de sequências quase independentes, no diapasão da estrutura original do romance de Darien.

A riqueza dos cenários e a lentidão quase naturalista da intriga escapam de uma esclerose graças ao bom humor dos personagens secundários, com os quais os intérpretes se identificam perfeitamente. Vamos encontrar políticos corruptos, tabeliães suspeitos, delatores, fabricantes de anjos, carrascos, industriais estúpidos e falsamente filantropos...

Os rostos de Geneviève Bujold e Marlène Jobert destilam um erotismo que corrói o torpor dos salões burgueses. Paul Le Person interpreta Roger la Honte, comparsa ideal, perfeito pastiche dos romances populares de sucesso na mesma época, igualmente alvo da zombaria de Darien. Julien Guiomar é o falso e toantruante padre La Margelle (outro ladrão), que encarna o anticlericalismo feroz de Darien. Charles Denner, por sua vez, interpreta um formidável terrorista, assustador em sua violência e na inutilidade utópica de suas ideias, frente ao individualista Randal, que o admira mas fica na sua, pragmático e sem paixões.

Se o livro de Darien termina num desabusado tom de fracasso, Malle nos oferece uma cena de fabuloso cinismo, na qual Randal falsifica diante do tio moribundo e impotente, à sua cabeceira, o testamento destinado a espoliar sua filha. A prima seduzida por Randal lhe permitirá ficar com a herança e ir para a China dar prosseguimento, em grande escala, a seu trabalho, ao lado do padre La Margelle.

■ O filme, lançado em fevereiro de 1967, não encontra realmente seu público, talvez desconcertado com um Belmondo completamente diferente de suas habituais proezas sorridentes. Não se trata realmente do divertimento que os cartazes fazem crer, mais voltados na direção do "ladrão cavalheiro".

Mais tarde, Louis Malle faria observações extremamente pessoais sobre seu filme, contextualizando-o em sua visão amarga do meio cinematográfico: "Depois de dez anos nessa profissão, eu via o filme como uma metáfora do que tinha acontecido comigo na profissão. Como eu, Randal vinha de um meio abastado, convencional, com o qual tínhamos rompido... Depois, ele teve sucesso e dinheiro. A sociedade que rejeitamos nos aclama e nós estamos de volta ao ponto de partida." (Édouard Waintrop

em *Libération* de 25 de novembro de 1995.) Declarações inesperadas que faziam eco às imprecações de Darien, eterno rebelde contra a ordem dominante, mas também ao "catecismo" da revolução proletária: "Não gosto dos pobres. Sua existência, que eles aceitam, à qual se apegam, me desagrada; sua resignação me enoja. De tal maneira que, em minha opinião, a antipatia, a repugnância que eles me inspiram é que me levaram a me tornar um revolucionário. Eu queria assistir à abolição do sofrimento humano, para não ser mais obrigado a contemplar o repelente espetáculo que ele apresenta. Seria capaz de fazer muito por isso. Não sei se chegaria a sacrificar minha pele; mas sacrificaria sem hesitação as vidas de muitos de meus contemporâneos. Não se admirem. A ferocidade é muito mais rara que a dedicação."

Talvez tenha havido precipitação ao comparar Darien a Céline, mas a frase "pobres canalhas" de Marcel Aymé, de *A travessia de Paris,* não está muito longe. Louis Malle adotou, assim, uma tonalidade extremamente "celiniana" em seu filme, o que é suficientemente raro para merecer nossa atenção. Para os fãs do Belmondo sorridente no cinema e dos grandes feitos e piruetas acrobáticas na literatura, o ator logo estaria filmando *Borsalino*. Quanto a *Arsène Lupin*, assume plenamente, página após página, certo espírito patriótico. Para os decepcionados dos dois gêneros, resta *Le Voleur*.

LB

→ **PISTAS PEDAGÓGICAS**

▸ A literatura *fin de siècle*.

▸ O romance histórico ou o pastiche de romance-folhetim.

▸ Anarquismo e utopias.

▸ A sociedade da Belle Époque.

▸ O cinema diferente da Nouvelle Vague.

Bibliografia

David Bosc, *Georges Darien*, Sulliver, 1996.

Valia Gréau, *Georges Darien et l'anarchisme littéraire*, Du Lérot, 2002.

Pierre-Victor Stock, *Mémorandum d'un éditeur. Léon Bloy, Georges Darien, Paul Adam [...] anecdotiques*. Apêndice de Valéry e Ch. Müller, Stock, 1935.

Thierry Maricourt, *Histoire de la littérature libertaire en France*, Albin Michel, 1990.

Pierre Billard, *Louis Malle, le rebelle solitaire*, Paris, 2003

Jacques Mallecot, *Louis Malle par Louis Malle*, L'Athanor, 1979.

Philip French, *Conversations avec... Louis Malle*, Denoël, 1993.

Zazie no metrô

FRANÇA, 1960 (*ZAZIE DANS LE MÉTRO*)

Raymond Queneau, *Zazie dans le métro*, 1959.

SINOPSE

Zazie, 10 anos, é entregue aos cuidados do tio Gabriel no fim de semana por sua mãe, que foi a Paris encontrar o amante. No táxi de Charles, que os conduz da estação Austerlitz à sua casa, Gabriel apresenta os monumentos de Paris à sobrinha, que se mostra zombeteira. O que ela quer é passear no metrô, infelizmente em greve. O comportamento provocador de Zazie logo deixa perturbados Gabriel e Albertine, sua mulher, e a vizinhança, formada por Turandot, o dono do café, sua garçonete, Mado Ptits-Pieds, e o sapateiro Gridoux. Na manhã seguinte, Zazie sai pelas ruas de Paris e conhece Pedro-Surplus, que lhe compra um par de "*bludjins*". Depois de uma perseguição, ela é conduzida de volta à casa de Gabriel, que a leva, na companhia de Charles, para visitar a Torre Eiffel. Na volta, Gabriel é sequestrado por um ônibus de turistas norueguesas. Zazie sai então em busca do tio com a viúva Mouaque e o policial Trouscaillon. Finalmente, todo mundo se encontra no cabaré onde Gabriel faz shows como travesti. Depois do espetáculo, vão todos para um bar, onde ocorre uma briga generalizada. Trouscaillon, transformado em ditador, interfere com sua trupe. No dia seguinte, Zazie volta à estação de metrô, mas, cansada, adormece.

Pr.	NEF/Société Nouvelle Pathé Cinéma
Dir.	Louis Malle
Rot.	Louis Malle, Jean-Paul Rappeneau
Foto.	Henri Raichi
Int.	Catherine Demongeot (Zazie), Philippe Noiret (Gabriel), Hubert Deschamps (Turandot), Vittorio Caprioli (Pedro-Surplus/Trouscaillon/Aroun Arachide), Jacques Dufilho (Ferdinand Grédoux), Annie Fratellini (Mado), Yvonne Clech (Sra. Mouaque), Antoine Roblot (Charles), Carla Marlier (Albertine)
Duração	89 min

Mal o livro *Zazie dans le métro* foi publicado, obtendo enorme sucesso, Louis Malle, que havia realizado apenas três filmes (se contarmos *Le silence de la mer*, codirigido por Jacques-Yves Cousteau em 1956), decidiu empreender sua adaptação cinematográfica. O projeto era ambicioso, pois, para estar à altura da prosa de difícil transposição de Raymond Queneau, Malle sabia que teria de resgatar o gosto da brincadeira e recorrer abundantemente à caixa de malícias do cinematógrafo. À truculência da palavra ele responde com um estilo barroco, livre das regras da linguagem fílmica. Sem comedimento algum, sem evitar a repetição nem a gratuidade, transformou seu projeto em um ensaio formal cuja subversão não seria bem-compreendida no lançamento do filme. De qualquer maneira, ela traduzia com um imenso prazer – e um prazer comunicativo, à maneira de *Playtime*, de Jacques Tati, sete anos depois – a fantasia, a originalidade e a insolência do estilo de Queneau. "Eu achava que a aposta de adaptar *Zazie* para o cinema representaria para mim a oportunidade de explorar a linguagem cinematográfica", declarou Louis Malle no livro de entrevistas de Philip French. "Era uma obra brilhante, um inventário de técnicas literárias, contendo também, é claro, muitos pastiches. Era como brincar com a literatura, e eu pensei que seria interessante fazer o mesmo com a linguagem cinematográfica."

■ Malle retoma a trama de iniciação do romance, omite ou acrescenta alguns fatos, reutiliza (depois de eliminar) os diálogos tal como se apresentam no livro e, sobretudo, se escora no mesmo modo narrativo essencialmente lúdico, às vezes humorístico ou irônico. Alguns detalhes polêmicos surgem (o retrato de Pétain na casa de Turandot), e a sequência de assalto ao bar pelo ditador Trouscaillon/Aroun Arachide (variação de Mussolini) puxa o fim na direção da sátira, mais que da paródia, que é a mola cômica das duas obras: fílmica e literária. Ao contrário do romance, o filme também se mostra crítico em relação ao automóvel, ao turismo de massa e, de modo geral, de certa ideia de modernidade. Por outro lado, ameniza a parte mais escabrosa do texto no que diz respeito aos atos de pedofilia de que Zazie foi vítima por parte do pai, assim como à "hormosessualidade", afinal comprovada, de Gabriel, graças à discreta substituição nominal de Marceline (prenome da mulher de Gabriel no livro) por "Marcel" – gag aliás perfeita-mente incompreensível, pois desmentido pela imagem na última cena do filme, na qual a mãe de Zazie diz "Albert" ao se dirigir a Albertine/Marceline, interpretada por uma mulher ao longo de todo o filme. Seja como for, a realização de um filme assim, em pleno período agitado da Nouvelle Vague, da censura e da Guerra da Argélia, certamente não seria imaginável hoje em dia. Arriscado demais do ponto de vista estético (e, portanto, financeiro), audacioso demais do ponto de vista moral (especialmente nas questões relativas à infância).

Falsos *raccords* e elipses produzidas na montagem (*jump cuts*), imagens congeladas e acelerações, jogo de câmera lenta numa imagem acelerada, efeitos de *cartoon* (cartolinas de animação nas explosões, atores imitando heróis de Tex Avery), multiplicação e ubiquidade de Zazie, substituição de personagens e objetos etc.: Malle brinca com todos os recursos técnicos da ferramenta cinematográfica, com uma audácia tanto mais desconcertante na medida em que, em 1960, a atenção do cinema moderno ainda não havia se voltado para a linguagem cinematográfica propriamente dita. Essa liberdade de tom permite-lhe traduzir o universo significante de Queneau, e, a exemplo do escritor, que se recusa a considerar a língua popular como uma sublinguagem, inventa uma espécie de gíria de cinema, cujo ritmo sincopado é marcado pela influência do jazz, então na moda. Para conferir unidade plástica ao filme Malle pede assessoria ao fotógrafo William Klein, que lambuza os cenários com as cores gritantes de falsos cartazes publicitários, néons e luminosos. A câmera é extremamente móvel, a escala dos enquadramentos, desestabilizada, e a objetiva grande-angular, usada com frequência, deformando as linhas dos espaços e dos rostos. Esses procedi-

Catherine Demongeot

Catherine Demongeot e Philippe Noiret

> **→ PISTAS PEDAGÓGICAS**
>
> ▸ *Zazie dans le métro* e a Nouvelle Vague, ou a transgressão da linguagem cinematográfica.
>
> ▸ Paris vista pelos cineastas (Rivette, Rohmer, Godard, Truffaut, Carax, Polanski, Carné, Clair, Renoir, Klapisch, Jeunet).
>
> ▸ O mundo adulto visto pelo imaginário da criança (*Os incompreendidos, Ponette, Toto le héros, Le petit prince a dit, Du silence et des ombres*).
>
> ▸ A crítica da cidade moderna (*Metropolis, Playtime, Buffet froid, Blade Runner*).
>
> ▸ O metrô no cinema (*Les Portes de la nuit, Le Samouraï, Subway*).

mentos de grande potencial cômico vêm somar-se com excelente resultado à longa lista de artifícios destinados a servir à nova linha de gags burlescas que o cineasta acrescenta à obra original. Alguns atores interpretam vários personagens (Vittorio Caprioli-Pedro/Trouscaillon/Aroun Arachide), e um mesmo cenário pode servir para representar lugares diferentes (a mesma igreja para o Panteão, a estação ferroviária de Lyon, o Palácio dos Inválidos, o quartel de Reuilly), assim transformando a confusão dos papéis contrários (Pedro-Surplus, policial e sátiro ao mesmo tempo) em uma brincadeira bizarra sobre a desagregação da identidade, e a incerteza narrativa, numa absurda contraverdade visual.

Por mais bem-sucedido que tenha sido esse empreendimento ousado, subsiste um hiato entre o filme e o romance. Uma contradição que André S. Labarthe já havia notado, e que tem a ver com as próprias convenções cinematográficas. As palavras estão aí, a letra e o espírito do romance são respeitados – romance que, como observa Roland Barthes em "Zazie et la littérature" (em *Essais critiques*, 1964), pode ser lido como um romance tradicional, se passarmos por cima do projeto linguístico do autor. Entretanto, os artifícios usados no filme para dinamitar o real "não infringem nunca a lei de realidade que rege o cinema". Enquanto as palavras, o texto do romance, formam um todo insuperável (e talvez resida aí a superioridade da literatura em relação ao cinema), a linguagem cinematográfica e sua técnica são transbordadas por um fundo realista da imagem que remete a uma coisa diferente dela própria, "um referente, pessoa ou objeto que teve de existir para impressionar a película". O mundo representado aqui foi de fato desrealizado, mas ao mesmo tempo reconhece a realidade à qual se refere.

■ O êxito do filme decorre, por fim, da qualidade da interpretação dos atores, e especialmente de Catherine Demongeot, que encarna Zazie, a "vadiazinha" desbocada que mais tarde vai se tornar professora ("para espezinhar a gurizada"?), e que nesse período de descoberta de Paris como seu quintal faz o aprendizado do mundo dos adultos (do contexto familiar ao mundo proibido da noite). Ao contrário dos adultos, não raro reduzidos à condição de fantoches, Malle fez dela uma criatura razoavelmente realista, cuja fantasia de fato corresponde à de uma criança da sua idade. Desse modo, rejuvenesceu-a em relação ao romance, para evitar qualquer ambiguidade sexual, prejudicial à sua posição de espectadora.

PL

Bibliografia

Jacques Mallecot, *Louis Malle par Louis Malle*, L'Athanor, 1979.
René Prédal, *Louis Malle*, Edilig, 1989.
Philip French, *Conversations avec Louis Malle*, Denoël, 1993.
Pierre Billard, *Louis Malle, le rebelle solitaire*, Plon, 2003.

Índice de escritores

ARNAUD Georges 271-273

AYMÉ Marcel 304-306, 323, 324, 331

BALZAC [de] Honoré 85, 86, 93-95, 141, 158, 327

BARRIE J. M. 152, 154

BAZIN Hervé 325-327

BERNANOS Georges 284-286

BLIXEN Karen 131-133

BOILEAU Pierre 287, 288, 290

BOULLE Pierre 225, 226

BRADBURY Ray 122-124, 207, 208

BRONTË Charlotte 166-168

BURTON Tim 81, 82, 114-117, 225, 227

CAMUS Albert 118-120, 141, 151

CARRÈRE Emmanuel 39-41, 313

CHANDLER Raymond 165, 244-246

CHEDID Andrée 281-283

CHRÉTIEN DE TROYES 222, 223

CHRISTIE Agatha 96-98

CLARKE Arthur C. 33-35

COLLODI Carlo 50-52

CONRAD Joseph 42, 44, 188-190

COOPER James Fenimore 101, 102, 104

DAHL Roald 80, 81

DARIEN Georges 328, 329, 331

DICKENS Charles 53, 81, 99, 100, 216-218

DIDEROT Denis 265-267

DOSTOIEVSKI Fedor Mikhailovich 41, 157-159

DUMAS Alexandre 70, 76, 204, 263, 264, 307, 308

ECO Umberto 214, 215

FÉVAL Paul 68, 70

FLAUBERT Gustave 65, 191, 192, 194

FRANK Anne 171-173

GARCÍA MÁRQUEZ Gabriel 90-92

GIONO Jean 155, 156, 170, 317-319

GIOVANNI José 309, 310

GOETHE J. W. 60, 292, 321

GORKI Máximo 56-59, 65

GRASS Günter 291, 292, 312

HARTLEY Leslie Poles 198, 199

HIGHSMITH Patricia 163, 164, 228-230

HUGO Victor 194, 203-206

JAMES Henri 237-239

JAPRISOT Sébastien 314, 315

JOFFO Joseph 320-322

JOYCE James 134, 135

KAFKA Franz 247-249, 256

KESSEL Joseph 45, 46, 62-64

KIPLING Rudyard 134, 149-151

LACLOS [de] Choderlos 180, 182, 267

LAFAYETTE (Madame de) 240-243

LAMPEDUSA (di) Giuseppe Tomasi 119, 139-142

LEE Harper 111, 112

LEROUX Gaston 212, 213

LOUŸS Pierre 128-130

MAC ORLAN Pierre 250, 252, 253

MANN Thomas 61, 140, 199, 210, 211

ÍNDICE DE ESCRITORES

MAQUET Auguste 263

MAURIAC François 298-300

MELVILLE Herman 134, 207, 208

MÉRIMÉE Prosper 77-79

MIRBEAU Octave 174-176, 329

MITCHELL Margaret 47-49, 119

MORAVIA Alberto 195-197

NABOKOV Vladimir 184-187, 254

NARCEJAC Thomas 287, 288, 290

PAGNOL Marcel 136, 169, 170

PASTERNAK Boris 105-107

PERGAUD Louis 143, 145

PETRÔNIO 257-259, 274-276

PROUST Marcel 141, 199, 312, 313

QUENEAU Raymond 332, 333

QUIGNARD Pascal 301-303

RENARD Jules 232-234

ROCHÉ Henri-Pierre 177-179

SCIASCIA Leonardo 71, 72

SIENKIEWICZ Henryk 257, 258

SIMENON Georges 65, 125-127, 204, 219-221, 306

STEEMAN Stanislas-André 254-256

STEINBECK John 36-38, 260-262

STENDHAL 83, 85, 86, 156, 170, 268-270

STEVENSON Robert Louis 108-110, 148, 160, 162

STYRON William 87, 88

THACKERAY William Makepeace 53-55

TOLKIEN J. R. R. 277, 278, 280

VERNE Jules 162, 200-202

WELLS H. G. 146-148

WHARTON Edith 295-297

WILDE Oscar 235, 236

ZÉVACO Michel 74-76, 329

ZOLA Émile 65, 67, 136-138, 169, 313

Índice de diretores

AISNER Henri 212

ALLÉGRET Yves 136

ALTMAN Robert 245, 246

ANGELO Yves 94, 95, 136, 301, 303, 310

ANNAUD Jean-Jacques 214, 215, 264

AUTANT-LARA Claude 61, 85, 94, 269, 270, 305, 306, 323

AXEL Gabriel 132, 133

BACON Lloyd 207, 208

BAKER Roy Ward 108

BAKSHI Ralph 278

BARRON Steve 50

BAZZONI Luigi 78

BECKER Jacques 231, 310, 311

BENIGNI Roberto 50, 52

BENTLEY Thomas 99

BERNARD Raymond 203, 205

BERRI Claude 136-138, 169, 170, 284, 321, 323, 324

BORDERIE Bernard 308

BRENON Herbert 153

BROOKS Richard 189, 190

BUÑUEL Luis 62-64, 128-130, 155, 174-176

BURTON Tim 81, 82, 114-117, 225, 227

CABANNE Christy 167

CAMPION Jane 237-239

CANTET Laurent 40, 41

CAPELLANI Albert 136

CARNÉ Marcel 231, 250, 252, 253, 333

CAYATTE Gilles 40

CHABROL Claude 126, 127, 191, 192, 194, 229, 231, 310

CHAHINE Youssef 281-283

CHÉREAU Patrice 102, 263, 264

CHRISTIAN-JAQUE 78, 85, 86

CLAASSENS Ruben Alexander 263

CLAIR René 60, 61, 333

CLÉMENT René 45, 155, 228-231

CLOUZOT Henri-Georges 221, 254-256, 272, 273, 288

COMENCINI Luigi 50-52

COPPOLA Francis Ford 42, 44, 189, 239, 264

CORNEAU Alain 246, 301-303

CUKOR George 47, 48, 99, 100, 236

DALLAMANO Massimo 235, 236

DAROY Jacques 143

BARONCELLI Jacques (de) 128, 201

DE BROCA Philippe 68, 70, 326, 327

DE PALMA Brian 60, 61, 236

DELANNOY Jean 68, 202, 240-242

DESFONTAINES Henri 263

DESLAW Eugène 143

DIAMANT-BERGER Henri 307, 308

DISNEY Walt 50, 51, 115, 153, 154, 161, 162, 168, 218

DOILLON Jacques 321, 322

DORNHELM Robert 172

DRÉVILLE Jean 263

DUVIVIER Julien 129, 130, 219-221, 232-234

ÍNDICE DE DIRETORES

EICHBERG Richard 201

FELLINI Federico 231, 259, 274-276

FISHER Terence 108, 110

FLEMING Victor 47, 48, 108-110, 149, 161, 189

FORD John 102, 150, 202, 261, 262

FORMAN Milos 181-183

FRANJU Georges 298-300

FREARS Stephen 108, 180-183

FUKUNAGA Cary 167

GALLONE Carmine 201, 202

GARCIA Nicole 40, 41

GODARD Jean-Luc 78, 79, 196, 197, 266, 267, 333

GUAZZONI Enrico 258

HASKIN Byron 161, 162

HEREK Stephen 308

HESTON Fraser C. 161, 162

HITCHCOCK Alfred 127, 163-165, 167, 229, 288, 290

HOGAN P. J. 153, 154

HONORÉ Christophe 241, 242

HOSSEIN Robert 203-206

HOUGH John 161

HUNNEBELLE André 68, 70

HUSTON John 134, 135, 150, 151, 190, 207, 208, 245, 258, 259

JACKSON Peter 278

JACOBY Georg 258

JEUNET Jean-Pierre 315, 316, 333

JONES Jon 172

JONES David Hugh 247

KAWALEROWICZ Jerzy 258

KAZAN Elia 37, 38

KUBRICK Stanley 34, 35, 53-55, 81, 185-187, 316

KUROSAWA Akira 57-59, 157-159, 218

L'HERBIER Marcel 212

LAMPIN Georges 157

LANG Fritz 55, 65, 67, 81, 162, 196, 197, 221, 253

LE CHANOIS Jean-Paul 203-206

LEAN David 105-107, 216-218

LECONTE Patrice 219-221

LEE Rowland V. 308

LEROY Mervyn 258

LESTER Richard 307, 308

LETERRIER François 156, 318, 319

LEWIN Albert 235, 236

LEWIS Jerry 108, 110

LOPEZ Alberto 78

LOSEY Joseph 198, 199

LUBITSCH Ernst 78

LUCOT René 263

LUMET Sidney 97, 98

LYNE Adrian 185-187

MALLE Louis 155, 329, 331-334

MAMOULIAN Rouben 108, 109

MANN Michael 102

MANN Delbert 99, 167

MELIÈS George 60, 61, 147

MELVILLE Jean-Pierre 45, 46

MENZIES William Cameron 47

MINGHELLA Anthony 229-231

MINNELLI Vicente 191, 192, 194

MORLHON (de) Camille 263

MULLIGAN Robert 111-113

MURNAU F. W. 60, 61, 105

NIBLO Fred 308

NICHOLLS George 201

OLIVEIRA (de) Manoel 191, 241-243

OSWALD Richard 235

340

ÍNDICE DE DIRETORES

PAKULA Alan J. 87-89

PARKER Oliver 235

PIALAT Maurice 284-286

PODALYDÈS Bruno 212, 213

PREMINGER Otto 78

RAMOS Philippe 207, 208

RAPPENEAU Jean-Paul 155, 156, 332

RENOIR Jean 56-59, 65, 67, 108, 174, 176, 191, 192, 194, 199, 204, 218, 333

RIVETTE Jacques 94, 95, 178, 266, 267, 333

ROBERT Yves 143, 145

ROBERTS John 143

ROBERTSON J. S. 108

RODDAM Franc 207

ROEG Nicolas 42, 123

ROHMER Éric 223, 224, 264, 333

ROSENBAUM David 235

ROSI Francesco 72, 73, 78, 90-92

ROSSI Franco 258

ROWE Peter 161

ROY Duncan 235

RUIZ Raoul 161, 162

SAGAL Boris 172

SAURA Carlos 78, 79

SCHAFFNER Franklin J. 225

SCHLÖNDORFF Volker 292-294, 312, 313

SCORSESE Martin 238, 267, 295-297

SELICK Henri 115, 116

SIDNEY George 307, 308

SPIELBERG Steven 153, 154, 173, 316

STEVENS George 149, 172, 173

STEVENSON Robert 167, 168

STI René 68

TOURJANSKY Viktor 201, 202

TOURNEUR Maurice 212

TRUFFAUT François 123, 124, 165, 177-179, 290, 310, 311, 321, 322, 333

VADIM Roger 181-183

VIDOR Charles 78

VISCONTI Luchino 91, 119-121, 139, 140-142, 199, 210, 211, 236, 296

VISCONTI Eriprando 201, 202

VON STERNBERG Josef 128-130, 253

WELLES Orson 42, 44, 135, 161, 162, 167, 168, 207, 208, 223, 247-249

WHALE James 146-148

WOLFF Ludwig 65

WOOD Sam 47, 48

ZECCA Ferdinand 136, 258

ZEFFIRELLI Franco 167, 168

A adaptação vista por três cineastas

Trechos de *Leçons de cinéma. L'intégrale*, Laurent Tirard, Nouveau Monde, 2009

Jacques Audiard

■ BUSCAR UMA ESPECIFICIDADE CINEMATOGRÁFICA

O trabalho do roteiro consiste em dar formas para criar um visual. Ele deve ser suficientemente sólido para que eu possa, na hora de filmar, introduzir meus próprios interstícios. É uma base que em seguida eu farei evoluir. Quase chega a ser necessário que eu seja capaz de esquecê-lo, de me desfazer dele, caso contrário, serei prisioneiro. Naturalmente, existem roteiros que são mais resistentes que outros. O roteiro de *Sur mes lèvres* era muito preciso; era difícil remanejá-lo. No caso de *De tanto bater meu coração parou* eu quis que fosse o inverso, para ter mais liberdade, maior arbitrariedade. De certa maneira, nós o escrevemos contra o roteiro anterior. Mas eu tinha outras limitações a administrar. Na verdade, o filme é articulado de um ponto de vista único. Tudo é centrado no personagem de Romain Duris. Eu me dei conta de que se trata de uma particularidade pesada e cansativa, mas que ao mesmo tempo abria um campo infinito de possibilidades. Até o momento, eu sempre escrevi os roteiros dos filmes que realizei. Estou um pouco cansado, pois depois de um tempo a gente já se conhece, sabe para onde está indo, fica no próprio universo, na própria melancolia. Justamente, eu gostaria muito de me exilar, de ser exilado. Explorar outros territórios, perguntar-me, ao ler um script: "Onde é que eu vou me meter nisso? Por onde é que eu posso entrar?"

Mathieu Kassovitz

■ NECESSIDADE E LIMITES DO ROTEIRO

Adaptar um romance é realmente um exercício de matemática cujo objetivo é determinar o que vai permanecer e o que será eliminado. É como se tivéssemos a carcaça de um automóvel e precisássemos decidir quais peças colocar no motor, em qual ordem, para que o carro ande o mais rápido possível, mas também para não quebrarmos a cara com ele. Como o romance é de uma grande riqueza, não podemos aproveitar tudo. E, além disso, existe um problema de *timing*, pois um *thriller* precisa

A ADAPTAÇÃO VISTA POR TRÊS CINEASTAS

ter tensão, e se o filme for longo demais, tudo desmorona. Que é que devemos sacrificar, portanto, e o que será destacado? Naturalmente, ao fazer um filme, destacamos de preferência o que é visual, e tentamos eliminar o que é explicativo demais, ou então tentamos fazê-lo passar através de coisas visuais. E, além disso, temos de confiar nos atores e na magia do cinema. No livro, são páginas e páginas para contar o passado do personagem central. No filme, não temos tempo.

Roman Polanski

■ O FIM DO TRABALHO NO ROTEIRO

O mais difícil na construção do roteiro de *O pianista* decorria do fato de não haver no livro cenas que pudessem, por assim dizer, ser filmadas tal qual. Não existe propriamente uma história. Desse modo, precisávamos construir uma, sem nos afastar do livro. Por exemplo, quando Wladyslaw Szpilman escreve "Os alemães eram cruéis", como filmar isso? Precisamos vê-los fazendo algo cruel, precisamos descrever uma situação específica que possa ser filmada. É claro que elas existem no livro, mas não em número suficiente para estabelecer uma progressão. Acontece que, para mim, a progressão era essencial. Eu queria expressar uma concepção que as pessoas não têm quando pensam nesse período.

A gente sente quando chega ao fim de um roteiro. Da mesma maneira como sabemos quando não temos mais fome, ou quando não temos mais sono. Fazemos uma releitura, e constatamos que ainda pode ser mudado um pequeno detalhe aqui, outro ali, e é o que fazemos. Mas um roteiro nunca está completamente terminado. No período de ensaios com os atores, procedemos a ajustes e aperfeiçoamentos.

Índice de filmes

0-9

- 2001: uma odisseia no espaço 33

A

- O adversário 39
- Amantes eternos 83
- Um amor de Swann 312
- Apocalypse Now 42
- Assassinato no Expresso Oriente 96
- As aventuras de Pinóquio 50

B

- Barry Lyndon 53
- Les bas-fonds 56
- A bela da tarde 62
- A beleza do diabo 60
- A besta humana 65

C

- Cadáveres ilustres 71
- Cais das sombras 250
- Le capitan 74
- Carmen 77
- O cavaleiro do telhado e a dama das sombras 155
- O cavaleiro vingador 68
- Coronel Chabert – amor e mentiras 93

ÍNDICE DE FILMES

- Um corpo que cai 287
- Crime em Paris 254
- Crônica de uma morte anunciada 90

D

- David Copperfield 99
- De víbora em punho 325
- O desprezo 195
- O diário de Anne Frank 171
- Diário de uma camareira 174
- Doutor Jivago 105

E

- ...E o vento levou 47
- A época da inocência 295
- A escolha de Sofia 87
- O estrangeiro 118
- O estranho mundo de Jack 114
- Eterno amor 314
- O exército das sombras 45

F

- Fahrenheit 451 122
- Os fantasmas do chapeleiro 125
- A fantástica fábrica de chocolate 80
- La Femme et le pantin 128
- A festa de Babette 131

G

- Germinal 136
- A guerra dos botões 143

346

ÍNDICE DE FILMES

H

- O homem invisível 146
- O homem que queria ser rei 149
- Hook – A volta do Capitão Gancho 152

I

- O idiota 157
- A ilha do tesouro 160
- O imenso adeus 244

J

- Jane Eyre 166
- Jean de Florette 169

L

- O ladrão aventureiro 328
- O leopardo 139
- Ligações perigosas 180
- Lolita 184
- Lord Jim 188

M

- Madame Bovary 191
- O médico e o monstro 108
- O mensageiro 198
- Michel Strogoff 200
- Os miseráveis 203
- Moby Dick 207
- Morte em Veneza 209
- Uma mulher para dois 177
- Le mystère de la chambre jaune 212

ÍNDICE DE FILMES

N

- O nome da rosa 214

O

- Oliver Twist 216

P

- Pacto sinistro 163
- Panique 219
- Perceval le Gallois 222
- Planeta dos macacos 225
- Poil de Carotte 232
- La Princesse de Clèves 240
- O processo 247

Q

- Quo Vadis 257

R

- A rainha Margot 263
- A religiosa 265
- O retrato de Dorian Gray 235
- Retrato de uma mulher 237
- Um roi sans divertissement 317

S

- Um sac de billes 320
- O salário do medo 271
- Satyricon de Fellini 274
- O senhor dos anéis 277
- O sexto dia 281

ÍNDICE DE FILMES

- Sob o sol de Satã 284
- O sol é para todos 111
- O sol por testemunha 228

T
- O tambor 291
- Thérèse Desqueyroux 298
- Todas as manhãs do mundo 301
- A travessia de Paris 304
- Os três mosqueteiros 307

U
- O último dos moicanos 101
- A um passo da liberdade 309
- Uranus 323

V
- O vermelho e o negro 268
- Vidas amargas 36
- As vinhas da ira 260
- Os vivos e os mortos 134

Z
- Zazie no metrô 332

Créditos das fotos

20th Century Fox, p. 166-168, 171-173, 225-227, 260-262 / AFMD – Mario Tursi (1995), p. 156 / Alfa Cin. (1971), p. 209-211 / Allied Artists-Columbia Pictures, p. 149-152, 154 / Argos Films – Artémis Productions – Franz Seitz Filmproduktion (1979), p. 291, 293, 294 / Arte France, 200, p. 241, 242 / Canal+ – France 2 (2003), p. 212 / Cappa Prod. – Columbia (1993), p. 295-297 / Cine-Alliance-Les Films Osso – Roger Kahane (1938), p. 250-251 / Cinéa-Hachette Première-FR3 (1989), p. 220 / Cinédis (1961), p. 240 / Columbia – E.M.I. Films (1970), p. 198, 199 / Columbia – Keep Films (1966), p. 188-190 / DR, p. 229, 232, 233, 244-249, 268, 269, 273, 281-283, 303, 304, 308, 309, 330, 333 / Filmel-20th Century Fox, p. 299, 300 / Franco London Films – Forster (1954), p. 270 / Gaumont, p. 137, 284-286, 313 / GEF-SFPC-TF1 – Dominique Le Strat (1982), p. 203, 205, 206 / Intemporel, p. 219, 255, 272, 305 / L. Chevert, p. 271 / Les Films Ariane-FR3 – Mario Tursi (1986), p. 214 / Les Films de la Guéville (1962), p. 143-145 / Les Films du Losange-FR3-Gaumont (1978), p. 222 / Les Films du Losange-FR3-Gaumont (1978), p. 224 / Les Films Jean Giono – Gaumont (1963), p. 317, 319, 381 / Les Films Marceau – Cocinor (1963), p. 138 / Les Films Modernes – Illiria Film (1956), p. 200, 202 / Liffey Films – Zenith Entertainment (1987), p. 134, 135 / Lorimar-Warner Bros (1988), p. 180, 181 / Lux Films (1954), p. 264 / Madragoa Filmes (1999), p. 243 / MGM, p. 184-187, 193, 257-259, 307 / Miramax-Paramount – Phil Bray (1999), p. 230, 231 / MK2 – CED – FR3 (1991), p. 191 / Moulin Productions – Warner Bros (1956), p. 207, 208 / New Line Cinema – Pierre Vinet (2001), p. 277, 279, 280 / P.E.A. – United Artists (1969), p. 274-276 / Paramount (1958), p. 287-290 / Pathé Consortium Cinéma (1960), p. 334 / Pathé distribution, p. 218 / Pathé vídeo, 1999, p. 263 / Polygram-Propaganda Films (1996), p. 237, 238 / R. Cauchetier, p. 178 / Renn Productions (1990), p. 324 / Renn Productions-Les Films Christian Fechner – JJ Liègeois (1975), p. 320-322 / Rézo Productions (2004), p. 325-327 / Rome Paris Films – Dussart (1963), p. 195, 196 / Shôchiku (1951), p. 157, 158 / Titanus – S. N. Pathé Cinéma (1963), p. 139-142 / Towers of London – Sargon Film (1970), p. 236 / UGC / A. F Brillot, p. 213 / United Artists (1967), p. 328, 329 / Universal (1933), p. 146-148 / Walt Disney Prod. (1950), p. 160-162 / Warner (1951), p. 163-165 / Warner Bros – Berquet (2004), p. 316 / Warner Bros – Calvo (2004), p. 314

Este livro foi composto na tipologia DIN,
em corpo 9/11, e impresso em papel
Couché Fosco 115g na Lis Gráfica e Editora

têm essa cultura da fonte não escapam da tendência à comparação, explícita ou implícita. [...]

Os filmes que levam o título de uma grande obra romanesca e conquistaram a condição de obras-primas do cinema são raríssimos, frente às incontáveis obras imagéticas extraídas de obras-primas literárias ou de romances inferiores. Mas essa proporção seria muito diferente no caso dos filmes construídos sobre um roteiro sem vínculos canônicos? O fato é que o público se mostra mais sensível ao fracasso de uma adaptação de um título famoso do que ao de um filme com roteiro livre.

Retirado da

apresentação por

Henri Mitterand

Desde a sua criação até os dias atuais, o cinema bebe da fonte da literatura. No entanto, o segredo que permite transpor o trabalho do papel para a película parece conhecido apenas por alguns dos grandes nomes da sétima arte: Kubrick, Visconti, Renoir, Bresson e poucos outros foram capazes de criar obras-primas baseadas em outras obras-primas enquanto nomes menores criaram cópias insossas. O cinema é, portanto, muitas vezes mais "feliz" quando se inspira na literatura de gênero, fértil em intrigas que intimidam menos os cineastas e podem alimentar universos muito diferentes.

Este livro examina minuciosamente a arte e a técnica da adaptação cinematográfica através de cem casos que levantam questões amplamente diversificadas. Descobrimos que não há nenhuma receita pronta para se adaptar um romance, mas que ao roteirizá-lo é necessário fazer escolhas difíceis e decidir se é melhor trair o espírito do livro ou o espírito do autor.

Na apresentação, Henri Mitterand, professor de literatura especialista na obra de Émile Zola, oferece uma introdução brilhante para os problemas teóricos e práticos da adaptação de algumas obras emblemáticas. Este mergulho emocionante no mundo da adaptação mistura filmes de diversas nacionalidades e épocas, desde os clássicos até os mais recentes sucessos de bilheteria, abordando romances essenciais ou considerados inadaptáveis e de diversos gêneros: literatura clássica, romance policial, ficção científica etc.

Importantíssimo para uma época em que as grandes bilheterias são alcançadas invariavelmente por adaptações de romances ou de histórias em quadrinhos, o livro *100 filmes* é uma verdadeira ferramenta para todos — professores de cinema, roteiristas, escritores e cinéfilos — que permite abordar a adaptação literária através de exemplos concretos e pistas pedagógicas.